150 Jahre
*Wissen für die Zukunft*
Oldenbourg Verlag

# Telemedizin

## Markt, Strategien, Unternehmensbewertung

von

Joachim Häcker,

Barbara Reichwein

und

Nicole Turad

DICF Deutsches Institut für Corporate Finance

Oldenbourg Verlag München

Bibliografische Information der Deutschen Nationalbibliothek

Die Deutsche Nationalbibliothek verzeichnet diese Publikation in der Deutschen Nationalbibliografie; detaillierte bibliografische Daten sind im Internet über <http://dnb.d-nb.de> abrufbar.


Rosenheimer Straße 145, D-81671 München
Telefon: (089) 45051-0
oldenbourg.de



Lektorat: Wirtschafts- und Sozialwissenschaften, wiso@oldenbourg.de
Herstellung: Anna Grosser
Coverentwurf: Kochan & Partner, München
Gedruckt auf säure- und chlorfreiem Papier
Gesamtherstellung: Druckhaus „Thomas Müntzer“ GmbH, Bad Langensalza

ISBN 978-3-486-58451-6

# Geleitwort

Telemedizin ist ein Teilbereich der Telematik im Gesundheitswesen und bezeichnet Diagnostik und Therapie unter Überbrückung einer räumlichen oder auch zeitlichen Distanz insbesondere zwischen Arzt und Patienten.

Das vorliegende Buch gibt erstmalig einen Marktüberblick über die Entwicklung der zentralen Telemedizinmärkte USA, Finnland, England, Schweden, Israel, Norwegen, Schweiz und Deutschland. Ferner wird im Rahmen einer ökonomischen Analyse das Marktpotential der Telemedizin abgeleitet. Der Vergleich des jährlichen Marktpotentials in Deutschland von ca. €1,5 Mrd. und dem marginalen bisher erzielten Umsatz von in Deutschland tätigen Telemedizinunternehmen zeigt, welch große Wachstumschancen sich hier auftun.

Herzkrankheiten und Diabetes spielen in unserer modernen Gesellschaft eine immer stärkere Rolle. Die Telemedizin bietet Lösungsansätze in dem Spannungsverhältnis zwischen Gesundheit, Lebensqualität und Kosten. Deshalb ist das Thema „Telemedizin" auch aus Bankensicht interessant. Dabei sind insbesondere drei Punkte zu nennen:

*(IPO = Börsengang):* Dem weltweiten Marktpotential der Telemedizin stehen bisher nur wenige börsennotierte Spieler gegenüber. Firmen wie SHL Telemedicine, CardGuard, American Medical Alert, DexCom, Ortivus sowie Telzuit Medical Technologies sind hier zu nennen.

*(M&A = Fusionen und Akquisitionen):* Aus M&A Sicht sind beispielsweise Transaktionen wie die Ende 2007 erfolgte Veräußerung von Raytel Cardiac Services hervorzuheben. Verkäufer war SHL Telemedicine; der Käufer war Philips. Die Bezahlung erfolgte mittels einer Vorauszahlung in bar von ca. $ 110 Millionen zuzüglich der Beteiligung an zukünftigen Umsätzen von aktuellen Raytel Dienstleistungen sowie gewisser neuer Produkte and Dienstleistungen für die nächsten 9 Jahre.

*(Venture Capital = Wagniskapital):* Während Wagniskapitalgeber in Deutschland der Telemedizin bisher relativ abwartend gegenüberstehen, wird in anderen Ländern längst in diese Branche investiert. Hier ist z.B. der „Finnish Innovation Fund Sitra (Finnland)" sowie „Vesalius Ventures (USA)" zu nennen. In Ländern wie Israel existiert bereits eine lebendige Venture Capital-Kultur. Unternehmen wie 3i, Sequel Venture Partners, Quest Capital Partnership und Hunt Ventures sind hier beispielsweise aufzuführen. Es ist davon auszugehen, dass auch Kapitalgeber in Deutschland zukünftig, nicht zuletzt dank des großen Marktpotentials, die Telemedizin als aufstrebende junge Branche für sich entdecken werden.

Dirk Pahlke
Co-Geschäftsleiter
Rothschild Frankfurt

# Inhalt

# Executive Summary

Unter Telemedizin werden medizinische Behandlungen verstanden, bei denen zwischen den Akteuren kein unmittelbarer Kontakt besteht und zur Überwindung der räumlichen Distanz technische Hilfsmittel eingesetzt werden. Ein Teilgebiet ist das Telemonitoring, bei dem der Gesundheitszustand eines Patienten über Distanz mit Hilfe von Informations- und Kommunikationstechnologien überwacht wird.

Telemonitoring in Deutschland ist eine junge Branche, in der hauptsächlich kleine und mittlere Unternehmen aktiv sind. Aufgrund steigender Prävalenz chronischer Volkskrankheiten wie Diabetes mellitus, Erkrankungen des Herz-Keislauf-Systems und Asthma bei gleichzeitig wachsendem Kosten- und Wettbewerbsdruck im Gesundheitswesen werden dem Telemonitoring große Wachstumschancen eingeräumt. Die vorliegende Arbeit quantifiziert diese Prognose auf 484.660 Herz-Kreislauf-Patienten und 1,045 Millionen Patienten mit Diabetes mellitus Typ 2 in Deutschland, die für Telemonitoring geeignet sind. Dies entspricht einem langfristigen Marktpotential für telemedizinische Leistungen in Deutschland von ca. € 1,5 Mrd.

Nach einem in dieser Arbeit erstellten Ranking belegt der Entwicklungsstand der deutschen Telemedizinbranche im Vergleich mit Finnland, Israel, Norwegen, Schweden, Schweiz, Großbritannien und den USA derzeit einen Platz im hinteren Mittelfeld. Die Gegenüberstellung zeigt, dass die deutsche Telemedizin sehr konkurrenzfähig aufgestellt ist, es ihr jedoch an Kapital mangelt und ihre Entwicklung durch eine Verbesserung der Strukturen des Gesundheitssystems beschleunigt werden könnte.

Derzeit werden verschiedene Geschäftsstrategien, die sich auf unterschiedliche Erfolgsfaktoren stützen, im Markt erprobt. Ihnen ist die langfristige Kapitalausstattung als essentielle Voraussetzung gemein. Die Frage der Unternehmensfinanzierung wird im Ausland derzeit anders beantwortet als in Deutschland: Während für Unternehmen der Telemedizinbranche in Deutschland bislang so gut wie kein Wagniskapital verfügbar ist, sieht die Lage in Finnland, Israel und den USA besser aus. Außerdem haben internationale Unternehmen wie SHL Telemedicine Ltd., CardGuard, DexCom Inc., Ortivus AB, Telzuit Medical Technologies Inc. und die American Medical Alert Corporation bereits vor einigen Jahren den Börsengang gewagt. Bislang ist kein deutscher Anbieter börsennotiert. Die deutsche Telemedizin scheint sich gegenwärtig jedoch langsam für die Börse zu qualifizieren und startet aus einer starken Position. Die zentrale Frage bei allen Corporate Finance Transaktionen ist: „Wieviel ist mein Unternehmen wert?". Zur Beantwortung dieser Frage werden alle für die Bewertung von Telemedizinunternehmen relevanten Bewertungsmethoden analysiert.

Um das viel versprechende Potential der Telemedizin für die einzelnen Teilnehmer des Markts nutzbar zu machen, gibt die vorliegende Arbeit abschließend einige konkrete Handlungsempfehlungen.

# 1 Einleitung

## 1.1 Problemstellung der Arbeit

Im deutschen wie auch im internationalen Telemedizinmarkt herrscht bei großem Wachstumspotential derzeit wenig Transparenz. Der deutsche Markt ist von medizinischen, technologischen und versorgungstechnischen Ansätzen geprägt, die von Anbietern sehr unterschiedlicher strategischer Herkunft verfolgt werden. Eine detaillierte Analyse aus betriebswirtschaftlicher Sicht fehlt bisher in der Literatur.

Im internationalen Kontext existiert weder ein Überblick über die wichtigsten Marktteilnehmer, noch ein Ranking der größten Telemedizinnationen nach ihrem Entwicklungsgrad. Deshalb ist der aktuelle Stand in Deutschland schwer einzuordnen.

## 1.2 Zielsetzung und Aufbau der Arbeit

Diese Arbeit bietet einen detaillierten Einblick in den deutschen Telemedizinmarkt sowie einen Überblick über wichtige europäische und außereuropäische Märkte. Die Arbeit soll Marktteilnehmern und Entscheidungsträgern als Leitfaden in einer neuen Branche dienen. Schwerpunkte liegen auf Strategiealternativen und Möglichkeiten der Kapitalaufnahme für Telemedizinunternehmen. Die Analyse erfolgt mit der folgenden Zielsetzung:

- Darstellung der Branche anhand quantitativer sowie qualitativer Parameter
- Abbildung gegenwärtiger Marktcharakteristika und ihrer zukünftigen Bedeutung
- Erkennung und Bewertung wichtiger Trends und Aktivitäten in Gegenwart und Zukunft
- Evaluation der deutschen Telemedizinbranche durch Vergleich mit ausgewählten internationalen Märkten
- Unternehmensbewertung von Telemedizinunternehmen
- Handlungsempfehlungen an Teilnehmer der Telemedizinwertkette in Deutschland

Diese Arbeit konzentriert sich vornehmlich auf den deutschen Markt. Kapitel 2.1 bis 2.5 sind als Einführung in den deutschen Telemedizinmarkt zu lesen; sie klären die Nutzenfrage und den Indikationsbezug der Telemedizin in Deutschland und stellen ferner die Teilnehmer des deutschen Gesundheitsmarktes vor. Ein erster internationaler Exkurs findet in Kapitel 2.6 statt, hier erfolgt die Vorstellung von sieben ausgewählten Gesundheitssystemen.

Kapitel 3 bietet eine Industrieanalyse der deutschen Telemedizin und erlaubt Schlüsse auf Entwicklungsstadium, Hemmnisse und Potential der Branche. Das Kapitel schließt mit einer Übersicht über die wichtigsten Anbieter im deutschen Markt.

In Kapitel 4 erfolgt der zweite Exkurs in internationale Telemedizinmärkte. Die in Kapitel 2.6 vorgestellten Gesundheitsmärkte werden in Kapitel 4.1 auf die Fortschrittlichkeit ihres eHealth-Sektors geprüft. Der Exkurs endet in Kapitel 4.2.3 mit einer Punktbewertung eines jeden Landes. In die Bewertung fließen zu gleichen Teilen die Ergebnisse aus Kapitel 2.6 und Kapitel 3 und 4.1 ein. Die Bewertung ermöglicht es abschließend, die untersuchten Länder ihrer Punktzahl entsprechend in einer Rangfolge zu ordnen. In Kapitel 4.2.4 erfolgt die Analyse der Position Deutschlands im internationalen Vergleich.

Kapitel 5 analysiert die Telemedizin mittels betriebswirtschaftlicher Modelle. Die Applikation betriebswirtschaftlicher Theorien ermöglicht eine Kategorisierung von Erfolgsfaktoren, Strategiealternativen, Werttreibern, Produkteigenschaften, Stärken und Schwächen deutscher Unternehmen.

Kapitel 6 untersucht den Telemedizinmarkt aus Sicht des Corporate Finance. Die klassischen Formen der Unternehmensfinanzierung werden hier anhand telemedizinischer Beispiele erläutert.

Kapitel 7 beantwortet die Frage: „Was ist das Unternehmen wert“, wenn beispielsweise das Unternehmen an die Börse geht beziehungsweise wenn Anteile veräußert werden. Die gängigen Unternehmensbewertungsverfahren Multiplikatorenmethode und Discounted Cashflow-Verfahren werden kurz vorgestellt. Schwerpunkt bildet die Bewertungsmethode, die speziell für Venture Capital-Unternehmen erstellt wurde.

Die Arbeit schließt mit Kapitel 8, das einen Ausblick in die Zukunft der Telemedizin wagt und konkrete Handlungsempfehlungen für alle Teilnehmer der deutschen Telemedizin-Wertkette bereithält.

## 1.3 Methodik

Die vorliegende Arbeit verfolgt insoweit einen induktiven Ansatz, als dass sie aus Marktrecherche im Internet, persönlichen Email-Kontakten mit Vertretern der Branche und zahlreichen Experteninterviews eigene Ansätze zur Kategorisierung und Beschreibung der Branche ableitet. Beispielsweise wird eine Übersicht der Marktteilnehmer nach eigenen Kriterien und ein Ranking der internationalen Telemedizinnationen erstellt sowie das Kunden- und Marktpotential der deutschen Telemonitoringbranche berechnet.

Die Arbeit wurde auf Grundlage zahlreicher Gespräche mit Branchenexperten erstellt, die in Form qualitativer Leitfadeninterviews durchgeführt wurden. Diese eignen sich gut, da der Leitfaden laut Bortz und Döring (2002, S. 315) als Gerüst für die Datenerhebung und deren Analyse dient und einen Vergleich der Ergebnisse aus den verschiedenen Gesprächen ermöglicht. Des Weiteren lässt der Leitfaden Spielraum, um neue Fragen aus der Interviewsituation heraus zu stellen oder Themen in der Auswertung zu identifizieren, die in der Leitfaden-Konzeption nicht berücksichtigt wurden.

# 2 Gesundheit und Telemedizin – Ausgangslage national und international

## 2.1 Begriffsentwicklung Telemedizin

Der Einsatz moderner Informations- und Kommunikationstechnologien im Gesundheitswesen hat zu verschiedenen Begrifflichkeiten geführt, welche in der Literatur unterschiedlich verwendet werden. Um sich Definitionen anzunähern, kann die Dimension der zeitlichen Entstehung der Begriffe betrachtet werden.

**Zeitliche Begriffsentwicklung**
Eine der ersten telemedizinischen Anwendungen verband schon im Jahre 1959 zwei Krankenhäuser in Montreal durch ein Koaxialkabel zur Übertragung von Röntgenbildern. Dies führte zum Begriff der Teleradiologie. Im Folgenden wird die Begriffsentwicklung bis in die Gegenwart beschrieben, wie sie in Abbildung 1 graphisch veranschaulicht ist. In den 70er Jahren wurden in anderen medizinischen Behandlungssituationen Informations- und Kommunikationstechnologien eingesetzt. Diese wurden unter dem Begriff der Telemedizin zusammengefasst. Bis heute haben sich in Literatur und Praxis verschiedene „Telemedizinbereiche" etabliert, vor allem die Telepathologie, -dermatologie, -chirurgie und -kardiologie. Mitte der 90er Jahre wurde der Begriff der Telematik im Gesundheitswesen geprägt. Telematik ist ein Kunstwort aus den Begriffen Telekommunikation und Informatik. Sie soll der Überbrückung von Raum und Zeit dienen und allen Akteuren des Gesundheitswesens Daten und Informationen zur Verfügung stellen. Telematiksysteme verbinden zum Beispiel in Krankenhäusern dezentrale telemedizinische Anwendungen unterschiedlicher Fachbereiche, sowie Archivierungs- und Kommunikationskomponenten. Sie schaffen somit eine Verbindung zwischen medizinischem und administrativem Bereich und dienen zum Beispiel Klinikverwaltung und -leitung als Entscheidungsgrundlage. Die Telematik ist demnach ein der Telemedizin übergeordneter Begriff. Im Zuge der New Economy entstand schließlich der Begriff eHealth, welcher die eCommerce-Idee als elektronischen Marktplatz für Gesundheitsleistungen auf das Gesundheitswesen überträgt. Diese Gesundheitsleistungen umfassen z. B. Medikamente, Heil- und Hilfsmittel, jedoch auch telematische Problemlösungen wie elektronische Patientenakten und elektronische Rezepte, sowie ambulante, stationäre oder telemedizinische Behandlungsleistungen und schließlich medizinische Informationen und

Gesundheitswissen. Je nach Sichtweise kann man zwischen den oben genannten Begriffen deutliche Unterscheidungen machen. So sehen Mediziner in der Telemedizin eine Möglichkeit, Behandlungskonzepte zu verbessern, während Ingenieure die Telematik zur Vernetzung der verschiedenen Komponenten und Akteure des Gesundheitswesens nutzen möchten und Vertreter der New Economy danach streben, neue Geschäftsfelder durch den Einsatz von modernsten Informations- und Kommunikationstechnologien zu erschließen (Burchert, H., Jäckel, A. (Hrsg.), 2003, S. 46-50).

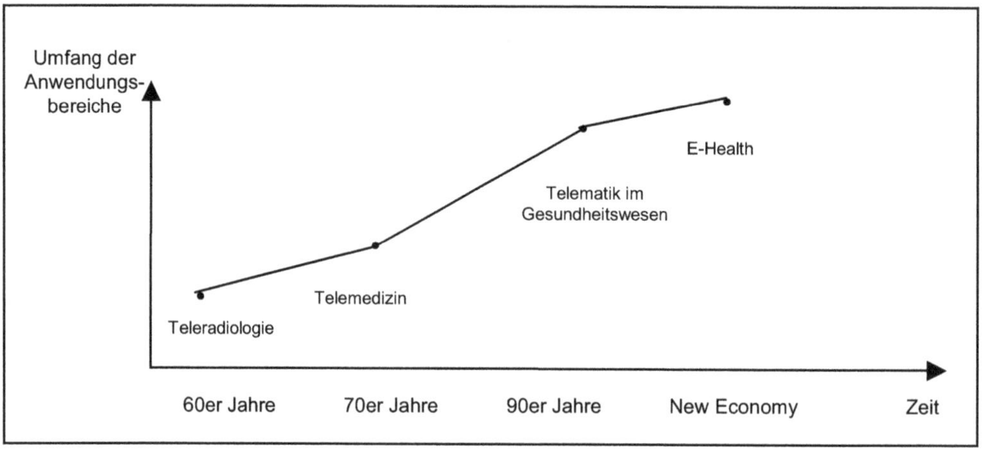


*Abbildung 1: Begriffsentwicklung Telemedizin*
*Quelle: Burchert, Jäckel, (Hrsg.), 2003, S. 46*

**Bereiche der Telemedizin**

Die Definitionen für Telemedizin variieren mit unterschiedlichen Quellen. Im Folgenden wird die Definition von Buffon et al. (2004, S. 3) verwendet. Nach dieser Definition werden unter Telemedizin im weiteren Sinn alle medizinischen Behandlungen verstanden, bei denen sich die Akteure nicht in unmittelbarem Kontakt miteinander befinden. Zur Überwindung der räumlichen Distanz werden technische Hilfsmittel vom klassischen Festnetztelefon und Faxgerät bis hin zu modernster Informations- und Kommunikationstechnologie eingesetzt. Die Chancen und Risiken der Telemedizin werden jedoch weniger von der jeweils angewandten Technik als vielmehr von der organisatorischen Ausgestaltung der telemedizinischen Anwendung beeinflusst.

Innerhalb der medizinischen Disziplinen erfolgt eine Aufteilung der Telemedizin nach Anwendungsbereichen. Diese fallen in zwei Hauptgruppen: Zum einen grenzt man solche Anwendungen ab, die in der Beziehung zwischen Ärzten oder anderen Leistungsanbietern, im sogenannten „Doc2Doc"-Bereich zum Einsatz kommen, wie beispielsweise die Telekonsultation, Teleausbildung oder die Telechirurgie. Zum anderen definiert man den „Doc2 Patient"-Bereich als jene Applikationen, welche sich auf die Kommunikation zwischen Arzt und Patient beziehen. Hier finden Telediagnostik, Teletherapie, Telemonitoring und Telecare Anwendung.

## 2.2 Anwendungsbereiche im Interesse der vorliegenden Arbeit

Diese Arbeit beschäftigt sich schwerpunktmäßig mit den Telemedizin-Dienstleistern im Bereich des Telemonitoring. Die Begriffe Dienstleistung und Telemonitoring werden im folgenden Abschnitt erläutert.

**Definition Dienstleistung**

Eine unumstrittene, allgemeingültige Definition des betriebswirtschaftlichen Begriffs der Dienstleistung liegt in der Literatur nicht vor. Diese Arbeit orientiert sich an der Definition von Dreyer und Oehler (2002, S. 10), welche verschiedene Definitionsansätze vereint. Sie wird als umfassend und in diesem Kontext für ausreichend befunden: „Dienstleistung ist eine Arbeitsleistung, die unter Einbezug externer Produktionsfaktoren für andere Wirtschaftseinheiten erbracht und von diesen als Prozess in Kombination mit Sachgütern in Anspruch genommen wird."

Die Integration eines zur Leistungserstellung verwendeten externen Faktors, welcher in der Verfügungskompetenz des Leistungsempfängers steht und im Gegensatz zu anderen Inputfaktoren nicht vom Produzenten allein beschafft werden kann (Maleri, 1991, S. 105 ff.), ist nach dieser Definition ebenso Eigenschaft der Dienstleistung wie die Kombination der Leistung mit Sachgütern im Rahmen eines Prozesses. Auf das Telemonitoring bezogen, besteht dieser Prozess beispielsweise in der Übertragung, Auswertung und Bereitstellung bestimmter Daten. Dieser Prozess wird durch Sachgüter (Hardware, Software) unterstützt.

**Definition Telemonitoring**

In der vorliegenden Arbeit wird der Begriff Telemonitoring nach folgender Definition angewandt: Telemonitoring bedeutet, den Gesundheitszustand eines Patienten über eine geographische Distanz hinweg, mit Hilfe von Informations- und Kommunikationstechnologien zu überwachen (Federal Department of Health Canada, 2007).

Der beispielhafte Ablauf des Telemonitoring-Prozesses wird in Abbildung 2 graphisch dargestellt. Die Ziffern im folgenden Text beziehen sich auf den jeweils erwähnten Teilnehmer und entsprechen der Nummerierung in Abbildung 2.

Beim Telemonitoring werden Patienten (1) mit Geräten zur kontinuierlichen Überwachung von Vitalparametern wie Puls und Blutdruck oder anderen physiologischen Messdaten wie Gewicht oder Blutzucker ausgestattet. Diese Geräte sind in der Lage, die Daten entweder synchron oder mit Verzögerung von einem Sensor an eine Überwachungseinheit (2) zu senden, wo sie entweder gesammelt oder sofort ausgewertet werden. Diese Übertragung wird Telemetrie genannt. Von dort werden die Daten an einen Betreuer übertragen. Das kann der Haus- oder Facharzt (3) oder auch ein telemedizinisches Zentrum (4) sein. Häufig kommt außerdem ein Kommunikationsgerät zum Einsatz, z. B. ein speziell ausgestattetes Mobiltelefon oder ein Personal Digital Assistant (PDA). Auf diesem Gerät empfängt der Patient etwaige Rückmeldungen des Arztes wie beispielsweise Erinnerungen an die Medikamenteneinnahme, durchzuführende Messungen oder Informationen über die Auswertung der Messergebnisse. Bei alarmierenden Messergebnissen kann vom medizinischen Betreuer ein Notruf ausgelöst und zum Beispiel ein Notarztwagen angefordert werden (5).

*Abbildung 2: Teilnehmer des Telemonitoring*
*Quelle:Eigene Darstellung*

Das Telemonitoring wird hauptsächlich bei chronisch Kranken oder Hochrisiko-Patienten angewendet. Die Überwachung dient der Diagnostik oder Therapie von Krankheiten, der postoperativen Überwachung, der Prävention und dem Krankheitsmanagement. Die Erkrankungen, auf die in der vorliegenden Arbeit hauptsächlich eingegangen wird, sind Erkrankungen des Herz-Kreislauf-Systems und der Diabetes mellitus. Diese beiden Krankheitsgebiete haben auf Grund ihres hohen Vorkommens in der Bevölkerung und ihrer schwerwiegenden Begleit- und Folgeerkrankungen eine große gesellschaftliche Bedeutung und einen hohen Anteil an den Kosten des Gesundheitssystems.

Das Telemonitoring von Herzfunktionen teilt sich in die zwei wichtigsten Bereiche des Risikomonitoring und des Therapiemanagements auf. Beim Risikomonitoring werden Patienten mit Herzerkrankungen überwacht, die nicht akut gefährdet sind, jedoch das Risiko einer Zustandsverschlechterung tragen. Das Therapiemanagement zielt darauf ab, mit Hilfe von Telemonitoring die Therapie von Patienten zu verbessern. Beim Herz-Monitoring existieren

Systeme mit oder ohne Patienteninteraktion. Die Interaktion besteht darin, dass der Patient aktiv die Übertragung der Daten in einer Risikosituation auslöst, z. B. bei der Überwachung mit einem mobilen EKG-Gerät. Das Gerät muss bei Herzbeschwerden vom Patienten angelegt und zur Übertragung der Daten beispielsweise an das Telefon gehalten werden. Bei Systemen ohne notwendige Patienteninteraktion werden Daten ermittelt und automatisch entweder in bestimmten zeitlich definierten Abständen oder sobald sie einen definierten Schwellenwert überschreiten weitergeleitet. Das EKG-Gerät kann bei einem solchen System beispielsweise, ausgerüstet mit einem mobilen Sensor, in einem EKG-Brustgurt integriert sein (Heinen-Kammerer et al. 2006, S. 3). Bei Diabetespatienten wird hauptsächlich das Therapiemanagement unterstützt. Dies beinhaltet zum einen die Übertragung der Blutzuckerwerte und ihre Verlaufskontrolle und zum anderen die Unterstützung des Patienten bei der Umstellung seiner Lebens- und Ernährungsgewohnheiten.

## 2.3 Erkrankungen im Fokus des Telemonitoring

Es gibt eine Vielzahl von Erkrankungsfeldern bei denen ein Einsatz telemonitorischer Betreuung möglich ist. Die gängisten Anwendungen finden sich im Bereich der Kardiologie, das heißt in dem Teilbereich der Medizin, welcher sich mit Herz-Kreislauf-Erkrankungen befasst. Dort wird Telemonitoring vor allem bei den in Kapitel 2.3.1 genauer erläuterten Krankheitsbildern eingesetzt:

- Koronare Herzkrankheit
- Herzrhythmusstörungen
- Chronische Herzinsuffizienz
- Patienten mit kardio-vaskulärem (Herz-Kreislauf-) Hochrisikoprofil
- Patienten in Rehabilitation (z. B. nach einem kardialen Ereignis)
- Zur postoperativen Kontrolle nach Herzklappen- und Bypassoperationen

Im Bereich der Stoffwechselerkrankungen wird das Telemonitoring zur Unterstützung der Therapie sowohl bei

- Diabetes mellitus Typ 1 als auch bei
- Diabetes mellitus Typ 2

eingesetzt. Diese werden in Kapitel 2.3.2 näher erläutert. Darüber hinaus werden auch Erkrankungen des Atmungssystems wie Asthma und chronisch obstruktive Lungenerkrankung, sowie der Bereich der zerebro-vaskulären Erkrankungen wie der Schlaganfall, als lohnende Einsatzgebiete für Telemonitoring diskutiert. In Regensburg wird außerdem die Überwachung von Traumapatienten telemetrisch umgesetzt. Dr. Zugck nennt überdies ein Monitoring des Körpergewichts bei Adipositas und der Blutgerinnung bei Marcumar-Patienten als potentielle Anwendungsgebiete (Interview Universitätsklinium Heidelberg, 2007).

Als weiteren Ansatz ziehen Herr Conz und Dr. Graf von Stillfried den Einsatz des Telemonitorings bei multimorbiden Patienten in Erwägung. Dieser Ansatz ist weniger indikationsspezifisch als personenbezogen (Interview AnyCare GmbH, 2007 und Interview Kassenärztliche Bundesvereinigung, 2007).

### 2.3.1 Herzerkrankungen

Das Bundesministerium für Forschung nennt kardio-vaskuläre Erkrankungen als heutzutage häufigste Todesursache in Deutschland. Gleichzeitig verursachen sie die meisten stationären und ambulanten Behandlungen. Die individuelle und volksgesundheitliche Bedeutung der Herz-Kreislauf-Erkrankungen ergibt sich aus den erheblichen Beeinträchtigungen fast aller anderen Organsysteme (VDI/VDE Innovation + Technik GmbH, 2005).

**Koronare Herzkrankheit**

Das Herz ist ein muskulöses Hohlorgan, welches als Druck- und Saugpumpe dafür sorgt, dass das Blut durch den Körper transportiert wird und dadurch die Körpergewebe mit Blut und Sauerstoff versorgt werden. Der Herzmuskel selbst wird durch ein Geflecht von Koronararterien versorgt. Kommt es zu einer anhaltenden Verminderung des koronaren Blutflusses durch Arterienverkalkung (Arteriosklerose), spricht man von einer koronaren Herzkrankheit (KHK). Der Herzinfarkt ist eine der häufigsten und gravierendsten Komplikationen der KHK. Durch arteriosklerotische Schäden der Arterien kommt es zur Entstehung sogenannter Plaques. Diese Ablagerungen in der Gefäßwand der Arterien können aufbrechen. Die Blutplättchen, welche sich daraufhin an den Gefäßdefekt anlagern um ihn zu reparieren, bilden einen Blutpfropf (Thrombus). Dieser verursacht den Verschluss der Koronararterie und löst damit den Herzinfarkt aus (Braun, Renz-Polster, 2000, S. 59 ff.; Löwel, H. 2006, S. 7ff.).

Ischämische Herzkerkrankungen, d.h. Krankheiten bei denen das Herzmuskelgewebe ungenügend mit Sauerstoff versorgt wird, waren laut Statistischem Bundesamt mit 148.641 Verstorbenen (76 638 Frauen und 72 003 Männer) im Jahr 2005 die häufigste Todesursache in Deutschland (Statistisches Bundesamt, 2006a).

**Angina pectoris**

Durch die Durchblutungsstörungen der Koronararterien im Rahmen der Koronaren Herzkrankheit entsteht ein Sauerstoffmangel im Herzen. Dieser Sauerstoffmangel kann Schmerzen auslösen, sogenannte Angina-pectoris-Schmerzen. Wörtlich bedeutet Angina pectoris "Enge in der Brust". Angina-pectoris-Anfälle treten häufig während körperlicher oder seelischer Belastungen auf. Das Herz muss dann mehr Arbeit leisten und benötigt mehr Sauerstoff. Kann dieser zusätzlich benötigte Sauerstoff über die verengten Koronararterien nicht herbeigeführt werden, kommt es zu den Schmerzen und Beschwerden eines Angina-pectoris-Anfalls. Die Symptome eines Angina-pectoris-Anfalls können individuell unterschiedlich ausfallen, häufig wird jedoch von Druck hinter dem Brustbein berichtet, einhergehend mit Übelkeit, Atemnot oder einem Gefühl des Erstickens. Die Beschwerden können sich auf andere Körperregionen ausdehnen, häufig mit Schmerzen ausstrahlend in die Schultern und Arme. Nicht zwangsläufig muss ein solcher Sauerstoffmangel am Herzen mit Schmerzen einhergehen. In diesem Falle spricht man von "stummen Ischämien" (Kardiologisches Informationsforum Medizin Life, 2007).

**Herzinsuffizienz**

Herzinsuffizienz bezeichnet eine Herzschwäche und damit die Unfähigkeit des Herzens, die Gewebe des Körpers ausreichend mit Blut und Sauerstoff zu versorgen. Symptome der Herzinsuffizienz sind zum Beispiel Atemnot und Wassereinlagerungen in den Beinen und dadurch eine Gewichtszunahme. Krankheiten, die den Herzmuskel dahingehend schädigen, können vom Herzen selbst, vom Blutgefäßsystem oder von anderen Organen ausgehen. Die häufigsten Ursachen sind:

- Bluthochdruck
- KHK
- Krankheiten, die den Herzmuskel oder die Herzklappen direkt angreifen (z. B. Entzündungen)

Muss das Herz auf Grund eines erhöhten Blutdrucks ständig gegen einen großen Widerstand im Körperkreislauf anpumpen, hat dies strukturelle Veränderungen des Herzmuskels zur Folge. Durch die Freisetzung kardialer Wachstumsfaktoren kommt es zunächst zur Größen- und Massenzunahme des Herzmuskels. Diese Veränderungen führen langfristig durch die kontinuierliche Überbelastung zu einer Funktionsverschlechterung, sowie zu einem gesteigerten Sauerstoffbedarf des Herzmuskels. Der Sauerstoffbedarf des Herzens wird über die Koronararterien gedeckt. Leidet der Patient unter einer KHK, dann sind diese Arterien verengt. Dadurch erhält der Herzmuskel zu wenig Blut. Die daraus resultierende Sauerstoffknappheit macht sich besonders bei körperlicher Anstrengung bemerkbar, wenn das Herz schneller und kräftiger schlagen muss. Somit tritt bei vielen KHK-Patienten irgendwann eine Herzinsuffizienz auf (Braun, Renz-Polster, 2000, S. 79 ff.).

Der Schweregrad einer Herzinsuffizienz wird nach der Klassifikation der New York Heart Association (NYHA I-IV) eingeteilt, wie sie in Abbildung 3 dargestellt ist. Die Stufen reichen von der ersten, bei der bei normaler Belastung völlige Beschwerdefreiheit besteht, bis zur vierten, bei der bereits in Ruhe oder bei geringer Belastung Einschränkungen der körperlichen Leistungsfähigkeit besteht (American Heart Association, 2007).

| Stadium | Beschreibung |
|---|---|
| I | Herzkrankheit ohne Beschwerden bei normaler körperlicher Belastung |
| II | Belastungsinsuffizienz, Beschwerden bei stärkerer körperlicher Belastung |
| III | beginnende Ruheinsuffizienz, Beschwerden bei leichter körperlicher Belastung, in Ruhe meist beschwerdefrei |
| IV | manifeste Ruheinsuffizienz, Beschwerden in Ruhe |

*Abbildung 3: NYHA-Stadien der Herzinsuffizienz*
*Quelle: Viamedici, 2007*

**Herzrhythmusstörungen**

Beim gesunden Herzen sind Schlagkraft und Schlaggeschwindigkeit (Frequenz) optimal an die Anforderungen des Körpers angepasst. Durch Herzrhythmusstörungen (HRST) kann die Schlaggeschwindigkeit des Herzens krankhaft verändert sein. Das Herz schlägt dabei entweder zu langsam (weniger als 60 Schläge/min, Bradykardie) oder zu schnell (mehr als 100 Schläge/min, Tachykardie). Eine weitere Form der HRST ist das unregelmäßige Schlagen. Von Patienten werden Tachykardien meist als „Herzrasen" und die unregelmäßigen Rhythmusstörungen als „Herzstolpern" geschildert. HRST sind außerdem häufig Auslöser für sogenannte Synkopen, welche ein plötzliches, kurzzeitiges Aussetzen des Bewusstseins bezeichnen. Diese Rhythmusstörungen können allein oder kombiniert auftreten und ebenfalls zu einer Herzinsuffizienz führen. Die Bedeutung von HRST reicht somit von der harmlosen Normabweichung bis zum plötzlichen Herztod, an dem in Deutschland im Durchschnitt etwa 90.000 Menschen im Jahr sterben (Braun, Renz-Polster, 2000, S.86 ff.).

### 2.3.2 Diabetes mellitus

In Deutschland wurde die Zahl der Diabetiker laut des Deutschen Diabetes Zentrums Düsseldorf (DDZ) im Jahr 2003 auf ca. 6,3 Millionen geschätzt, davon 5 Millionen diagnostizierte Fälle. Der Diabetes mellitus steht an vierter Stelle der Haupttodesursachen in den Industrieländern und es wird geschätzt, dass er durch seine verheerenden Folgeerkrankungen 5-10 % der nationalen Gesundheitskosten verursacht.

In den Industriegesellschaften führt ein Nahrungsüberangebot gepaart mit Bewegungsmangel zu vermehrtem Auftreten von Fettstoffwechselstörungen, Diabetes mellitus und Fettleibigkeit. Diese wiederum haben durch die Erkrankungshäufigkeit und die erhöhte Sterblichkeit durch Folgeerkrankungen eine erhebliche gesundheitspolitische und gesellschaftliche Bedeutung (Robert Koch Institut, 2007). Der Diabetes mellitus bezeichnet eine Stoffwechselkrankheit, bei der vor allem der Kohlenhydrat- jedoch auch der Fett- und Eiweißstoffwechsel gestört ist. Es können zwei Hauptgruppen des Diabetes mellitus unterschieden werden, der Diabetes mellitus Typ 1 und der Diabetes mellitus Typ 2 (Böhm, Brückel, Kerner, 2004, S. 1 ff.).

Beim Diabetes mellitus Typ 1 werden die insulinproduzierenden B-Zellen der Bauchspeicheldrüse durch Autoimmunvorgänge oder andere nicht genauer bekannte Ursachen zerstört. Daraus resultiert ein absoluter Insulinmangel. Insulin ist im Körper notwendig, um Glukose aus der Nahrung vom Blut in die Körperzellen zu transportieren. Circa 5 % aller Diabetiker, hauptsächlich Kinder und Jugendliche, erkranken an dieser Form des Diabetes (Böhm, Brückel, Kerner, 2004, S. 1 ff.).

Neben der erblichen Veranlagung spielen bei der Entstehung des Diabetes mellitus Typ 2 vor allem Übergewicht, falsche Ernährung und Bewegungsmangel, sowie ein fortgeschrittenes Lebensalter eine Rolle. Die Patienten entwickeln einen relativen Insulinmangel, d.h., es wird in den insulinproduzierenden B-Zellen der Bauchspeicheldrüse die normale Menge an Insulin produziert. Aufgrund der erhöhten Körpermasse oder einer Insulinresistenz der Körperzellen ist jedoch die Menge des Insulins, in Relation zum Bedarf, zu gering (Böhm, Brückel, Kerner, 2004, S. 1 ff.).

Beim Diabetes mellitus Typ 1 kann der absolute Mangel an Insulin zu stoffwechselbedingter Bewusstlosigkeit und bis zum Koma führen. Der Diabetes mellitus Typ 2 führt selten zu derart schweren Stoffwechselentgleisungen. Beide Formen führen jedoch auf Dauer zu Schädigungen der großen und kleinen Blutgefäße sowie der Nervenzellen. Diese Schädigungen bringen kardio-vaskuläre Erkrankungen, die Gefahr der Erblindung, des Nierenversagens und des Absterbens von Gliedmaßen mit sich. Häufig benötigen Patienten mit Diabetes mellitus Typ 2 nicht sofort zu Beginn der Erkrankung eine Insulintherapie, sondern können mit Nahrungsumstellung, körperlichem Training und oralen Diabetesmedikamenten behandelt werden. Bei Patienten mit Diabetes mellitus Typ 1, sowie im fortgeschrittenen Stadium des Diabetes mellitus Typ 2 ist eine Insulintherapie unausweichlich. Die Patienten müssen hierfür mehrmals täglich ihren Blutzuckerspiegel messen und sich daraufhin die Menge des benötigten Insulins ins Unterhautfettgewebe spritzen (Böhm, Brückel, Kerner, 2004, S. 1 ff.; Braun, Renz-Polster, 2000, S. 770 ff.).

# 2.4 Einsatz und Nutzen des Telemonitoring

Für den Einsatz der Telemedizin sprechen im Allgemeinen drei Argumente:

- die steigende Prävalenz chronischer Erkrankungen (siehe Kapitel 2.3)
- die zunehmende Alterung der Bevölkerung (siehe Kapitel 2.4.3)
- die daraus resultierende Kostensteigerung im Gesundheitswesen (siehe Kapitel 2.5)

Befürworter der Telemedizin sehen in ihr die Möglichkeit (A) die Versorgungsqualität im Gesundheitswesen zu gleichbleibenden Kosten zu verbessern, (B) die Gesundheitskosten bei gleichbleibender Versorgungsqualität zu senken oder gar (C) die Versorgungsqualität zu niedrigeren Kosten zu steigern. Dieser Zusammenghang zwischen medizinischem und ökonomischem Nutzen des Telemonitoring wird in Abbildung 4 verdeutlicht.

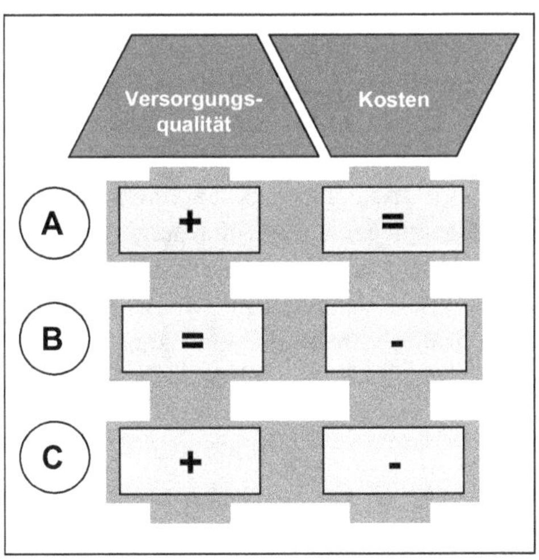


*Abbildung 4: Der medizinische und ökonomische Nutzen des Telemonitoring*
*Quelle: Eigene Darstellung*

Qualitätsverbesserungen in der medizinischen Versorgung des Patienten bewirkt das Telemonitoring durch Therapieoptimierung dank engmaschiger Überwachung, Risikoprävention, Förderung der Compliance (Therapietreue) und eine optimierte Vernetzung der Gesundheitsstrukturen. Wenn telemedizinische Anwendungen dabei Kosteneinsparungen ermöglichen, schaffen sie finanziellen Freiraum für neue Investitionen in den technischen und medizinischen Fortschritt der Gesundheitsversorgung. Wie die Telemedizin Qualität und Kosten optimieren kann, wird in der Literatur vielfach argumentiert. Dieses Kapitel stellt einige Argumente zusammen.

### 2.4.1 Wirtschaftlicher Nutzen des Telemonitoring

Behandlungskosten im Rahmen der Herzinsuffizienz werden weniger durch Medikamente oder teure Interventionen wie Herztransplantationen verursacht, sondern durch Krankenhausaufenthalte. Diese machen ca. 70 % der Ausgaben aus (Frankenstein et. al. 2005, S. 177). Vermeidbare Krankenhausaufenthalte begründen sich bei chronischen Erkrankungen häufig in einer akuten Krankheitsverschlimmerung oder einer Komplikation. Häufig verursachen lückenhaftes Wissen der Patienten, fehlende Compliance, ungenügende medikamentöse Einstellung und unzureichende Erfassung der relevanten Vitalparameter die Rehospitalisierung des Patienten.

Bei Patienten mit einer chronischen Herzinsuffizienz liegt die mittlere Verweildauer im Krankenhaus bei 18 Tagen. Es wird geschätzt, dass ca. 1,5 Milliarden Euro Klinikkosten jährlich verursacht werden (Adrian et al, 2005).

Die Kaufmännische Krankenkasse Hannover (KKH), die ArztPartner almeda AG und das Blutdruckinstitut München wiesen in einer kontrollierten, prospektiven Studie an 251 Patienten mit chronischer Herzinsuffizienz die Senkung der Mortalität, sowie eine Senkung der Gesamtbehandlungskosten durch telemedizinische Betreuung nach. Über die Dauer eines Jahres übermittelten die Patienten täglich telemetrisch ihr Körpergewicht und wurden telefonisch von einem persönlichen Ansprechpartner betreut. Weiterhin erhielten sie regelmäßig Schulungsunterlagen und telefonische Beratung durch medizinisches Fachpersonal. Die Kosteneinsparung konnte vor allem durch eine Reduktion der Krankenhaustage um 48 % erreicht werden. Die Gesamtbehandlungskosten pro Patient waren um 6.883 Euro geringer als die der Kontrollgruppe (Patienten ohne telemedizinische Betreuung). Die Mortalität lag bei 14,7 % (im Vergleich zu 27,1 % in der Kontrollgruppe) ebenfalls signifikant niedriger. Die Verbesserung beider Ergebnisse war bei Männern deutlich ausgeprägter als bei Frauen (Frye, Ch. et al. 2007, S. 417-422).

### 2.4.2 Medizinischer Nutzen des Telemonitoring

Der medizinische Nutzen des Telemonitoring kann sich in einer Vielzahl von Parametern ausdrücken und ist nicht allgemeingültig definiert. Im Folgenden werden die Aspekte der Zeitersparnis, der verbesserten oder vereinfachten Diagnostik und der Therapieoptimierung beispielhaft beleuchtet. Weiterhin kann sich der medizinische Nutzen in einer Verbesserung der Lebensqualität, einer längeren Lebensdauer des Patienten, einer gesteigerten Zufriedenheit (von Patient und Arzt) oder beispielsweise in einer verbesserten Datenverfügbarkeit zu Forschungszwecken ausdrücken. Sicherlich ist der medizinische Nutzen häufig eher qualitativer Natur und deshalb weniger quantifizierbar als der ökonomische Nutzen.

**Zeitersparnis**

Die Anwendung des Telemonitoring bei akuten Herz-Kreislauf-Erkrankungen wurde im Rahmen einer kontrollierten Studie an 290 kardio-vaskulären Patienten untersucht. Sie gehörten einer Gruppe von 3000 Patienten an, die telemedizinische Services nutzten und an einer Anwendungsbeobachtung teilnahmen (Fischer et al., 2005, S. 34 f.). Nach Analyse des telemetrisch übermittelten EKGs war bei 80 % der Patienten keine Einleitung dringlicher medizinischer Maßnahmen erforderlich. Lediglich 20 % der Anrufer bedurften notfalltherapeutischer Schritte. In allen Fällen konnte die klinische Situation des Patienten trotz der teilweise kritischen Zustände bis zum Eintreffen des Notarztes stabilisiert werden. Dem Faktor „Zeit" kommt bei der Behandlung dieser bedrohlichen Zustände eine fundamentale Rolle zu. Die meisten Todesfälle ereignen sich bereits bevor der Patient das Krankenhaus erreicht. Die Zeit zwischen dem ersten Auftreten der Symptome und dem tatsächlichen Therapiebeginn wird im Allgemeinen in drei Intervalle eingeteilt, wie sie in Abbildung 5 dargestellt sind: Die Patiententenentscheidungszeit bezeichnet den Zeitraum vom Beginn der Symptome bis zur Alarmierung des Notdienstes. Diese Zeit liegt in Deutschland zwischen 60 und 570 Minuten. Das zweite Intervall bezeichnet die prähospitale Versorgungszeit, das heißt den Zeitraum von der Alarmierung des Notdienstes bis zur Ankunft im Krankenhaus. Darauf folgt die intrahospitale Verzögerung. Diese Verzögerung entsteht meist durch administrative Vorgänge, fehlenden direkten Zugang zu Intensivstationen und mangelhafte Handlungsrichtlinien. Patienten, die zunächst ihren Hausarzt konsultieren, weisen die längsten Verzögerungszeiten auf, während Telemonitoring-Patienten durch ihren schnellen Kontakt mit dem Call Center (innerhalb einer Stunde) diesen Zeitraum bedeutend verkürzen.

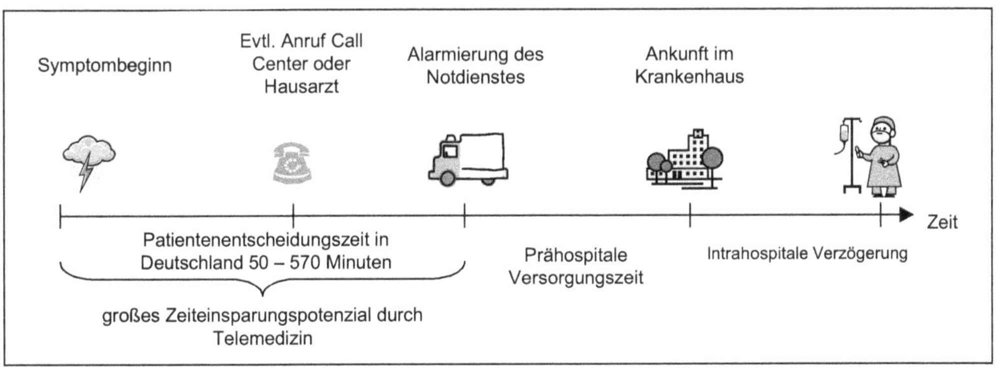


*Abbildung 5: Prozessablauf Beschwerdebeginn bis Behandlung*
*Quelle: Eigene Darstellung nach Fischer et al, 2005, S. 34 f.*

**Vereinfachte Diagnosestellung**

Für die Diagnosestellung von Herzrhythmusstörungen bietet sich das Telemonitoring ebenfalls an. Häufig treten diese Symptome unregelmäßig auf und sind von kurzer Dauer. Daher können sie durch konventionelle Diagnostik wie Ruhe- oder Langzeit EKG nur bedingt festgestellt werden. Telemonitoring jedoch bietet die Möglichkeit prompt auch bei unregelmäßig auftretenden Beschwerden unverzüglich zu reagieren und eine Diagnose zu erstellen (Fischer et al. 2005, S.37).

**Optimiertes Therapiemanagement**
Auch bei der Therapie des Diabetes mellitus ist der Einsatz von telemonitorisch unterstützter Betreuung möglich. Die Diabetes Control and Complications Study (DCCT) die 1993 vom National Diabetes Information Clearinghouse veröffentlicht wurde, wies auf die herausragende Bedeutung der lebenslangen straffen Blutzuckereinstellung von Diabetikern vom Typ 1 hin, um die multiplen Komplikationen des Diabetes mellitus positiv zu beeinflussen. Sie besagt, dass bei effektiver Diät sowie medikamentöser Einstellung das Risiko von Augenkrankheiten um 76 %, von Nierenerkrankungen um 50 % und von Nervenerkrankungen um 60 % reduziert werden kann (National Diabetes Information Clearinghouse, 2007).

Mit Hilfe von Telemonitoringsystemen kann der Patient durch regelmäßige Übertragung der Blutzuckerwerte und Dokumentation seiner Lebensgewohnheiten im Management seiner Erkrankung unterstützt und intensiver betreut werden. Dies fördert sowohl das Krankheitsverständnis als auch die Compliance des Patienten. Eine verbesserte Einstellung der Blutzuckerwerte führt zu einer langfristigen Verbesserung der Lebensqualität des Patienten.

### 2.4.3 Der demographische Wandel

Das Altern der Bevölkerung, das heißt die verlängerte Lebenserwartung und gleichzeitige Verringerung der Geburtenrate, stellt Deutschland, wie auch die Gesellschaften anderer westlicher Industriestaaten, vor große Herausforderungen in Fragen der Wirtschaft und des Sozial- und Gesundheitswesens. In Wechselwirkung mit der Entwicklung der Zuwanderung bestimmt die Alterung der Gesellschaft den demographischen Wandel.

Das deutsche Statistische Bundesamt erwartet, dass im Jahre 2050 doppelt so viele 60-Jährige in Deutschland leben werden wie Kinder geboren werden. Der Seniorenanteil in der Bevölkerung wird von heute 19 %, je nach Schätzungsannahme auf 27 % bis 30% im Jahre 2030 und 33 % bis 36 % im Jahre 2050 steigen. Gleichzeitig wird sich die Geburtenhäufigkeit voraussichtlich zwischen 1,2 bis 1,6 Kinder je Frau einpendeln, das bedeutet jede folgende Frauengeneration wird zahlenmäßig kleiner sein als die Generation ihrer Mütter (2,1 Kinder je Frau können einen ausgeglichenen Ersatz der Vorgängergeneration gewährleisten). Die Folge ist ein Geburtendefizit und ein Rückgang der Bevölkerungszahl auf lange Sicht. Auch ein wahrscheinlich positives Wanderungssaldo (Delta zwischen Zu- und Fortzügen) wird diese Lücke voraussichtlich nicht ausgleichen können (Statistisches Bundesamt, 2006b, S. 31ff.).

**Korrelation zwischen Lebenserwartung und Gesundheitskosten**

Ob eine höhere Lebenserwartung zwangsläufig mit einen Anstieg der Gesundheitskosten einhergehen muss, ist in der Wissenschaft umstritten. Im Wesentlichen teilen sich die Lager in Anhänger dreier Thesen:

Verbrugge argumentiert in seiner Medikalisierungsthese, dass mit steigendem Lebensalter auch eine Zunahme chronischer Erkrankungen einhergeht. Der technische Fortschritt kann nach Verbrugge zwar den Tod, jedoch nicht die (Multi-) Morbidität verzögern (Verbrugge, 1984, S. 515 ff.) Daraus folgen in Zukunft mit steigender Lebensdauer eine erhöhte Beanspruchung von Gesundheitsleistungen und ein Kostenanstieg.

Fries widerspricht diesem Zusammenhang in seiner Kompressionstheorie, die davon ausgeht, dass eine Verstärkung der Morbidität nicht vom Lebensalter, sondern vor allem von der zeitlichen Nähe zum Todeszeitpunkt ausgelöst ist. Fries geht von drei Annahmen aus: einer allgemein wachsenden Lebensdauer, einer fixen maximalen Lebenserwartung (wenige Menschen werden älter als 100 Jahre) sowie der Möglichkeit das Auftreten chronischer Krankheiten durch technischen Fortschritt und Prävention hinauszuzögern. Er schlussfolgert, dass demnach zukünftig mehr Lebensjahre in Gesundheit verbracht werden und die Dauer der Morbidität kürzer ausfällt. Eine Alterung der Bevölkerung nach Fries hat also keine zwangsläufige Erhöhung der Gesundheitskosten zur Folge (Fries, 1980, S. 133 ff.).

In seiner Theorie der Bi-Modalität trägt Kane beiden wissenschaftlichen Tendenzen Rechnung, indem er die Bevölkerung in zwei Gruppen einteilt. Er argumentiert, dass durch eine allgemeine Verbesserung des Gesundheitszustandes der erste Teil der Bevölkerung mehr Lebensjahre in Gesundheit verbringen wird als er es zuvor getan hat. Gleichzeitig, so Kane, wird dank der allgemeinen Gesundheitsverbesserung der andere Teil der Bevölkerung weniger früh versterben, als er es früher getan hat. Die hinzugewonnenen Lebensjahre dieser zweiten Gruppe werden jedoch in Krankheit verbracht, für Sie besteht die Verbesserung lediglich in der verlängerten Lebensdauer. Dies hat im Durchschnitt eine Morbiditätssteigerung zur Folge, obwohl eine Verbesserung des allgemeinen Gesundheitszustandes eingetreten ist. Somit werden keine Kosteneinsparungen realisiert werden können (Kane, Radosevich, Vaupel, 1990, S. 47).

Eine endgültige Klärung des Sachverhaltes durch wissenschaftlich valide Daten steht noch aus. Fries Ausführung bleibt interessant, gilt jedoch mehr als Theorie denn als empirisch erwiesen (Kane, Radosevich, Vaupel, 1990, S.33). Nach Ansicht der Verfasser ist auch in Zukunft mit keinem Rückgang, sondern mit einem Anstieg oder bestenfalls einer Stagnation der Gesundheitsausgaben in Deutschland zu rechnen. Festzuhalten bleibt, dass chronische Erkrankungen das Gesundheitswesen finanziell stark belasten: Auf ein Fünftel der Versicherten in Deutschland entfallen derzeit 80 % der Kosten (Stock, Redaèlli, Lauterbach, 2005, S. 49).

# 2.5 Der deutsche Gesundheitsmarkt

Das deutsche Gesundheitswesen weist einen hohen Grad an staatlicher Regulierung auf. Dies gilt insbesondere für das Krankenversicherungssystem, welches eine zentrale Stellung innerhalb des Gesundheitssystems einnimmt.

Das Gesundheitsstrukturgesetz führte 1993 die Budgetierung ein, um den Kostenanstieg innerhalb der GKV zu begrenzen. Budgetierung bedeutet, dass in den wichtigsten Leistungsbereichen eine Ausgaben-Obergrenze definiert ist, welche proportional nicht stärker wachsen darf als die Einnahmen der Kassen. Die Politik der Ausgabendeckelung dämpft somit den Kostenanstieg (Bundeszentrale für politische Bildung, 2007a). Abbildung 6 zeigt den Anstieg der Gesundheitsausgaben in absoluten Zahlen sowie im Verhältnis zum Bruttoinlandsprodukt (BIP). Die deutschen Gesundheitsausgaben sind im internationalen Vergleich überdurchschnittlich hoch. Angepasst an die Kaufkraft liegt Deutschland auf Platz sieben der Länderliste mit den höchsten Pro-Kopf-Ausgaben weltweit (OECD, 2005a).

Den budgetierten Mitteln steht technischer Fortschritt in der Medizin sowie ein wachsendes Versorgungsbedürfnis der Bevölkerung gegenüber (siehe Kapitel 2.4.3). In diesem Spannungsfeld will die Telemedizin einen Lösungsansatz bieten (siehe Kapitel 2.4).

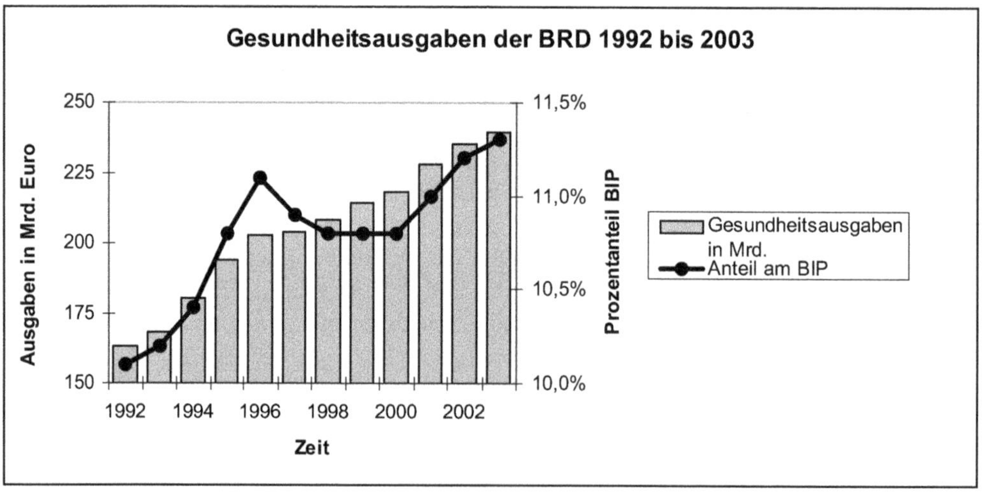


*Abbildung 6: Gesundheitsausgaben der BRD 1992 bis 2003*
*Quelle: Bundesministerium für Gesundheit, 2005, Abschnitt 10.3*

Hinter den aktuellen Reformen, die das deutsche Gesundheitsystem erlebt, stehen Bestrebungen, die der Telemedizin förderlich sind. Die Neuordnungen seitens des Gesetzgebers streben eine Veränderung der Rolle der Krankenkassen an und stehen im Zeichen der Wettbewerbsförderung. Sie verfolgen die Einführung neuer Vergütungsformen, die wegführen von Leistungs- hin zu Fallpauschalen. Die Stiftung für chronisch Herzkranke weist zu Recht darauf hin, dass die Telemedizin auch dem Gedanken der Vorbeugung entgegenkommt: Sie „entspricht dem auch in Deutschland zunehmend beachteten Prinzip von Krankheitsprävention statt kostspieliger Intervention, wenn „das Kind schon in den Brunnen gefallen ist“ (Interview Stiftung für chronisch Herzkranke, 2007).

### 2.5.1 Die Teilnehmer am Gesundheitsmarkt

Gesundheit und Leistungen, die ihr dienlich sind, sind Güter, die auf dem Gesundheitsmarkt angeboten und nachgefragt werden. Dabei ist Gesundheit primär als individuelles Gut, sowie in eingeschränktem Maße als öffentliches Gut zu verstehen: Gesundheit wird vom Individuum (siehe: Kapitel 3.1.2) nachgefragt und bringt ihm direkten Nutzen. Zusätzlich bringt die Leistungsfähigkeit des Einzelnen durch dessen Arbeit, Steuern und Beiträge auch der Gemeinschaft Nutzen - im Gegensatz zu direkten Kosten und Opportunitätskosten, die einem Kranken, jedoch vor allem der Gemeinschaft, durch Arbeitsunfähigkeit, Invalidität oder frühzeitigen Tod entstehen (Oberender, Hebborn, Zerth, 2006, S. 23).

Bedürftigkeit nach Gesundheitsmaßnahmen erwächst bei einem Individuum, wenn es in seiner Funktionsfähigkeit beeinträchtigt ist und diese Beeinträchtigung durch ebensolche Maßnahmen behoben werden kann. Die Entscheidung des Individuums medizinische Maßnahmen in Anspruch zu nehmen, verwandelt den Bedarf in fassbare Primärnachfrage. Diese kann subjektiv eingeschätzt werden oder objektiv durch einen Leistungsbringer (siehe: Der Vertragsarzt) beurteilt werden. Erst der Leistungserbringer übersetzt die abstrakte Primärnachfrage in eine tatsächliche, sekundäre Nachfrage nach konkreten Leistungen (Oberender, Hebborn, Zerth, 2006, S. 19 ff.), die von der Krankenversicherung vergütet werden (siehe: Die gesetzliche Krankenversicherung; Die private Krankenversicherung).

**Der Patient**

Ab 2009 muss jeder Mensch in Deutschland krankenversichert sein. Für Bürger, die der gesetzlichen Versicherungspflicht unterliegen, gilt der Versicherungszwang schon ab 2007. Auch ehemals Privatversicherte, die ihren Versicherungsschutz verloren hatten, weil sie ihn nicht mehr bezahlen konnten, können in einen Standardtarif ihrer letzten Privatversicherung zurückkehren. Diese sind verpflichtet sie aufzunehmen. Eingeschlossen sind nichtberufstätige Ehepartner und Kinder (Bundesministerium für Gesundheit, 2007a). Gesetzlich versicherte Patienten haben in der Regel keinen freien Zugang zur Krankenhausversorgung. Sie müssen sich immer von einem Vertragsarzt der gesetzlichen Krankenkassen einweisen lassen. Lediglich im Notfall kann der Patient das Krankenhaus direkt aufsuchen. (Neubauer, 2003, S. 2).

Das Solidarprinzip in der GKV garantiert jedem Versicherten eine Vollkostendeckung und führt somit in der Wahrnehmung des Patienten zu einer Entkoppelung der in Anspruch genommenen Leistung und deren Kosten. Die finanzielle Verantwortung wird vom Versicherten nicht direkt übernommen mit der Konsequenz, dass sich die Nachfrage gänzlich vom Preis löst. Für die Versicherten beträgt der Kaufpreis quasi null. Man spricht in diesem Zusammenhang auch von der „Nullpreisillusion“ und dem „Freifahrereffekt“ (Oberender, E-cker, Zerth, 2005, S. 35).

Interessenvertretungen der Patienten sind z. B.:

- Deutsche Gesellschaft für Versicherte und Patienten e.V. (DGVP)
- Allgemeiner Patientenverband e.V.
- Deutscher Behindertenrat
- Bundesarbeitsgemeinschaft der Patientinnenstellen (BAGP)
- Deutsche Arbeitsgemeinschaft Selbsthilfegruppen e.V.
- Verbraucherzentrale Bundesverband e.V. (vzbv)

**Die gesetzliche Krankenversicherung**

Die gesetzliche Krankenversicherung (GKV) ist im fünften Buch des Sozialgesetzbuches geregelt und ist gemeinsam mit der Unfall-, Renten-, Arbeitslosen- und Pflegeversicherung Teil der umfassenden sozialen Sicherung in Deutschland. Etwa 85 % der deutschen Bevölkerung waren 2006 in der GKV versichert (Bundeszentrale für politische Bildung, 2007b).

Das Gesundheitswesen nahm seinen Ursprung Ende des 19. Jahrhunderts in der bismarckschen Sozialgesetzgebung zum Schutz der Arbeiter und ist demnach ein historisch gewachsenes Konstrukt. Es basiert - im Gegensatz zu staatlich oder privat finanzierten Gesundheitssystemen anderer Länder - auf dem Versicherungsprinzip und der Versicherungspflicht. Für weite Teile der Bevölkerung (nämlich Arbeitnehmer, Auszubildende, Arbeitslose, land- und forstwirtschaftliche Unternehmer und ihre mitarbeitenden Familienangehörigen, Künstler und Publizisten, Rentner und Rentenantragsteller sowie Studenten) besteht demzufolge die Pflicht, Beiträge einzuzahlen. Sie haben im Gegenzug Anspruch auf Leistungen (Bundeszentrale für politische Bildung, 2007b).

Das Solidarprinzip prägt weite Teile der sozialen Sicherung, so auch die GKV. Es besagt, dass Beiträge nach der wirtschaftlichen Leistungsfähigkeit erhoben werden, Gesundheitsleistungen jedoch nach dem medizinischen Bedarf bemessen werden. Die unterschiedlichen Kassen der GKV sind selbstverwaltete Körperschaften des öffentlichen Rechts, unterliegen also den Rahmenbedingungen, die der Staat für ihr nicht-profitorientiertes Wirtschaften setzt, sind jedoch weder direkt weisungsgebunden noch Teil der staatlichen Verwaltung. Nichtsdestotrotz sind individuellen Entscheidungen der Kassen enge Grenzen gesetzt. In einigen Belangen- etwa dem Rahmenvertrag für Vergütung auf Bundesebene, Mindeststandards für Qualitätsanforderungen oder Festbetragsfestsetzungen - schreibt der Gesetzgeber zwingend einheitliches Handeln vor (Bundeszentrale für politische Bildung, 2007c). Die mit der Gesundheitsreform 2006 beschlossene Etablierung eines Spitzenverbandes der Krankenkassen auf Bundesebene soll eine Einigung in Punkten des gemeinsamen Handelns vereinfachen und Entscheidungsstrukturen straffen. Der Verwaltungsrat, das beschlussfassende Organ des Rates besteht, wie auch die Selbstverwaltung der einzelnen Kassen, aus Versicherten- und Arbeitgebervertretern. Er umfasst 41 Mitglieder (Die gesetzlichen Krankenkassen, 2007).

Die deutsche GKV ist in Kassenarten gegliedert, zwischen denen seit 1996 für den Bürger eine Wahlfreiheit und somit eingeschränkter Wettbewerb besteht. Fusionen zwischen den Kassenarten sind mit der Gesundheitsreform 2006 erstmals möglich. Man unterscheidet zwischen sieben Kassenarten (Bundeszentrale für politische Bildung, 2007c), wie sie in Abbildung 7 dargestellt sind. Ein Unterschied wird bei deutschen Krankenkassen zwischen den Mitgliedern, also jenen Teilnehmern, die Beiträge einzahlen, und Versicherten, wie Familienangehörigen (man spricht auch von Familienlast) und anderweitig Mitversicherten gemacht. Die Versichertenzahl übersteigt demnach immer die Mitgliederzahl; je größer die Differenz, desto ungünstiger ist in der Regel die Einnahmen- und Kostenstruktur der Krankenkasse zu bewerten.

| | Versicherte | Mitglieder | Verhältnis Versicherte/ Mitglieder |
|---|---|---|---|
| **Allgemeine Ortskrankenkassen (AOK)** | 24,97 Mio. | 18,05 Mio. | 138% |
| **Ersatzkassen** | 23,51 Mio. | 16,95 Mio. | 139% |
| **Betriebskrankenkassen (BKK)** | 14,33 Mio. | 9,94 Mio. | 144% |
| **Innungskrankenkassen (IKK)** | 5,06 Mio. | 3,51 Mio. | 144% |
| **Bundesknappschaft (KBS)** | 1,44 Mio. | 1,15 Mio. | 125% |
| **Landwirtschaftliche Krankenkassen (LKK)** | 906.816 | 604.360 | 150% |
| **See-Krankenkasse (SeeKK)** | 75.318 | 57.487 | 131% |

*Abbildung 7: Versichertenstatistik GKV am Stichtag 01.07.2006*
*Quelle: Bundesministerium für Gesundheit, 2006*

Die AOK als größte GKV setzt sich aus 16 selbstständig wirtschaftenden AOKs und dem AOK-Bundesverband unabhängig zusammen, ihre Mitgliederzahlen sind in Abbildung 8 dargestellt. Die AOKs decken sich in der Mehrzahl der Fälle mit den Bundeslandgrenzen. Ausnahmen bilden die AOK Westfalen-Lippe und die AOK Rheinland/Hamburg. Zum 1. Januar 2008 ist außerdem die Fusion der AOK Thüringen und der AOK Sachsen geplant (AOK Bundesverband, 2007a).

| AOK | Versicherte | Mitglieder | Verhältnis Versicherte/ Mitglieder |
|---|---|---|---|
| **Baden-Württemberg** | 3,88 Mio. | 2,77 Mio. | 140% |
| **Bayern** | 4,23 Mio. | 3,08 Mio. | 137% |
| **Berlin** | 750.423 | 567.036 | 132% |
| **Bremen** | 228.428 | 161.704 | 141% |
| **Hessen** | 1,59 Mio. | 1,11 Mio. | 144% |
| **Niedersachsen** | 2,22 Mio. | 1,56 Mio. | 143% |
| **Rheinland / Hamburg** | 2,96 Mio. | 2,00 Mio. | 148% |
| **Rheinland-Pfalz** | 1,13 Mio. | 794.928 | 142% |
| **Saarland** | 255.667 | 182.741 | 140% |
| **Schleswig-Holstein** | 723.119 | 523.204 | 138% |
| **Westfalen-Lippe** | 2,14 Mio. | 1,43 Mio. | 149% |
| **Brandenburg** | 655.180 | 549.180 | 119% |
| **Mecklenb.-Vorpommern** | 524.603 | 436.164 | 120% |
| **Sachsen** | 2,05 Mio. | 1,67 Mio. | 123% |
| **Sachsen-Anhalt** | 787.359 | 653.402 | 121% |
| **Thüringen** | 809.541 | 670.023 | 121% |
| **AOK GESAMT** | 24,93 Mio. | 18,15 Mio. | 138% |

*Abbildung 8: Mitglieder der AOK Landesverbände am Stichtag 1. Dezember 2006*
*Quelle: AOK Bundesverband, 2007b*

Die Ersatzkassen sind meist national agierende unabhängige Kassen, welche unter Dachverbänden zusammengefasst werden. Sie sind historisch nach Angestellten- und Arbeiterkassen gruppiert, die größte Ersatzkasse ist die BARMER, wie aus den Mitgliederzahlen in Abbildung 9 hervorgeht.

| | Versicherte | Mitglieder | Verhältnis Versicherte/ Mitglieder | Gebiet |
|---|---|---|---|---|
| ***Verband der Angestellten-Krankenkassen e. V.*** | | | | |
| ***BARMER*** | 7 Mio. | 5,3 Mio. | 132% | bundesweit |
| ***Deutsche Angestellten-Krankenkasse (DAK)*** | 6,2 Mio. | 4,7 Mio. | 132% | bundesweit |
| ***Techniker Krankenkasse (TK)*** | 6,1 Mio. | 4,1 Mio. | 149% | bundesweit |
| ***Kaufmännische Krankenkasse (KKH)*** | 1,85 Mio. | 1,36 Mio. | 136% | bundesweit |
| ***Hanseatische Krankenkasse (HEK)*** | 350.000 | 246.000 | 142% | bundesweit |
| ***Hamburg Münchener Krankenkasse (HMK)*** | 296.574 | 223.524 | 133% | bundesweit |
| ***Handelskrankenkasse (HKK)*** | 179.000 | 132.000 | 136% | Bremen Niedersachsen |
| ***AEV - Arbeiter-Ersatzkassen-Verband e. V.*** | | | | |
| ***GEK - Gmünder ErsatzKasse*** | 1,55 Mio. | 1,061 Mio. | 146% | bundesweit |
| ***HZK - die ProfiKrankenkasse*** | 96.500 | 68.500 | 141% | bundesweit |
| ***KEH Ersatzkasse*** | k.A. | k.A. | k.A. | Hessen Bayern Thüringen |

*Abbildung 9: Versichertenstatistik Ersatzkassen, Stand 01/2007*
*Quelle: Eigene Recherche*

Es gibt rund 180 Betriebskrankenkassen (BKK Landesverband Hessen, 2007) in Deutschland, innerhalb der IKK-Gemeinschaft operieren derzeit 14 IKK und 2 Direktversicherungen in Deutschland (IKK-Bundesverband, 2007). IKK sowie viele BKK agieren regional, einige Betriebskassen decken das gesamte Bundesgebiet ab. Diese Kassen werden auf Grund ihrer vergleichsweise niedrigen Versichertenzahlen an dieser Stelle ebenso wenig wie die Bundesknappschaft, die Landwirtschaftlichen Krankenkassen oder die See-Krankenkasse näher beschrieben.

*Der Risikostrukturausgleich*

Mit der Erweiterung des Kassenwahlrechts ging die Einführung des Risikostrukturausgleichs (RSA) einher, welcher im Gesundheitsstrukturgesetz von 1992 beschlossen und 1994 umgesetzt wurde. Der RSA ist ein Kompensationsmechanismus zwischen Krankenkassen mit einem guten Versichertenprofil und solchen mit einer nachteiligen Struktur. Er dient der Minderung von Morbiditätsrisiken, Familienlasten und unterdurchschnittlichen Beitragseinnahmen, welche die Kassen in unterschiedlicher Ausprägung übernehmen. Er beugt somit einer Risikoselektion nach Einkommenshöhe, chronischer Erkrankung, Geschlecht, Alter oder Anzahl der Mitversicherten vor (Bundeszentrale für politische Bildung, 2007d).

Krankenkassen, die einen hohen Anteil von Menschen mit überdurchschnittlichem Kostenrisikoprofil versichern, wären aufgrund hoher Ausgaben und potentiell niedriger Einnahmen im freien Markt benachteiligt. Der RSA leistet deshalb Transferzahlungen an diese Versicherungen in Form standardisierter Leistungsausgaben (orientiert am Ausgabendurchschnitt aller Kassen). Sein Umverteilungsmechanismus funktioniert folgendermaßen: Von einer durchschnittlichen Versichertenstruktur ausgehend, werden die Finanzkraft und der Beitragsbedarf einer Kasse ermittelt. Die Finanzkraft beschreibt die Fähigkeit der Kasse, Beiträge zu erheben, der Beitragsbedarf beschreibt den Kapitalbedarf, den die Kasse zur Deckung ihrer durchschnittlichen Ausgabenrisiken aufweist. Kassen, deren Finanzkraft den Beitragsbedarf übersteigt, haben eine Zahlungsverpflichtung, während Kassen, deren Beitragsbedarf nicht aus der eignen Finanzkraft gedeckt werden kann, Anspruch auf Transferzahlungen aus dem RSA haben (Bundesversicherungsamt 2007, S. 2 ff.).

Weil der RSA nicht die tatsächlichen Ausgaben deckt, sondern lediglich Durchschnittsprämien auszahlt, fungiert er gleichzeitig als Anreiz zum effizienten Wirtschaften (Bundesministerium für Gesundheit, 2007b). Er fördert außerdem die Einschreibung chronisch kranker Versicherter in Disease Management Programme (siehe DMPs) durch Sonderzahlungen an die Kassen. Der bislang gültige RSA, der im Rahmen der RSA-Reform 2002 erneuert wurde, berücksichtigte jedoch nur Einkommen, Zahl der beitragsfrei mitversicherten Familienangehörigen, Alter, Geschlecht, Berufs- und Erwerbsunfähigkeit sowie Krankengeldansprüche. Er unterscheidet dabei nicht zwischen kranken und gesunden Versicherten. Das bedeutet, dass für einen 35-jährigen gesunden Mann, der nur einmal im Jahr eine Zahnbehandlung in Anspruch genommen hat, derselbe Beitragsbedarf angenommen wird, wie für einen 35-jährigen Mann, der an Diabetes mellitus Typ 1 erkrankt ist (AOK Bundesverband, 2007c).

Der morbiditätsorientierte Risikostrukturausgleich

Der morbiditätsorientierte Risikostrukturausgleich (Morbi-RSA), der ab 2009 in Kraft tritt, berücksichtigt nun den tatsächlichen Gesundheitszustand der Versicherten, zum Beispiel anhand der Krankenhausdiagnosen und Arzneimittelverordnungen. Da der Morbi-RSA auch die chronischen Erkrankungen der Versicherten angemessen berücksichtigt, entfällt ab 2009 die Koppelung des RSA an die DMP. Um das Angebot und die Weiterentwicklung der DMP auch künftig zu fördern, sollen die Kassen ab dann eine für alle einheitliche DMP-Pauschale erhalten (AOK Bundesverband, 2007d).

**Die private Krankenversicherung**

In der privaten Krankenversicherung (PKV) greifen weder das Solidarprinzip noch der RSA. Sie wird von privatwirtschaftlichen Unternehmen angeboten und steht jenen Bevölkerungsgruppen offen, die nicht unter die gesetzliche Versicherungspflicht fallen. Von der Versicherungspflicht ausgenommen und somit potentielle Kunden der PKV sind besser verdienende Arbeitnehmer, die eine Jahresarbeitsentgeltgrenze/Versicherungspflichtgrenze überschreiten, sowie Beamte, Richter, Soldaten, Geistliche und die meisten Selbstständigen (mit Ausnahme der oben in der GKV genannten Berufe). Die Bemessung der Prämien in der PKV erfolgt nach dem Äquivalenzprinzip. Die Prämienhöhe richtet sich dabei nach dem individuellen Risiko, das der Versicherte für das Unternehmen birgt. Folglich zahlen junge, gesunde Versicherte niedrigere Beiträge als ältere Kunden. Aus den in jungen Jahren gezahlten Prämien bildet das Versicherungsunternehmen Rückstellungen, mit denen nach dem Prinzip der Kapitaldeckung, Gesundheitskosten in späteren Lebensabschnitten des Versicherten gedeckt werden (Bundeszentrale für politische Bildung, 2007e). Bisher war der Wechsel zwischen den Krankenkassen praktisch unmöglich, da der Versicherte seine Altersrückstellungen nicht mitnehmen konnte. Zur Förderung des Wettbewerbs unter den Kassen sieht die Gesundheitsreform ab 2009 vor, dass Altersrückstellungen zumindest zum Teil mitgenommen werden dürfen (Schuler, 2007).

**Krankenhäuser und Universitätskliniken**

Laut Neubauer gab es 2003 insgesamt 2.200 Krankenhäuser in Deutschland, die sich nach ihrer Eigentümerschaft in öffentliche, frei-gemeinnützige und private Krankenhäuser unterscheiden lassen. Die privaten Krankenhäuser haben hierbei einen Anteil von etwa 12 %. Neubauer geht davon aus, dass dieser Anteil in den kommenden fünf Jahren auf 20-50 % ansteigen wird (S. 3).

Mit 27 % sind die Krankenhäuser der größte Kostenblock im deutschen Gesundheitssystem. Deshalb sollen sie durch die Umstellung von der Vergütung der Einzelleistungserstattung auf eine Vergütung nach einheitlichen Fallpauschalen (siehe *„Das Entgeltsystem der Krankenhäuser“* im folgende Absatz) angehalten werden, ihre Ausgaben erheblich zu senken. Dies führt zu einem starken Trend hin zur Sanierung und Privatisierung in der deutschen Krankenhauslandschaft. Zwischen 2000 und 2004 wurden in Deutschland rund 28.000 Krankenhausbetten abgebaut, das entspricht rund 5 % der Gesamtmenge von 2000 (McKinsey, 2006, S. 2).

Geplant wird die deutsche Krankenhausversorgung auf Ebene der Bundesländer. Dazu werden die Krankenhäuser drei verschiedenen Versorgungsebenen zugeordnet. Die Grund- und Regelversorgung gewährleistet die ortsnahe Versorgung der Bevölkerung, sie umfasst die Allgemeinchirurgie, Innere Medizin und die Frauenheilkunde. Krankenhäuser dieser Versorgungsebene haben etwa 250 Betten. In der Zentralversorgung, auf nächst höherer Versorgungsebene, werden zusätzlich verschiedene Schwerpunkte der Chirurgie, wie etwa Bauchchirurgie oder Gefäßchirurgie und der Inneren Medizin angeboten. Außerdem kommen Betten für Fächer wie Hals-Nasen-Ohrenkunde, Augen und Urologie hinzu. Ein Krankenhaus der Zentralversorgung hat etwa 700 Betten. Auf der Ebene der Maximalversorgung wird das gesamte Leistungsspektrum abgedeckt. Universitätskliniken und einige große kommunale Krankenhäuser gehören typischerweise zur Maximalversorgungsebene. 97 % aller Krankenhäuser sind so in den Krankenhausplan des jeweiligen Bundeslandes aufgenommen. Der Anspruch auf Investitionsfinanzierung aus Steuermitteln der Bundesländer gibt dabei einen Anreiz zur Befolgung der Krankenhausplanung (Neubauer, 2003, S.6).

*Das Entgeltsystem der Krankenhäuser*

Das System der diagnoseorientierten Fallpauschalen oder Diagnosis Related Groups (DRGs), welches im Jahre 2002 eingeführt wurde, stellt das bisherige Abrechnungssystem der Krankenhäuser nach Liegezeiten, Fallpauschalen, Sonderentgelten und Krankenhausbudgets auf eine leistungsorientierte Vergütung um. Diese DRGs fassen eine Vielzahl unterschiedlicher Diagnosen und Krankheitsarten zu einem Katalog von Abrechnungspositionen zusammen. Für die Behandlung dieser Diagnosen und Krankheitsbilder werden definierte Festbeträge bezahlt (AOK Bundesverband, 2007e).

**Der Vertragsarzt**

Selbstständige Leistungserbringer wie z. B. Ärzte, Zahnärzte, Therapeuten und Labors müssen, um ihre Leistungen durch die Krankenkassen vergüten zu können, zur vertragsärztlichen Versorgung zugelassen sein. Dies erfordert eine Mitgliedschaft bei einer Kassenärztlichen Vereinigung (KV). Die KVen haben einen Sicherstellungs- und Gewährleistungsauftrag der vertragsärztlichen Versorgung. Sie führen ein Arztregister und vergeben die Zulassungen an die selbstständigen Ärzte. Auf Bundesebene sind sie im Dachverband der Kassenärztlichen Vereinigungen (KBV) organisiert, der als politische Interessenvertretung der Vertragsärzte gegenüber den Krankenkassen fungiert und mit diesen Verträge abschließt.

Weiterhin sind die Ärzte auf regionaler Ebene gesetzlich zur Mitgliedschaft in den Ärztekammern verpflichtet. Auf nationaler Ebene fasst die Bundesärztekammer die rund 380.000 Mitglieder der 17 Ärztekammern zusammen. Die Aufsicht über die Ärztekammern führen auf Länderebene die Gesundheitsminister bzw. Sozialminister, während die Aufsicht der Bundesärztekammer dem Ministerium für Gesundheit und Soziale Sicherung obliegt.

Es wird bei den niedergelassenen Ärzten zwischen Haus- und Fachärzten unterschieden. Die Anzahl der Praxen/Arztsitze ist regional reglementiert und definiert, es besteht keine Niederlassungsfreiheit (Initiative Transparenz im Gesundheitswesen, 2007).

Das Abrechnungssystem der Vertragsärzte

Für seine Honorarabrechnung sammelt ein Arzt Punkte, denen erst im Nachhinein ein Wert in Euro zugerechnet wird. Wenn ein Patient einer GKV zu seinem Hausarzt kommt und seine Versichertenkarte einliest, so wird dem Arzt für das laufende Quartal automatisch ein bestimmtes Punktebudget gutgeschrieben. Ein Rentner bringt dem Hausarzt beispielsweise ca. 1000 Punkte, ein Nichtrentner nur ca. 500. Diese Punkte geben dem Arzt sozusagen seinen Handlungsspielraum für das Quartal vor. Er kann nun von diesem Punktekonto für jede Leistung zur Diagnosestellung und Behandlung eine definierte Punktzahl „verbrauchen" (Döcke, 2004).

Der einer Leistung zugeschriebene Punktwert ist im sogenannten einheitlichen Bewertungsmaßstab (EBM) festgeschrieben, welcher von der KBV erstellt wird. Da bei der Versorgung eines behandlungsintensiven Patienten dessen Punktebudget unter Umständen vor Ablauf des Quartals verbraucht ist, ist es notwendig, dass der Arzt auch relativ gesunde Patienten hat, von deren Punktebudget er dann den aufwändigeren Patienten weiter behandeln kann. Denn wenn der Arzt über sein Punktebudget hinaus behandelt, muss er für diese Leistungen selbst aufkommen (§ 85 Abs. 4 SGB V).

Der erste Praxisbesuch eines Patienten im Quartal ist der lukrativste für den Arzt. Für diesen darf er eine sogenannte Ordinationsgebühr von 475 Punkten je Rentner und 265 Punkten für jeden anderen Versicherten veranschlagen. Eine zusätzliche Pauschale von ca. 90 Punkten darf der Hausarzt für die Koordination der Arztbesuche und der Behandlung verbuchen. Für ein EKG sind beispielsweise ca. 250 Punkte festgelegt und für eine Ganzkörperuntersuchung ca. 320 Punkte. Diese darf allerdings nur einmal pro Quartal berechnet werden. Für Grundleistungen wie das Gespräch mit dem Patienten, das Verabreichen von Spritzen, Blutabnahmen, Blutdruckmessungen, Aufklärung über die Medikation und Nebenwirkungen, usw.

kann der Arzt keine Punkte veranschlagen, da sie in der Ordinationsgebühr enthalten sind. Ausnahmen hierbei sind sehr lange therapeutische Gespräche bei schweren Erkrankungen wie Krebs oder AIDS. Jeder weitere Besuch des Patienten im selben Quartal bringt dem Arzt nur noch 50 Punkte Konsultationsgebühr, welche wiederum alle oben genannten Grundleistungen bereits beinhalten. Daran sieht man, dass ein Hausarzt in der Regel nur dann wirtschaftlich arbeiten kann, wenn er eine ausgewogene Mischung aus relativ gesunden Patienten, die zum Beispiel nur ein Rezept abholen möchten, und behandlungsintensiven Patienten hat. Neben dem Punktebudget gibt es für die Hausärzte eine weitere Deckelung. Behandelt er innerhalb eines Quartals eine größere Anzahl Patienten als die definierte Obergrenze, muss er Abschlagszahlungen hinnehmen (Döcke, 2004).

Die gesammelten Punktwerte der erbrachten Leistungen übermittelt der Hausarzt am Ende des Quartals an seine KV. Diese bekommt von den Krankenkassen pro Beitragszahler und Quartal eine Kopfpauschale, welche sie nun auf die ihr angeschlossenen Ärzte verteilen muss. Dies geschieht, indem das Gesamt-Eurobudget auf das Punktebudget der erbrachten Leistungen umgerechnet wird. Durch diese Umlage bestimmt sich der absolute Wert einer erbrachten Leistung. Es können also Leistungen in verschiedenen Quartalen trotz desselben Punktwerts in einem unterschiedlichen Eurowert resultieren. Da es bei den Fachärzten keine Leistungsdeckelung pro Patient gibt, sind die Honorartöpfe zwischen Haus- und Fachärzten getrennt. Bei den Fachärzten wird die Summe im Topf geteilt durch alle erbrachten Leistungen. Dadurch gilt auch hier: Wurde viel behandelt, gibt es pro Leistung weniger Geld (Döcke, 2004).

**Überblick über Teilnehmer**

In Abbildung 10 werden die für diese Arbeit relevanten Teilnehmer des deutschen Gesundheitssystems graphisch dargestellt:

- Patienten können gesetzlich (1) oder privat (2) versichert sein
- Ebenso ist die Krankenversicherung gesetzlich (3) oder privat (4)
- Leistungserbringer teilen sich auf in Krankenhäuser (5) und niedergelassene Ärzte (6)
- Die Kassenärztlichen Vereinigungen (7) bezahlen die niedergelassenen Ärzte und werden auf Bundesebene von der Kassenärztlichen Bundesvereinigung (8) vertreten
- Diese bildet zusammen mit der Kassenzahnärztlichen Bundesvereinigung, der Deutschen Krankenhausgesellschaft, den Bundesverbänden der Krankenkassen, der Bundesknappschaft und den Verbänden der Ersatzkassen den gemeinsamen Bundesausschuss (9), welcher die gesetzlichen Regelungen des
- Bundes und der Länder (10) umsetzt.

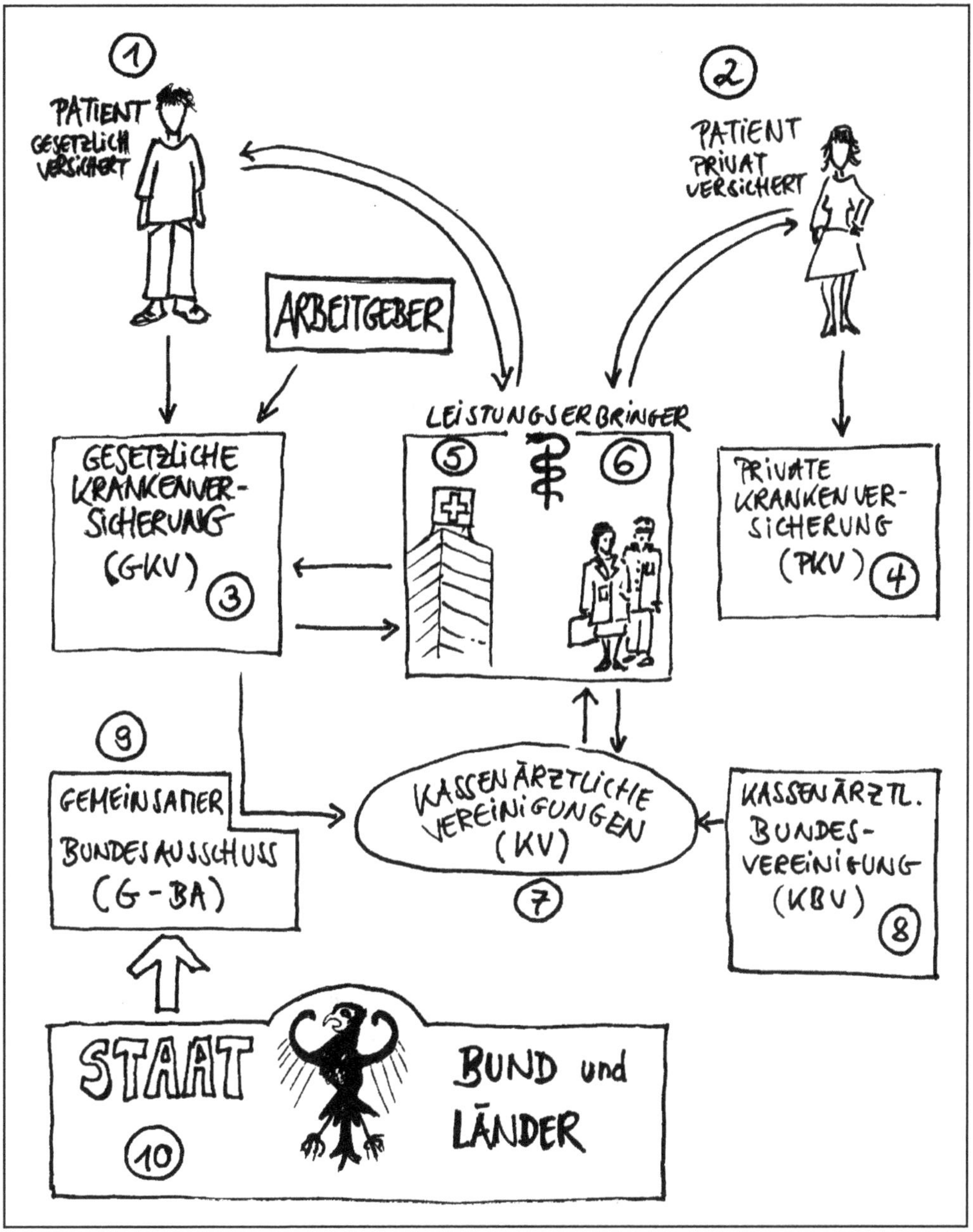


*Abbildung 10: Überblick über die Teilnehmer im deutschen Gesundheitssystem*
*Quelle: Eigene Darstellung*

### 2.5.2 Alternative Versorgungsformen

**Die Integrierte Versorgung (IV)**
Im deutschen Gesundheitswesen werden in der Regel ambulante Behandlungen nicht durch Krankenhäuser erbracht. Ebenso unüblich ist die Erbringung stationärer Leistungen durch Vertragsärzte. Der typische Weg eines Patienten verläuft wie folgt (Stock, Redaèlli, Lauterbach, 2005, S. 17-27): In der Regel werden Patienten vom Hausarzt an den Facharzt und von dort ins Krankenhaus überwiesen. Möglich ist auch die direkte Einweisung durch den Hausarzt. Die post-stationäre Behandlung erfolgt in der Regel durch den Vertragsarzt. Hier setzen sowohl die Integrierte Versorgung (IV) als auch Disease Management Programme (DMP) an. Beide Programme sollen der Verbesserung der Koordination der Krankenversorgung über Leistungserbringer hinweg dienen. Dies wird ermöglicht durch eine vertragliche Festlegung von Versorgungsebenen und Schnittstellen.

Die IV wurde im Zuge der Gesundheitsreform 2000 als eine eigenständige Versorgungsform eingeführt, um eine interdisziplinäre und sektorübergreifende Koordination der Versorgung zu fördern. Ziel ist es, die horizontale und vertikale Koordination der Versorgung zu verbessern. So sollen Wartezeiten, Verzögerungen und Lücken beim Übergang von stationärer zu ambulanter Betreuung und umgekehrt, sowie Mehrfachuntersuchungen verringert werden. Die Vertragspartner, einzelne Vertragsärzte, Krankenhäuser, medizinische Versorgungszentren und Rehabilitationskliniken bestimmen selbst die vertraglichen Rechte und Pflichten. Krankenkassen können Verträge beispielsweise auch mit Trägern von medizinischen Versorgungszentren sowie mit Managementgesellschaften abschließen. Diese müssen nicht selbst Leistungserbringer sein, jedoch eine Versorgung durch dazu berechtigte Leistungserbringer koordinieren und anbieten. Die Leistungen, welche von den Vertragspartnern erbracht werden, können entweder im Zusammenhang mit einem Krankheitsbild stehen oder die gesamte Versorgung für den eingeschriebenen Patienten umfassen. Sie müssen vom gemeinsamen Bundesausschuss als geeignete Kassenleistungen anerkannt sein und der Verbesserung der Versorgungsqualität dienen. Patienten schreiben sich freiwillig in Programme der IV ein. Kassen können dies zum Beispiel durch Boni honorieren. Durch die IV bieten sich den einzelnen Leistungserbringern Möglichkeiten, andere Formen der Finanzierung und des Zugangs wahr zu nehmen, da die eigentliche Auszahlung in den Verträgen zwischen Leistungserbringern und Krankenkassen flexibel ausgestaltet werden kann (Stock, Redaèlli, Lauterbach, 2005, S. 17)

Die Gestaltung der IV-Verträge dient der Bildung von Versorgungsnetzwerken. Die Netzwerkbildung ist besonders für komplexe Behandlungsprozesse geeignet, an denen mehrere Leistungserbringer beteiligt sind. Geeignete Diagnosen sind beispielsweise Herz-Kreislauf-Erkrankungen, Fettleibigkeit, Depressionen oder Bandscheibenerkrankungen. Eine weitere Form der IV ist die Behandlung spezifischer Erkrankungen im Rahmen von Komplexpauschalen. Diese betreffen meist planbare Wahleingriffe wie Hüftoperationen. Die Komplexpauschale deckt auch andere Leistungen wie Nachsorge oder Rehabilitation neben der stationären Behandlung ab. Hierdurch unterscheiden sich die Komplexpauschalen vom System der DRGs im Rahmen der Krankenhausvergütung. Der Fokus der Komplexpauschalen der IV liegt auf spezifischen Krankheitsbildern und nicht wie bei den Netzwerken auf Regionalität (Stock, Redaèlli, Lauterbach, 2005, S. 17 ff).

Bisher werden Leistungen innerhalb der IV im Rahmen einer Anschubfinanzierung durch eine Mittelkürzung der Leistungen außerhalb der IV um bis zu ein Prozent finanziert. Diese Mittel werden pro Region und Krankenkasse in einem Topf gesammelt. Je nach Krankheitsstruktur der eingeschriebenen Patienten wird von den Krankenkassen ein Budget aus diesem Topf bereitgestellt (AOK Bundesverband, 2007f).

Zum 31. März 2007 gab es bundesweit nach Angabe des gemeinsamen Bundesausschuss 3.671 Verträge zur Integrationsversorgung mit etwas mehr als 4,3 Millionen Versicherten und einem Gesamtvergütungsvolumen von mehr als 663 Millionen Euro (Merck Serono, 2007). Die größte Gruppe der Vertragspartner auf Seiten der Leistungserbringer stellen die Krankenhäuser dar, gefolgt von der Gruppe der niedergelassenen Ärzte beziehungsweise Gruppierungen von Niedergelassenen mit 639 Verträgen. Die Kombination der Krankenhäuser mit niedergelassenen Ärzten liegt bei 583 Verträgen. Krankenhäuser und Reha-Anbieter schlossen gemeinsam 531 Verträge ab (Preusker, U.K., 2007).

**Disease Management Programme**

Es gibt zwei Formen der Disease Management Programme (DMP). Zum einen gibt es solche, die den gesetzlich definierten Kriterien des Gemeinsamen Bundesausschusses entsprechen, welche im Folgenden Disease Management Programme nach Risikostrukturausgleich genannt werden. Zum anderen gibt es freie Disease Management Programme.

*Disease Management Programme nach Risikostrukturausgleichsverordnung*

Disease Management Programme (DMP) werden in Anlehnung an die Risikostrukturausgleichsverordnung für ausgewählte Erkrankungen, welche gesetzlich definierten Kriterien entsprechen und vom Gemeinsamen Bundesausschuss vorgeschlagen werden, aufgebaut. Der Gemeinsame Bundesausschuss erhält seine rechtliche Legitimation durch den Gesetzgeber, der im fünften Buch des Sozialgesetzbuches (SGB V) den gesundheitspolitischen Rahmen der medizinischen Versorgung durch Gesetze vorgibt. Vertreter der Kassenärztlichen Bundesvereinigung, der Deutschen Krankenhausgesellschaft, der Bundesverbände der Krankenkassen, der Bundesknappschaft und der Verbände der Ersatzkassen gehören ihm an. (Gemeinsamer Bundesausschuss, 2007). Die vom Gemeinsamen Bundesausschuss aufgelegten DMP wurden 2001 mit dem Gesetz zur Reform des Risikostrukturausgleichs in der gesetzlichen Krankenversicherung eingeführt. Für die teilnehmenden Versicherten werden eigene Profile gebildet. Diese dienen als Grundlage für einen gesonderten Kostenausgleich unter Berücksichtung der durchschnittlichen Leistungsausgaben dieser Versichertengruppe. Meist handelt es sich bei DMP um chronische Erkrankungen mit hohem Vorkommen in der Bevölkerung. Deren Behandlung ist in der Regel mit hohen Kosten verbunden. Die Koppelung der DMP an den RSA dient als Anreiz für die Krankenkassen, chronisch kranke Patienten trotz ihres hohen Kostenrisikos aufzunehmen.

Derzeit werden RSA-DMP für die in Abbildung 11 dargestellten Erkrankungen angeboten. Der Gemeinsame Bundesausschuss, der durch seine Empfehlung an das Gesundheitsministerium festlegt, für welche Erkrankungen es strukturierte Behandlungsprogramme geben wird (Bundesministerium für Gesundheit, 2007c), initiierte gemäß § 137f Abs. 1 Satz 1 SGB V im Mai 2006 die Berücksichtigung von CHF in Form einer modularen Erweiterung. Künftig soll „die Teilnahme am DMP-Modul „Chronische Herzinsuffizienz" über die Einschreibung in ein strukturiertes Behandlungsprogramm für KHK bei bestehender Komorbidität erfolgen". Auch Adipositas wird als Modul an bestimmte DMPs angebunden werden (Gemeinsamer Bundesausschuss, 2006, S. 1).

| RSA-DMP chronischer Krankheitsbilder in Deutschland |
|---|
| **einzelne DMP für chronische Erkrankungen** |
| Diabetes mellitus Typ 1 und Typ 2 |
| Brustkrebs |
| koronare Herzerkrankung |
| Asthma/chronisch obstruktive Atemwegserkrankungen, |
| **DMP-Module bei Komorbidität** |
| chronische Herzinsuffizienz (Anbindung über KHK) |
| Adipositas (Anbindung offen) |

*Abbildung 11: RSA-DMP chronischer Krankheitsbilder in Deutschland*
*Quelle: Eigene Darstellung*

Die Krankheitsbehandlung erfolgt bei den DMP auf Basis von Leitlinien, die für das jeweilige Krankheitsbild entwickelt und wissenschaftlich überprüft werden. Alle am Behandlungsprozess Beteiligten (Ärzte, Krankenhäuser, Patienten) sind gehalten, nicht unbegründet von diesen Handlungs- und Behandlungsvorgaben abzuweichen. Zur Qualitätssicherung werden zum Beispiel definierte Dokumentationsparameter festgesetzt und die Therapie an standardisierten wissenschaftlichen Empfehlungen ausgerichtet (Gesundheitsportal NRW, 2006).

*Freie Disease Management Programme*
Freie DMP werden vor allem von PKVen, aber auch manchen gesetzlichen Krankenkassen, wie zum Beispiel der Kaufmännischen Krankenkasse mit ihrem Programm „Herzensgut" (in Zusammenarbeit mit der ArztPartner almeda AG) angeboten. Da freie DMP individueller gestaltet werden können, wird hierbei auch häufiger der Einsatz telemetrischer Geräte erwogen (Die Kaufmännische Krankenkasse, 2005). Die Indikationen ähneln denen der RSA-DMP und betreffen meist die häufigen Zivilisationskrankheiten.

**Präventionsprogramme**
Die Orientierung des Gesundheitswesens weg von der bloßen Intervention hin zur Prävention lässt sich auch am steigenden Angebot von Präventionsprogrammen erkennen. Durch Präventivmaßnahmen soll bereits dem Auftreten von Zivilisationskrankheiten vorgebeugt werden. Diese Strategie ist nicht nur ethisch sondern auch wirtschaftlich begründet, da sich die Auffassung durchsetzt, dass das Angebot solcher Programme weniger kostspielig ist als die teure Intervention und Behandlung nach dem Ausbruch der Krankheit. Präventionsprogram-

me werden in vielen Bereichen angeboten und beinhalten unter anderem Ernährungs-, Bewegungs- und Rückenschulungen sowie Raucherentwöhnung. Sie werden zum Beispiel von Krankenkassen aber auch von einigen Telemedizinanbietern angeboten.

**Auswirkungen alternativer Versorgungsformen auf die Teilnehmer des Gesundheitssystems**

Unter alternativen Versorgungsformen werden in dieser Arbeit alle sektorenübergreifenden Vertragskonstrukte zusammengefasst, welche im Rahmen außerbudgetärer Finanzierung bezahlt werden. Diese können sehr unterschiedliche Gestaltungsformen annehmen, weisen aber eine Reihe von Gemeinsamkeiten auf, die sich in folgender Weise auf die unterschiedlichen Teilnehmer im Gesundheitswesen auswirkt (in Anlehnung an Stock, Redaèlli, Lauterbach, 2005; S.44 ; §§ 140 a-d SGB V):

Auswirkungen für Patienten

- Eigenverantwortliche Spezialistensuche entfällt durch Einbindung in Behandlungsketten
- Doppel- und Mehrfachuntersuchungen werden vermieden
- Verkürzte Liegezeiten in Krankenhäusern
- Bessere Koordination der Übergänge von ambulanter, stationärer und rehabilitativer Versorgung
- Hohe Qualität durch definierte Behandlungsleitlinien und Garantiezusagen für Leistungen in vielen integrierten Versorgungsprojekten (zum Beispiel bei chirurgischen Eingriffen)
- Standardisierte Nachuntersuchungen nach Abschluss der stationären und rehabilitativen Behandlung helfen Folgeerkrankungen zu vermeiden
- Boni-Zahlungen einiger Krankenkassen an Patienten für die Teilnahme an speziellen Programmen
- Patienten-Empowerment: Veränderung der Rolle des Patienten, hin zu einer aktiven, informierten Mitgestaltung

Auswirkungen für den Hausarzt

- Rolle des Hausarztes wird gestärkt, als Koordinator, Begleiter und Ansprechpartner
- Patientenbindung nimmt zu
- Wachsender Informationsbedarf, stärkerer Wettbewerb
- Möglichkeit innovativer Behandlungsformen
- Möglichkeit der Auslagerung redundanter Arbeiten

Auswirkungen für Krankenkassen

- Selektive Vertragsabschlüsse, d.h. Verträge mit einzelnen Leistungserbringern sind möglich
- Ein bestimmter Prozentsatz in der Vergütung der Leistungserbringer kann vom Erreichen von Qualitätszielen abhängig gemacht werden
- Ausgleich von hohen Kosten der Behandlung chronisch Kranker durch RSA
- Reputationszuwachs durch Innovationen und qualitative Besserstellung gegenüber der Konkurrenz

Auswirkungen für Krankenhäuser

- neue Wettbewerbsmöglichkeiten, z. B. durch das mögliche Angebot hoch spezialisierter ambulanter Versorgungsprogramme sowie durch die Regelung der Bereitstellung von einem Prozent des ambulanten und stationären Budgets für die IV
- Verbessertes Schnittstellenmanagement soll zu einer Verkürzung der Liegezeiten führen. Gleichzeitig erfordert dies eine engere Kooperation der Krankenhäuser mit Einrichtungen der Rehabilitation.
- mehr Standardisierung und dadurch feste Qualitätskriterien

Auswirkungen für Telemedizinanbieter

- Neue Versorgungsformen wie IV und DMP verschaffen Telemedizinanbietern die Möglichkeit, sich als Vertragspartner in Netzwerke einzubringen
- Die Abrechnungsform der DRGs macht das Telemonitoring für Krankenhäuser attraktiver: Stationäre Aufenthalte zur Überwachung von Risikopatienten können durch Home-Monitoring verkürzt und somit Behandlungskosten gesenkt werden

## 2.6 Ausgewählte internationale Gesundheitsmärkte

Im Folgenden werden die Gesundheitssysteme ausgewählter Länder jeweils anhand folgender Kriterien dargestellt:

- Zentrale / dezentrale Organisation
- Finanzierung
- Sektorale Trennung
- Wettbewerb
- Alternative Versorgungsformen

Die portraitierten Länder wurden auf Grund ihres relativ fortgeschrittenen nationalen Entwicklungsstandes im Bereich eHealth und Telemedizin ausgewählt.

Die skandinavischen Länder scheinen unter topographischen Gesichtspunkten prädestiniert für die Verbreitung der Telemedizin und haben eine sehr aktive Telemedizinbranche mit international vertretenen Verbänden. Deshalb werden sie in die detaillierte Betrachtung aufgenommen. Dr. Leis fasst ihre Gemeinsamkeiten folgendermaßen treffend zusammen: „(…) große Flächen, viele unzugängliche Areale, dünne Besiedlung im Vergleich zur Landmasse, demzufolge geringe Ärzte- und Krankenhausdichte. Durch die weiten Entfernungen ist zudem das Kommunikationssystem dieser Länder sehr gut ausgebaut worden.“ (Interview ICT Regensburg, 2007).

Grundsätzlich ist festzuhalten, dass ein Nord-Süd Gefälle in der Umsetzung und Einführung der Telemedizin besteht, welches fortgeschrittene Applikationen vornehmlich im Norden konzentriert. Neben der geographischen Disposition scheint auch eine zentralisierte und staatlich finanzierte Struktur wie sie in Skandinavien und Großbritannien vorherrscht, der flächendeckenden Einführung telemedizinischer Anwendungen förderlich zu sein (zur Relevanz der untersuchten Kriterien siehe auch Kapitel 4.2).

Auch die Ergebnisse der „European Senior Watch Survey" sprechen für ein solches Gefälle. Sie besagen, dass in Schweden, Finnland, Dänemark, England, Irland und den Niederlanden die Anzahl der regelmäßigen Internetnutzer über 50 Jahren bis zu doppelt so hoch wie der EU-Durchschnitt ist. Frankreich, Deutschland, Österreich, Belgien und Luxemburg liegen im Durchschnitt. Die Internetnutzung der über 50-Jährigen in den Mittelmeeranrainern Spanien, Italien, Griechenland und Portugal bleibt zum Teil weit hinter dem EU-Durchschnitt zurück (Hüsing, Kubitschke, Stroetmann, Stroetmann, 2002).

Nicht zuletzt das Familienbild, welches in südlichen Ländern insbesondere in der Pflege alter und kranker Menschen ein anderes ist als in Nordeuropa, trägt zu einer stärkeren Telemedizinverbreitung im Norden als im Süden bei (Interview Stiftung für chronisch Herzkranke, 2007). Dieser Argumentation folgend, wurden die südlichen Länder Europas nicht in die detaillierte Analyse der Gesundheitmärkte einbezogen. Einige privatwirtschaftliche Unternehmen aus Italien, einem Land, das im südlichen Vergleich relativ fortgeschrittene Telemedizinstrukturen aufweist, werden in Abbildung 46 vorgestellt.

Israel als Herkunftsland großer Telemedizinspieler wie SHL und CardGuard bietet sich ebenso zur Untersuchung an, wie Länder mit fortschrittlichen Anwendungen im eHealth Sektor wie die USA, Großbritannien und Schweiz. Nicht zuletzt nehmen gerade diese drei Länder durch eine aktive Unternehmenslandschaft und zahlreiche Börsengänge im Bereich der Telemedizin eine internationale Vorreiterrolle ein.

### 2.6.1 Der finnische Gesundheitsmarkt

Etwa zwei Drittel der 5,2 Millionen Bewohner Finnlands leben im Süden und Westen des Landes. Der Anteil der über 65-Jährigen betrug im Jahre 2006 16,5 % (Statistics Finland, 2007).

Erkrankungen des Herz-Kreislauf-Systems, Krebserkrankungen sowie Erkrankungen des Bewegungsapparates und der Psyche führen zu den häufigsten Gesundheitsbeschwerden in der finnischen Bevölkerung. Zunehmende Bedeutung gewinnen Allergien, COPD, Asthma und Diabetes mellitus, insbesondere vom Typ 2. Obwohl die Mortalität mit Ursache KHK im europäischen Durchschnitt liegt, weist sie große regionale Unterschiede auf: In Ostfinnland ist sie um 50 % höher als in West- und Südwestfinnland. Die Zahl der Diabetiker wurde im Jahr 2002 auf 150.000 Menschen beziffert, von denen 23.000 an Typ 1 erkrankt sind. Dieser Anteil von 40 Personen pro 100.000 ist der höchste der Welt. Auch die Prävalenz des Diabetes mellitus Typ 2 ist in der internationalen Gegenüberstellung vergleichsweise hoch (Järvelin, 2002, S. 7).

Die beiden hauptverantwortlichen Entscheidungsstufen des finnischen Gesundheitssystems sind beim Ministerium für Soziales und Gesundheit auf nationaler Ebene und den Kommunen auf lokaler Ebene angesiedelt. Das Ministerium erarbeitet die Gesundheitspolitik, ihre Durchführung wird von ihm gesteuert und überwacht. Eine Zahl von Institutionen unterstützt diese Arbeit beratend (folgende Aufzählung vgl. Finnish Ministry of Social Affairs and Health, 2004, S. 6 ff.):

- National Public Health Institute (KTL)
- National Agency for Medicines (LL)
- Centre for Pharmacotherapy Development (ROHTO)
- National Research and Development Centre for Welfare and Health (Stakes)
- National Product Control Agency for Welfare and Health (STTV)
- National Authority for Medicolegal Affairs (TEO)
- Radiation and Nuclear Safety Authority (STUK)
- Insurance Supervisory Authority (VVV)

Das Ministerium delegiert die Umsetzung der Versorgung an die derzeit 416 Kommunen (Finnish Ministry of Social Affairs and Health, 2004, S. 6 ff.), deren Zahl durch Zusammenschlüsse rapide schrumpft - 20 weitere Fusionen sind im Gespräch (The Association of Finnish Local and Regional Authorities, 2007). Kommunen können in der Versorgung kooperieren, um ihrem Auftrag ausreichend nachzukommen (Finnish Ministry of Social Affairs and Health, 2004, S. 7).

**Dezentrale Organisation**

Das finnische Gesundheitssystem ist durch eine starke Dezentralisation gekennzeichnet, denn Kommunen tragen nicht nur in der Primärversorgung, sondern auch für die spezialisierte Gesundheitsversorgung ihrer Bevölkerung die Verantwortung. Sie haben die öffentlichen Krankenhäuser in ihrem Besitz. Es existieren fünf Universitätskliniken, 15 zentrale Krankenhäuser und etwa 40 spezialisierte, kleinere Krankenhäuser (eHealth ERA, 2007a, S.2). Die Kommunen schließen sich für deren Betrieb und Organisation in landesweit 21 Krankenhaus-Distrikten zusammen. Die Distrikte übernehmen die Bereitstellung und Koordination spezialisierter Versorgung, sind aber weniger eigenständige Gebietskörperschaften als vielmehr Zweckverbände, die durch ihre Kommunen politisch gelenkt werden (Preusker, U., 1996, S.138). Jährlich treten Kommunen in ihren Distrikten über die Höhe des ihnen zugeteilten Kostenanteils in Verhandlungen. Ein Kompensationsmechanismus verhindert, dass kleine Kommunen auch sehr kostspielige Behandlungen wie beispielsweise Organtransplantationen voll tragen müssen. Dieser Mechanismus ist nicht in allen Distrikten gleich organisiert. Die Verteilung der Kostenlast spezialisierter Gesundheitsversorgung ist deshalb eines der Probleme des finnischen Gesundheitssystems, das laut Järvelin einer detaillierten Ausgestaltung durch Reformen bedarf (2002, S.20 ff.).

Zur Erleichterung der zentralen staatlichen Verwaltung ist das Land außerdem in sechs administrative Provinzen unterteilt, denen die Kommunen zugeordnet sind. Die Sozial- und Gesundheitsabteilung jeder Provinz lenkt und überwacht die öffentliche und private Gesundheitsversorgung im Auftrag des Staates. Provinzen bewilligen Investitionsvorhaben und sind beispielsweise Adressaten von Beschwerden über Leistungserbringer. Darüber hinaus initiieren sie Ausbildungs- und Entwicklungsprojekte (Finnish Ministry of Social Affairs and Health, 2004, S. 7).

Unternehmen sind gesetzlich zur Bereitstellung einer betrieblichen Gesundheitsfürsorge für ihre Mitarbeiter verpfichtet. Große Unternehmen betreiben deshalb zumeist eigene Gesundheitseinrichtungen mit angestelltem medizinischem Personal, andere Firmen kaufen Dienste extern zu. Etwa 90 % Prozent der Finnen haben über die betriebliche Fürsorge Zugang zu Gesundheitsdienstleistungen. Diese Versorgung läuft parallel zur staatlichen Grundversorgung und erweitert somit die Wahlmöglichkeiten der Patienten (Järvelin, 2002, S.25).

**Finanzierung**

Die Finanzierung des staatlichen Gesundheitssystems erfolgt aus öffentlichen Mitteln. Wie in Abbildung 12 dargestellt ist dabei der größte Anteil steuerfinanziert. Dieser Prozentsatz sinkt jedoch seit Jahren, während der Anteil der Sozialversicherungsbeiträge an der Finanzierung steigt. Die Sozialversicherung „Kela“ gilt für alle Bewohner, auch Kinder, auf individueller Grundlage. Sie erstattet 50 % der Medikamentenkosten sowie anteilig die Kosten privater Behandlung und zahlt Kranken- sowie Mutterschaftsgeld (Järvelin, 2002, S. 12 und S. 34 ff.).

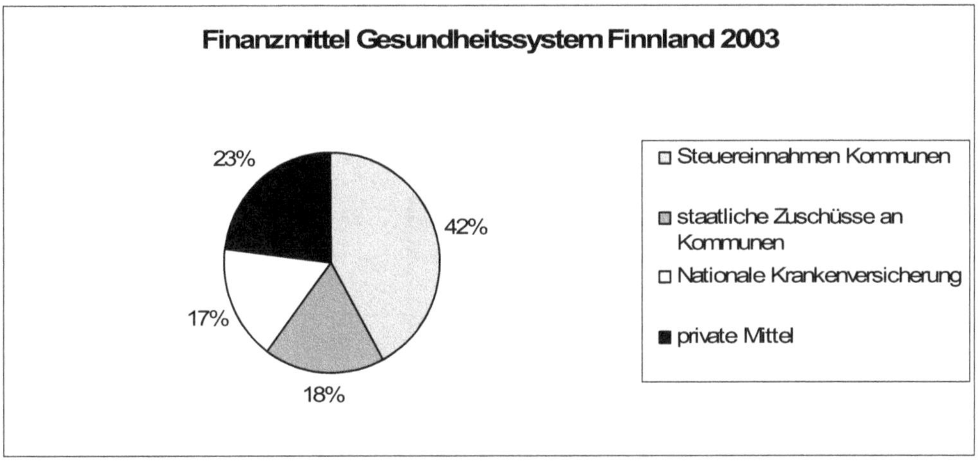


*Abbildung 12: Mittelherkunft des Gesundheitssystems in Finnland 2003*
*Quelle: OECD, 2005b, S. 24 ff.*

**Sektorale Trennung**

Öffentliche kommunale Gesundheitszentren stellen zum überwiegenden Teil die ambulante Versorgung sicher und verfügen typischerweise neben einem kleinen Labor über eine radiologische Station und eine Abteilung für physiotherapeutische Behandlung (Finnischer Ärzteverband, 2002, S. 7). Gleichzeitig stehen in den Zentren in der Regel zwischen 30 bis 60 Betten zur stationären Behandlung insbesondere älterer und chronisch kranker Patienten zur Verfügung (Järvelin, 2002, S. 47). Krankenhäuser wiederum leisten ebenfalls ambulante Dienste. Der ambulante und stationäre Sektor stehen somit in einem eher parallelen als kompetitiven Verhältnis und sind nicht, wie in Deutschland, strikt getrennt. Der Anteil niedergelassener Ärzte, die ihr Einkommen lediglich aus privater Tätigkeit beziehen ist vergleichsweise gering jedoch steigend: 2002 lag er bei 8 %. Im selben Zeitraum bot bereits ein Drittel der Ärzte neben der Tätigkeit in einem Gesundheitszentrum oder Krankenhaus eine private Sprechstunde an (Finnischer Ärzteverband, 2002, S.8).

**Wettbewerbsintensität im Markt**

Wettbewerb findet im finnischen Gesundheitssystem nur sehr bedingt statt. Zwar sind öffentliche Krankenhäuser eigenständig wirtschaftende Einheiten, die seit 1993 leistungsbezogen vergütet werden, jedoch erfolgt diese Vergütung nach landesweit unterschiedlichen Preisen und ist deshalb zwischen den Kommunen schwer vergleichbar (Järvelin, 2002, S. 76 ff.). Das System der NordDRG, eine einheitliche Klassifizierung von Diagnosis Related Groups zwischen Finnland, Norwegen, Schweden, Island, Estland und Lettland, böte eine Lösung in der Frage heterogener Abrechnungsmodalitäten unterschiedlicher Krankenhäuser. NordDRG werden bereits von zahlreichen Kommunen und Krankenhäusern in Finnland genutzt, es gibt jedoch keine landesweit verbindliche Einführung des Systems (Nordic Centre for Classifications in Health Care, 2007). Somit bleibt der Krankenhausmarkt weitgehend intransparent und wenig wettbewerbsförderlich.

Ein Mangel an Wettbewerbsanreizen existiert auch im ambulanten Bereich: Ärzte sind in der Regel Angestellte der Gesundheitszentren mit festem Gehalt. Lediglich bei Anwendung des „Personal Doctor Systems" schaffen variable Vergütungsanteile einen Leistungsanreiz, wie er bei Festgehältern nicht entsteht (Järvelin, 2002, S. 77 ff). Eine Aufgliederung der Vergütungskomponenten im finnischen „Personal Doctor Systems" zeigt Abbildung 13.

| Vergütungskomponente | prozentualer Anteil |
|---|---|
| Basisgehalt | 60% |
| Kopfpauschale | 20% |
| leistungsbasierte Vergütung | 15% |
| örtliche Zulagen | 5% |

*Abbildung 13: Hausarztvergütung Finnland*
*Quelle: Järvelin, 2002, S. 77 ff.*

Marktwirtschaftlichen Mechanismen wird des Weiteren durch die Einschränkung der Arztwahlfreiheit Einhalt geboten: Patienten können Spezialisten außer in Notfällen nur nach Überweisung durch einen Allgemeinmediziner aufsuchen (OECD, 2005b, S. 27). Im Einkauf medizinischer Dienstleistungen durch die Kommunen ist begrenzter Wettbewerb möglich, da es ihnen freigestellt ist, Versorgung im Privatsektor oder bei anderen Kommunen einzukaufen, anstatt sie selbst zu erbringen. Der Anteil dieser Leistungszukäufe ist steigend (Finnish Ministry of Social Affairs and Health, 2004, S. 7).

**Alternative Versorgungsformen**

Die Kooperation und Integration zwischen Leistungserbringern der sozialen Fürsorge- und Gesundheitsdienste, insbesondere in der Betreuung älterer Menschen, ist ein erklärtes Ziel der finnischen Gesundheitspolitik. In einigen Kommunen ist die Zusammenlegung oder Kooperation der beiden Dienste gegeben, in anderen Kommunen bereitet die Umsetzung Schwierigkeiten (Salonen, Haverinen, 2003, S. 15).

Der "Target and Action Plan for Social Welfare and Health Care for 2000–2003" setzt sich die Betreuung Älterer in ihrer häuslichen Umgebung zum Ziel. Er fordert die verstärkte Implementierung integrierter und kundenorientierter Versorgungsketten sowie die Einführung neuer Technologien (Salonen, Haverinen, 2003, S. 6).

Der Integration und Koordination zuträglich ist auch das "National Framework for High-quality Care and Services for Older People", in dem das Gesundheitsministerium klare Qualitätssicherungsstandards setzt (Leichsenring, 2004a, S. 11). Es berät Kommunen in der Erstellung, Umsetzung und Evaluierung einer eigenen Versorgungsstrategie der kommunalen Dienste. Mit dem Ziel die Lebensqualität älterer Menschen in der häuslichen Umgebung zu verbessern, rät das Rahmenwerk zu einer engen Zusammenarbeit von Sozialdiensten, Leistungserbringern der Primär- und Sekundärversorgung und leistet einen Beitrag zu landesweit hohen Versorgungsstandards (Finnish Ministry of Social Affairs and Health, 2001, S. 6 ff.)

Zusammenfassend ist festzuhalten, dass die vertikale und horizontale Integration sowie die Umsetzung koordinierter Versorgungsformen in Finnland im europäischen Vergleich als fortgeschritten gilt (Leichsenring, 2004b, S. 33 und Boerma, Dubois, 2006, S. 36 ff.).

### 2.6.2 Der schwedische Gesundheitsmarkt

Etwa fünf Prozent der schwedischen Bevölkerung sind 80 Jahre oder älter, damit hat das Land im relativen Vergleich zum restlichen Europa den höchsten Anteil an dieser Bevölkerungsgruppe. 85 % der Schweden sind Nichtraucher, während eine wachsende Zahl insbesondere junger Schweden an Übergewicht leidet. Die primären Todesursachen in Schweden sind Erkrankungen des Herz-Kreislauf-Systems gefolgt von Krebserkrankungen.

Die Verwaltung ist in drei eigenständige Ebenen unterteilt: Die nationale Ebene, die Provinzen sowie die Stadtverwaltungen. (Swedish Institute, 2007, S. 1). Das Ministerium für Gesundheit und Soziales setzt auf nationaler Ebene den sozialen Orientierungsrahmen und entscheidet über die gesundheitspolitische Agenda. Eine Reihe nationaler Institutionen ist von ihm mit Aufgaben im Gesundheitswesen betraut. Das Zentralamt für Gesundheits- und Sozialwesen (National Board of Health and Welfare) überwacht die Umsetzung der Gesundheitspolitik und gibt Richtlinien für die medizinische Versorgung heraus. Es kontrolliert außerdem in seinen regionalen Einheiten die Qualität und die Sicherheit der Versorgung (Tiemann, 2006, S. 198 ff.). Weitere Institutionen, die die Regierung in der Definition der Gesundheitspolitik beraten und unterstützen, sind (folgende Auflistung vgl. Swedish Institute, 2007, S. 2):

- Medical Responsibility Board (HAS)
- Swedish Council on Technology Assessment in Health Care (SBU)
- Pharmaceutical Benefits Board (LFN)
- Medical Products Agency
- Staatliche Apothekenketten

**Dezentrale Organisation**
Die Organisationsstruktur des schwedischen Gesundheitssystems ist traditionell durch dezentrale Selbstverwaltung charakterisiert (Glenngård et al., 2005, S. 24). Die 21 Provinzen spie-

len deshalb eine sehr starke Rolle im Gesundheitswesen: Sie finanzieren und planen die Gesundheitsversorgung und sind für die Mittelverteilung an die Gesundheitseinrichtungen zuständig. Krankenhäuser, Gesundheitszentren und andere Einrichtungen sind in ihrem Besitz. In die Zuständigkeit der 290 Stadtverwaltungen fällt die Fürsorge für Senioren in ihrer häuslichen Umgebung oder in Wohnheimen (Swedish Institute, 2007, S. 1 ff.). Sechs Gesundheitsregionen sind den Provinzen übergeordnet, um Kooperationen in hochspezialisierten Gesundheitsdiensten zu vereinfachen (Glenngård et al., 2005, S. 23).

**Finanzierung und sektorale Trennung**

Das staatliche Gesundheitssystem ist primär steuerfinanziert (siehe Abbildung 14). Die sektorale Trennung ist in Schweden wenig ausgeprägt: 50 % aller Patienten „überspringen" die Einrichtungen der Primärversorgung und gehen zur Behandlung direkt in ein Krankenhaus (Rae, 2005, S. 12). Die andere Hälfte der Patienten besucht Gesundheitszentren, welche die medizinische Grundversorgung in Schweden gewährleisten. Dort arbeiten Ärzte und medizinisches Personal als Angestellte im öffentlichen Dienst. Nur wenige Ärzte arbeiten als niedergelassene Ärzte unabhängig und werden nach Einzelleistung entlohnt (Tiemann, 2006, S. 201).

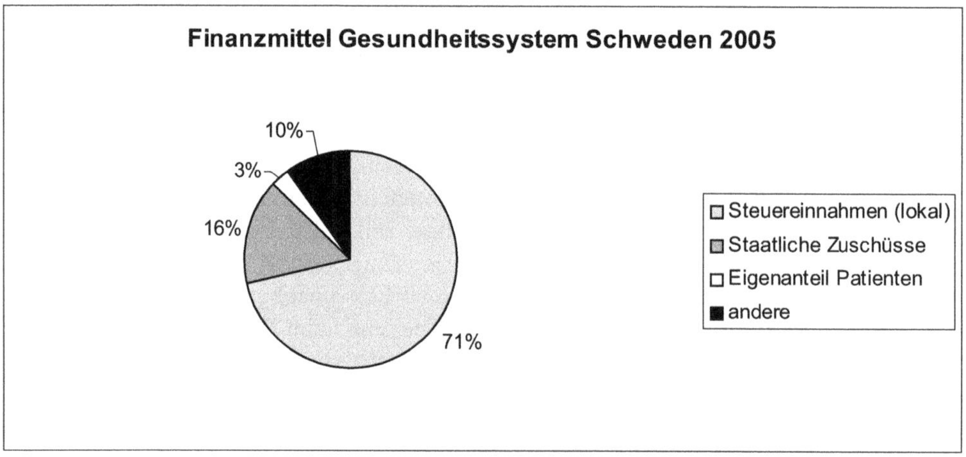


*Abbildung 14: Mittelherkunft des staatlichen Gesundheitssystems in Schweden*
*Quelle: Swedish Institute, 2007, S. 2*

**Wettbewerb**

In Schweden werden bereits 10 % der Gesundheitsleistungen durch private Anbieter erbracht und von den Provinzen eingekauft (Swedish Institute, 2007, S. 2 ff.). Es gibt wenige private Krankenhäuser in Schweden und nur eine begrenzte Zahl niedergelassener Ärzte, die zwar in Konkurrenz zu den öffentlichen Gesundheitszentren praktizieren (Glenngård et al., 2005, S. 50), deren maximale Patientenzahl und Vergütung jedoch von den Provinzen festgelegt ist (Rae, 2005, S. 6). Ihr Anteil variiert zwischen Provinzen und Städten stark: In manchen Ballungsgebieten sind bis zu 60 % der in der Primärversorgung tätigen Ärzte selbstständig, in anderen Gegenden gibt es nur vereinzelt Praxen (Glenngård et al., 2005, S. 50). Die Privatisierung von Krankenhäusern, die öffentlich versicherte Patienten betreuen, wurde 2004 per Gesetz gestoppt (Burgermeister, 2004).

Schweden ist führend in der Umsetzung evidenzbasierter Medizin: 50 landesweite Qualitätsregister sammeln individualisierte Krankenhausdaten zu Diagnose, Therapie und Behandlungsergebnis bestimmter Erkrankungen. Forschung und Leitlinienentwicklung profitieren von den Datenbanken; Krankenhäuser, die in der Behandlung einzelner Indikationen hinter dem Durchschnitt zurück bleiben, geraten unter öffentlichen Druck. Beispielsweise enthält das „National Heart Surgery Registry" Informationen über beinahe jede Herzoperation in Schweden seit 1992. Es beinhaltet Angaben zu Alter, Geschlecht und Größe des Patienten, zu Risikofaktoren wie Gewicht, Erkrankungen oder Medikation und gibt Aufschluss über Diagnosemethodik, Behandlungsdetails, Komplikationen und Todesdatum. Als resultierende Messgröße wird die Sterberate verglichen. Die Veröffentlichung von Jahresberichten mit vergleichenden 30-Tage-Sterberate löst Diskussionen über die Qualität der Herzzentren im Land aus und hat dazu beigetragen, die 30-Tage-Sterberate in Schweden zu senken (Rae, 2005, S. 11 ff.).

Vor dem Hintergrund weitgehender Wahlfreiheit seitens der Patienten in der Selektion ihres bevorzugten Gesundheitszentrums, Hausarztes und Krankenhauses (Rae, 2005, S. 12) leisten die Register einen Beitrag zum transparenten Wettbewerb. Manche Provinzen versuchen die Wahlfreiheit beispielsweise durch erhöhte Arztkosten außerhalb der Provinzgrenzen zu beeinflussen (Rae, 2005, S. 12).

**Alternative Versorgungsformen**

In Schweden setzt man bei der Reformierung des Gesundheitssystems auf die Einführung der Integrierten Versorgung. Krankenhäuser, Gesundheitszentren und soziale Dienste kooperieren verstärkt mit dem Ziel, die Behandlung in einer alternden Gesellschaft in Zukunft besser zu gewährleisten (Swedish Institute, 2007, S. 2 ff.). Angesichts langer Wartezeiten in Praxen und Wartelisten für Operationen (Rae, 2005, S. 12), ist zu erwarten, dass die aktuellen Reformanstrengungen in Zukunft fortgesetzt werden. Diese sind im Einzelnen (folgende Aufzählung vgl. Glenngård et al., 2005, S. 104):

- Konzentration der Notfallhospitale und hoch spezialisierter Versorgung innerhalb der einzelnen sechs Gesundheitsregionen
- Wechsel von Krankenhausbehandlung zu ambulanter Versorgung und Fürsorge zu Hause
- Verbesserte Koordination der Versorgung vor allem von Senioren und chronisch Kranken

Die beiden letztgenannten Punkte entstammen der "ÄDEL Reform" von 1992, welche die Finanzierung und Organisation der Versorgung älterer Menschen auf die Stadtverwaltungen übertrug. Ziel der Reform war es, die Versorgung Älterer „aus einer Hand" zu organisieren und einhergehend mit der Dezentralisierung auch eine Integration und Spezialisierung entsprechender Dienste zu erreichen. Zur Unterstützung der Reform formulierten Provinzen und Stadtverwaltungen gemeinsame Richtlinien für große Patientengruppen mit Erkrankungen wie Herzinsuffizienz, Asthma oder Schlaganfall (Andersson, Karlberg, 2000, S. 7 ff.).

Obwohl Qualität und Niveau der Versorgung zwischen den Stadtverwaltungen stark variiert (Trydegård, 2003, S. 451), erachtet das Swedish Institute die integrierte Versorgung zwischen lokalen Krankenhäusern, Gesundheitszentren und Sozialdiensten als den zukünftigen Regelfall in der Betreuung chronisch Kranker und Älterer (Swedish Institute, 2007, S. 3). Boerma und Dubois vom niederländischen Forschungsinstitut NIVEL beurteilen die Interaktion von Allgemeinmedizinern mit anderen Disziplinen in Schweden als überdurchschnittlich intensiv im europäischen Vergleich (2006, S. 36 ff.).

### 2.6.3 Der norwegische Gesundheitsmarkt

Ebenso wie in Schweden ist die Verwaltung auch in Norwegen in drei eigenständige Entscheidungsebenen unterteilt: Die nationale Ebene, die Provinzen sowie die Gemeinden (Johnsen, J.R., 2006, S. 1). Der Anteil der über 65-Jährigen in der norwegischen Bevölkerung liegt 2007 bei 14,7 %, die primäre Todesursache sind Erkrankungen des Herz-Kreislauf-Systems gefolgt von Krebserkrankungen (Johnsen, J.R., 2006, S. 1). In Norwegen leiden etwa 90.000 bis 120.000 Menschen an Diabetes mellitus (Norwegian Ministry of Health and Care Services, 2007a, S. 8).

**Dezentrale Organisation**
Die zentrale Hoheit in Gesundheitsfragen liegt auf nationaler Ebene beim Ministerium für Gesundheit und Soziales (Johnsen, J.R., 2006, S. 1). Es ist für die Erstellung und Kontrolle der Gesundheitspolitik verantwortlich. Die eigentliche Umsetzung der Gesundheitsdienste ist auf Regional- und Lokalebene angesiedelt: Die Gemeinden leisten und finanzieren die Primärversorgung und Sozialdienste. Die Erbringung fachmedizinischer Dienste (Labore, Radiologie, ambulante Dienste oder Suchttherapie) obliegt fünf Gesundheitsbezirken, sogenannten „Regional Health Enterprises“ (RHE), welche den Provinzen übergeordnet sind (Königlich Norwegische Botschaft Berlin, 2007). Der neue Mischansatz, weg von einer rein dezentralen zu einer semi-dezentralen Struktur, ist auch in der Krankenhausreform 2002 zu erkennen: Mit ihr sind alle norwegischen Krankenhäuser von vormals regionaler Unabhängigkeit in staatlichen Besitz übergegangen. Sie werden als „Health Enterprise“ organisiert und ihre Verwaltung wurde an die fünf ihnen übergeordneten Gesundheitsbezirke übertragen. Jedes Krankenhaus hat somit eine unabhängige Geschäftsführung und Budgetverantwortung, Entscheidungen werden weitgehend dezentral getroffen. Trotz der Nationalisierung der Eigentumsrechte sind Krankenhäuser also weitgehend autonom (Johnsen, J.R., 2006, S. 94 ff.).

Eine kleine Zahl zugelassener Kliniken und Gesundheitsdienste ist in privatem Besitz (Königlich Norwegische Botschaft Berlin, 2007). Nicht-profitorientierte, beispielsweise kirchliche Einrichtungen sind weitgehend in das öffentliche System integriert. Profitorientierte Einrichtungen spielen eine sehr untergeordnete Rolle: 2004 standen 13.000 öffentlich finanzierte Krankenbetten lediglich 284 privat finanzierten Betten gegenüber (Johnsen, J.R., 2006, S. 21 ff.). Ihr Marktanteil steigt sehr verhalten; 2006 lag er noch unter 5 % (OECD, 2006a, S. 19).

**Finanzierung**

Norwegens staatliche Sozialversicherung (National Insurance Scheme, NIS) ist Teil der staatlichen Verwaltung und verpflichtend für jede Person, die in Norwegen dauerhaft lebt oder arbeitet. Sie beinhaltet Renten-, Kranken- und Arbeitslosenversicherung sowie eine Versicherung bei Folgen von Arbeitsunfällen und wird durch (steuerähnliche) Beiträge der Arbeitgeber, Arbeitnehmer, Selbstständigen sowie durch staatliche Zuschüsse finanziert. Im Gesundheitsbereich beinhaltet sie vor allem das Recht jedes Versicherten auf kostenlose stationäre Behandlung. Im ambulanten Bereich sieht sie eine Kostenbeteiligung des Patienten vor, der überwiegende Teil der Behandlungskosten wird jedoch übernommen (Norwegian Ministry of Labour and Social Inclusion, 2006, S. 16 ff.).

Abbildung 15 zeigt die Mittelherkunft im überwiegend staatlich finanzierten norwegischen Gesundheitssystem. Zentralstaatliche Steuermittel, lokale Steuern und Beiträge der Sozialversicherung (Preusker, U., 1996, S. 172) sind in Abbildung 15 als öffentliche Gelder zusammengefasst. Private Quellen sind vor allem Zuzahlungen der Privathaushalte (Johnsen, J.R., 2006, S. 31), sie werden unter anderem erbracht für verschreibungspflichtige Medikamente, Krankentransporte, physiotherapeutische Behandlung, Teile der zahnärztlichen Versorgung und Aufenthalte in Reha-Einrichtungen. Sie unterliegen einer Kostendeckelung (OECD, 2006a, S. 11) und spielen eine untergeordnete Rolle.

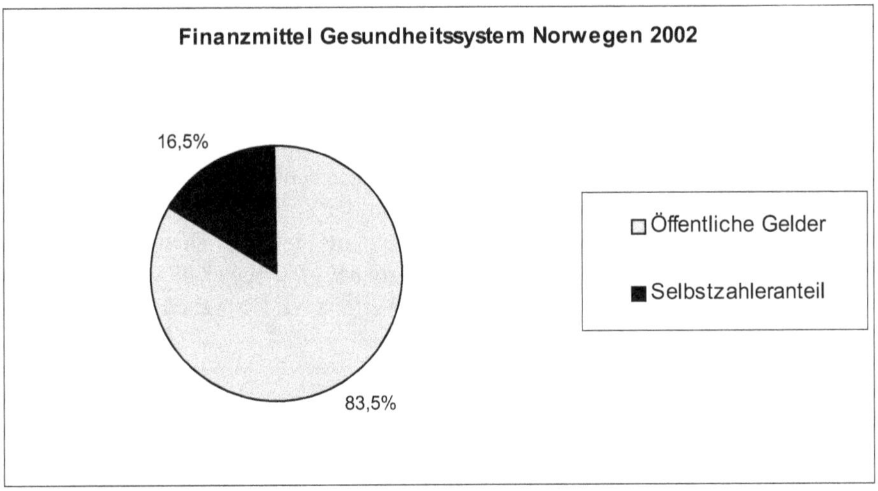


*Abbildung 15: Mittelherkunft des staatlichen Gesundheitssystems in Norwegen*
*Quelle: OECD, 2006a, S. 10 ff.*

**Wettbewerb**

Einhergehend mit der Reorganisation der Krankenhäuser als eigenständig wirtschaftende Einheiten in staatlichem Besitz (Johnsen, J.R., 2006, S. 94 ff.) wurde dem Patienten die Krankenhauswahl ermöglicht. Seit 2004 können Patienten unter öffentlichen Einrichtungen, privaten Klinken sowie unter psychiatrischen Einrichtungen frei wählen (Ringard, Hagen, Rico, 2006, S. 3). Diese Reform verlieh dem System eine Wettbewerbskomponente mit dem

Ziel, dass Patienten ineffizient arbeitende Krankenhäuser mit langen Wartelisten meiden und effizient wirtschaftende Einheiten belohnen. Gleichzeitig wurde die Vergütung der Krankenhäuser zu einem Anteil von 60 % flexibilisiert und an Prozessen orientiert. Mit dem Ziel, die Produktivität zu steigern und kosteneffizient zu wirtschaften, wurden die Entgelte an der Anzahl der behandelten Patienten ausgerichtet und basierten fortan auf dem DRG-System. Auf die Krankenhausreform folgte zwar eine Steigerung der Produktivität, jedoch ging mit ihr ein unerwartet drastischer Kostenanstieg einher. DRGs scheinen zu großzügig berechnet zu sein, und weder Budgetierung noch eine Deckelung der Patientenzahlen greifen bisher, so dass vier der fünf „Regional Health Enterprises“ (RHE) im Land Verluste verbuchen - vermutlich auch in der Erwartungshaltung, dass der Staat Defizite ausgleichen wird (OECD, 2006a, S. 12 ff.).

Im ambulanten Bereich führte der norwegische Gesetzgeber 2001 auf freiwilliger Basis eine „Patientenliste“ ein, die für jeden niedergelassenen Arzt geführt wird und alle Bürger benennt, die ihn als Hausarzt gewählt haben. Inzwischen sind 98 % der Bevölkerung in dieses Hausarztsystem integriert. Man erhoffte sich kürzere Wartezeiten, eine Stärkung der Patient-Arzt-Beziehung sowie höhere Therapiequalität. Diese Ziele scheinen erreicht, jedoch erfolgte auch hier ein rasanter Kostenanstieg sowie eine starke Zunahme der Medikamentenverschreibung und Überweisung in die Sekundärversorgung. Teilweise sind diese Entwicklungen auf einen Kompensationsmechanismus zurückzuführen, den sich Ärzte mit Patientenmangel zu Nutze machen. Überlegungen gehen in Richtung leitlinienbasierte Behandlung, um diese Kostenexplosion einzudämmen (OECD, 2006a, S. 20 ff.).

Mit einem sehr geringen Marktanteil privater Kliniken und ca. 2-3 % des RHE-Budgets, das an private Anbieter ausgeschüttet wird, sind RHE quasi Monopolisten in ihrer Region. Sie verfügen einerseits über die Bugetgewalt und treten andererseits als Eigentümer der Krankenhäuser selbst als Anbieter auf. Die Folge ist, dass in der norwegischen Sekundärversorgung Wettbewerb kaum stattfindet. Trotz Wahlfreiheit entscheiden sich wenige Patienten Krankenhäuser in einem der vier anderen RHE aufzusuchen. Da bisher die Vergütung über regionale Grenzen hinweg nicht flexibel ist, ist dem Wettbewerb zusätzlich Einhalt geboten (kein „Money-follows-the-patient System“).

**Alternative Versorgungsformen und sektorale Trennung**

Das norwegische Gesundheitssystem befindet sich in einem fortlaufenden Reformprozess, seine beiden größten Probleme sind lange Wartezeiten für Krankenhausaufenthalte sowie die Herausforderungen des demographischen Wandels (Königlich Norwegische Botschaft Berlin, 2007).

Etwa 90 % der Primärversorgung wird in Norwegen durch selbstständige Ärzte erbracht, welche Verträge mit den Gemeinden abschließen. Die übrigen 10 % der Versorgung leisten angestellte Ärzte im öffentlichen Dienst (OECD, 2006a, S. 20). Jeder Arzt ist einem Krankenhaus formell zugeordnet. 55 % der selbstständigen Ärzte in Norwegen bewerten die Zusammenarbeit mit ihrem Krankenhaus nach Entlassung des Patienten in die ambulante Betreuung als zufrieden stellend. Tjerbo und Kjekshus schließen daraus, dass die Koordination zwischen Sekundär- und Primärversorgung nicht als allgemeines Problem seitens der

Ärzteschaft wahrgenommen wird (2005, S. 2). Sektorale Trennung existiert demnach in Norwegen, ist jedoch weniger ausgeprägt als beispielsweise in Deutschland.

In Norwegen gibt es derzeit keine Programme der Integrierten Versorgung (Johnsen, J.R., 2006, S. 141 ff.). Es existieren allerdings erste Bemühungen in Richtung alternative Versorgungsformen, denn ein Mangel an Kooperation wurde erkannt: Als eine der sechs Säulen im reformierten Gesundheitssystem sieht der Nationale Gesundheitsplan 2007-2010 die verbesserte Interaktion zwischen dem Gesundheitssektors und anderen sozialen Diensten ebenso wie zwischen den Leistungserbringern untereinander vor (Norwegian Ministry of Health and Care Services, 2007b). Erste Integrations- und Kooperationsprozesse wurden bereits angestoßen und in Zukunft sind weitere Entwicklungen in diese Richtung zu erwarten (Johnsen, J.R., 2006, S. 141 ff.). Bisher fehlt jedoch eine übergreifende Initiative zur einheitlichen Erfolgsbewertung erster Integrationsansätze (Tjerbo, Kjekshus, 2005, S. 2).

### 2.6.4 Der englische Gesundheitsmarkt

Der britische Zentralstaat mit seinen vier Ländern England, Schottland, Wales und Nordirland überträgt Kompetenzen, so auch Teile der Gesundheitsgesetzgebung, an die teilselbstständigen Parlamente der Länder (Tiemann, 2006, S. 231). Daraus ergeben sich vor allem im administrativen Bereich Systemunterschiede: Zuständigkeiten der Parlamente und Rechtsformen der einzelnen Versorgungseinheiten sind unterschiedlich geregelt, obgleich die vier Gesundheitsdienste unter dem gemeinsamen Namen National Health Service (NHS) firmieren und in vielen Bereichen kooperieren (eHealth ERA, 2007b, S. 2). Der folgende Text beschreibt lediglich das englische, nicht das gesamt-britische System.

Mitte 2005 lebten in Großbritannien 60,2 Millionen Menschen, davon 50,8 Millionen in England (Office for National Statistics, 2006a). Etwa 16 % der Bevölkerung sind 65 Jahre alt oder älter (Office for National Statistics, 2006b), zu den häufigsten Todesursachen zählen in England Erkrankungen des Herz-Kreislauf-Systems, Krebserkrankungen und Krankheiten des Atmungssystems. Mehr als 17 Millionen Menschen in Großbritannien sind chronisch erkrankt (Department of Health England, 2001, S. 5), davon leben geschätzte 2,35 Millionen Menschen mit der Diagnose Diabetes mellitus. Seit 2001 existiert ein nationales Rahmenwerk mit verbindlichen Standards zur Qualitätssicherung in der Gesundheitsversorgung von Diabetikern (Department of Health England, 2007a).

Die zentralstaatliche Verantwortung für die Gesundheitsversorgung liegt beim Ministerium für Gesundheit. Es entwirft die Gesundheitspolitik und überwacht die Verwendung der Finanzmittel ebenso wie die Sicherheit und Qualitätsstandards im nationalen Gesundheitswesen (Department of Health England, 2007b). NHS Connecting for Health ist eine Agentur innerhalb des Ministeriums, die für die Umsetzung des „National IT Program" im englischen Gesundheitswesen zuständig ist. Dieses Programm hat die Etablierung einer integrierten IT Infrastruktur in allen öffentlichen Gesundheitsorganisationen in England bis 2010 zum Ziel (eHealth ERA, 2007b, S. 2 ff.).

**Zentrale Organisation**
Die Gesundheitsversorgung in England, wie auch in den anderen Teilen Großbritanniens, ist staatlich finanziert und wird durch den universellen NHS, sowie durch soziale Dienste erbracht. Der NHS ist auf regionaler Ebene in zehn sogenannte „Strategic Health Autorities“ (SHA) untergliedert, welche nicht direkt Gesundheitsversorgung erbringen, sondern regionale Leitlinien aufsetzen und deren Umsetzung überwachen. Sie sind dem Ministerium unterstellt und leisten für ihre Region vor allem Führungs- und Koordinationsarbeit (Department of Health England, 2007d).

Der NHS ist des Weiteren in 152 lokalen Vertretungen, den „Primary Care Trust“ (PCT), organisiert. Sie sind eigenständige Organisationen mit Management, Personal und Budgetverantwortung und verfügen als Gesamtheit über etwa 80 % der NHS-Finanzmittel. Sie unterstehen in der Hierarchie den SHA und sind damit beauftragt, den Bedarf an Primär- und Sekundärversorgung zu evaluieren und zu bedienen. Dazu erbringen sie einige Gesundheitsdienstleistungen selbst und kaufen wiederum andere von privaten Anbietern ein (Department of Health England, 2007e). PCTs müssen in ihrem Verwaltungsgebiet unter anderem für die Verfügbarkeit der folgenden Dienste Sorge tragen: Krankenhäuser, Zahnärzte, Optiker, Behandlung psychischer Erkrankungen, Notfalltransporte und Apotheken. Die benannten Dienste der spezialisierten Gesundheitsversorgung sind ebenfalls in „(secondary) Trusts“ organisiert: Öffentliche Krankenhäuser werden durch sogenannte „NHS“ oder „acute Trusts“ gemanagt, psychiatrische Dienste durch „Mental Health Trusts“, Patiententransporte durch „Ambulance Trusts“. Sie alle verfügen über ein eigenes Management und Budgetplanung, von ihnen „kaufen“ die PCTs Leistungen ein (National Health Service, 2007a). Die 2002 ins Leben gerufenen „Care Trusts“ fungieren als Bindeglied zwischen Sozial- und Gesundheitsdiensten und haben die Aufgabe, die Versorgungsabläufe insbesondere älterer Menschen besser zu koordinieren und die Dienstleistungen unterschiedlicher Marktteilnehmer aus der sozialen sowie gesundheitlichen Fürsorge zu integrieren (Department of Health, 2002a, S. 1).

**Finanzierung**
Wie in Abbildung 16 dargestellt, ist der NHS überwiegend aus öffentlichen Mitteln finanziert, die sich aus allgemeinen Steuermitteln und Beiträgen der Gesundheitsversicherung speisen. Patienten tragen nur sehr geringe Selbstzahleranteile, beispielsweise bei Medikamenten, Zahnbehandlungen und Brillen (Britische Botschaft Berlin, 2004, S. 1).

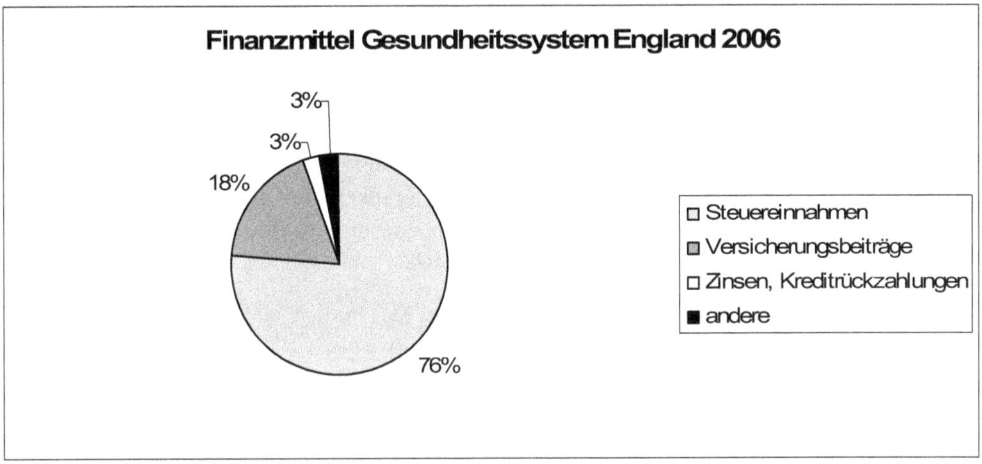


*Abbildung 16: Mittelherkunft des staatlichen Gesundheitssystems in England*
*Quelle: Department of Health England, 2006, S. 40*

**Wettbewerb**
Der NHS treibt im Rahmen einer großen Reform, dem „NHS-Plan", seit 2000 die Modernisierung und Reformierung des gesamten Gesundheitsdienstes voran.

Der Entscheidungsspielraum, der die PCTs als eigenständig wirtschaftende Einheiten kennzeichnet, ist ein vergleichsweise junges Phänomen, ebenso wie die Tatsache, dass ausgewählte Regionalkrankenhäuser seit 2004 den Foundation-Trust-Status erlangen können. Als Foundation-Trust genießen Krankenhäuser größere Freiheiten, sie können beispielsweise auf dem Kapitalmarkt Kredite aufnehmen, Vermögenswerte verkaufen und Gewinne erwirtschaften. Foundation Trusts treten miteinander in Wettbewerb um NHS-Verträge und dürfen interne Gehalts- und Lohntabellen aufstellen. Diese Unterteilung in „Anbieter" und „Käufer" gesundheitlicher Dienste ist dem Wettbewerb und der Wirtschaftlichkeit des Systems ebenso förderlich wie die private Finanzierungsinitiative (PFI), über die seit 1992 aus privatem Kapital Krankenhäuser gebaut wurden, welche anschließend im Leasingverfahren an den NHS zurück gehen (Bertelsmann Stiftung, 2004, S. 23 ff.). PFI wird mit dem „NHS-Plan" ausgeweitet auf Zentren der Primärversorgung, psychiatrische Einrichtungen und Institutionen der sozialen Dienste (Department of Health England, 2007f).

Die Reform will mit der Initiative „Payment by results" erfolgreichen Leistungserbringern mehr Eigenständigkeit zusprechen, indem für gute Resultate zusätzliche Ressourcen zur Verfügung gestellt werden. Das beabsichtigt der NHS durch ein flexibles Finanzsystem nach dem „Money-follows-patient"-Prinzip. So sollen effizient arbeitende Leistungserbringer eine Zusatzvergütung zu ihren limitierten Budgets erhalten können, um mehr Patienten qualitativ hochwertig versorgen zu können. Des Weiteren werden ineffizient arbeitende Anbieter in Zukunft weniger gut mit den neuen Einheitstarifen für bestimmte Behandlungen auskommen, die der NHS einführt, um Anbieter, die den Dienst effizient erbringen und unterdurchschnittliche Kosten haben, durch zusätzliche Einkünfte zu belohnen (Department of Health, 2007g).

Diese Anreizsysteme werden getragen durch eine neue Freiheit des Patienten in der Krankenhauswahl, die schrittweise bis 2008 eingeführt werden wird. Nach Jahrzehnten ohne Wahlfreiheit über Ort und Zeitpunkt ihres Eingriffs können Patienten derzeit bereits zwischen allen NHS-Foundation-Trusts landesweit, Krankenhäusern nicht-profitorientierter Drittanbieter sowie vier bis fünf Anbietern wählen, die in vertraglicher Bindung zum PCT des Patienten stehen (National Health Service, 2007b).

Auch die Alternativen der PCTs in der Anbieterwahl werden stark wachsen. Die NHS-Reform sieht die Intensivierung der Zusammenarbeit zwischen NHS, dem privaten und dem nicht-profitorientierten „dritten" Sektor (z. B. kirchliche Einrichtungen) vor. Stärkere Diversifikation soll Patienten mehr Kapazitäten zugänglich machen, es werden sogar privatwirtschaftliche Versorgungsteams aus dem Ausland eingekauft, um die Anbieterzahl zu verbreiten. Auch Public-Private-Partnerships zwischen PCTs, NHS-Trust und privater Seite sind mit Einführung der Reform möglich (Department of Health England, 2007f).

**Sektorale Trennung**

In England besteht eine Trennung zwischen Primär- und Sekundärversorgung, die NHS-Reform sieht jedoch diverse Maßnahmen vor, um Kooperation und Interaktion zwischen den Sektoren zu fördern. Das erklärte Ziel des Gesetzgebers ist es, die Krankenhäuser zu entlasten und den Schwerpunkt der Gesundheitsversorgung in den ambulanten Bereich zu verlagern. Dazu werden Versorgungsangebot, Kompetenzen und Handlungsspielräume erweitert: Einrichtungen der Primärversorgung (PCOs) ist es durch eine Gesetzesneuerung seit 2004 möglich, erweiterte Dienste wie beispielsweise kleinere Eingriffe, Impfungen oder Versorgung in der Sexualgesundheit zu erbringen. In den Gruppenpraxen, die in England den Großteil der Primärversorgung erbringen, werden zu diesem Zweck die Versorgungsteams multidisziplinär besetzt, und die Kooperation und Koordination zwischen Spezialisten in einem Team rückt stärker in den Vordergrund. Das neu eingeführte Prinzip der „Practice based commissioning" erlaubt es PCOs zudem, Dienste der Sekundärversorgung für ihre Patienten direkt bei Krankenhäusern oder Spezialisten einzukaufen. Die Tatsache, dass Teile des Budgets nicht länger den PCTs, sondern auch direkt den Praxen zugeteilt werden, verändert die Beziehung zwischen Primär- und Sekundärversorgung auf gravierende Weise: Krankenhäuser konkurrieren um Zuweisungen aus der Primärversorgung. Folglich werden die multidisziplinären Teams der Primärversorgung zukünftig Einfluss auf die Kostentransparenz der Krankenhäuser, die Gestaltung gemeinsamer Leitlinien und das Portfolio der angebotenen Dienste nehmen können. Es ist zu vermuten, dass in einer Marktsituation von Angebot und Nachfrage die Zusammenarbeit intensiver werden wird (Royal College of General Practitioners, 2007, S. 3 ff.).

Das Konzept der „Shared Care", bei dem Angestellte der Sekundärversorgung, beispielsweise Krankenschwestern der Onkologie, zur Assistenz bei einem Arzt der Primärversorgung „abgestellt" werden, ist ebenfalls eine neue Errungenschaft des NHS. Auch diese Maßnahme soll die Zusammenarbeit im Patientenmanagement zwischen Sektoren fördern (Royal College of General Practitioners, 2007, S. 2 ff.)

Zusammenfassend ist festzuhalten, dass die sektorale Trennung in England organisatorisch und budgetär besteht, jedoch verschiedenste Maßnahmen getroffen wurden, um ihr die Schärfe zu nehmen.

**Alternative Versorgungsformen**
Das 2002 gegründete „Health and Social Care Change Agent Team (CAT)“ hatte ursprünglich die Aufgabe, Sozial- und Gesundheitsdienste zur Problematik unnötig langer Krankenhausaufenthalte zu beraten. Inzwischen unterstützt es Teilnehmer des Gesundheitsmarktes mit Ratschlägen zu vielen Bereichen der Versorgung älterer Menschen und trägt so zum Erfahrungsaustausch zwischen Sektoren bei: Es vermittelt zwischen Institutionen auf der Suche nach integrierten Versorgungspartnerschaften, berät zu Prävention und zum Management chronischer Krankheiten, erklärt Telecare und informiert über Möglichkeiten der „Intermediate Care“ (Health and Social Care Change Agent Team, 2007).

Das Konzept der „Intermediate Care“ umfasst eine Reihe integrierter Dienste, die zur schnellen Genesung beitragen, Krankenhausaufenthalte verhindern, frühe stationäre Entlassungen und ein unabhängiges Leben im Alter ermöglichen. Der Ansatz ist eine Alternative zur Regelversorgung und ist per Definition interdisziplinär, er wird in Zusammenarbeit zwischen Primär- und Sekundärversorgung, Lokalverwaltungen und insbesondere deren Sozialdiensten sowie nicht-profitorientierten Einrichtungen erbracht. „Intermediate Care“ liefert das Fundament zum “National Service Framework for Older People”, welches die Versorgung älterer Menschen nach den folgenden Prinzipien regelt (Department of Health, 2002b, S. 3 ff.):

1. patienten-orientierte Versorgung
2. unbedingte Kooperation in der physischen, mentalen und sozialen Betreuung
3. unmittelbarer Patientenzugang zu Spezialisten
4. Förderung der Gesundheit und eines aktiven Lebensstils

Derzeit sind etwa 500 „one-stop” Health Centres in Betrieb, die eine Primärversorgung und „Intermediate Care“ aus einer Hand anbieten (Royal College of General Practitioners, 2007, S. 5). Dank klarer Leitlinien, neu geschaffener Organisationen wie dem CAT und koordinierter alternativer Versorgungsformen ist die Integration unterschiedlicher Dienste und Sektoren innerhalb des englischen Gesundheitssystems verbreitet. Im Vergleich mit anderen europäischen Systemen kommen auch Leichsenring (2004b, S. 33) und Boerma und Dubois (2006, S. 36 ff.) zu diesem Ergebnis.

### 2.6.5 Der schweizerische Gesundheitsmarkt

Die Schweiz hat 7,6 Millionen Einwohner, deren Lebenserwartung im Durchschnitt bei 80,6 Jahren liegt (CIA World Fact Book, 2007a). Als Haupttodesursachen werden laut Schweizerischem Gesundheitsobservatorium (2007a) Herz-Kreislauf-Krankheiten, Krebserkrankungen, sowie Unfälle und Gewalteinwirkungen, einschließlich Suizid genannt.

**Dezentrale Organisation**

Das politische System der Schweiz ist charakterisiert durch Föderalismus und Liberalismus. Dies spiegelt sich auch in der Organisation des Gesundheitswesens wider. Die schweizerische Gesundheitsversorgung ist, der Anzahl der Kantone und Halbkantone entsprechend, in 26 mehr oder weniger verschiedene Systeme gegliedert. Die jeweilige Aufsicht führt der kantonale Gesundheitsdirektor. Diese Gesundheitsdirektoren sind in der „Schweizerischen Sanitätsdirektorenkonferenz“ zusammengeschlossen, welche Empfehlungen und Stellungnahmen zur Harmonisierung der unterschiedlichen Systeme abgibt. Auf nationaler Ebene werden ihre Kompetenzen durch das Krankenversicherungsgesetz (KVG) begrenzt. Dieses sieht zum Beispiel eine Versicherungspflicht für die Grundversorgung aller in der Schweiz wohnhaften Personen vor (Schweizerisches Gesundheitsobservatorium, 2007b, S. 30).

**Sektorale Trennung**

Die ambulante Diagnostik, Therapie und Pflege wird hauptsächlich von selbstständigen, niedergelassenen Ärzten erbracht, meist auf Basis von Einzelleistungstarifen (fee-for-service). Jedoch dürfen auch ausgelagerte Versorgungszentren öffentlicher oder privater Krankenhäuser ambulante Leistungen anbieten. Die Anzahl der Taxpunkte[1] pro medizinische Leistung ist schweizweit festgelegt, jedoch variiert die Vergütung pro Taxpunkt von Kanton zu Kanton (Schweizerisches Gesundheitsobservatorium 2007b, S.31). Nach Auffassung von Furrer und Gurtner war im Jahre 2004 vor allem das Finanzierungssystem noch durch sektorale Trennung geprägt, was auch eine Verbreitung der IV behinderte.

**Wettbewerb**

Prinzipiell gilt in der Schweiz die freie Arztwahl des Patienten (Der Bund, 2007). Auch die Versicherung kann frei gewählt werden, und diese ist verpflichtet, jeden Antragsteller in die Grundversicherung aufzunehmen. Versicherungen, welche die Grundversorgung erbringen, sind beim Bundesamt für Sozialversicherung registriert. Sie dürfen durch das Angebot der Grundversicherung keinen Gewinn erwirtschaften. Alle Versicherungen dürfen jedoch parallel auch Zusatzversorgungen anbieten und durch diese Gewinne erwirtschaften. Die Versicherungsprämie ist alters-, geschlechts- und einkommensunabhängig, variiert jedoch von Kanton zu Kanton. Erwachsene Versicherte tragen einen Selbstkostenanteil pro Jahr an ambulanten Behandlungskosten und Medikamenten. Eine Prämienreduktion kann von Versicherten durch die Wahl eines höheren Selbstkostenanteils oder einer alternativen Versicherungsform erreicht werden (Schweizerisches Gesundheitsobservatorium 2007b, S. 30 ff.).

Bei der Wahl einer alternativen Versorgungsform steht dem Patienten beispielsweise die Einschreibung in eine Health Maintenance Organization (HMO) offen. Health Maintenance Organizations sind in der Regel Ärzteverbände, die im Rahmen von Managed-Care-Modellen sowohl die Finanzierung als auch die Bereitstellung der medizinischen Versorgung ihrer Versicherten übernehmen (Schweizerisches Gesundheitsobservatorium, 2006). Bei Einschreibung in eine solche HMO verzichtet der Patient unter Umständen auf das Recht der

[1] Taxpunkte sind vergleichbar mit den Leistungspunkten, die ein Arzt in Deutschland pro erbrachte Leistung abrechnen kann.

freien Arztwahl. Weiterhin gibt es Bonusversicherungen, bei denen der Versicherte pro Jahr ohne Kostenerstattung eine Prämienreduktion bekommt. Laut KVG müssen die Pflichtleistungen „wirksam, zweckmäßig und wirtschaftlich" sein. Sie umfassen im Allgemeinen Leistungen zur Erkennung und Behandlung von Krankheiten und Verletzungen im ambulanten und stationären Bereich, häusliche Pflege und in Heimen, Transportkosten und gewisse Präventionsmaßnahmen, jedoch nur wenige zahnärztliche Behandlungen. Weitere Leistungen werden durch freiwillige Zusatzversicherungen gedeckt. Bei der Zusatzversicherung können Krankenkassen Antragssteller ablehnen (Schweizerisches Gesundheitsobservatorium, 2007b, S. 30 f.).

**Alternative Versorgungsformen**

Seit 1996 sind die Managed-Care-Modelle im KVG verankert (Schweizerisches Gesundheitsobservatorium, 2006). Die Versorgungsform der HMOs machte 2004 in der Schweiz einen Anteil von 8,8 % der Gesamtversorgung aus (Beck, 2006). Laut Furrer und Gartner (2004) wird die weitere Verbreitung der Managed-Care-Modelle jedoch dadurch behindert, dass diese von den Versicherten immer mit der eingeschränkten Wahlfreiheit der Leistungsanbieter assoziiert werden. Um für Versicherte attraktiv zu sein, müssen Krankenkassen sehr niedrige Prämien anbieten, was wiederum nur möglich ist, wenn viele Leistungserbringer im Vertrag eingeschlossen sind. Dies wiederum wird durch den mangelnden monetären Anreiz verhindert. Prinzipiell spielen die Krankenkassen eine wichtige Rolle bei der Innovationsförderung.

**Finanzierung**

Insgesamt gab es 2005 in der Schweiz 94 Krankenkassen, die zur Erbringung der Grundversorgung registriert waren. Der Dachverband der Krankenversicherer heißt „santésuisse" (www.santesuisse.ch). Weiterhin gibt es unregistrierte Krankenversicherer, die einen kleinen Marktanteil einnehmen und Zusatzversicherungen anbieten. Alle Krankenversicherer, welche die obligatorische KV durchführen, müssen den gleichen gesetzlich vorgeschriebenen Leistungsumfang übernehmen. Sie dürfen keine weitergehenden, freiwilligen Leistungen vergüten. Führt nun ein Behandelnder Leistungen durch, die keine Pflichtleistungen sind, dann ist er verpflichtet, den Patienten im Vorfeld darüber aufzuklären (Ess Europe.de 2007). Die größte Krankenversicherung, die Helsana-Gruppe, mit über einer Million Mitglieder (Stand 2005), was 16,8 % der Bevölkerung ausmacht. Die fünf weiteren größten sind die CSS, Groupe Mutuel, Concorida, Swica und Visana (Beck, 2006).

Die Krankenhäuser, Spitäler genannt, werden entweder öffentlich, d.h. durch Kanton oder Gemeinde, oder privat betrieben. Private Krankenhäuser werden allerdings auch zum Teil durch öffentliche Gelder subventioniert. Krankenhausbehandlungen werden unterschiedlich finanziert, je nachdem, ob sie in öffentlichen oder privaten Krankenhäusern, ambulant oder stationär durchgeführt werden. Bei der stationären Behandlung auf der allgemeinen Abteilung gibt es zwei Kostenträger. Auf der einen Seite die Krankenkassen, die maximal 50 % der Betriebskosten übernehmen. Auf der anderen Seite die Kantone oder Gemeinden, welche den Rest der Betriebskosten sowie die Investitionskosten übernehmen (Schweizerisches Gesundheitsobservatorium 2007b, S. 32 f.).

Die Kosten der privaten Spitäler werden in vollem Umfang von den Krankenversicherungen gedeckt. Die Spitäler stellen nicht nur den größten, sondern auch den am stärksten wachsenden Kostenfaktor in der Krankenversicherung dar. Vorschläge zur Reform der Spitalfinanzierung sehen unter anderem die Umstellung von einer Kostenerstattung nach Liegedauer hin zu einer Finanzierung auf Grund von diagnoseorientierten Fallpauschalen, in Anlehnung an das deutsche DRG System, vor (santésuisse, 2007).

Der Anteil der Gesundheitsausgaben am BIP ist laut OECD (2006c) mit 11,5 % im Jahre 2003 nach den USA der zweithöchste. Im OECD-Schnitt waren es 8,8 %. Auch der Anteil den die Privathaushalte aufbringen, ist (wie in Abbildung 17 illustriert) sehr hoch. Dies resultiert aus der Zahlung der Prämien bei der Grundversorgung und den Zusatzversicherungen.

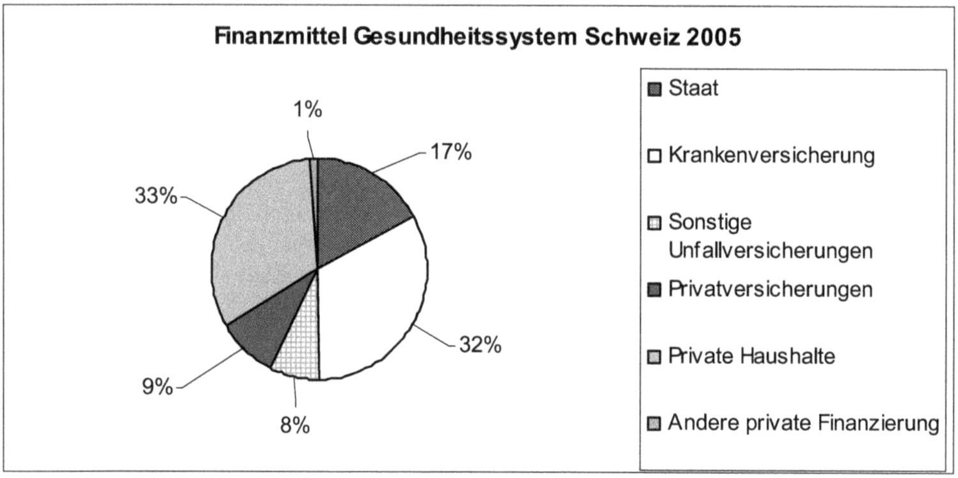


*Abbildung 17: Mittelherkunft des schweizerischen Gesundheitssystems*
*Quelle: Sturm, 2006, S. 8*

## 2.6.6 Der US-amerikanische Gesundheitsmarkt

Die Lebenserwartung in den USA lag 2004 bei 77,5 Jahren unter dem OECD-Durchschnitt von 78,3 Jahren (OECD, 2007). Als häufigste tödliche Erkrankungen werden in den USA wie in anderen industrialisierten Ländern chronische Erkrankungen, wie Herz-Kreislauf-Erkrankungen, Krebserkrankungen und Diabetes mellitus angegeben (National Center for Health Statistics, 2007). Die Fettleibigkeit wird mit 33 % bei Erwachsenen, und zunehmend auch bei Kindern, als eines der Hauptgesundheitsprobleme angesehen (Center for Disease Control and Prevention, 2007)

**Dezentrale Organisation**
Im US-amerikanischen Gesundheitssystem, welches die Gesundheitsversorgung der knapp 300 Millionen US-Amerikaner gewährleistet, existiert weder eine Versicherungspflicht, noch gibt es ein zentrales Organ, welches die Gesundheitsversorgung reguliert und koordiniert. Es

herrscht ein freier Markt, der von keiner festen Gebührenordnung kontrolliert und hauptsächlich durch den Wettbewerb unter Leistungserbringern und Kostenträgern gesteuert wird. Es ist ein gemischtes System aus privater und öffentlicher Versorgung. Die Trägerprogramme der öffentlichen Gesundheitsversorgung Medicare und Medicaid unterstehen dem „United States Department of Health and Human Services", bzw. den ihm unterstehenden „Centers for Medicare and Medicaid Services". Eine weitere Regulierung des Gesundheitssystems erfolgt auf Ebene der einzelnen Bundesstaaten. Die privaten Teilnehmer bestehen aus profitorientierten, privaten Versicherungsunternehmen, Betriebskrankenkassen sowie Organisationen wie den HMOs (Deutsch-amerikanische Handelskammer Kalifornien, 2007).

60 % der Amerikaner sind über ihren Arbeitgeber versichert und 10 % haben eine andere private Versicherung. Unter den Versicherungsschutz von Medicaid für die Ärmsten der Armen fallen 12 %, und 13 % werden über Medicare, die Versicherung der Älteren versorgt. 16 %, was ungefähr 40 Millionen Amerikanern entspricht, sind nicht versichert. 1/3 der Nichtversicherten sind Kinder (Deutsch-amerikanische Handelskammer Kalifornien, 2007).

**Wettbewerb und sektorale Trennung**

Leistungen werden in den USA zum größten Teil von Krankenhausbetreibern erbracht. Kürzlich stimmte einer der größten Krankenhausbetreiber, die Hospital Corporation of America (HCA), einer Übernahme im Wert von 21 Milliarden US-Dollar durch eine Investorengruppe (unter anderen Bain Capital, Kohlberg Kravis Roberts (KKR), Merrill Lynch, sowie einige HCA-Manager) zu (ORF News, 13.05.2007). Auch sonst zeigt dieser Markt starke Konsolidierungstendenzen. Die Krankenhauskette Triad Hospitals steht Presseangaben zufolge kurz vor der Übernahme durch den Krankenhausbetreiber Community Health Triad Hospitals, eine der größten Klinikketten in den USA. Durch diese Ankündigungen wurde ein bestehender Buy-Out-Plan über 4,5 Milliarden US-Dollar mit den beiden Private-Equity-Gesellschaften CCMP Capital Advisors LLC und GS Capital Partners durchkreuzt, da die Offerte "mehrere hundert Millionen Dollar" über dem Angebot von CCMP und der Sparte der Goldman Sachs Group liegen soll (Finanzen.net, 19.03.2007). Der US-Einzelhändler Wal-Mart kündigte seinerseits an, in den nächsten zwei bis drei Jahren bis zu 400 Polikliniken, d.h. ambulante Versorgungseinrichtungen, in seinen Supermärkten zu eröffnen. Hierzu will er Verkaufsfläche an unabhängige Krankenhausbetreiber oder andere Organisationen vermieten. Es könnten so in den nächsten fünf bis sieben Jahren 2000 solcher Kliniken entstehen (Die Presse, 2007).

Niedergelassene Ärzte sind meist den Managed-Care-Organisationen angeschlossen und werden nach deren Vertragsgestaltung bezahlt. Die sektorale Trennung wurde nicht zuletzt durch die Einführung der DRGs aufgeweicht, welche die Krankenhäuser dazu veranlasste, die Zusammenarbeit mit dem ambulanten Sektor zu vertiefen (Deutsch-amerikanische Handelskammer, 2007).

Den Großteil der Arztrechnungen zahlen betriebliche Krankenversicherungen, in denen fünf von sechs Amerikaner samt ihrer Familie versichert sind. Diese werden entweder nur vom Arbeitnehmer allein oder von Arbeitnehmer und Arbeitgeber bezahlt. Die Leistungen, welche die unterschiedlichen Versicherungen abdecken, weisen große Unterschiede auf. Während bei manchen Versicherungen Zahnersatz und psychiatrische Behandlungen übernommen werden, stehen diese Behandlungen bei anderen nicht im Leistungskatalog (Deutsche US-Botschaft, 2007).

Die Kundenmacht im amerikanischen Versicherungsmarkt ist groß. Den größten Einfluss üben die Arbeitgeber aus. Sie bestimmen als Hauptverhandlungspartner der Versicherungsanbieter die Preise und Leistungen entscheidend mit (Deutsch-amerikanische Handelskammer, 2007).

**Alternative Versorgungsformen**
HMOs sind Leistungserbringernetzwerke und Versicherer in einem. Träger der HMOs sind zumeist Versicherungen, aber auch Ärztegruppen, Krankenhäuser, Pharmafirmen oder Arbeitgeber. Verschiedene HMOs haben sehr unterschiedliche Versicherungs- und Leistungsangebote. Gemeinsame Merkmale dieser sogenannten Gesundheitspläne sind die fixe Prämie des Versicherungsbeitrags und die umfassende Versorgung sowohl stationärer, als auch ambulanter und zahnärztlicher Behandlungen. Außerdem ist durch das sogenannte Gatekeeper-Prinzip die Arztwahlfreiheit eingeschränkt. Das Gatekeeper-Prinzip ist vergleichbar mit dem deutschen Hausarztprinzip, nach dem ein Patient zunächst eine Überweisung von seinem Hausarzt erhalten muss, wenn er einen Spezialisten aufsuchen möchte. Die Ärzte werden im Rahmen von HMOs durch ein sogenanntes "prospective payment" bezahlt. Bei dieser Methode werden Behandlungsleistungen bereits vor deren Erbringung bezahlt, denn die Bezahlung basiert nicht auf der Anzahl der tatsächlich erbrachten Einzelleistungen. Es werden Leistungs-Pauschalen oder Kopf-Pauschalen pro Patient vereinbart und dadurch das finanzielle Risiko auf den Leistungserbringer übertragen. Während größere HMOs meist eigene Krankenhäuser unterhalten, schließen kleinere HMOs vorwiegend Verträge mit einzelnen Leistungserbringern ab. HMOs spielen die wichtigste Rolle in der Integrierten Versorgung und stehen für die sogenannten Managed-Care-Systeme, in denen rund 60 % der amerikanischen Versicherten eingeschrieben sind. Neben den medizinischen Abläufen sind die Versicherer in Managed-Care-Systemen vor allem an der Kosteneffizienz interessiert und schalten daher einen Manager zwischen Arzt und Patient, der den Behandlungsverlauf organisiert, steuert und kontrolliert. Diese Profitorientierung ist jedoch nicht ganz billig. So machen die Verwaltungskosten der Versicherer in den USA 15 - 25 % der Beiträge aus. Die deutschen Krankenkassen wenden dafür zum Vergleich nur 5 % ihrer Mitgliederzahlungen auf (Deutsch-amerikanische Handelskammer, 2007).

**Finanzierung**
Die Gesundheitsausgaben der USA, private und öffentliche, wurden 2003 mit 1.679 Milliarden US-Dollar gesamt und 2004 mit 6.100 US-Dollar pro Kopf beziffert, wobei der Anteil der öffentlichen Ausgaben zwischen 1990 und 2004 von 40 % auf 45 % stieg (US Department of Health and Human Services, 2005, S. 3 ff.). Die Pro-Kopf-Gesundheitsausgaben liegen damit mehr als doppelt so hoch wie der Durchschnitt der OECD-Länder, welcher bei 2550 US-Dollar liegt. Auch anteilsmäßig am BIP halten die USA mit 15,3 % des BIP den Rekord im Vergleich zu anderen OECD-Staaten. Die Gesundheitsausgaben in der Schweiz und Deutschland beliefen sich im selben Jahr auf 11,6 % und 10,9 % ihres BIP und in Frankreich auf 10,5 % (OECD, 2006c). Die medizinischen Resultate sprechen für das amerikani-

sche System. Außerdem wird ihm bescheinigt, dass es sehr flexibel auf Kundenpräferenzen und medizinische Veränderungen reagiert, daher sind die meisten Amerikaner sehr zufrieden mit ihrer Gesundheitsversorgung (OECD, 2003).

Jedoch sind die Kosten für das System sehr hoch und 16 % der Amerikaner sind zumindest ein Teil des Jahres ohne Versicherungsschutz. Es handelt sich hierbei um Arbeitslose oder um Angestellte des Niedriglohnsektors, deren Arbeitgeber keine Krankenversicherung zahlen. Im Notfall haben diese Menschen alle Anspruch auf ärztliche Versorgung. Allerdings nehmen sie selten Präventiv- oder Routineuntersuchungen wahr (OECD, 2003).

Die medizinische Versorgung dieser Menschen ohne Versicherungsschutz ist seit 1965 durch zwei soziale Programme, Medicaid und Medicare, gewährleistet. Medicaid ist ein Programm des Bundes und der Bundesstaaten, welches die medizinische Versorgung von Armen finanziert. Es ist mit Ausgaben von 194,7 Milliarden US-Dollar im Jahr 2000 das größte Sozialleistungsprogramm in den USA. Medicare wird durch Sozialversicherungsabgaben, Beiträge der Versicherten und durch staatliche Zuschüsse finanziert und kommt für den Hauptanteil der Krankenversorgung von Rentnern und Behinderten auf. Jeder, der Anspruch auf Leistungen aus der Sozialversicherung hat, ist über Medicare krankenversichert (OECD, 2003).

Ein großer Anteil der Gesundheitsausgaben wird ohnehin „out-of-pocket“, d.h. privat, bezahlt. Im Jahr 2000 kamen die über 65-Jährigen mit 12,9 % und die Schlechtverdienenden mit einem Jahreseinkommen von unter 20.000 US-Dollar mit 15,2 % am häufigsten selbst für Gesundheitsleistungen, welche nicht von Medicaid übernommen wurden, auf (Deutsch-Amerikanische Handelskammer, 2007). Abbildung 18 zeigt die anteiligen Finanzquellen der amerikanischen Gesundheitsausgaben im Überblick.

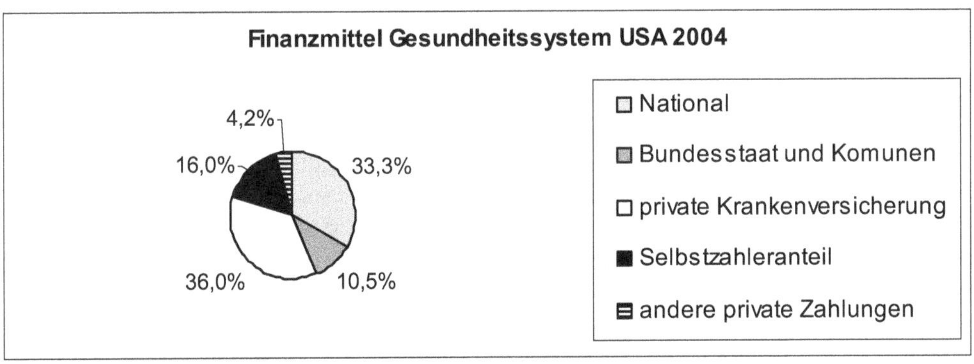


*Abbildung 18: Mittelherkunft der Gesundheitsausgaben in den USA im Jahr 2003*
*Quelle: US Department of Health and Human Services, 2005, S. 31*

### 2.6.7 Der israelische Gesundheitsmarkt

In Israel leben 60 % der circa 6,4 Millionen Einwohner in einem schmalen Landesstreifen entlang des Mittelmeers, nur 10 % der Bevölkerung leben auf dem Land. Noch ist der Altersdurchschnitt auch dank einer hohen Geburtenrate vergleichsweise niedrig. Durch Immigration erhöhte sich der Anteil älterer Menschen jedoch in den letzten Jahrzehnten drastisch, so dass für 2020 mit einem Anteil von 12 % der 65-Jährigen und für 2050 gar mit einem Anteil von 19 % gerechnet wird. Die Lebenserwartung der Israelis liegt im Durchschnitt bei 79,6 Jahren (CIA World Fact Book, 2007b). Haupttodesursachen sind wie in anderen Industrienationen Herzerkrankungen, Krebserkrankungen, zerebro-vaskuläre Erkrankungen wie Schlaganfall, Diabetes mellitus und Unfälle (Rosen B., 2003, S. 5)

**Zentrale Organisation**
Das israelische Gesundheitswesen fußt auf dem Solidaritätsprinzip, d.h. die Gesellschaft als Ganzes ist verantwortlich für die Gesundheit der Bürger. Der zentralistische Staat hat über das Gesundheitsministerium eine gewichtige Rolle im israelischen Gesundheitssystem, in welchem die Regionalverwaltungen nur einen geringen Einfluss ausüben. Er plant, reguliert und überwacht die Gesundheitsversorgung. Außerdem besitzt und betreibt er fast die Hälfte der Betten aller Akutkrankenhäuser, zwei Drittel aller Betten in psychiatrischen Kliniken und 10 % der Betten zur Versorgung chronisch Kranker (Rosen, 2003, S. 12 f.). Der Standard der medizinischen Versorgung ist hoch und jeder Bürger hat ein verfassungsmäßiges Recht auf medizinische Versorgung. Medizinische und technologische Infrastruktur und Forschung sind weit entwickelt (Israel Ministry of Foreign Affairs, 2007).

**Wettbewerb und sektorale Trennung**
Israels Krankenversicherungen sind nicht profitorientierte Organisationen, die eine jährliche pro-Kopf-Gebühr vom Staat erhalten. Momentan gibt es vier Krankenversicherungen, die sich 2003 den Markt wie folgt aufteilten: Clalit hielt 55 %, Maccabi 24 %, Meuhedet 11 % und Leumit 10 % der Anteile. Die Vergütungsmaßstäbe für Gesundheitsleistungen setzt ebenfalls das Ministerium für Gesundheit Clalit, die größte der Krankenversicherungen, besitzt und betreibt außerdem ein Drittel der Akutbetten, der Rest befindet sich in der Hand verschiedener Betreiber (Rosen, 2003, S. 11 ff.).

Durch Garantie der Wahlfreiheit zwischen Versicherern wird der Wettbewerb gefördert. Auf der anderen Seite ist jedoch ein Grundversicherungspaket festgelegt, welches alle Versicherungen bieten müssen. Teilweise werden diese Leistungen durch das Gesundheitsministerium übernommen. Leistungen wie kleinere Operationen und Laboruntersuchungen, Alternativmedizin, psychologische und psychiatrische Behandlungen sowie Zahnbehandlungen müssen allerdings von den Privathaushalten oder über eine Zusatzversicherung finanziert werden. Diese können Bürger entweder bei einer der großen Krankenversicherungen oder bei anderen Anbietern abschließen. Ungefähr 60 % der Bevölkerung besitzt eine solche Zusatzversicherung. Anders als beispielsweise in den USA, haben Arbeitgeber einen untergeordneten Einfluss auf das Gesundheitssystem. Krankenhäuser werden entweder mit Tagespauschalsätzen und für zunehmend mehr Aufnahmeindikationen mit Fallpauschalen vergütet. Für ambulante Leistungen werden leistungsgebundene Gebühren erhoben, die staatlich festgelegt sind (Israel Ministry of Foreign Affairs, 2007).

Auch in der Arztwahl haben Patienten alle Freiheiten. Ärzte sind entweder selbstständig oder angestellt, zum Beispiel in Versorgungszentren, die den Krankenversicherungen angehören. Ungefähr 80 % der Versicherten der Clalit-Versicherung, welche ungefähr 40 % der Bevölkerung entsprechen, werden durch Claliteigene primäre Versorgungszentren betreut. Diese Ärzte der Primärversorgung erhalten ein monatliches Grundgehalt. Außerdem erhalten sie eine Pro-Kopf-Gebühr, wenn sie mehr Patienten betreuen als eine bestimmte festgelegte Anzahl. Hierbei spielt es keine Rolle, ob der Arzt den Patienten in der Abrechnungsperiode tatsächlich zu Gesicht bekommt oder nicht. Was zählt, ist, dass der Patient bei ihm eingeschrieben ist (Israel Ministry of Foreign Affairs, 2007).

Unabhängige Ärzte der Primärversorgung erhalten ausschließlich eine Pro-Kopf-Pauschale in Abhängigkeit der betreuten Patienten, ebenfalls unabhängig davon, ob Arzt-Patienten-Kontakte stattfinden oder nicht. Andere Krankenversicherungen haben zwar ebenfalls eigene Versorgungszentren, arbeiten jedoch meist mit unabhängigen Ärzten zusammen, die in der Regel auf Basis einer Kopfpauschale bezahlt werden. Bei anderen Bezahlungssystemen werden die Ärzte nach der Anzahl der Patienten bezahlt, die mindestens einmal im Abrechnungszeitraum vorstellig wurden. Unter den Fachärzten gibt es ebenfalls sowohl unabhängige als auch angestellte. Bei ihnen ist die Bezahlung hauptsächlich abhängig von tatsächlichen Patientenbesuchen und zum Teil auch von fest vergüteten Leistungen. Manche dieser Leistungen haben allerdings eine quartalsweise Deckelung (Rosen, 2003, S. 43 ff.).

Die sektorale Trennung wird insofern aufgeweicht, dass die Krankenversicherungen sowohl ambulante Versorgungszentren als auch Krankenhäuser betreiben und somit die Kommunikation zwischen den Sektoren gefördert wird.

**Alternative Versorgungsformen**

Für die südliche Negev-Region wurde von der Goldman Health Sciences Faculty der Ben Gurion Universität bereits 2002 ein umfassendes Disease Management System entworfen. Dieses System nutzt klinische und administrative Daten für das Krankheitsmanagement. Diese werden ausgewertet, und anhand verschiedener Algorithmen werden Entscheidungshilfen erbracht. Das System generiert dann gegebenenfalls Warnungen und Alarme für verschiedene Endnutzer (Fox, Harman-Boehm, Weitzman, Zelingher, 2002). Der Stand der Umsetzung dieses Programms ist allerdings nicht bekannt. Die Clalit-Krankenversicherung hat die Bedeutung des Patienten-Empowerment und des Selbstmanagement vor allem im Zusammenhang mit dem Diabetes mellitus erkannt und hat bereits 1997 mit einer 3-Jahres-Initiative begonnen, die in einer Stärkung dieser Fähigkeiten resultieren soll (Levin-Zamir, Peterburg, 2001).

**Finanzierung**

Das israelische Finanzierungssystem ist ein staatliches, jedoch mit einem Selbstzahleranteil von 29 %, wie in Abbildung 19 dargestellt. Das NHI Gesetz führte 1995 eine allgemeine Versicherungspflicht ein und machte die Verteilung der Steuergelder an die Versicherungen nicht mehr vom Einkommensniveau der Mitglieder, sondern fortan von der Mitgliederstruktur und dem damit verbundenen Finanzierungsbedarf der Kassen abhängig (Rosen, B., 2003, S. 22 ff.).

Das National Insurance Institute (NII) sammelt die Gesundheitssteuer ein, die den Hauptanteil an der Finanzierung der National Health Insurance (NHI) trägt. Finanziert wird das System durch eine Mischung aus Lohnsteuer und allgemeinen Steuereinkünften. Außerdem gibt es freiwillige Zusatzversicherungen und einen Selbstzahleranteil. Der Anteil der öffentlichen Finanzierung sank in den vergangenen Jahren, während der Anteil der privaten Kostenübernahme stieg (Rosen, B., 2003, S. 12 ff). Einen Überblick über die Mittelherkunft gewährt Abbildung 19. Insgesamt beliefen sich die Gesundheitsausgaben im Jahre 2002 auf knapp 9,2 Milliarden US-Dollar, was 8,8 % des BIP entsprach (Israel Ministry of Foreign Affairs, 2007).

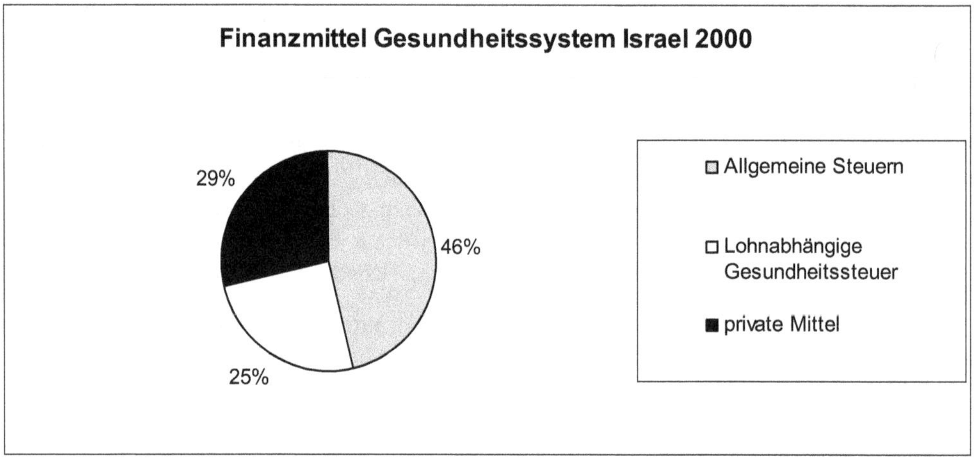


*Abbildung 19: Mittelherkunft der Gesundheitsausgaben in Israel im Jahr 2000*
*Quelle: Rosen, 2003, S. 22*

# 3 Der Markt für Telemedizin in Deutschland

## 3.1 Industrieanalyse des Telemedizinmarktes

Der Telemedizin-Markt ist aus rapidem technologischem und medizinischem Fortschritt erwachsen, mit starken Impulsen aus führenden Märkten wie den USA, Israel und Skandinavien. Kosten- wie Qualitätsargumente sprechen für seine Erfolgschancen. Das nachstehende Kapitel bietet eine Industrieanalyse des deutschen Telemedizinmarktes und erlaubt Schlüsse auf sein aktuelles Entwicklungsstadium, gegenwärtige Hemmnisse und zukünftiges Potential der Branche.

In der Betriebswirtschaftslehre existieren verschiedene Modelle zur detaillierten Analyse und Beschreibung einer Industrie. Einige dieser Modelle werden im Folgenden theoretisch beschrieben, um daraufhin auf den deutschen Telemedizinmarkt angewandt zu werden.

### 3.1.1 Branchen-Lebenszyklus

Als Gesamtheit aller Produktlebenszyklen kann das Entwicklungsstadium einer Branche anhand des Zyklusmodells dargestellt werden. Die Phasenunterscheidung geschieht, wie in Abbildung 20 dargestellt in Einführung, Wachstum, Reife und Rückgang. Meffert räumt dem Branchenlebenszyklus besonders in Dienstleistungsmärkten eine hohe Bedeutung ein, sieht jedoch gleichzeitig seine Restriktionen: Aufgrund des stark evolutionären Charakters der Dienstleistung kann es schwierig sein, den Zeitpunkt zu definieren, zu welchem die Adaption einer Dienstleistung so weit fortgeschritten ist, dass ein neuer Zyklus für eben diese Dienstleistung beginnt (Meffert, Bruhn, 2006, S. 186 ff.).

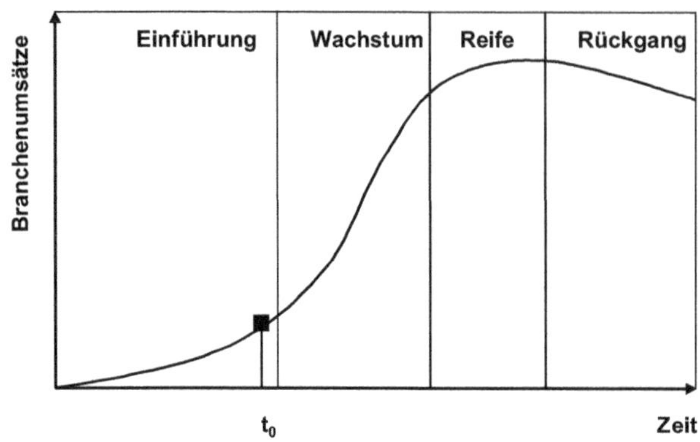


*Abbildung 20: Branchenlebenszyklus Telemedizin*
*Quelle: in Anlehnung an Porter, 1983, S. 214*

In der deutschen Telemedizinbranche herrscht derzeit „Goldgräberstimmung" (Interview Stiftung für chronisch Herzkranke, 2007 und Interview ArztPartner almeda AG, 2007). Der Markt befindet sich in der Einführungsphase auf der Schwelle zur Wachstumsphase, wie in Abbildung 20 in $t_0$ dargestellt. Die Branche befindet sich heute in einer Situation, in welcher die Begrifflichkeit weitgehend etabliert und ihr wirtschaftlicher und medizinischer Nutzen insbesondere bei der chronischen Herzinsuffizienz nach Ansicht vieler Marktteilnehmer nachgewiesen ist. Studien, welche die Kosteneffizienz und den medizinischen Mehrwert eines Produktes nachweisen, fördern die Akzeptanz. Obwohl ein hohes Upfront-Investment zunächst auf Skepsis stoße, seien Krankenkassen schlussendlich an den Dienstleistungen seiner Firma interessiert, wenn nachgewiesen ist, dass diese Kosteneinsparungen gestatten, erklärt Herr Pourie (Interview 4sigma GmbH, 2007). Einen eindeutigen Zusammenhang zwischen Wirtschaftlichkeitsnachweis und Akzeptanz sieht auch Herr Lewin (Interview PHTS Telemedizin, 2007). Prof. Oeff und Dr. Hilfer hingegen erkennen nur wenige Studien in Deutschland als wissenschaftlich belastbar an und sehen weiterhin großen Forschungsbedarf in Deutschland (Interview Klinikum Brandenburg, 2007 und Interview AOK Bundesverband, 2007). Zusammenfassend bleibt festzuhalten, dass Kosten-Nutzen-Analysen ein entscheidender Faktor in der Verbreitung der Telemedizin sind und dass Studien mit positivem Ergebnis das Branchenwachstum beschleunigen.

Die Nachfrage steige neuerdings nicht nur seitens der Krankenkassen, so Dr. Kottmair, sondern vor allem nehme das Interesse seitens der Leistungserbringer zu (Interview ArztPartner almeda AG, 2007). Mit seiner Einschätzung, dass die großflächige Einführung der Telemedizin kommen werde, lediglich der Zeithorizont unklar sei, steht Herr Kottmair dagegen nicht allein, sondern entspricht anderen Stimmen am Markt. Dr. Zugck sieht die Telemedizin in fünf Jahren als „etablierten Bestandteil einzelner Bereiche des klinischen Alltags" (Interview Universitätsklinikum Heidelberg, 2007). Dr. Mex vermutet zwar, dass der Markt vorerst mit dem Abbau von Hindernissen zu kämpfen haben wird, erwartet jedoch, dass die Verbreitung mittelfristig eine positive Entwicklung nehmen wird (Interview Techniker Krankenkasse, 2007).

### 3.1.2 Fünf Wettbewerbskräfte

Chancen und Risiken eines Marktes sind laut Porter entscheidend von „5 Triebkräften des Wettbewerbs" beeinflusst, wie sie in Abbildung 21 dargestellt sind. Bei dieser systematischen Analyse einer Branche und ihrer Segmente werden Lieferanten, Kunden und potentielle neue Konkurrenten eines Unternehmens ebenso untersucht wie die allgemeinen Wettbewerbsbedingungen im Markt und die Bedrohung durch Substitutionsgüter (Porter, 1983, S. 26 ff.).

Brandenburger und Nalebuff fügen diesem Modell eine sechste Kraft hinzu: Die Rolle der Komplementärgüter, d.h. derjenigen Produkte anderer Unternehmen, welche die eigenen Produkte ergänzen und ihren Mehrwert ermöglichen bzw. steigern (Brandenburger, Nalebuff, 1996, S. 26). In der Telemedizin sind solche Produkte, die zum Wert der Telemedizin beitragen bzw. sie ergänzen, beispielsweise Breitbandanbindung, Mobilfunk und Angebote des betreuten Wohnens (nähere Ausführung siehe dieses Kapitel, Wettbewerbskraft 5: Komplementärgüter). Im Gegensatz dazu ist der Hersteller eines Produkts, das den Wert des eigenen Produkts aus der Sicht des Kunden mindert, ein klassischer Konkurrent (Grant, 2003, S. 91 und S. 107 ff.).

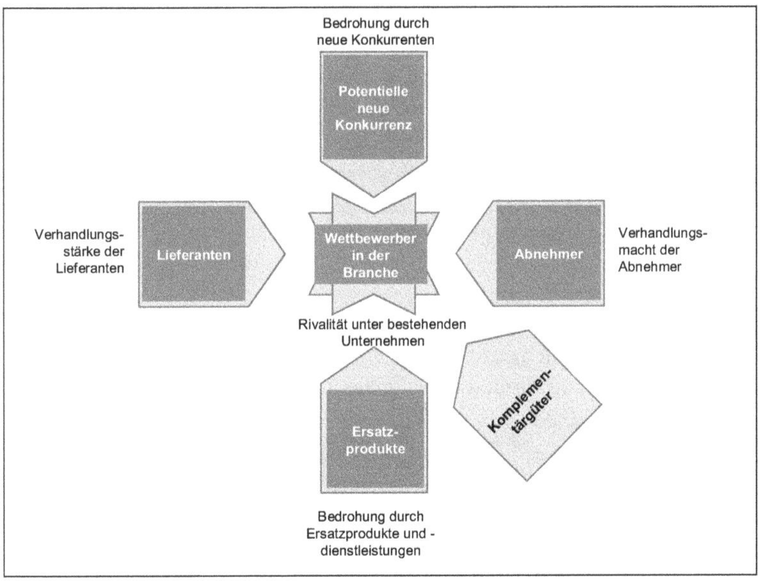


*Abbildung 21: Fünf Wettbewerbskräfte mit Ergänzung der Komplementärgüter, Quelle: Porter, 1983, S. 214 und Grant, 2003, S. 91 und 107 ff.*

**Wettbewerbskraft 1: Wettbewerber in der Branche**
Reine, ganzheitliche Telemedizinanbieter im Sinne dieser Arbeit sind Unternehmen, welche auf der einen Seite Geräte für das Telemonitoring herstellen oder zur Verfügung stellen und auf der anderen Seite die Dienstleistung eines eigenen oder angegliederten Call Centers bereitstellen.

Die Rolle der Kliniken am Markt definiert Herr Krütten als die eines Schrittmachers in der Kommunikation mit Ärzten und Patienten. Sie stärken die Glaubwürdigkeit bei den Krankenkassen und gewährleisten medizinische Begleitung bei der Etablierung der Telemedizin (Interview Ventario GmbH, 2007).

Bisher ist der Kreis der Telemedizinanbieter in Deutschland überschaubar. Man kennt sich und weiß die Stärken und Schwächen der Konkurrenz präzise zu benennen. Unklar ist zuweilen die Abgrenzung in der Rollenverteilung: Auf Messen sei man nicht selten unsicher ob das Gegenüber sich in zwei Jahren zu einem potentiellen Konkurrenten, Kooperationspartner oder Lieferanten entwickeln werde, beschreibt Dr. Kottmair das Wettbewerbsklima (Interview ArztPartner almeda AG, 2007).

**Wettbewerbskraft 2: Bedrohung durch neue Konkurrenten**
Potentielle neue Konkurrenten für diese ganzheitliche Betreuungs- und Managementdienstleistung können in der Telemedizin unterschiedlicher Natur sein.

*Gerätehersteller*
Reine Gerätehersteller fungieren klassisch als Lieferanten der Dienstleister. Sie können sich jedoch mit Hilfe des eigenen Insiderwissens durch Zukauf oder Aufbau eines Call Centers zu einem „all-in-one"-Anbieter und somit zu einem Konkurrenten entwickeln. Dieses Potential bergen nicht nur die Produzenten klassischer Monitoringgeräte für Erkrankungen des Herz-Kreislauf-Systems oder Diabetes. Auch Anbieter von Monitoringgeräten, die anderweitige Vitalzeichen messen, wie zum Beispiel den Kalorienverbrauch und den Muskeltonus eines Menschen, verfügen über physiologisches Wissen, welches eine Grundvoraussetzung für den Eintritt in den klassischen Telemedizinmarkt ist.

*Telekommunikations- und Technologie-Konzerne*
Arbeitsgruppen und innovative Abteilungen globaler Konzerne richten ihr Augenmerk zunehmend auf den europäischen Telemedizinmarkt, so geschehen bei Agfa-Gevaert, Cisco, Ericsson, General Electrics (GE), IBM, McKesson, Philips, Samsung, SAP, Siemens, Sony und Vodafone. Für diese Unternehmen sei Telemedizin bisher nur eine „Stelle hinterm Komma" im großen Medizintechnik-Markt, interpretiert Herr Homberg (Interview Vitaphone GmbH, 2007). Bislang bleibt der Markteinstieg für große Generalisten bedeutend schwieriger als für kleine Firmen, denn in den regional fragmentierten Märkten vieler Länder fehlen die Möglichkeiten zur Nutzung profitabler Größeneffekte und die jungen Märkte sind zu schnelllebig für stark hierarchische Entscheidungsstrukturen der Konzerne. Außerdem fehlt diesen Konzernen meist die Marktkenntnis im (regionalen) Detail. Größe und Kapitalausstattung befähigen Konzerne jedoch zum Einkauf wesentlicher Kompetenzen, z. B. in Form von Humankapital. Ihr Marktanteil ist wachsend, einige Konzerne wie Philips und Siemens sind bereits in nationalen Märkten etabliert und nicht mehr als „neue" Wettbewerber zu bezeichnen. Herr Conz und die Stiftung für chronisch Herzkranke geben zu bedenken, dass das wachsende Interesse seitens multinationaler Konzerne eine positive Begleiterscheinung mit sich bringt: Sie steigern die Präsenz der Branche in den Medien (Interview AnyCare GmbH, 2007 und Interview Stiftung für chronisch Herzkranke, 2007).

*Rüstungsindustrie oder Telecare*
Anbieter telemedizinischer Dienstleistungen oder Produkte, die im weitesten Sinne in anderen Industriebereichen wie der Rüstungsindustrie oder der Alarm- und Überwachungsanlagenbranche (Telecare) beheimatet sind drängen ebenfalls in den Markt. Sie können durch Kooperationsabkommen oder die Entwicklung eigener Produktlinien an Wettbewerbsfähigkeit gewinnen. Die Verfasser unterstellen jedoch, dass sie in der Regel weder über ausreichend medizinische Kompetenz noch über essentielle Netzwerkstrukturen und Kontakte verfügen.

*Ursprünge von Markteintrittsbarrieren*
(1) Größenvorteil („Economies of Scale"): Neue Konkurrenten müssen entweder mit hohen Produktionsvolumina in den Markt eintreten, was heftige Gegenmaßnahmen der existierenden Wettbewerber zur Folge haben kann oder mit niedrigerem Produktionsvolumen eintreten und die damit verbundenen Kostennachteile akzeptieren (Porter, 1983, S. 29 ff.). Große Konzerne wie PHILIPS, Siemens oder General Electrics setzen auf diese Größenvorteile. Sie werden bisher durch die Tatsache gehindert, dass sich Volumeneinschränkungen meist durch den fehlenden Kundenzugang ergeben.

(2) Produktdifferenzierung: Etablierte Unternehmen verfügen durch „First-mover"-Vorteile über bekannte Marken. Neu in den Markt eintretende Unternehmen müssen erheblich investieren, um die Vorteile dieser Differenzierung auszugleichen und zum Beispiel die Loyalität der Kunden zu gewinnen (Porter, 1983, S. 29 ff.). Gerade im Gesundheitsmarkt werden Qualitätsunterschiede sehr kritisch bewertet. Neueinsteiger haben einen schweren Stand gegenüber etablierten Konkurrenten mit guter Reputation.

(3) Kapitalbedarf: Der Eintritt in einen Markt ist mit erheblichen Investitionen verbunden, beispielsweise in Forschung und Entwicklung, Produktionsanlagen, Kundenkredite oder Werbung. Ohne einen ausreichend großen Finanzrahmen können anfängliche Durststrecken nur schwer überdauert werden (Porter, 1983, S. 29 ff.). Der erhöhte Kapitalbedarf im Telemedizinmarkt begründet sich in der Ungewissheit über den Zeitpunkt zu dem der Markt von der Einführungs- in die Wachstumsphase übergehen wird. Die Produkteinführungsphase ist deshalb unter Umständen langwierig. Zu deren Beschleunigung sind kostenintensive Studien notwendig. Sie weisen die medizinische und ökonomische Effizienz nach und tragen zum Ausbau des oben genannten Marktzugangs und Rufs des Unternehmens bei.

(4) Umstellungskosten: hierunter versteht man einmalige Kosten für einen Abnehmer, der den Lieferanten wechselt. Darunter fallen z. B. Umschulungskosten für Mitarbeiter, Kosten für neue Zusatzgeräte, Kosten und Zeit für den Test und die Einarbeitung eines neuen Lieferanten, Bedarf an technischer Hilfe oder Produktdesignkosten (Porter, 1983, S. 29 ff.). Die starke Patientenorientierung eines Telemedizinprogramms fördert Loyalität. Der Wechsel zu einem neuen Anbieter wird Krankenkassen jedoch nicht nur durch ihre Patienten erschwert: auch die Akzeptanz bei Leistungserbringern und die internen Umstellungskosten einer Kasse wirken abschreckend.

(5) Zugang zu Vertriebskanälen: Der Zwang für einen neuen Konkurrenten, den Vertrieb seines Produkts zu sichern, kann eine weitere Eintrittsbarriere schaffen. In dem Maße wie

nahe liegende Vertriebskanäle bereits von etablierten Unternehmen bedient werden, muss das neue Unternehmen die Kanäle dazu bewegen sein Produkt zu akzeptieren, etwa durch Preissenkungen oder die Bereitschaft zu gemeinsamen Werbeaktionen. In der Konsequenz werden Gewinne geschmälert (Porter, 1983, S. 29 ff.). Vertriebskanäle sind in der Telemedizin limitiert; die Anzahl der Krankenkassen ist begrenzt und mag in Zukunft schrumpfen. Herr Pourie sieht den Zugang für ganzheitliche Telemedizinanbieter zu den großen Krankenkassen erschwert, da diese zum Teil eigene Betreuungsservices anbieten (Interview 4sigma GmbH, 2007). Kleine Krankenkassen wiederum, die nicht über ausreichendes Humankapital verfügen, um entsprechende Leistungen selbst zu erbringen, bieten häufig nicht die nötige Quantität geeigneter Patienten.

(6) Größenunabhängige Kostennachteile: Etablierte Unternehmen können über Kostenvorteile verfügen, die für neue Konkurrenten unerreichbar sind, ganz gleich wie groß sie sind oder welche Betriebsgrößenersparnisse diese erzielen. Die wichtigsten Vorteile sind: der Besitz von Produkttechnologien, die durch Patente oder Geheimhaltung vor Verbreitung geschützt werden, günstiger Zugang zu Rohstoffen, günstige Standorte, staatliche Subventionen oder das Nutzen einer Erfahrungskurve (Porter, 1983, S. 29 ff.). Im Bereich der Telemedizin bestehen diese größenunabhängigen Vorteile laut Dr. Kottmair häufig in der organisch gewachsenen regionalen Marktkenntnis, in bestehenden Kontakten, sowohl zu Krankenkassen als auch zu Leistungserbringern und schließlich auch zu den Patienten selbst. Häufig sind die Programme individuell gestaltet und es haben sich enge persönliche Bindungen etabliert, die nicht einfach hinzugekauft werden können. Wesentlicher noch als die Technik ist seiner Meinung nach das Kommunikations-Knowhow der Mitarbeiter im telemedizinischen Zentrum, das sich als Gesamtkompetenz des Betreuungsteams erst über Jahre aufbaut und nicht kurzfristig kopiert werden kann (Interview ArztPartner almeda AG, 2007).

**Wettbewerbskraft 3: Verhandlungsstärke der Lieferanten**

Die Lieferantenmacht in der Telemedizin ist begrenzt. Telemedizindienstleister können zwischen einer ausreichend großen Anzahl von Geräteherstellern wählen. Die vergleichsweise schwache Stellung der Hersteller liegt auch im Innovationsgrad begründet: Schlichte Messgeräte ohne technische Raffinessen erfüllen bereits die Anforderungen aus Mediziner- und Versorgungssicht, bestätigt Prof. Oeff (Interview Klinikum Brandenburg, 2007). Das Neuheitliche der Telemedizin ist demnach nicht die Ausstattung einer Waage oder eines herkömmlichen Blutdruckmessgerätes mit einer Bluetooth Verbindung. Der innovative Mehrwert entspringt vielmehr der ganzheitlichen Betreuungs- und Managementdienstleistung. Diese ermöglicht eine prompte Reaktion auf akute Krankheitsverschlechterungen oder eine optimierte Diagnosestellung, bzw. bewirkt eine Verhaltensänderung beim Patienten und senkt so die Gesundheitskosten.

**Wettbewerbskraft 4: Verhandlungsmacht der Abnehmer**

Während der Patient eine Telemedizindienstleistung als Endverbraucher konsumiert, ist es seine Krankenkasse, welche die Kaufentscheidung trifft und den Dienstleister vergütet. Die Krankenkasse als Kunde des Telemedizindienstleisters hat eine starke Verhandlungsmacht am Markt. Sie gewährt oder verwehrt Anbietern im deutschen Gesundheitssystem den Marktzugang.

Der Kundenbegriff in der telemedizinischen Dienstleistung wird in Abbildung 22 dargestellt. Der Kundenbegriff einer Telemedizindienstleistung wird in drei miteinander in Kontakt stehende Gruppen unterteilt. Sie beeinflussen sich gegenseitig und sind nicht in ihrer Wichtigkeit zu priorisieren, weil jeder von ihnen zum Erfolg des Prozesses einen Beitrag leistet.

Die *Kostenträger*, welche die Leistung bezahlen, sind in der Konzeption des Versorgungsangebots ein wichtiger Kunde und Kooperationspartner des Telemedizinanbieters (Interview Stiftung für chronisch Herzkranke, 2007). Die *Patienten*, welche die Leistung nachfragen und konsumieren, sind in der der Durchführung der Versorgungsleistung die wichtigsten Ansprechpartner (Interview Stiftung für chronisch Herzkranke, 2007). Die *Leistungserbringer*, welche die Kaufentscheidung des Patienten maßgeblich beeinflussen, nehmen in der Durchführung eine kooperative Stellung ein (Interview Stiftung für chronisch Herzkranke, 2007). Sie haben maßgeblichen Einfluss auf die Nachfrage nach einem Telemedizinprodukt, weil sie in engem Kontakt mit den Patienten stehen, dessen Bewertung beeinflussen (Schultz, Gemünden, Salomo, 2005, S. 24 ff.) und die abstrakte Primärnachfrage des Patienten in eine tatsächliche, sekundäre Nachfrage nach konkreten Leistungen übersetzen (siehe Kapitel 2.5.1).

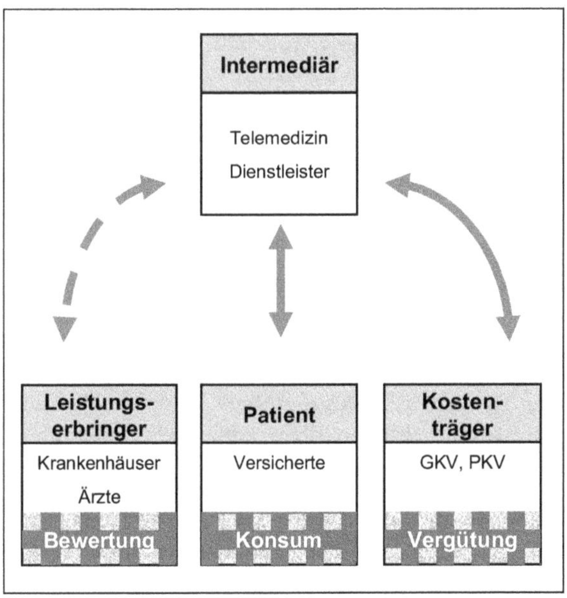


*Abbildung 22: Der Kundenbegriff in der Telemedizin*
*Quelle: in Anlehnung an Schultz, Gemünden, Salomo, 2005, S. 25*

Verbunden mit der Ausrichtung des Geschäftskonzepts kann die eine oder andere Kundengruppe in den Vordergrund treten (Schultz, Gemünden, Salomo, 2005, S. 24 ff.). Ein sehr unmittelbares Verhältnis pflegen die meisten Anbieter zu Krankenkassen, weil diese die direkten Vertragspartner sind. Ähnlich geradlinig ist auch der Kontakt zum Kunden, weil er persönlich über das Call Center stattfindet. Intensität und Nähe in der Beziehung zu Kassen und Patienten ist davon abhängig, ob das Geschäftskonzept – wie es derzeit die Regel ist - den direkten Verkauf der Dienstleistung an die Krankenkasse vorsieht oder stattdessen auf Patientenfokussierung setzt und eventuell auf ein Selbstzahlersegment abzielt. In letzterem Fall ist die Kundenbeziehung zum Patienten als die primäre zu definieren; die Rolle der Krankenkasse rückt bei diesem bislang in Deutschland wenig genutzten Vertriebsweg in den Hintergrund.

Obgleich mit Nachteilen verbunden, bleibt das Kundenverständnis der Telemedizinanbieter zu den Leistungserbringern in der Regel weniger direkt. 59.100 Hausärzte und 72.700 niedergelassene Fachärzte sind zwar in KVen organisiert (Kassenärztliche Bundesvereinigung, 2007), müssen jedoch als Selbstständige meist einzeln angesprochen und in persönlicher Überzeugungsarbeit für die Telemedizin gewonnen werden. Zwar ist ihre medizinische Reaktion auf telemedizinisch erhobene Informationen, wie beispielsweise erhöhte Blutdruckwerte oder eine mangelhafte Blutzuckereinstellung, von entscheidender Bedeutung, jedoch ist ihre Rückmeldung über getroffene Gegenmaßnahmen im Telemedizinprozess oft nur in Intervallen vorgesehen.

**Wettbewerbskraft 5: Komplementärgüter**

Die Ausstattung privater Haushalte mit technologischer Infrastruktur ergänzt und ermöglicht die Verbreitung der Telemedizin. Festnetzanschluss, Mobiltelefon und Internetverbindung sind Komplementärgüter der Telemedizin.

Ebenso dem telemedizinischen Fortschritt förderlich sind alle jene Produkte, welche die Fingerfähigkeit, das Seh- oder Hörvermögen älterer Patienten steigern. Sie trägt dazu bei, dass chronische Kranke besser in der Lage sind, telemedizinische Geräte zu bedienen und erweitern somit die potentielle Kundengruppe.

Eine ergänzende Funktion kommt außerdem betreuten und altersgerechten Wohnangeboten sowie Sanitätshäusern zu. Sie verlängern die Zeitspanne der eigenständigen Lebensführung älterer Menschen. Jeder Patient, der Telemedizin zu Hause in Anspruch nimmt, steigert den Absatz telemetrischer Geräte und telemedizinscher Systeme. Je mehr Menschen in der Lage sind, in ihrer eigenen häuslichen Umgebung zu verweilen, desto größere Produktzahlen wird ein Telemedizinanbieter absetzen können. Damit erhalten oben genannte Produkte das Marktpotential der telemedizinischen Anwendung in häuslicher Umgebung.

Schließlich können auch Seniorenwohnheime, deren Dienste Patienten in Anspruch nehmen, wenn die Fähigkeit zur selbstständigen Lebensführung schwindet, der Telemedizin förderlich sein: Sie bieten Zugang zu einer hohen Patientenzahl und sie können durch Zusatzangebote wie Garten und Parks, Bewegungstraining, Informations- und Freizeitangebote zur Aufgeklärtheit sowie zur Gesundheitsverbesserung eines Patienten beitragen. Eine ähnliche Aufgabe erfüllen Patientenorganisationen, Selbsthilfegruppen und Beratungshotlines der Krankenkassen, indem sie die Mündigkeit und den aktiven Umgang des Patienten mit seiner Erkrankung fördern. Demand Management Angebote und Hotlines übernehmen darüber hinaus die zusätzliche Aufgabe, die Skepsis älterer Menschen abzubauen und ihnen den vermehrten

Umgang mit IT angenehm zu gestalten. Auch diese Angebote steigern also das Kundenpotential.

### 3.1.3 Die externe Wertkette

Das Konzept der externen Wert(schöpfungs)kette betrachtet die gesamte Kette der Produktivität vom Input des Rohmaterials über die Produktion bis zum Output des fertigen Produkts und dessen Weg bis zum Konsum durch den Endverbraucher. Jeder Marktteilnehmer in der Kette fügt durch seine Aktivitäten Wert hinzu.

Jeder Teilnehmer verfügt seinerseits über eine interne Wertkette (siehe Kapitel 5.3) und schafft dort einen Mehrwert. Dieser Mehrwert wird von ihm, dem „Vorgänger", in Form eines Outputs innerhalb der externen Wertkette an seinen „Nachfolger" weitergegeben. Dieser wiederum steigert den Wert des Produkts oder der Dienstleistung durch seine interne Wertkette erneut. So schafft die externe Wertkette einer Branche über die individuellen Beiträge ihrer Mitglieder eine kontinuierliche Wertsteigerung.

Die externe telemedizinische Wertschöpfungskette wird initiiert durch den Bedarf des Patienten, der Angebot und Marktwachstum stimuliert und sie endet nach der Angebotserstellung bei ihm als Konsumenten. Einen Überblick über die telemedizinischen Wertkettenteilnehmer bietet Abbildung 23. Sie werden im Folgenden näher vorgestellt.

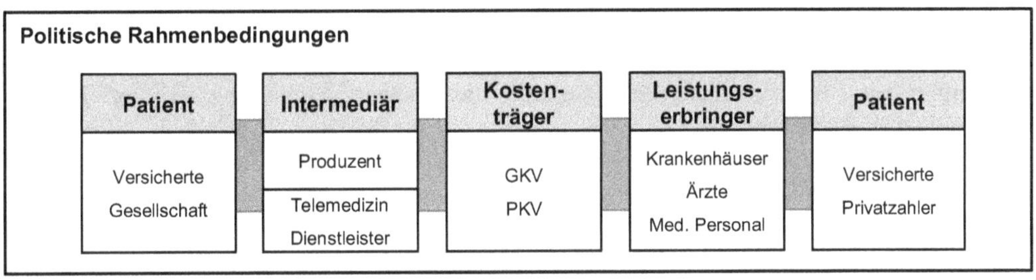


*Abbildung 23: Teilnehmer der Wertkette in der Telemedizin*
*Quelle: Eigene Darstellung*

**Politische Rahmenbedingungen**
Während Politik und zahlende Mitglieder der Krankenkassen die organisatorischen und finanziellen Rahmenbedingungen für die Ausgestaltung der medizinischen Versorgung im regulierten Gesundheitsmarkt vorgeben, sind Kostenträger, Produzenten, Intermediäre, Leistungserbringer und Patienten aktiv und direkt in die Wertkette involviert.

**Der Patient**
Dem Patienten kommt in der Wertkette eine Doppelrolle zu. Er ist einerseits Initiator und Nachfrager zu Beginn der Wertkette und andererseits Konsument der telemedizinischen Leistung zum Ende der Kette. Als Privatzahler ist er gleichzeitig Käufer der Leistung und ist

der PKV im Prozess vorgelagert. Der Patient trägt durch seine aktive Teilnahme zur Wertschaffung bei. Er reagiert auf den Anruf des Call Centers, er misst selbstständig seine Vitalparameter und eröffnet durch die langfristige Verbesserung seiner Lebensqualität schließlich erst die Möglichkeit zur Kosteneinsparung für die Krankenkasse. Der Erfolg eines telemedizinischen Programms hängt entscheidend vom Endkunden ab. Er erhöht durch seine Therapietreue letztendlich die Nachfrage und initiiert den Prozess erneut.

**Kostenträger**
Kostenträger erstatten die im System anfallenden Kosten durch Beiträge der Zahlenden. Durch sie erfolgt die Vergütung sowohl des Intermediärs als auch des Leistungserbringers (bei der GKV). Im Fall der PKV tritt der Patient hingegen in Vorleistung, bezahlt Intermediär und Leistungserbringer und fordert im Anschluss seine Ausgaben von der PKV zurück.

**Produzent und Intermediär**
Produzenten liefern mit der von ihnen hergestellten Hard- und Software in erster Linie Input für die Erstellung der telemedizinischen Dienstleistung durch den Intermediär.

Dieser Intermediär wiederum agiert als Vertragspartner für den Kostenträger und gleichzeitig als Vertragspartner für Leistungserbringer und weniger häufig auch für Patienten. Er erstellt eine kostensenkende und qualitätssteigernde Dienstleistung, die hauptsächlich im IV-Vertragsrahmen vergütet wird.

**Leistungserbringer**
Im Vergleich zur traditionellen Wertkette kann die Position des Leistungserbringers in der Telemedizin gestärkt werden. „Er wird vom Einzelkämpfer zum Teamplayer“, erklärt Dr. Leis (Interview ICT Regensburg, 2007). Im Rahmen der DMP übernimmt der behandelnde Arzt aktiv die Anmeldung des Patienten, berät den Patienten und übernimmt daraufhin die Fallsteuerung in der Zusammenarbeit mit den anderen Teilnehmern. Seine Betreuung wird ergänzt durch qualitätssichernde Telemedizin (telemetrische Messung und Datenauswertung, Schulung und Erinnerung an Vorsorgeuntersuchung, Arzttermine, Medikamenteneinnahme).

Der Arzt wird von Routineaufgaben sowie zeit- und personalintensiver Redundanzen entlastet. Die Stiftung für chronisch Herzkranke erklärt, sie sehe die Entlastung vor allem in ausführlichen Schulungsgesprächen zur Erkrankung, Erläuterung der genauen Wirkungsweise der Medikation und in der Förderung der Compliance im häuslichen Umfeld. Darüber hinaus werde der betreuende Arzt effektiv bei der Therapieführung seines Patienten unterstützt, z. B. in Form von übersichtlichen Berichten und telefonischen Hinweisen bei Verdacht auf eine drohende Zustandsverschlechterung des Patienten. Die Therapiehoheit bliebe hierbei uneingeschränkt beim behandelnden Arzt. Zusammenfassend sieht die Stiftung das Versorgungsangebot als sinnvolle und – nicht nur aus Sicht des Arztes – hilfreiche Ergänzung, der wie gewohnt stattfindenden Betreuung (Interview Stiftung für chronisch Herzkranke, 2007).

In der IV ist die Rolle des Arztes innerhalb der verschiedenen Telemedizinkonzepte durchaus unterschiedlich zu sehen. Das Klinikum Brandenburg stellt dem behandelnden Arzt alle objektiven Zusatzinformationen (z. B. Blutdruckverlaufskurve, EKG) umgehend zur Verfügung, erfragt seine medizinische Reaktion, d.h. welche Gegenmaßnahmen er beispielsweise bei schlechten Werten einleitet, und pflegt diese Information in die Call-Center-Datenbank ein. Im weiteren Verlauf wird die Effektivität der Therapie überwacht und bei Bedarf erneut Rücksprache mit dem Arzt gehalten (Interview Klinikum Brandenburg, 2007). Der Arzt ist eine der zentralen Anlaufstellen des Prozesses.

Im Gegensatz dazu steht in anderen Konzepten vor allem die Dienstleistung am Patienten im Vordergrund. Der Arzt wird beispielsweise per Fax informiert, wenn Vitalparameter seines Patienten bedenklich außerhalb der Norm liegen. Im Konzept ist es jedoch nicht vorgesehen, dass der Arzt über seine daraus resultierende Therapieveränderung direkte Rücksprache mit dem Call Center hält. Die meistgewählte Lösung ist das Anfordern eines patientenspezifischen Quartalsberichts des Arztes. Diese Methode des Feedbacks scheint die gebräuchlichste Art der Rückmeldung an den Telemedizinanbieter zu sein. Ob sie optimale Ergebnisse verspricht, bleibt abzuwarten (siehe Kapitel 0, Punkt: „Erweiterung des Kundenverständnisses").

Auch könnte der Arzt mit einigen seiner Routinetätigkeiten - wie Überwachung des Blutzuckerwertes oder die psychosoziale Betreuung - zu einem Teil durch den Intermediär ersetzt werden. Eine eindeutige Ergänzung und Bereicherung seiner Arbeit sieht er möglicherweise nicht. In einem solchen Fall wäre mit Zurückhaltung des Arztes zu rechnen. Er könnte hingegen dank der folgenden Anreize an einer Kooperation interessiert sein:

- Außerbudgetäre Sondervergütung pro Patient
- Zeitersparnis ohne Einbußen in der Vergütung (Quartalspauschale)
- Reputationsgründe oder Erlangen eines IV-Vertrags (Telemedizin bietet einen Wettbewerbsvorteil gegenüber der Konkurrenz)

## 3.2 Pro und Contra Telemedizin

In diesem Kapitel erfolgt eine Gegenüberstellung der Für und Wider der Telemedizin im Kontext des Kapitalmarkts. Dabei ist als wichtigstes „Pro-Argument" aus Kapitalmarktsicht das Marktpotential, das heißt Umsatz- und Profitprognosen, von Interesse. Ein hohes Marktpotential entscheidet über die Attraktivität der Branche und nährt Corporate Finance Aktivitäten (siehe Kapitel 6). Im Gegensatz zum Marktpotential sind Entwicklungshemmnisse zu sehen, die die Realisierung des Potentials verzögern könnten. Sie sind in diesem Kapitel als „Contra-Argument" aufgeführt.

Eine konventionelle Darstellung des wirtschaftlichen, medizinischen und gesellschaftlichen Nutzens der Telemedizin findet sich in Kapitel 2.4.

Zusammenfassend werden diese Aspekte noch einmal als „Pros" dargestellt:

### 3.2.1 Pro Telemedizin

**Punkt 1: Wirtschaftlicher Nutzen des Telemonitoring**

*Telemedizin spart Kosten!* Die Kaufmännische Krankenkasse Hannover (KKH), die Arzt-Partner almeda AG und das Blutdruckinstitut München wiesen in einer kontrollierten, prospektiven Studie die Senkung der Mortalität, sowie eine Senkung der Gesamtbehandlungskosten durch telemedizinische Betreuung nach.

Die Kosteneinsparung konnte vor allem durch eine Reduktion der Krankenhaustage um 48 % erreicht werden. Die Gesamtbehandlungskosten pro Patient waren um 6.883 Euro geringer als die der Kontrollgruppe (Patienten ohne telemedizinische Betreuung). Die Mortalität lag bei 14,7 % (im Vergleich zu 27,1 % in der Kontrollgruppe) ebenfalls signifikant niedriger.

**Punkt 2: Medizinischer Nutzen des Telemonitoring**

**Zeitersparnis**

*Telemonitoring spart Zeit!* Die Anwendung des Telemonitoring bei akuten Herz-Kreislauf-Erkrankungen wurde im Rahmen einer kontrollierten Studie an 290 kardio-vaskulären Patienten untersucht (Fischer et al., 2005, S. 34 f.). 20 % der Anrufer bedurften notfalltherapeutischer Schritte. In allen Fällen konnte die klinische Situation des Patienten trotz der teilweise kritischen Zustände bis zum Eintreffen des Notarztes stabilisiert werden. Dem Faktor „Zeit" kommt bei der Behandlung dieser bedrohlichen Zustände eine fundamentale Rolle zu, da sich die meisten Todesfälle ereignen bevor der Patient das Krankenhaus erreicht.

**Vereinfachte Diagnosestellung**

*Telemonitoring verbessert Diagnosestellung!* Für die Diagnosestellung von Herzrhythmusstörungen bietet sich das Telemonitoring ebenfalls an. Häufig treten diese Symptome unregelmäßig auf und sind von kurzer Dauer. Daher können sie durch konventionelle Diagnostik wie Ruhe- oder Langzeit EKG nur bedingt festgestellt werden. Telemonitoring jedoch bietet die Möglichkeit prompt auch bei unregelmäßig auftretenden Beschwerden unverzüglich zu reagieren und eine Diagnose zu erstellen (Fischer et al. 2005, S.37).

**Optimiertes Therapiemanagement**

*Telemonitoring verbessert medikamentöse Einstellung bei Diabetes mellitus!* Mit Hilfe von Telemonitoringsystemen kann der Patient durch regelmäßige Übertragung der Blutzuckerwerte und Dokumentation seiner Lebensgewohnheiten im Management seiner Erkrankung unterstützt und intensiver betreut werden. Eine verbesserte Einstellung der Blutzuckerwerte führt zu einer langfristigen Verbesserung der Lebensqualität des Patienten (National Diabetes Information Clearinghouse, 2007).

**Punkt 3: Der demographische Wandel verstärkt die Entwicklung des Telemonitorings**

**Korrelation zwischen Lebenserwartung und Gesundheitskosten**
*Mit einer höheren Lebenserwartung gehen auch höhere Gesundheitskosten einher!* Ob eine höhere Lebenserwartung zwangsläufig mit einem Anstieg der Gesundheitskosten einhergehen muss, ist in der Wissenschaft umstritten (siehe hierzu Verbrugge, 1984, S. 515 ff.; Fries, 1980, S. 133 ff. sowie Kane, Radosevich, Vaupel, 1990, S. 47). Eine endgültige Klärung des Sachverhaltes durch wissenschaftlich valide Daten steht noch aus. Nach Ansicht der Verfasser ist auch in Zukunft mit keinem Rückgang, sondern mit einem Anstieg oder bestenfalls einer Stagnation der Gesundheitsausgaben in Deutschland zu rechnen. Festzuhalten bleibt, dass chronische Erkrankungen das Gesundheitswesen finanziell stark belasten: Auf ein Fünftel der Versicherten in Deutschland entfallen derzeit 80 % der Kosten (Stock, Redaèlli, Lauterbach, 2005, S. 49).

**Punkt 4: Hohes Marktpotential für Telemonitoring in Deutschland**

*Sehr hohes Marktpotential für Telemonitoring in Deutschland!* Der Markt für Telemedizin in Deutschland existiert erst seit wenigen Jahren und steht noch am Beginn seiner Entwicklung. Deutschland ist einer der führenden Absatzmärkte in Europa. Impulse für diese Entwicklung kamen aus Israel und den USA, den beiden führenden Nationen auf diesem Gebiet.

Das Marktpotential für Telemonitoring in Deutschland ergibt sich aus der Formel M(enge) x P(reis) = Umsatz. Der Preis (P) der Patientenüberwachung ist in der Regel von der Anzahl der Messgeräte, der Messhäufigkeit sowie von der Betreuungsintensität und den begleitenden Maßnahmen abhängig. Er wird vom Telemedizinanbieter festgelegt bzw. ist Ergebnis der Verhandlungen zwischen Krankenkasse und Anbieter. Das Kundenpotential, also die Menge (M), erschließt sich aus der Prävalenz der betreffenden Erkrankungen und der daraus abzuleitenden Anzahl geeigneter Patienten.

Um die Berechnung des Marktpotentials in Perspektive zu setzten, wird der Begriff im Folgenden in den betriebwirtschaftlichen Kontext gesetzt und seine Rolle in Abbildung 24 veranschaulicht. Das Marktpotential beschreibt das maximale Umsatzvolumen einer Branche innerhalb einer definierten Periode. Es ist in nicht-monopolistischen Märkten größer als der maximale Marktanteil (Umsatzpotential) eines einzelnen Unternehmens innerhalb einer Branche in einem definierten Zeitraum (Dalrymple et al., 2004, S. 89 ff.). Die Prognose des Umsatzes (in Volumen oder monetärem Wert) eines Unternehmens innerhalb einer definierten Periode ist wiederum in der Regel geringer als sein maximales Umsatzpotential (Spiro, Stanton, Rich, 2003, S. 336). Dieses Kapitel berechnet das Marktpotential des Telemonitoring in Deutschland. Umsatzpotential und –prognosen einzelner Anbieter sind von folgenden Faktoren abhängig (Spiro, Stanton, Rich, 2003, S. 336) und werden deshalb nicht näher benannt:

- Spezieller Marketing Mix (Preis, Produkt, Vertrieb, Kommunikation)
- Branchensituation (Veränderungen in der Branche, neue Wettbewerber, Innovationen)
- Marktsituation (Veränderung der Nachfrage, neue Branchen als Wettbewerber)
- Allgemeine Wirtschaftslage (Handelsbilanz, Wechselkurse)

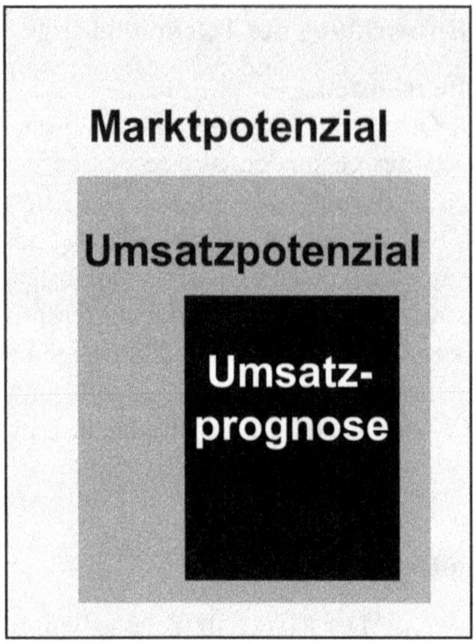


*Abbildung 24: Marktpotential im betriebswirtschaftlichen Kontext*
*Quelle: Eigene Darstellung*

*Kundenpotential*
In der folgenden Einschätzung des Kundenpotentials sind die am häufigsten genannten Indikationen für Telemonitoring - chronische Herzinsuffizienz, KHK, Herzrhythmusstörungen und Diabetes mellitus Typ 1 und Typ 2 - berücksichtigt. Zahlen zur Prävalenz dieser Erkrankungen und ihrer Interkorrelation variieren jedoch mit unterschiedlichen Quellen. Außerdem ist die tatsächliche Anwendbarkeit von einer Reihe begleitender Umstände und Einflussfaktoren abhängig. Daher kann die folgende Berechnung nur eine Annäherung an ein wirkliches Kundenpotential sein.

Voraussetzungen für das Telemonitoring
Die Einsatzmöglichkeit des Telemonitoring ist maßgeblich von zwei Faktoren abhängig: der Akzeptanz des Patienten sowie seiner Fähigkeiten moderne Telekommunikationsmittel zu nutzen und Gerätschaften und Dienste wie vorgesehen zu verwenden. Dieser zweite Faktor wird fortan als IT-Affinität beschrieben. Keine dieser beiden Bedingungen kann bei einem typischen Telemonitoringpatienten als gegeben vorausgesetzt werden, da hauptsächlich ältere Menschen an chronischen Erkrankungen leiden (Ausnahme: beim Diabetes mellitus Typ 1 sind die Patienten zum Erkrankungszeitpunkt meist minderjährig). Die Bedingungen Akzeptanz und IT-Affinität werden im Folgenden näher erläutert.

- Akzeptanz
Die Gesellschaft für Kommunikations- und Technologieforschung Empirica untersuchte im Jahr 2001 EU-weit (damals 15 Mitgliedsstaaten) innerhalb der „European Senior Watch Survey“ mit 9661 Teilnehmern sowohl das Internet-Nutzungsverhalten von Menschen zwischen 50 und 80 Jahren als auch die Bereitschaft, telemedizinische Services in Anspruch zu

nehmen. Insgesamt zeigten sich 38 % der Befragten interessiert an Gesundheitsinformationen im Internet, 30 % bezüglich Informationen über Therapien dargestellt an PC- oder Fernsehmonitor, 27 % der Teilnehmer zeigten sich offen gegenüber ärztlichem Rat via Email und 22 % gegenüber ärztlichem Rat über Video-Telefon-Schaltung (Kubitschke, L., Hüsing, T., Stroetmann, V.N., Stroetmann, K.A. (2002), S. 9).

**Bei eher vorsichtiger Einschätzung wird fortan angenommen, dass 22% der potenziellen Kunden die Bereitschaft mitbringen, sich auch umfassender telemedizinisch betreuen zu lassen.**

- IT-Affinität

Dieselbe Studie (S. 12) kam zu dem Ergebnis, dass in Europa ein erheblicher Unterschied zwischen der IT-Affinität chronisch Kranker und jener der über 50-Jährigen besteht. Die folgenden Ausführungen sind in Abbildung 25 dargestellt. In der Gruppe der chronisch kranken Patienten (die sehr häufig gleichzeitig über 50 Jahre alt sind) schätzen nur 22 % der Befragten ihre Computerkenntnisse als fortgeschritten ein, bzw. nutzen den Computer häufiger als einmal pro Woche. In der Gruppe der über 50-Jährigen zählen sich hingegen 31 % zu dieser Kategorie der „Experienced Frontrunners". Ausgewogener ist das Bild derer, die zumindest gelegentlich einen Computer nutzen oder sich prinzipiell offen zeigen gegenüber der Aneignung von Computerkenntnissen. Chronisch Kranke machen hierbei 43 % aus und die über 50-Jährigen 42 %. Der prozentuale Anteil derer, die weder den Computer nutzen noch Interesse an der Erweiterung ihrer Kenntnisse bezeugen, ist bei den chronisch Kranken wiederum mit 35 % höher als bei den über 50-Jährigen (27 %).

**In der Frage der IT-Affinität wird die Zahl der chronisch Kranken, die in der Lage und willens sind, telemedizinische Betreuung in Anspruch zu nehmen auf 22% veranschlagt.**

- Fehlender Leidensdruck

Um Patienten für eine telemedizinische Betreuung zu gewinnen und sie vor allem auf Dauer in einem Betreuungsprogramm zu halten, ist laut Dr. Mex, ein gewisser Leidensdruck von Nöten. Oft ist Menschen mit chronischen Herzkreislauferkrankungen oder Diabetes mellitus die Schwere ihrer Erkrankung nicht bewusst, da sie zunächst keine Schmerzen haben oder anderweitig durch die Erkrankung beeinträchtigt werden (Interview Techniker Krankenkasse, 2007).

| | Chronisch Kranke | über 50-Jährige |
|---|---|---|
| ***The experienced Frontrunners:*** Computernutzer mit fortgeschrittenen Kenntnissen häufige Nutzer (>als 1mal pro Woche) | 22% | 31% |
| ***The old age beginners and technologically open minded:*** Computernutzer weniger Kenntnisse oder weniger häufige Computernutzung bzw. Nicht-Nutzer, jedoch wissbegierig oder willens, Kenntnisse und Fähigkeiten zu erwerben | 43% | 42% |
| ***The digitally challenged:*** *Nicht-N*utzer kein Interesse an Erweiterung der Kenntnisse oder Verbesserung der Computerfertigkeiten | 35% | 27% |

*Abbildung 25: IT-Affinität chronisch Kranker vs. der Gruppe der über 50-Jährigen*
*Quelle: Hüsing, Kubitschke, Stroetmann, V.N., Stroetmann, K.A., S. 8*

**Das Marktpotential wird im Folgenden abgeleitet, indem das Marktpotential in der Kategorie 1: Herz-Kreislauf-Erkrankungen (Herzinsuffizinez, Koronare Herzkrankheit, Synkope) zu dem Marktpotential der Kategorie 2: Diabetes mellitus addiert wird und daraufhin die Schnittmenge der beiden Kategorien abgezogen wird.**

**Kategorie 1: Herz-Kreislauf-Erkrankungen**
Unsere Schätzung geht von einem Gesamtkundenpotential bei den Herzkreislauferkrankungen von deutschlandweit **484.660 Patienten** aus. Diese Summe leitet sich ab aus der Addition der Anzahl geeigneter Patienten mit chronischer Herzinsuffizienz, KHK und Herzrhythmusstörungen, unter Berücksichtigung der Interkorrelationen dieser Erkrankungen und unter Beachtung der Akzeptanz und IT-Affinität der Patienten. Im Folgenden finden sich die Grundannahmen, die zu diesem Ergebnis führen.

**- Bereich 1a) Herzinsuffizienz**
Die folgende Rechnung stellt das Potential für Telemonitoring bei chronischer Herzinsuffizienz in Deutschland dar und kommt auf ein Ergebnis von 90.200 potentiellen Patienten. Sie ist in Abbildung 26 veranschaulicht.

Angaben zur Prävalenz der Herzinsuffizienz variieren in der Literatur schon aufgrund der unterschiedlichen Definitionen und der Schwierigkeit, das konkrete NYHA-Stadium zuzuordnen. Da das erste Stadium der Herzinsuffizienz, NYHA-Stadium I, nicht mit subjektiven

Symptomen einhergeht, wird es meist nur durch eine Echokardiographie erkannt. Schätzungen zur Prävalenz der Herzinsuffizienz erfassen daher oft nur die symptomatischen NYHA-Stadien II-IV. Die Deutsche BKK geht dabei von einer Häufigkeit von ca. 0,5-1 % in der deutschen Bevölkerung aus, was einer absoluten Anzahl von 410.000 – 820.000 Patienten entspricht (2007). Die Informationsplattform Kardionet.de geht von einer Häufigkeit in Deutschland von 1,3 bis 1,5 Millionen Patienten aus (alle NYHA Stadien), pro Jahr kommen etwa 200.000 Neuerkrankungen hinzu (DATAPHARM Netsystems AG, 2007). Das Kompetenznetz Herzinsuffizienz gibt sogar eine Zahl von mehr als zwei Millionen Patienten in Deutschland an (ebenfalls alle NYHA-Stadien), mit stark steigender Tendenz (2007). Eine telemonitorische Überwachung für Patienten mit chronischer Herzinsuffizienz ist jedoch nur für die NYHA-Stadien II-IV indiziert, da nur hier Symptome wie Atemnot und Gewichtsschwankungen gemessen werden können. Deshalb werden in der folgenden Schätzung nur diese Stadien berücksichtigt. Um jedoch der rapide steigenden Prävalenz der Stadien II-IV Tribut zu zollen, wird der höhere Wert dieser vorsichtigen BKK-Schätzung veranschlagt. Es fließen 820.000 Herzinsuffizienzpatienten in die weitere Berechnung ein.

Die PHTS Telemedizin geht in ihren Analysen davon aus, dass nur die Patienten für Telemonitoring in Betracht kommen, die in den letzten 18 Monaten einen Krankenhausaufenthalt auf Grund ihrer Herzinsuffizienz hinter sich hatten. Dies sei bei ca. 50 % der Herzinsuffizienzpatienten im Stadium II-IV der Fall (Lewin, PHTS Telemedizin). Eine Einweisung ins Krankenhaus deutet auf eine ungenügende therapeutische Einstellung der Krankheit hin. Da vor allem eine Rehospitalisierung, das heißt, eine erneute Aufnahme ins Krankenhaus, vermieden werden soll, lohnt es sich, bei diesen 50 % der Patienten mit telemonitorisch unterstützenden Maßnahmen anzusetzen. Der Argumentation folgend, kommen wir nach Abzug von 50 % zu einem Ergebnis von 410.000 Herzinsuffizienz-Patienten, welche wir dem möglichen Kundenkreis für Telemonitoring zurechnen. Beachtet man dann noch die Akzeptanz und die IT-Affinität der Zielgruppe, bleiben 22 %, sprich 90.200 Patienten übrig.

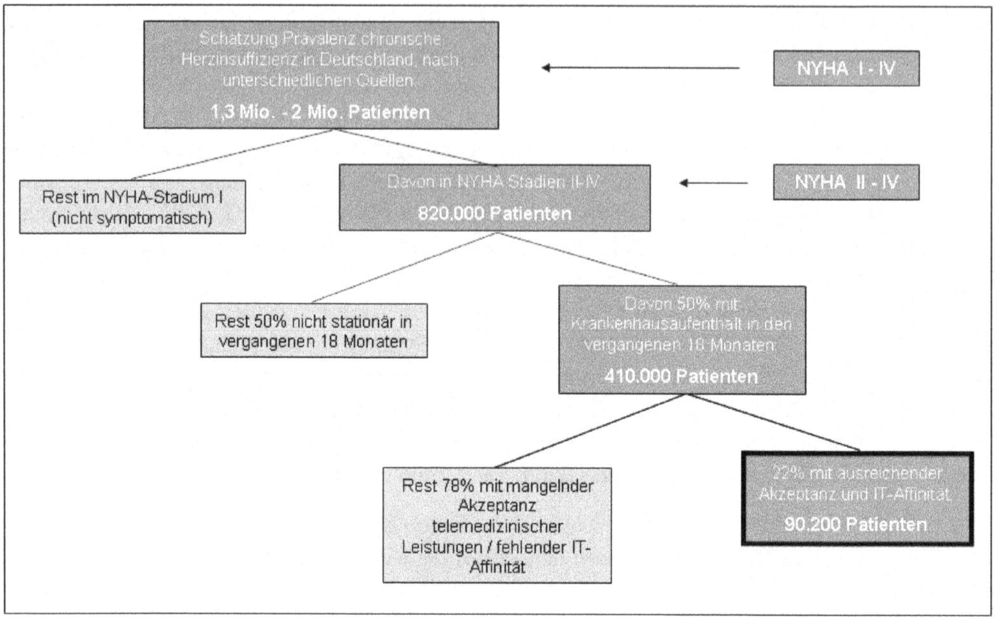


*Abbildung 26: Darstellung Kundenpotential: Patienten mit chronischer Herzinsuffizienz in Deutschland*
*Quelle: Eigene Darstellung*

**- Bereich 1b) Koronare Herzkrankheit**

Die folgende Rechnung stellt das Potential für Telemonitoring bei KHK in Deutschland dar und kommt auf ein Ergebnis von 441.980 potentiellen Patienten. Sie ist veranschaulicht in Abbildung 27.

Die Arzneimittelkommission der deutschen Ärzteschaft zählt deutschlandweit 3,2 Millionen KHK-Patienten (2004, S. 5). Eine Annäherung an eine geeignete Klientel bei der KHK kann - der Argumentation bei Herzinsuffizienzpatienten folgend – über das Kriterium der Symptomatik erfolgen, welches auf eine unzureichende Therapieeinstellung hinweist. Zudem haben KHK-Patienten häufig zu Beginn ihrer Erkrankung einen eher geringen Leidensdruck. Oft sind sie sich der Schwere ihrer Krankheit erst nach einem einschneidenden Ereignis, wie dem Auftreten von Angina-pectoris-Beschwerden, bewusst. Eine solche Symptomatik kann demnach für eine telemedizinische Betreuung zur Therapieoptimierung und zum Risikomonitoring sprechen. Wieviele Patienten bereits durch Angina-pectoris-Beschwerden symptomatisch auffällig wurden, lässt sich jedoch schwer abschätzen. Angaben zur Einweisungshäufigkeit ins Krankenhaus sind wenig aussagekräftig. Sie vernachlässigen alle Patienten, die trotz Beschwerden nicht in die Klinik eingewiesen wurden. Zudem sind auch Mehrfachaufnahmen eines Patienten enthalten. Deshalb berücksichtigt diese Schätzung Patienten, welche bereits einen Herzinfarkt erlitten haben. Die Zahl der Patienten mit der Diagnose Zustand nach (Z.n.) Herzinfarkt in Deutschland beträgt laut Arzneimittelkommission der deutschen Ärzteschaft ca. 2,45 % der Bevölkerung, sprich 2.009.000 Patienten (2004, S. 5). Wir gehen davon aus, dass auch bei diesen Patienten 22 %, sprich 441.980 Patienten, die

Akzeptanz telemedizinischer Leistungen und die IT-Affinität mitbringen, die sie zu geeigneten Telemedizin-Kunden machen.

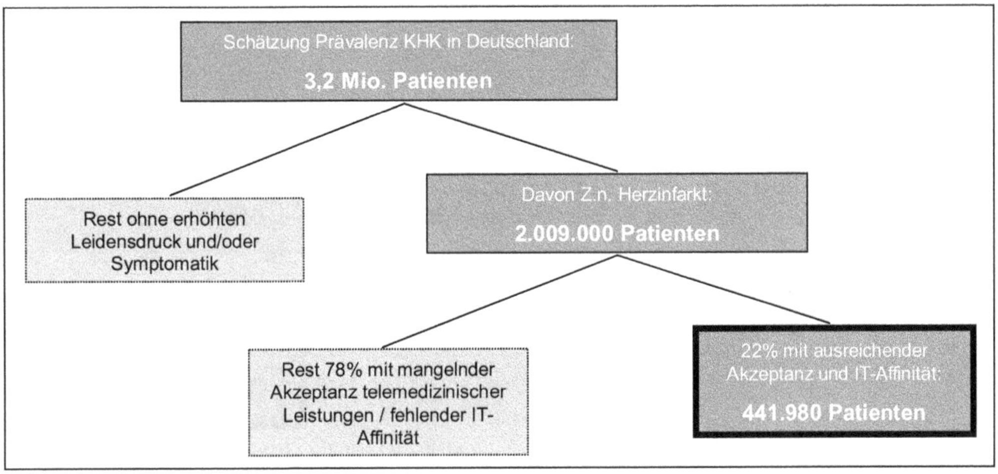


*Abbildung 27: Darstellung Kundenpotential: Patienten mit KHK in Deutschland*
*Quelle: Eigene Darstellung*

**- Bereich 1c) Synkope:**
Die folgende Rechnung stellt das Potential für Telemonitoring bei Zustand nach Synkope in Deutschland dar und kommt auf ein Ergebnis von 6.600 potentiellen Patienten. Sie ist veranschaulicht in Abbildung 28.

Im Bereich der Herzrhythmusstörungen sind telemonitorische Anwendungen besonders zur Unterstützung der diagnostischen Abklärung von Synkopen interessant, wenn der Verdacht besteht, dass diese auf Grund kardialer Ursachen auftreten bzw. wenn die Genese unklar bleibt. In Notfallstationen macht die Diagnose Synkope heute etwa 1-3 % der Einweisungsdiagnosen aus (Antonini Revaz et al. 2005, S.348). Diese 1-3 %, gerechnet auf die Angaben des Statistischen Bundesamts (2007) von 5,85 Millionen internistischen Aufnahmen im Jahre 2005, ergibt eine Spanne von rund 58.000 bis 175.000 Patienten. Dies deckt sich mit den Angaben des Statistischen Bundesamts (2007), nach denen im Jahre 2005 rund 137.000 Patienten mit der Diagnose Synkope oder Kollaps ins Krankenhaus eingeliefert wurden.

Allerdings wird der Einsatz telemonitorischer Diagnostiken wahrscheinlich eher im Falle rezidivierender Synkopen, d. h. wiederkehrender Synkopen, als im Falle singulärer Ereignisse in Erwägung gezogen. Über die Anzahl rezidivierender Synkopen steht kein Datenmaterial zur Verfügung. Daher wird zur konservativen Schätzung des Kundenpotentials von ca. einem Prozent der Einweisungen, das bedeutet ca. 60.000 Patienten, ausgegangen. Von diesen 60.000 besteht bei bis zu 50 % der Verdacht eines kardialen Ursprungs bzw. ist die Genese unklar (Antonini Revaz et al. 2005, S. 348). Es verbleiben 30.000 Patienten als Kundenpotential bei Synkopen. Auch hier gehen wir von 22 %, sprich 6.600 der Patienten, aus, bei denen Akzeptanz und IT-Affinität gegeben sind und bei denen telemonitorische Anwendungen daher Sinn machen.

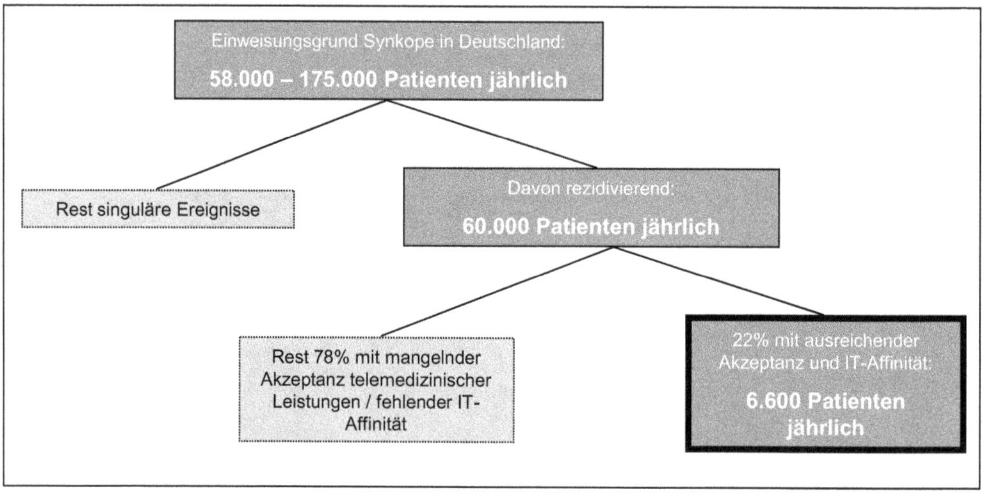


*Abbildung 28: Abbildung Kundenpotential: Patienten mit Zustand nach Synkope in Deutschland*
*Quelle: Eigene Darstellung*

Auch bei anderweitigen Herzrhythmusstörungen ist der Einsatz telemedizinischer Diagnostik gut denkbar. Da es sich bei dem Begriff Herzrhythmusstörungen jedoch um eine heterogene Diagnose mit verschiedenen Erscheinungsformen und sehr unterschiedlichen Schweregraden handelt, sind Daten für die Errechnung eines geeigneten Kundenpotentials schwer zu finden und Aussagen über die jeweilige Eignung nicht eindeutig zu treffen.

- Interkorrelationen bei Herz-Kreislauf-Erkrankungen

Herz-Kreislauf-Erkrankungen bedingen und fördern sich gegenseitig. Das Vorkommen der einzelnen Erkrankungen kann somit nicht einfach addiert werden. Schätzungen gehen beispielsweise davon aus, dass etwa 50-70 % der Herzinsuffizienzen bedingt sind durch eine KHK (DATAPHARM Netsystems AG, Kardionet.de, 2007b). Eine KHK wiederum äußert sich symptomatisch häufig in einem Herzinfarkt oder führt langfristig zu einer Herzinsuffizienz, wie in Abbildung 29 dargestellt.

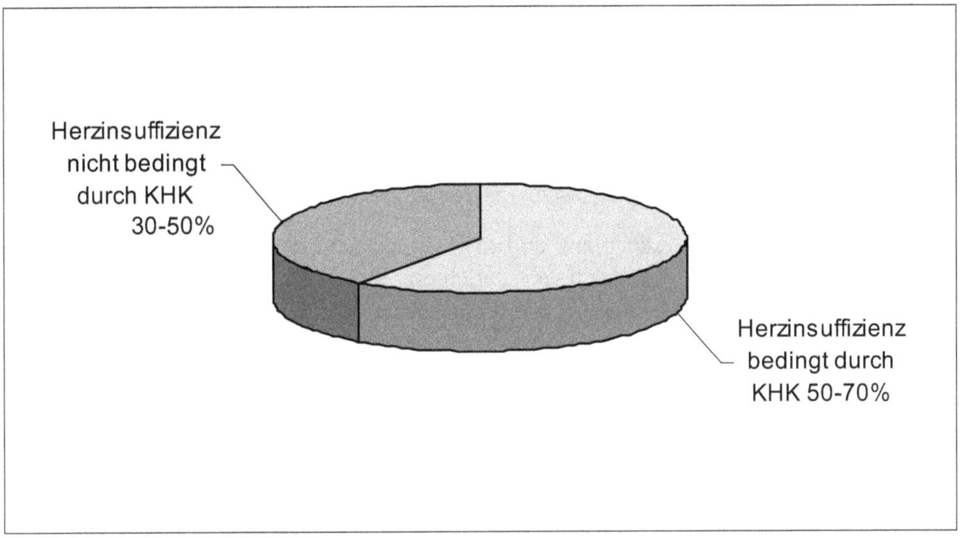


*Abbildung 29: Ursache von Herzinsuffizienz: Interkorrelation von Herzinsuffizienz und KHK*
*Quelle: Eigene Darstellung*

Unsere Berechnung zieht daher von den 441.980 Patienten, welche wir im Rahmen einer KHK zum Kundenpotential zählen, 54.120 Patienten ab (was 60 % des Patientenpotentials der chronischen Herzinsuffizienz entspricht) und resultiert in 387.860 Patienten. Bei einfacher Addition beider Gesamtzahlen wäre ansonsten deren Schnittmenge doppelt berücksichtigt. Beim Patientenpotential mit Synkope unklarer Genese gehen wir davon aus, dass dies nicht bereits einer anderen Indikation zuzuordnen ist. Das Gesamtkundenpotential für Herzkreislauferkrankungen von 484.660 Patienten ergibt sich damit wie folgt:

**Nach Addition der verbleibenden 387.860 Patienten mit der Diagnose Zustand nach Herzinfarkt mit 90.200 Herzinsuffizienzpatienten und 6.600 Patienten nach Synkope gelangt man somit zu einem Gesamtkundenpotenzial bei Herzerkrankungen von 484.660 Patienten.**

**Kategorie 2: Diabetes mellitus**

Unsere Schätzung geht von einem Gesamtkundenpotential bei Diabetes mellitus von deutschlandweit **1.100.000 Patienten** aus. Diese Summe leitet sich ab aus der Addition der Anzahl von Patienten mit Diabetes mellitus Typ 1 und Diabetes mellitus Typ 2 unter Beachtung der Akzeptanz und IT-Affinität. Im Folgenden finden sich die Grundannahmen und die Rechnung, die zu diesem Ergebnis führen. Sie sind in Abbildung 30 veranschaulicht.

Bei Patienten mit Diabetes mellitus Typ 1 wird das Telemonitoring zum Beispiel unterstützend zur medikamentösen Einstellung und zur Schulung eingesetzt, eher zu Beginn der Erkrankung oder zur Wiedereinstellung und Nachjustierung der Therapie. Ebenso kann es zum Risikomonitoring von Patienten mit häufig entgleisenden Blutzuckerwerten, beispielsweise bei Kindern, eingesetzt werden.

Beim Diabetes mellitus Typ 2 nehmen Betreuungsfunktionen, welche auf die Complianceförderung und die Änderung der Lebensgewohnheiten abzielen, einen hohen Stellenwert ein.

Eine eher konservative Schätzung des AOK Bundesverbands (2007g) geht von 5 Millionen Menschen mit Diabetes mellitus in Deutschland aus, davon 95 % Typ 2 Diabetiker. Es wird jedoch erwartet, dass die Anzahl der Patienten, die an Diabetes mellitus leiden, bis zum Jahre 2010 bis auf 10 Millionen ansteigen könnte (Stiefelhagen, P. (2007), S. 179).

Unter Berücksichtigung der Akzeptanz und IT-Affinität sind, wie in Abbildung 30 dargestellt, von 250.000 Diabetes mellitus Typ 1 Patienten, 22 %, sprich 55.000 Patienten, geeignet für Telemonitoring. Von insgesamt 4.750.000 Diabetes mellitus Typ 2 Patienten stehen etwa 1.045.000 Patienten (22 % von 4.750.000) als Monitoringkunden zur Verfügung.

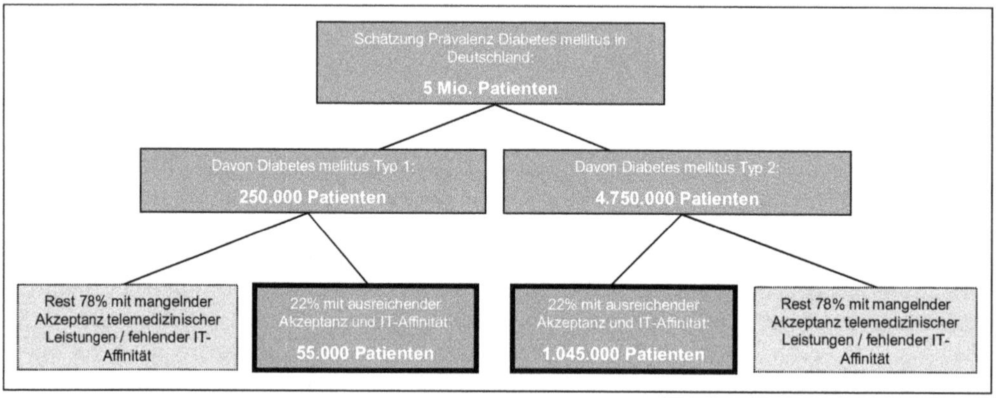


*Abbildung 30: Darstellung Kundenpotential: Patienten mit Diabetes mellitus in Deutschland*
*Quelle: Eigene Darstellung*

**Schnittmenge Kategorie 1 und 2: Interkorrelation der Erkrankungen**
Zwischen metabolischen Erkrankungen wie dem Diabetes mellitus und Herzkreislauferkrankungen bestehen ebenfalls starke Interkorrelationen. Diabetiker leiden als Spätfolge ihrer Erkrankung meist an kardiovaskulären Krankheiten. Laut Stiefelhagen (Stiefelhagen, P. (2007), S. 179) „...ist bei 75% aller Patienten mit einer symptomatischen KHK der Glucosestoffwechsel gestört. Diese Zahlen machen deutlich, dass Diabetes mellitus und KHK in der Mehrzahl der Fälle zwei sich parallel entwickelnde Erscheinungsformen ein und derselben kardiometabolischen Grunderkrankung sind“ (siehe auch Rieder, A., (2004)). Vereinfacht lässt sich somit folgendes Gesamtkundenpotential für die beiden Kategorien 1 und 2 berechnen (siehe Abbildung 31):

| | | |
|---|---|---|
| Kundenpotential Kategorie 1a | | 90.200 |
| Kundenpotential Kategorie 1b (ohne 1a) | | 387.860 |
| Kundenpotential Kategorie 1c | | 6.600 |
| Kategorie 1 (Summe 1a,1b,1c) | | 484.660 |
| | | |
| Kundenpotential Kategorie 2 | | 1.100.000 |
| | | |
| Summe Kategorie 1 und 2 | | 1.584.660 |

| | | |
|---|---|---|
| Kundenpotential Kategorie 1 | | 484.660 |
| bestehend aus: | | |
| Kategorie 1 ohne 2 | | 121.165 |
| Schnittmenge Kategorie 1 + 2 | | 363.495 |

| | | |
|---|---|---|
| Summe Kategorie 1 und 2 | | 1.584.660 |
| Schnittmenge Kategorie 1 + 2 | | 363.495 |
| Gesamtkundenpotential Kategorie 1 und 2 | | 1.221.165 |

*Abbildung 31: Interkorrelation zwischen Herzkreislauferkrankungen und Diabetes mellitus*
*Quelle: Eigene Darstellung*

Die Berechnung der Schnittmenge der Kategorie 1 + 2 erfolgte, indem 75% des Kundenpotenitals der Kategorie 1 errechnet wurde (0,75 * 484.660 = 363.495). Dieser Rechnung liegt die Annahme zugrunde, dass sich die 75% nicht nur auf KHK - also die Hauptkategorie 1b – beziehen, sondern komplett auf die gesamte Kategorie 1.

Somit ist es gut möglich, dass bei einem geeigneten Diabetes mellitus Patienten gleichzeitig ein kardiales Monitoring indiziert ist, vor allem weil es durch Nervenschädigungen bei Diabetikern häufig zu sogenannten asymptomatischen oder klinisch stummen KHK-Verläufen kommt. D.h., der Patient hat subjektiv keine Beschwerden, jedoch durchaus schon krankhafte EKG-Veränderungen. So laufen auch viele der Herzinfarkte bei Diabetikern als stumme Infarkte, sprich ohne adäquate Symptomatik, ab (Cardiovasc, 2007).

**Preispolitik in der Telemedizin**

In der Telemedizin sind mittelfristig fallende Preise zu erwarten, denn durch Skalenerträge und Verbundeffekte sinken die Grenzkosten und somit der Minimalpreis, zu dem ein Gut angeboten werden kann (Schulenburg, 1995, S. 54 ff.).

Die Telemedizin weist ebenso wie andere Telekommunikationsmärkte Netzwerkexternalitäten auf, die bewirken, dass der Konsum oder Nutzen eines einzelnen Marktteilnehmers den eines weiteren maßgeblich beeinflusst. Dieses Charakteristikum hat Auswirkungen auf die Absatzfunktion: Die Präferenz der Kunden für Telemedizin und die ihr dienlichen Geräte steigt mit der Anzahl der ihr angeschlossenen Nutzer. Die Nachfragemenge wird ebenso wie bei Faxgeräten, Internet oder Handy mit Wachstum des Netzes ansteigen. Dies ist zum Ersten der verfügbaren Infrastruktur geschuldet, welche die Verbreitung ermöglicht und zum

Zweiten in einem Reputationszuwachs auf Seiten aller Nachfrager begründet (Varian, 2007, S. 782 ff.).

Zusammenfassend ist also mit einer Reduktion des Endpreises sowie mit einem Anstieg der Nachfrage zu rechen. Im heutigen Stadium des Branchenlebenszyklus hat dieser Trend bisher nicht eingesetzt. Dr. Hilfer vermutet jedoch, dass das aktuelle Preisniveau in Pilotprojekten trotz der zu erwartenden Skaleneffekte nicht ohne weiteres flächendeckend haltbar sein wird (Interview AOK Bundesverband, 2007).

**Komponenten der Preisgestaltung**

Preispolitik und Endpreise telemedizinischer Produkte und Services unterliegen der Geheimhaltung der Unternehmen, deshalb können die folgenden Berechnungen lediglich eine Annäherung an das tatsächliche Marktpotential sein. Im Folgenden werden die meistgenannten Preisbausteine, die zur Preisfindung beitragen, sowie einige konkrete Preisbeispiele genannt.

Die in Abbildung 32 genannten Bausteine beeinflussen die Preisfindung maßgeblich. Telemedizinanbieter rechnen in der Regel quartalsweise und indikationsabhängig ab (Interview 4sigma, 2007 und Interview ArztPartner almeda, 2007). In einer Risikostratifizierung werden außerdem verschiedene Intensitätskategorien festgelegt, in welche ein Patient eingeordnet wird. Die schließliche Preisfindung kann laut Herrn Conz sehr individuell stattfinden. Für ein Produkt kann es je nach Kunde, dessen Interesse, dem genauen Produktzuschnitt und dem entsprechend angepassten Verkaufsargument unterschiedliche Preise geben (Interview Any-Care GmbH, 2007).

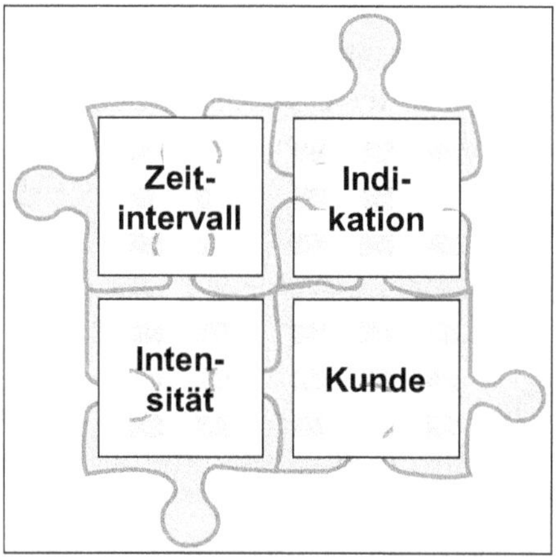


*Abbildung 32: Preisbausteine des Telemonitoring*
*Quelle: Eigene Darstellung*

**Preisbeispiele und Marktpotentiale**

Die Dauer des Telemonitoring variiert mit der Indikation und wird in der Preisfindung berücksichtig. Herzinsuffizienz und KHK bedürfen in der Regel ganzjähriger Betreuung. Herzrhythmusstörungen werden hingegen nur solange überwacht, bis die unklaren Symptome telediagnostisch mittels EKG festgehalten werden können. Das Telemonitoring geht jedoch in der Regel nicht über die Dauer der medikamentösen Einstellung hinaus. Als Richtwert werden dazu zwei Monate veranschlagt.

Beim Diabetes mellitus sind unterschiedliche Szenarien vorstellbar: Beim Diabetes mellitus Typ 1 ist eine telemedizinische Betreuung solange sinnvoll, bis der meist junge Patient ausreichend geschult und die Blutzuckerspiegeleinstellung optimiert ist. Bei einer Betreuungsspanne von 6 Wochen bis 16 Wochen (Diabetes Zentrum München Schwabing, 2007) gehen wir vom Mittelwert, also 11 Wochen aus. Bei Patienten mit Diabetes mellitus Typ 2 kann die Betreuung unter Umständen sehr viel länger erforderlich sein, um die Compliance zu fördern und Lebensgewohnheiten zu verändern. Es wird von einer ganzjährigen Betreuung ausgegangen.

Die Telemedizin innerhalb eines AOK-Projekts zur Versorgung chronisch herzinsuffizienter Patienten wird mit € 2.000 p.a. pro Patient bei telemetrischer Übertragung des Gewichts und mit € 2.500 bei zusätzlicher EKG-Übertragung vergütet (Interview AOK Bundesverband, 2007). Laut Herrn Homberg ist der Preis für die dauerhafte Überwachung von Diabetikern auf einem ähnlichen Niveau anzusiedeln (Interview Vitaphone, 2007). Dieses Preisniveau multipliziert mit dem Patientenpotential in Deutschland ergibt vergleichsweise hohe Marktpotentiale, wie sie in *Abbildung 33* dargestellt sind.

| | Gesamtkundenpotential | Marktpotential in € |
|---|---|---|
| **Kategorie 1 und 2** | **1.221.165** | |
| **Preis: €2.000 p.a.** | | **2.442.330.000** |
| **Preis: €2.500 p.a.** | | **3.052.912.500** |

*Abbildung 33: Marktpotential ganzjähriger Betreuung auf Basis von Pilotprojektpreisen*
*Quelle: Eigene Berechnung*

**Interkorrelation und Preisnachlässe**

Selbstverständlich kann es vorkommen, dass beim selben Patienten, der zum Beispiel wegen einer Herzinsuffizienz betreut wird, eine weitere Betreuungsindikation hinzukommt, wie etwa ein Diabetes mellitus Typ 2. Zu erwarten ist, dass diese zweite Indikation eine Erhöhung des Betreuungspreises bewirkt. Jedoch wird sich wahrscheinlich durch Rabatteffekte der Preis nicht verdoppeln. Die Preisgestaltung könnte folgendermaßen aussehen:

Ein Herzinsuffizienzpatient, der mit einer Waage ausgestattet wird, überträgt einmal täglich morgens sein Gewicht. Er wird durch kurze telefonische Gespräche, wenige Male in der Woche, begleitet. Seine Herzinsuffizienz-Betreuung ist wenig intensiv und kostet € 2000 pro Jahr.

Hinzu kommt ein neu diagnostizierter Diabetes mellitus Typ 2 bei demselben Patienten. Durch das Neuauftreten der Erkrankung ist die Betreuung dieser Indikation relativ intensiv, Telefongespräche werden mehrmals die Woche geführt und der Blutzuckerwert fünfmal täglich in die elektronische Patientenakte übertragen und ausgewertet. Seine Diabetes-Betreuung ist intensiv und kostet € 2.500.

Die bloße Addition ergäbe einen Gesamtpreis von € 4.500 pro Jahr. Laut Herrn Homberg ist jedoch bei Multimorbidität keine reine Addition vorzunehmen, sondern es wird ein Preisnachlass nach Kalkulation des Mehraufwands gewährt (Interview Vitaphone, 2007). Der Endpreis für die Betreuung dieses Kunden könnte beispielsweise € 3.250 p.a. betragen.

Zu bedenken ist ferner, dass weder die Betreuungsintensität noch das Preisniveau bei einer flächendeckenden Einführung gehalten werden können. Bei wenigen Patienten wird eine kosten- und betreuungsintensive Hochrisikoüberwachung tatsächlich indiziert sein und finanziert werden. Folglich muss eine realistische Potentialeinschätzung von einem niedrigeren Durchschnittspreis pro Patient ausgehen. Die Datenlage ist sehr dünn, die folgende Berechnung basiert auf einem Vergleichswert von 100 € pro Monat pro Patient. Dieser Wert ist ein Beispiel von Herrn Conz, der gleichzeitig darauf hinweist, dass die Preisstruktur sehr inhomogen ist (Interview AnyCare GmbH, 2007). Das in Abbildung 34 berechnete Potential ist somit lediglich als Richtwert zu verstehen.

| | Gesamtkundenpotential | Marktpotential in € |
|---|---|---|
| **Kategorie 1 und 2**<br>**Preis: €1.200 p.a.** | **1.221.165** | **1.465.398.000** |

*Abbildung 34: Marktpotential ganzjähriger Betreuung auf Basis angepasster Preise*
*Quelle: Eigene Berechnung*

**Als Ergebnis dieser Analyse ergibt sich konservativ gerechnet ein gesamtes Marktpotential pro Jahr für telemedizinische Leistungen in Deutschland von ca. € 1,5 Mrd.**

| Indikation | Prävalenz | Preis | Marktpotenzial |
|---|---|---|---|
| Herzrhythmusstörungen | 6.600 | 200 € | 1,3 Mio. € |
| Diabetes mellitus Typ 1 | 55.000 | 300 € | 16,5 Mio.€ |
| | | Gesamt | 17,8 Mio. € |

*Abbildung 35: Marktpotential kurzzeitiger Betreuung*
*Quelle: Eigene Berechnung*

## 3.2.2 Contra Telemedizin

Eine Reihe interdependenter Faktoren hemmen die Geschwindigkeit der telemedizinischen Entwicklung in Deutschland. Sie erwachsen aus der Struktur des Gesundheitssystems ebenso wie aus Charakteristika der privatwirtschaftlichen Unternehmenslandschaft und Eigenschaften der Abnehmerseite. Abbildung 36 gewährt einen Überblick über die wichtigsten Hindernisse unterteilt in die drei genannten Kategorien. Einzelne Faktoren werden im Anschluss an die Abbildung näher erläutert.

| Entwicklungshemmnisse der Telemedizinverbreitung in Deutschland |
|---|
| **Systemstrukturen** |
| 1) Ausgeprägte sektorale Trennung |
| 2) Kleinteiligkeit des Gesundheitsmarktes |
| 3) Langsame Entscheidungsmechanismen, zögernde Adaption des Systems |
| 4) Mangelhafte Anreizsysteme für Leistungserbringer |
| 5) Unzureichende Vergütungsstrukturen: Telemedizin nicht im Leistungskatalog |
| 6) Technische und bürokratische Hürden |
| 7) Relativ langsame Umsetzung der IT-Vernetzung |
| 8) Ermangelung eines robusten legislativen Gerüsts |
| **Angebotsstrukturen** |
| 9) Mangel einheitlicher Standards und Kompatibilität |
| 10) Diagnostische Notwendigkeit einzelner Vitalparameter fraglich |
| 11) Zusammensetzung des Produktportfolios nicht immer an medizinischem Bedarf orientiert |
| 12) Anwendbarkeit noch nicht immer gegeben |
| **Nachfragestrukturen** |
| 13) Skepsis der Leistungserbringer |
| 14) Verhaltener Akzeptanzzuwachs bei Patienten |
| 15) Keine einheitliche Koordination innerhalb der AOK |
| 16) Europäische Ausschreibungspflicht ab 211.000 € |

*Abbildung 36: Entwicklungshemmnisse der Telemedizinverbreitung in Deutschland*
*Quellen: Eigene Darstellung*

**Ad 2) Kleinteiligkeit des Gesundheitsmarkts**
Die Kleinteiligkeit des Marktes, das heißt die lückenhafte Vernetzung der Entscheidungs- und Kostenträger, zeigt sich beispielsweise in der lediglich losen Vernetzung der 17 Kassenärztlichen Vereinigungen und der ihr angeschlossnen 59.100 Hausärzte und 72.700 Fachärzte (Stand 2005). Nur 2.624 der insgesamt 131.800 Ärzte arbeiteten 2006 in bundesweit 666 medizinischen Versorgungszentren (Kassenärztliche Bundesvereinigung, 2007a). Der stationäre Sektor arbeitet, wie oben beschrieben, noch weitgehend getrennt vom ambulanten Sektor. Auch die sieben verschiedenen Krankenkassenarten verzweigen sich in eine Vielzahl regionaler Untergruppen mit weitgehender Vertragsabschlussfreiheit. Die flächendeckende Umsetzung großer Projekte wird demgemäß erschwert, bestätigt Dr. Kottmair, weil große Strukturen in diesen kleinen Netzen nicht rentabel sind (Interview ArztPartner almeda AG, 2007). Auch Dr. Zugck erachtet eine flächendeckende Anwendung telemedizinischer Leistungen je nach Indikation als möglich, sieht sie jedoch eher aus loko-regionalen Lösungen erwachsen, angepasst an die entsprechende Anbieterstruktur und bestehend aus Netzwerken zwischen Patienten, niedergelassenen Haus- und Fachärzten und Krankenhäusern (Interview Universitätsklinikum Heidelberg, 2007).

**Ad 4) und 5) Mangelhafte Anreizsysteme für Leistungserbringer und unzureichende Vergütungsstrukturen**

Ein monetärer Anreiz zur Integration telemedizinischer Leistungen ist für niedergelassene Haus- und Fachärzte innerhalb der Abrechnungssysteme der Regelversorgung nicht gegeben.

Die Integrierte Versorgung bedeutet eine Flexibilisierung der Vertragsgestaltung und gestattet die Vergütung der Telemedizin, so Herr Pourie (Interview 4sigma GmbH, 2007). Die Zahl der abgeschlossenen „Integrierte Versorgungs-Verträge" ist, wie oben aufgeführt, kontinuierlich steigend. Sie ist derzeit die einzige Vergütungskonstellation, in der Anreize zur Nutzung der Telemedizin praktikabel sind.

**Ad 7) Relativ langsame Umsetzung der IT-Vernetzung**

Die mangelhafte IT-Infrastruktur in deutschen Arztpraxen ist nicht zuletzt auf eine fehlende nationale Vorgabe zurückzuführen. Große Diskrepanzen in der IT-Ausstattung der Praxen sind ein entscheidendes Hemmnis für die flächendeckende Telemedizin in Deutschland. „Jeder Anbieter erfindet das Rad neu", sagt Herr Conz (Interview AnyCare GmbH, 2007).

Auch ein „unique identifier", also eine Nummer oder ein Zertifikat, das einen Patienten eindeutig identifiziert und das über alle vernetzten Systeme hinweg konsistent ist, fehlt im deutschen Gesundheitssystem und ist für die Etablierung einer einheitlichen Infrastruktur essentiell. Mit der Gesundheitskarte verbindet die Telemedizinbranche nicht zuletzt deswegen große Hoffnungen, weil diese einen solchen Identifier bringen könnte, der dann die Authentifikation von Patienten auf standardisierter Basis erst ermöglicht (Interview ICT Regensburg, 2007).

**Ad 8) Ermangelung eines robusten legislativen Gerüsts**

In sensitiven Gebieten der Telemedizin herrscht in Deutschland in Ermangelung einer speziellen Regelung im Sinne eines „Telemedizingesetzes" im Zweifelsfall Rechtsunsicherheit. Das allgemeine Rechtsinstrumentarium ist für Telemedizin zwangsläufig unzureichend (Anwälte für Ärzte e.V., 2007). Die Branche benötigt verbindliche Regelungen in Gebieten wie Datenschutz und Haftung, mahnt Dr. Leis (Interview ICT Regensburg, 2007). Heutige Mechanismen der individuellen Einwilligungserklärung werden für eine flächendeckende Verbreitung rechtlich nicht tragfähig sein, erinnert Dr. Hilfer. Datenschutzregelungen werden eine entscheidende Rolle für das Tempo der Verbreitung spielen (Interview AOK Bundesverband, 2007).

**Ad 9) Mangel einheitlicher Kompatibilität und Standards**

Unterschiedliche Qualitätsstandards, Übertragungswege und Softwarelösungen erschweren die sektorübergreifende Vernetzung der Marktteilnehmer. Sie hemmen außerdem die Kooperationen zwischen Anbietern in Gemeinschaftsprojekten. Der Verband der Elektrotechnik, Elektronik und Informationstechnik (VDE) fordert eine stärkere Vereinheitlichung, um die Chancen telemonitorischer Anwendungen in Deutschland und im Ausland nicht zu gefährden. Der VDE mahnt, dass „sich die beteiligten Unternehmen deshalb vorwettbewerblich auf Standards für Hard- und Softwareschnittstellen, Datenformate, Übertragungsprozeduren und den Datenschutz einigen“ sollten (VDE Initiative Mikromedizin, 2006, S. 21). Dr. Leis ergänzt, dass zwar viel versprechende Standards existieren, die den Austausch medizinischer Daten regeln (HL7, Snomed, etc.), jedoch keiner von ihnen verbindlich festgeschrieben ist (Interview ICT Regensburg, 2007).

**Ad 10) Zweifelhafte diagnostische Notwendigkeit und Relevanz einzelner Vitalparameter**

Zur Beurteilung der indikationsspezifischen Eignung einer telemetrischen Anwendung ist laut Prof. Oeff vor allem die Frage der medizinischen Konsequenz zu klären. Wenn es also technisch möglich ist, einen Zustand festzustellen und diese Information sofort übertragen werden kann – welche medizinische Reaktion folgt daraus? Aus dieser Überlegung leitet sich der Eignungsgrad telemetrischer Übertragungen ab (Interview Klinikum Brandenburg, 2007).

Die chronische Herzinsuffizienz ist für die telemedizinische Überwachung sehr geeignet. Sie ist angemessen, weil CHF Patienten der täglichen Beobachtung ihres Körpergewichts bedürfen. Abweichungen von der Norm erfordern in der Regel keine sofortige, jedoch eine möglichst zeitnahe Intervention und bieten sehr aussagekräftige, leicht messbare Anhaltspunkte für den Krankheitsverlauf. Zusätzlich werden in unterschiedlichen Studien und Projekten bei der chronischen Herzinsuffizienz weitere Vitalparametermessungen wie EKG oder Sauerstoffsättigung im Blut durchgeführt. Unumstritten ist hierbei meist die medizinische Aussagekraft dieser weiteren Messungen. Strittig ist jedoch, welche Messung unabdingbaren und welche lediglich ergänzenden Charakter hat, denn Aussagekraft und Relevanz für die Therapieanpassung müssen den ökonomischen Aufwand rechfertigen (Interview Klinikum Brandenburg, 2007).

Zur Veranschaulichung diskutieren wir eine andere Diagnose: Im Bereich der Herzrhythmusstörungen müssen bereits sehr genaue Abstufungen und Unterscheidungen in der Sinnhaftigkeit telemedizinischer Anwendungen gemacht werden, argumentiert Prof. Oeff (Interview Klinikum Brandenburg, 2007). Meist hat hier die Telemedizin eine diagnostische Relevanz, die eine längerfristige telemetrische Betreuung zum Beispiel durch EKG-Übertragung nicht rechtfertigt. Dies gilt beispielsweise bei wiederholtem Vorhofflimmern, welches keine sofortige Reaktion erfordert. Hier kann die Telemedizin jedoch die Abklärung und medikamentöse Einstellung unterstützen (Interview Klinikum Brandenburg, 2007).

Im Gegensatz dazu ist die EKG-Übertragung im Falle von Kammerflimmern weder gut durchführbar noch relevant. Kammerflimmern erfordert eine medizinische Intervention innerhalb von wenigen Minuten, die Telemedizin kann eine solch schnelle Reaktionszeit technisch nicht leisten (Interview Klinikum Brandenburg, 2007).

Hinsichtlich des Zeitaufwands bei der Entwicklung eines telemedizinischen Produkts oder Services zieht Dr. Zugck Parallelen zur Entwicklung eines Medikaments: Beide erlangten die Marktreife erst nach einer Phase von 10 – 20 Jahren intensiver Studien, so Dr. Zugck (Interview Universitätsklinikum Heidelberg, 2007).

**Ad 12) Anwendbarkeit für alle Arten der Herz-Kreislauferkrankungen und Diabetes mellitus noch nicht immer gegeben**
Gemäß Dr. Mex entsteht telemedizinischer Bedarf für die Techniker Krankenkasse bei Indikationen mit hoher Prävalenz, hohem Kostenrisiko, Einsparpotential, spürbarem Leidensdruck seitens der Patienten (ohne den beim Patienten kein Wille zur Verhaltensänderung zu erwarten sei) und mit einem endlichen Betreuungshorizont, der mittelfristige Ergebnisse verspricht. Derzeit sieht die TK diese Kriterien nur für CHF-Patienten mit Rehospitalisierungshintergrund erfüllt, nicht aber bei der KHK, dem Diabetes oder im diagnostischen Bereich (Interview Techniker Krankenkasse, 2007). Andere Anbieter, wie die Taunus BKK zusammen mit PHTS, bieten andererseits telemedizinische Leistungen für zum Beispiel Diabetis Patienten an.

**Ad 13) Skepsis der Leistungserbringer**
Bei den Leistungserbringern stoßen telemedizinische Angebote häufig auf eine skeptische Haltung. Die Gründe dafür sind vielfältig.

Im Falle der Auswertungs- und Betreuungsübernahme durch einen Dritten, zum Beispiel ein medizinisches Call Center, sehen viele Ärzte das persönliche Vertrauensverhältnis zwischen Arzt und Patient beschnitten. Ärzte erachten es als für sie nachteilig, wenn eine dritte Instanz durch engmaschigen Kontakt zum Patienten ihnen gegenüber einen Informationsvorsprung erlangen kann. Auch eine Einmischung in den Therapieplan wird laut der Stiftung für chronisch Herzkranke seitens der Ärzte häufig befürchtet (Interview Stiftung für chronisch Herzkranke, 2007).

Im klassischen Arzt-Patienten-Verhältnis ist die enge, häufig auch psychosoziale Betreuung, insbesondere chronisch Erkrankter, ein Schwerpunkt des Behandlungsalltags. Diese Art der Fürsorge wird beispielsweise für Patienten mit Diabetes mellitus als besonders wichtig erachtet, da die Erkrankung häufig mit depressiven Störungen und einem allgemeinen Motivationsdefizit einhergeht. Die Betreuungsübernahme durch einen Telemedizinanbieter könnte für den Arzt eine Beschneidung seiner Kerndienstleistung darstellen.

Im Gegensatz dazu könnten andere Leistungserbinger in der Telemedizin die Gefahr einer Überbetreuung des Patienten sehen. In der Wahrnehmung mancher Ärzte könnte die Telemedizin eine Traumatisierung des Patienten und eine Fixierung auf seine Krankheit bedeuten, macht Prof. Oeff deutlich (Interview Klinikum Brandenburg, 2007).

Generell stellt der Zweifel an medizinischer oder ökonomischer Sinnhaftigkeit telemedizinischer Angebote ein häufiges Argument für eine ablehnende Haltung dar (Interview Stiftung für chronisch Herzkranke, 2007).

Zudem ist eine telemedizinische Betreuung für den Arzt zumindest anfänglich mit einem administrativen Mehraufwand verbunden (Interview Stiftung für chronisch Herzkranke, 2007). Einschreibung, Aktualisierung, Datenbankpflege und Auswertung der Daten werden, vor allem innerhalb der Regelversorgung, nicht in einem Maße vergütet, das den Zeitaufwand rechtfertigt. So stellt beispielsweise die Einsicht der telemetrisch übertragenen Daten ohne zwischengeschaltetes Call Center den Arzt vor zeitliche Probleme: „Der eine Klick“, der zum Einblick in die aufbereiteten Vitalparameterverläufe eines Patienten notwendig ist, wird nicht vergütet. Er müsste täglich für eine große Anzahl Patienten erfolgen und bedeutet in der Summe einen beachtlichen Zeitaufwand (Interview 4sigma GmbH, 2007 und Interview Dr. Gölz, 2007).

Dieser Mehraufwand für niedergelassene Ärzte wächst auch durch die Vielzahl unterschiedlicher Angebote und Ansätze bei gleicher Indikation (Interview kassenärztliche Bundesvereinigung, 2007). Deshalb setzen einige Anbieter auf technische Lösungen zur Entlastung des Arztes und Sonderverträge mit Zusatzvergütung für den Arzt (Interview Ventario GmbH, 2007).

**Ad 15) Keine einheitliche Koordination innerhalb der AOK**

Ein bundesweiter Vertrag mit der AOK, dem Schwergewicht unter den gesetzlichen Krankenkassen, ist derzeit nicht möglich.

Einheitliche Vorgaben für die Auswahl eines Kooperationspartners seien in Arbeit, hätten jedoch einen sehr langfristigen Entwicklungshorizont, bestätigt Dr. Hilfer. Zeitnah werde eine Vereinheitlichung vor der Markterschließung und –durchdringung nicht realisiert sein. Dieser Umstand sei der dezentralen Struktur der AOK geschuldet, die sich auch in der Tatsache ausdrücke, dass dem Bundesverband ein zusammenfassender Überblick der telemedizinischen Projekte der 15 AOKs nicht ohne weiteres vorliege (Interview AOK Bundesverband, 2007).

**Ad 16) Europäische Ausschreibungspflicht ab €211.000**

Die Richtlinie 2004/18/EG des Europäischen Parlaments und des Rates vom 31. März 2004 über die Koordinierung der Verfahren zur Vergabe öffentlicher Bauaufträge, Lieferaufträge und Dienstleistungsaufträge bestimmt, dass Dienstleistungsaufträge ab einem Schwellenwert von € 211.000 europaweit ausgeschrieben werden müssen (Europäische Gemeinschaften, 2007). Herr Conz bezeichnet diese Ausschreibungsgrenze als hinderlich für die Entwicklung der Telemedizin, weil kleine Kassen mit begrenzten Ressourcen sich vor einer europaweiten Ausschreibung scheuten. Somit blieben viele Aufträge von Beginn an knapp unter dem Schwellenwert. In einer Größenordnung von etwa € 200.000 sei an nicht viel mehr als eine begrenzte Insellösung zu denken (Interview AnyCare GmbH, 2007).

## 3.3 Marktteilnehmer in Deutschland

In der deutschen Telemedizinlandschaft sind zahlreiche Anbieter telemedizinischer Leistungen vertreten. Geschäftsaktivitäten beginnen häufig im Projektstatus und wandeln sich im Laufe der Zeit zu institutionalisierten Einrichtungen. Daher werden in den folgenden Abschnitten neben der tabellarischen Darstellung der Kurzprofile der Anbieter auch Klinikumsprojekte und -netzwerke vorgestellt.

In Deutschland sind diverse Unternehmen in der Telemedizin tätig. Es handelt sich vor allem um KMU mit Programmen, welche sich häufig noch im Projektstatus befinden. Zu differenzieren sind in einem ersten Schritt vor allem primäre Hardware- von Softwareproduzenten und solche, die sich vorwiegend auf Dienstleistungen spezialisieren. Es sind Konstellationen zu beobachten, in denen Marktteilnehmer mit unterschiedlichen Schwerpunkten in einer gemeinsamen Wertkette kooperieren (beispielsweise Hardware-Lieferant, Softwareentwickler und Dienstleister); demgegenüber verfügen andere Firmen über sämtliche genannte Kompetenzen und treten als „All-in-one"-Anbieter im Markt auf. Eng verknüpft mit diesen Angeboten sind häufig umfassende Betreuungs- und Schulungsprogramme, welche zum Beispiel im Rahmen von DMPs als Dienstleistung angeboten werden. Diese müssen nicht zwangsläufig telemetrische Elemente enthalten.

Im zweiten Schritt ist für den Betrachter die Frage nach der Kapitalausstattung und –herkunft eines Unternehmens interessant, weil dies ein zentraler Erfolgsfaktor der Branche ist. Während für den externen Beobachter nicht bei allen Marktteilnehmern ersichtlich ist, wer hinter dem Telemedizingeschäft steht, trifft zumeist die These zu, dass junge Unternehmen nicht ohne Unterstützung erfolgreich sind. Dieser Beistand kann in Form hinreichenden Kapitals, innovativer Technologieausstattung, ausländischer Branchenerfahrung oder anderer medizinischer Expertise gewährt werden.

Abbildung 37 gibt einen Überblick über die Teilnehmer im deutschen Markt für Telemonitoring. Alle Angaben dieser Zusammenstellung entstammen entweder öffentlich zugänglichen Quellen oder direkter Korrespondenz mit den Unternehmen. Die Verfasser erheben keinen Anspruch auf Vollständigkeit der Darstellung. Bei einem schnelllebigen Markt wie der Telemedizin ist nicht auszuschließen, dass einige Angaben nicht mehr dem aktuellen Stand entsprechen. Nähere Informationen zu den genannten Unternehmen erhält der Leser über die aufgeführten Kontaktdaten.

| | Mutter-unternehmen/ Finanzierung | Kennzahlen | Programm | Angebot/ Service | Indikation | Equipment/ Messung/ Geräte | Kunden-gewinnung | Allianzen/ Netzwerke | Region | Marken | Vertrieb / Projekte | Kontakt |
|---|---|---|---|---|---|---|---|---|---|---|---|---|
| **4 sigma GmbH** | Finanzinvestor | 70 MA | • IV<br>• DMP<br>• Demand Management<br>• Prävention<br>• Telemedizin<br>• Case-Management | • Call Center<br>• Management/ Koordination<br>• Telemedizin | • KHK<br>• Diabetes Typ 1<br>• Diabetes Typ 2<br>• COPD /Asthma<br>• Herzinsuffizienz<br>• Depressionen<br>• Schizo<br>• Onkologie<br>• Brustkrebs<br>• Ernährungsberatung<br>• Tabakentwöhnung<br>• Sturzprävention | • Gewicht<br>• Peak Flow<br>• Blutdruck<br>• Herzfrequenz<br>• Blutzucker<br>• Bewegung<br>• CRM-Software | • BKKen<br>• IKKen<br>• Ersatzkassen<br>• private Versicherungen<br>• Ärztenetze<br>• Krankenhäuser<br>• Pharmaunter-nehmen<br>• sonstige Großkunden | • ICW<br>• Aipermon | Dtld | n/a | • Dtld<br>• Gespräche mit Schweiz | Johannes Thormählen, Vorsitzender der Geschäftsführung<br>Johannes.Thormaehlen@4sigma.de<br>Tel.: 089/ 95 00 84 – 32<br>Fax.: 089/ 95 00 84 – 732<br>Mobil: 0163- 8400810<br><br>www.4sigma.de |
| **Aipermon GmbH & Co. KG** | Aipermon Beteiligungs-GmbH/ Finanzierung: privat | 30 MA/ Umsatz: keine Angabe | • IV | • Equipment<br>• Klinische Forschung<br>• Service für Telemonitoring | • KHK<br>• Herzinsuffizienz<br>• Übergewicht<br>• Rehabilitation<br>• andere | • EKG<br>• Puls<br>• Körper-aktivität<br>• Datenüberragungsplattform Patient/ med. Einrichtung<br>• Datenüber-tragungsgeräte | • Krankenkassen<br>• Ärzte<br>• Kliniken | Hersteller von Messgeräten wie Omron, Beurer, Seca, GeTeMed u.a | • Dtld<br>• Österreich<br>• Schweiz<br>• weitere in Vorbereitung | n/a | • „Partnership for the Heart" mit Charité Berlin; Robert-Bosch-Krankenhaus Stuttgart<br>• ICW mit Gesundheitsakte LifeSensor<br>• Barmer Ersatzkasse | Zamdorfer Str. 100<br>D-81677 München<br>T: +49-(0)89-97890-0, F:-199<br><br>www.aipermon.com |
| **AnyCare GmbH** | Mutter:<br>Thieme Verlag<br>ViaMed GmbH | 80MA | • DMP<br>• IV | • Call Center (3 Ärzte, 36 Kranken-schwestern/-pfleger) | • KHK<br>• Herzinsuffizienz<br>• DM<br>• andere | • Waage<br>zukünftig:<br>• Blutdruck<br>• Puls<br>• Spirometrie | • Krankenkassen<br>• Ärzte<br>• Kliniken | n/a | Dtld | n/a | IV §140: div.BKKs<br>(ca. 140 000 Leute) | AnyCare GmbH<br>Postfach 300 160<br>70441 Stuttgart<br>Tel: 0711-54080-0<br>www.anycare.de |
| **ArztPartner almeda AG** | DKV / ERGO Konzern | 90 MA | • IV<br>• Demand Management<br>• Disease Management (Gesundheits-programme) | • Telemedi-zinisches Service Center mit Pflegeperso-nal und Ärzten<br>• Demand Management-Hotline mit ärzt-lichem Personal<br>• Präventions-programme | • Herzinsuffizienz<br>• Diabetes mellitus<br>• KHK<br>• Hypertonie<br>• Asthma/COPD<br>• Depression<br>• Rückenschmerz | • Waage<br>• Blutdruck<br>• Spirometer<br>• weitere auf Anforderung | • GKV<br>• PKV<br>• Ärzte (im Rahmen der IV) | • Stiftung für chronisch Herzkranke<br>• careon GmbH<br>• Bundesverband Managed Care (BMC)<br>• Deutsche Gesellschaft für Disease Management (DGDM)<br>• Disease Management Association of America (DMAA) | • Dtld<br>• Zukunft evtl. Internatio-nalisierung im Rahmen der Konzern-strategie | providinCare® | • insgesamt ca. 10.000 Patienten in Gesundheits-programmen mit Einsatz von Telemetrie<br>• insg. ca. 500.000 Patientenkontakte im Jahr<br>• ca. 30 Kunden aus den Bereichen PKV / GKV / Leistungserbringer | ArztPartner almeda AG<br>Balanstr. 49,<br>81669 München<br>www.arztpartner.com |
| **Unternehmensgruppe Dr.Hein GmbH** | n/a | ca. 50 MA | | • Therapie,<br>• Diagnostik,<br>• Monitoring,<br>• Services,<br>• Equipment | • Neurologie,<br>• Orthopädie<br>• Innere<br>• Herz-Kreislauf,<br>• Adipositas<br>• Apnoe<br>• Multiple Sklerose<br>• M. Parkinson,<br>• Metabolische Stoffwechselkrankheiten<br>• Psychozoziale Strg.<br>• Onkologie | • Komplettsysteme zur Patientenführung,<br>• Therapiemanagement<br>• Monitoring und Diagnostik<br>• Hard- und Software<br>• Telematikverfahren,<br>• Gesundheitskarte, Teletrainings<br>• Therapiezentren | • Kostenträger (DRV, GKV),<br>• Leistungserbringer (Kliniken akut, Reha, Praxisnetzte),<br>• Therapiezentren | • Ärztenezte,<br>• Therapiezentren Dr.Hein... | 23 Länder | • EvoCare<br>• EvoSafe,<br>• EvoLino,<br>• SiCare,<br>• MediBall,<br>• Trufema,<br>• Novulus... | Therapiezentren Dr.Hein, myheart, trufema, prodimed... | www.dr-hein.com |
| **Dr.Vetter - Gesellschaft für Med. Daten-technik mbH** | n/a | n/a | Individuelle Gesundheits-leistungen (IGEL) | Equipment | HK | • EKG<br>• Software | Ärzte | n/a | n/a | n/a | • Miete des Gerätes beträgt ab 59 Euro monatlich<br>• Nutzung d. Software 20 Euro monatlich für Arzt | www.dr-vetter.de |
| **getemed Medizin- und Informations-technik AG** | n/a | n/a | n/a | Equipment | • HK<br>• versch. | • Homemonitoring von Neugeborenen<br>• EKG<br>• SpO2<br>• zentrale Apnoen | • Ärzte<br>• Kliniken | Telemedizin-zentrum Brandenburg (tmzb) | n/a | • VitaWin®<br>• VitaGuard®<br>• VitaTrans®<br>• VitaData® | n/a | www.getemed.de |
| **InterComponent Ware AG** | Hauptgesell-schafter ist Dietmar Hopp, Mitbegründer der SAP AG | 450 MA weltweit | n/a | Equipment | n/a | • LifeSensor Gesundheitsakte<br>• Telematikinfrastruktur zur Anbindung d. Leistungs-erbringer und Anwendung der elektronischen Gesundheits-karte<br>• Kommunikationslsg.für Ärzte<br>• Kommunikationslsg. für Kliniken | • Krankenkassen<br>• Ärzte<br>• Kliniken<br>• Patienten | • 4sigma<br>• Cisco<br>• Hewlett Packard<br>• Chili<br>• Uniklinik Heidelberg<br>• Deutscher Hausärzteverband | • Bulgarien<br>• Österreich<br>• Schweiz<br>• Dtld (Walldorf, Köln, Berlin)<br>• USA | • LifeSensor Speaks<br>• LifeSensor ICW Professional Suite<br>• ICW eHealth Framework | • "Partnership for the Heart"<br>• BKK Hoesch, BKK vor Ort<br>• AOK Bayern<br>• Bosch BKK<br>• Barmer Ersatzkasse Berl.-Brndb<br>• Universitätsklinik Heidelberg<br>• Patient-Partner-Verbund<br>• Pilotprojekt Bulgarien<br>• Memorial Hospital Rhode Island | Dirk Schuhmann<br>InterComponentWare AG<br>Head of Public Relations<br>Industriestraße 41<br>69190 Walldorf (Baden)<br>Germany<br><br>www.icw.de |

| | Mutter-unternehmen/ Finanzierung | Kennzahlen | Programm | Angebot/ Service | Indikation | Equipment/ Messung/ Geräte | Kunden-gewinnung | Allianzen/ Netzwerke | Region | Marken | Vertrieb / Projekte | Kontakt |
|---|---|---|---|---|---|---|---|---|---|---|---|---|
| **Medical Contact AG** | Aktionäre sind der BKK Bundesverband und verschiedene Betriebskranken-kassen | 70 MA | DMP, Integrierte VErsorgung Case-Management Arzneimittelmanagement | • Service Center (24h) • Vor-Ort Service • Tel. Arztberatung | • DM • KHK • CHF • COPD • Asthma • Brustkrebs • Geriatrie | Waage | n/a | DMP: BKK MedPlus 160 Bkken MediPlaza | Dtld | Casaplus Cardiagil | n/a | MedicalContact AG Kronprinzenstraße 5-7 45128 Essen www.medical-contact.de |
| **Phillips GmbH** | Royal Philips Electronics Konzern | • 31000 MA in Medizintechnik • 6.740 Mio € | n/a | Equipment | • KHK • Herzinsuffizienz • DM (in Zukunft) | Monitor | n/a | Allianz mit T-Systems | n/a | Motiva | Pilotprojekte • Holland (Achmea) • Med. Zentrum Boston • in 3 Geb. in Dtld | www.medical.philips.com/de |
| **PHTS GmbH** | SHL Telemedicine | 63 MA | IV | • Equipment • Call Center • Management/ Koordination | • KHK • Herzinsuffizienz • DM (in Zukunft) | • Waage • RR • EKG | • KK • Ärzte | n/a | Dtld | keine Eigenmarken | • AOK BW • ST. Jude Medical • Taunus BKK • Deutsche BKK • IKK Sachsen-A. • Techniker • (Zertiva) - Pilot • R&V • Debeka (Praxiva) • DKV - in Verh. | Personal HealthCare Telemedicine Services GmbH Heinrich-Heine-Allee 1 40213 Düsseldorf Tel: 0211 200 57-0 www.phts.de |
| **Sanvartis** | MPL Investment Group GmbH (P & M Cons. Group) | 88 MA | • DMP • Demand Management | Call Center | • CHF • KHK • Diabetes | n/a | • Pharmazie • Krankenkass | n/a | n/a | n/a | n/a | www.sanvartis.de |
| **Tunstall** | Tunstall Group | • MA 1150 weltweit • MA 90 (Deutschland) • Umsatz 200 Mio. € (weltweit) | n/a | • Equipment • Call Center (24/7) genannt "PNC4" • Management/ Koordination | n/a | • Spirometer • Waage • Monitor • Blutdruck • SpO2 • Blutzucker • EKG • PT/INR • Temperatur | Lieferant des NHS "telecare national framework agreement" | n/a | • Dtld • Niederlande • Belgien • Irland • Frankreich • Österreich • Dänemark • Finnland • Italien • Schweden • Schweiz | n/a | n/a | Tunstall Group Ltd Whitley Lodge, Whitley Bridge, Yorkshire DN14 0HR www.tunstall.co.uk Ludger Lappenküper, Geschäftsführer ZentralEU Tel.: 02504- 7010 llappenkueper@tunstall.de |
| **Ventario GmbH** | Gesellschafter: Dr. med. J. Leiter | n/a | IV | • Call Center (keine 24 h) • Management/ Koordination | • Herzinsuffizienz • Darmkrebsfrüh-erkennung | • elektronische Gesundheitsakte • elektr. Waage • Praxissoftware-Lösung | • Arzt • Krankenkasse • Patient | n/a | Bayern | n/a | CHFpro und Precurio mit AOK Bayern | Gesch.führer Robert Krütten Sitz: Luise-Ullrich-Str.2 82031 Grünwald, Tel.: 089 / 3929 8013-0 www.ventario.de |
| **Vitaphone GmbH** | Strategischer Investor | • VitaNet: 30 MA • Umsatz 3.5 Mio € • CH: 3 MA • 0.5 Mio CHF Umsatz | DMP | • Kassen • Ärzte (Vitamed) | • KHK • CHF | • 3 Kan. Loop • EKG mobil • GPS-Ortung | • Krankenkassen • Patienten | • Vodaphone • Dr.Sack Essen | • Dtld • Tochter: Vitaphone AG Schweiz, Vitasystems GmbH, Chemnitz | • "Vita ..." • Herz Handy® | • BKK Aktiv • BKK Ford • Curaplan Diabetes - AOK Niedersachsen | Vitaphone GmbH Markircher Straße 22 68229 Mannheim Tel: 0621-17 89 18 100 www.vitaphone.de |

*Abbildung 37: Kommerzielle Teilnehmer im deutschen Telemedizinmarkt*
*Quelle: Eigene Recherche*

Eine besondere Stellung nehmen in Deutschland einige große Klinikumsnetzwerke ein. Kooperationen mit Telemedizinanbietern und Krankenkassen erwachsen häufig unter maßgeblichem Einfluss der Kliniken, die Dienstleistungen zum Teil selbst erbringen und dabei von ihrer medizinischen Kompetenz und dem Zugang zu geeigneten Patienten profitieren. In einigen Fällen erwachsen aus diesen Projekten langfristige Partnerschaften. In anderen Fällen werden die Kliniken selbst zum festen Anbieter telemedizinischer Leistungen.

**Institut für angewandte Telemedizin, Bad Oeynhausen**

In Bad Oeynhausen können Patienten des Herz- und Diabeteszentrums NRW seit 1998 Vitalparameter wie EKG, Gerinnungswerte, Blutzuckerwerte, Gewicht, Blutdruck und Herztöne aus ihrem häuslichen Umfeld an die Klinik versenden und dort befunden lassen. Im Jahr 2003 wurde in der Klinik das Institut für angewandte Telemedizin (IFAT) gegründet. Ziel des Instituts ist es, zur Entwicklung der integrierten Patientenversorgung beizutragen und die telemedizinische Betreuung von Patienten mit kardiovaskulären Erkrankungen bundesweit einzuführen.

Nach der Übermittlung der Daten durch den Patienten findet die Befundung durch Experten in der Klinik statt. Anschließend werden die Ergebnisse den betreuenden niedergelassenen Ärzten bzw. Klinikärzten zur Verfügung gestellt. Die Indikationsfelder sind recht breit angelegt und umfassen Diagnostik wie Therapie gleichermaßen. Diagnostische Anwendung findet die Telemedizin bei Schwindel und Synkopen, sowie bei Verdacht auf Herzrhythmusstörungen und Durchblutungsstörungen am Herzen. Therapeutisch wird sie zur ambulanten Kontrolle von Vorhofflimmern mit Therapieanpassung sowie zur Gewichtskontrolle bei Herzinsuffizienz eingesetzt. Präventiv kommt die Telemetrie bei EKG-Kontrollen zur Früherkennung von Herzinfarkten und zur Früherkennung von Schlaganfällen zum Einsatz. Partner des IFAT sind die Cignus Healthcare Systems GmbH und die CardGuard AG (Herz- und Diabeteszentrum NRW, 2007)

**Universitätsklinikum Heidelberg**

Die medizinische Universitätsklinik Heidelberg führte im Rahmen der HITEL-Studie zwischen 2003 und 2007 randomisierte Studien im Bereich der Telemedizin bei KHK und chronischer Herzinsuffizienz durch. Zwischen 2005-2008 war sie beteiligt an der Kooperation mit den Firmen PHTS, EnOcean, Dräger und dem Fraunhofer-Institut, im Rahmen des BMBF-VDI/VDE – Projekts SOMATEK. Dieses Projekt erprobte Vital-Sensorik Netze für ein engmaschiges Monitoring von Patienten mit kardialer Risikokonstellation im stationären und außerklinischen Umfeld. Seit 2006 bis 2008 wird in Kooperation mit der AOK ein integrierter Versorgungsvertrag zur telemedizinischen Nachbetreuung von herzinsuffizienten Patienten umgesetzt. Von 2007-2008 beteiligte sie sich an der Myheart-Studie.

**Telemedizinzentrum Brandenburg**

Am Telemedizinzentrum Brandenburg (tmzb), einem Institut der Städtischen Klinikum Brandenburg GmbH, werden unter Leitung von Prof. Oeff Patienten mit chronischer Herzinsuffizienz und Herzrhythmusstörungen telemedizinisch betreut. Die Initiative läuft im Rahmen eines IV-Vertrags in Zusammenarbeit mit dem Technologiehersteller getemed Medizin-

und Informationstechnik AG. Nach einer initialen Forschungsförderung des Landes Brandenburg, die Europäische Union und den Forschungsbereich der Klinik für Innere Medizin 1 des Städtischen Klinikums Brandenburg wird die Initiative nun durch die AOK Brandenburg finanziert.

Das tmzb betreibt ein eigenes Call Center mit medizinischem Fachpersonal. Vom Patienten werden täglich alle nicht-invasiv bestimmbaren Herz-Kreislauf-Parameter wie Körpergewicht, EKG, Blutdruck, Thoraximpedanz, Atemfrequenz und Sauerstoffsättigung des Blutes übertragen. Dies wird kombiniert mit einer Abfrage subjektiver Symptome und Befindlichkeiten. Alle patientenspezifischen Daten verbleiben in einer elektronischen Datenbank. Sie werden werktäglich ausgewertet und auf individuell definierte Alarmgrenzwerte überprüft. Die Betreuung erfolgt in enger Zusammenarbeit zu behandelnden Ärzten (Hausarzt, Kardiologe) hinsichtlich notwendiger therapeutischer Interventionen. Das tmzb übernimmt weiterhin die Koordinierung therapeutischer Ansätze, sowie Weiterbildungsangebote zum Thema Herzinsuffizienz. Derzeit ist das Angebot begrenzt auf das Land Brandenburg und Berlin, in Aussicht steht jedoch eine Erweiterung der Betreuung auf Mecklenburg-Vorpommern und Sachsen-Anhalt (tmzb, 2007 und Profil tmzb, 2007).

**Diabetes Zentrum München Schwabing**

Im Diabetes Zentrum München Schwabing wurde im Rahmen des Projekts TELEDIAB die telemedizinische Betreuung von Patienten mit insulinpflichtigem Diabetes mellitus hinsichtlich der technischen Umsetzbarkeit und der Kosteneffizienz evaluiert. Das Projekt entstand in Kooperation des Instituts für Diabetesforschung und des Städtischen Klinikums München GmbH. Geeignet für diese Art der Betreuung sind Patienten, die entweder neu an Diabetes erkrankt sind oder deren Stoffwechsel entgleist ist. Diese Patienten übertragen täglich ihre Blutzuckerwerte und werden in der Blutzuckereinstellung telemedizinisch unterstützt (Diabetes Zentrum München Schwabing, 2007).

**International Center for Telemedicine, Regensburg**

Das "International Center for Telemedicine (ICT) Regensburg" ist ein Kommunikationszentrum für Telemedizin mit angeschlossenem Technologie- und Weiterbildungszentrum. Es betreibt telemedizinische Grundlagen- und Anwendungsforschung, Softwareentwicklung, Projektdurchführung sowie Beratung und Betreuung. Das ICT Regensburg beteiligt sich unter anderem an dem europäischen Forschungsprojekt Citizen Health System (CHS), welches die Entwicklung einer neuen Generation telemedizinischer Dienstleistungen für den Home-Care-Bereich anstrebt. Ein Home-Monitoring-System für verschiedene Patientengruppen soll die Vernetzung der Patienten zu Hause mit den Leistungserbringern des Gesundheitswesens vereinfachen und eine optimale Patientenbetreuung ermöglichen. Neben den Indikationen Diabetes und Herzinsuffizienz befasst sich die klinische Studie in Regensburg hauptsächlich mit Posttrauma-Patienten aus der Unfallchirurgie. Diese Patienten können dank eines Home-Monitoring-Systems wesentlich früher aus dem Krankenhaus entlassen werden. In Zusammenarbeit mit ambulanten Pflegediensten findet die Pflege und Weiterbehandlung der Patienten in ihrer häuslichen Umgebung statt. Das ICT ist außerdem an das "Kliniknetz Ostbayern" angeschlossen (ICT Regensburg, 2007).

**Charité, Berlin und Robert Bosch Krankenhaus, Stuttgart**

Derzeit bereitet die Charité Berlin gemeinsam mit dem Robert-Bosch-Krankenhaus in Stuttgart eine kontrollierte, randomisierte Studie zur telemedizinischen Betreuung der Herzinsuffizienz vor, die im Herbst des Jahres 2007 startete. Die Patienten werden täglich verschiedene Vitalparameter wie Gewicht, Blutdruck und EKG an eines der beiden Telemedizinischen Zentren in Berlin oder Stuttgart senden, wo die Daten ausgewertet werden. Interventionen laufen nach Rücksprache mit dem behandelnden Arzt ab, bzw. werden im Notfall vom Telemedizinischen Zentrum direkt ausgelöst. Die Studie ist auf ein Jahr angelegt, die Weiterführung der telemedizinischen Betreuung wird primär von den Studienergebnissen, aber auch von der Akzeptanz beteiligter Krankenkassen, abhängig sein. Die Patientenrekrutierung läuft vornehmlich über niedergelassene Kardiologen und Hausärzte. Als Industriepartner sind die Aipermon GmbH&Co. KG und die InterComponent Ware AG, sowie die Robert Bosch GmbH mit von der Partie. Vergütet wird das Projekt im Rahmen eines IV-Vertrags mit der Barmer Krankenkasse („TeleCardioPlus“) und der Bosch BKK. Das Bundesministerium für Wirtschaft und Technologie fördert das Forschungs- und Entwicklungsprojekt „Partnership for the Heart“ mit fünf Millionen Euro. Sieben Millionen Euro steuern die Industriepartner bei. In Zukunft sind weitere Indikationen wie Bluthochdruck, Diabetes oder Schwangerschaftsmonitoring vorstellbar oder die Ausweitung auf öffentlichen Personenverkehr oder Wohnanlagen für betreutes Wohnen (Interview „Partnership for the Heart“, 2007 und „Partnership for the Heart“, 2007).

**Kassenärztliche Bundesvereinigung**

In Zusammenarbeit mit der Stiftung für Chronisch Herzkranke möchte die Kassenärztliche Bundesvereinigung der Telemedizin langfristig den Weg in die ambulante Versorgung ebnen. Dem Vertragsabschluss kooperationswilliger Krankenkassen und der Rekrutierung von Ärzten und Patienten soll eine rund 27-monatige Erprobungsphase folgen. Ein erster Testlauf soll mit CHF-Patienten durchgeführt werden (Kassenärztliche Bundesvereinigung, 2007b).

**Deutsche Stiftung für chronisch Herzkranke**

Die Deutsche Stiftung für chronisch Herzkranke ist eine Stiftung, deren Zweck die Förderung des öffentlichen Gesundheitswesens, der Wissenschaft und Forschung auf dem Gebiet der Kardiologie unter besonderer Berücksichtigung chronischer Krankheitsbilder ist. In telemedizinischen Projekten und Kooperationen kann die Stiftung die Rolle des Organisators, Vernetzers und Vermittlers einnehmen. Verträge werden zwischen Stiftung und Krankenkasse geschlossen, daraufhin stellt die Stiftung die „Infrastruktur-Anbieter“ zusammen. Für jeden Vertrag gibt es ein neues Verfahren und deshalb wechseln die Anbieter in verschiedenen Projekten. Seit 2006 bietet die Stiftung in Zusammenarbeit mit der Techniker Krankenkasse das IV-Programm "Telemedizin fürs Herz" für Patienten mit chronischer Herzinsuffizienz an. Das Programm läuft während 27 Monaten als ergänzende, telemedizinische Betreuung in Zusammenarbeit mit dem behandelnden Arzt und Krankenhaus (Deutsche Stiftung für chronisch Herzkranke, 2007 und Interview Deutsche Stiftung für chronisch Herzkranke, 2007).

# 4 Der Markt für Telemedizin international

## 4.1 Ausgewählte internationale Telemedizinmärkte

Um die nationale Ausprägung telemedizinischer Entwicklung ausgewählter Staaten vergleichen zu können, wurden ihre Gesundheitsmärkte in Kapitel 2.6 untersucht. Das folgende Kapitel analysiert die Fortschrittlichkeit des nationalen eHealth Sektors dieser Länder. Die Ergebnisse der Analyse fließen in die Abschlussbewertung in Kapitel 4.2.3 ein.

Telemedizin nimmt im internationalen Kontext an Wichtigkeit zu. Das wird unterstrichen durch die Gründung telemedizinischer Institute und Interessensgemeinschaften, welche die Integration und Kommunikation über Ländergrenzen hinaus anstreben. Insbesondere die EHTEL European Health Telematics Association (www.ehtel.org) und die International Society for Telemedizin & eHealth (ISfTeH) (www.isft.net) sind in diesem Kontext auf Insitutsseite zu nennen. Die internationale Interessengemeinschaft „Continua Health Alliance" ist im Bereich der Kompatibilitätsförderung stark engagiert und ihr gehören mehr als hundert Unternehmen unterschiedlicher Hintergründe an: Pharmaunternehmen, „global Players" der Medizintechnik und Kommunikationstechnologie, kleine Biotechfirmen und Dienstleister der Telemedizin (www.continuaalliance.org).

Die Europäische Union (EU) widmet dem Thema „eGesundheit" große Aufmerksamkeit mit der Intention einen „europäischen Raum der elektronischen Gesundheitsdienste" zu schaffen. Sie koordiniert und bezuschusst deshalb Bemühungen jener Mitgliedsländer, welche Online-Gesundheitsdienste und Teleberatung unterstützen. In diesem Zusammenhang sind auch die eHealth Aktionspläne zu sehen, die alle Mitgliedsländer der EU bis Ende 2005 zu erstellen verpflichtet wurden. Sie beschreiben eine nationale Marschroute zur Einführung elektronischer Gesundheitsdienste und sollen in einem Zeitraum bis 2008 schrittweise umgesetzt werden (Europäische Kommission, 2004, S.18 ff.). Das „Project towards the Establishment of a European eHealth Research Area", kurz eHealth ERA Project, befasst sich mit der Koordination dieser verschiedenen Strategien. Es schafft durch seine Arbeit stärkere Transparenz der Systeme, identifiziert gemeinsame Prioritäten und regt zur Integration und Kooperation über Grenzen hinweg an. Das Konsortium aus Forschung, Ministerien und Wissenschaft steht unter der Leitung der Empirica - Gesellschaft für Kommunikations- und Technologieforschung mbH, einem Bonner Forschungs- und Beratungsunternehmen (eHealth ERA, 2007c).[2]

In der EU werden herausragende Projektbeispiele diskutiert und prämiert, um sie als vorbildliche Verfahren zu installieren. Ein sehr erfolgreiches Projekt steuert Dänemark mit dem Gesundheitsinformationsnetz MEDCOM bei. Überweisungen und Entlassungsschreiben erfolgen auf elektronischem Wege. Dadurch gewinnen sie an fachlicher Qualität, redundante Arbeit wird vermieden und Kosteneinsparungen von mehr als 25 000 Personenmonaten mit einem Gesamtwert von € 22,5 Millionen konnten in ersten Studien nachgewiesen werden (Europäische Kommission, 2004, S.12 ff.).

Derzeit werden, wie in Abbildung 37 dargestellt, von der Europäischen Kommission Projekte im Rahmen des eTen Programms unterstützt, die dem Ausbau der transeuropäischen Telekommunikationsnetze dienen. Das eTEN Programm konzentriert sich unter anderem auf den Einsatz von Informationsnetzen zur Gesundheitsfürsorge, auf Präventionsprogramme und auf die elektronischen Gesundheits- und Versicherungskarten (Europäische Kommission, 2004, S. 21).

| | Länderfokus Teilnehmer | Projekttyp | Kosten gesamt | Kostenanteil EU | Zeitraum von/bis | Koordination durch |
|---|---|---|---|---|---|---|
| ***FOR ALL*** | Spanien, Italien Griechenland | KHK Monitoring | 1,58 Mio € | 0,91 Mio € | Feb 2005 Mai 2007 | Apif Moviquity S.A. Spanien |
| ***Health-e Life*** | UK, Schweden Estland, Finnland | Chroniker Home Care Monitoring | 0,55 Mio € | 0,3 Mio € | März 2005 Juni 2006 | Docobo Ltd., UK |
| ***Health Service- 24*** | Schweden, Zypern Niederlande Spanien | Mobile Chroniker-betreuung, Serviceplatform | 2,25 Mio € | 1,19 Mio € | Feb 2005 Juli 2006 | Ericsson, Enterprise AB, Schweden |
| ***HealthWear*** | Griechenland Italien, Spanien | Monitoring durch tragbare Systeme (nicht-invasiv) | 1,72 Mio € | 0,99 Mio € | Nov 2006 April 2008 | Cosmote S.A., Griechenland |
| ***INTERLIFE*** | Spanien, Belgien Deutschland Griechenland | Zentrum & Platform für Kommunikation, Management, Einschätzung telemedizinischer Dienste | 1,41 Mio € | 0,87 Mio € | n/a | Equip d'atencio primaria Barcelona Sardenya S.L., Spanien |
| ***MMC*** | Italien, Belgien Frankreich, Polen | Teleassistenz und home care für Krebspatienten nach der Entlassung | 2,4 Mio € | 1,2 Mio € | n/a | Inter Partner Assistenza Servizi S.P.A., Italien |

*Abbildung 37: Aktuelle Telemedizinprojekte der EU im Rahmen des eTen Programms*
*Quelle: Europäische Kommission, 2007a*

Im europäischen Markt wird ein Überblick erschwert durch unterschiedliche Entwicklungsstadien nicht nur zwischen Ländern, sondern auch innerhalb einzelner Staaten zwischen Regionen und Kommunen. Die Umsetzung der Telemedizin ist ein Flickenteppich aus Grundlagenforschung, kommunalen Pilotprojekten, regionalen Ansätzen und landesweiten Strategien nach EU-Vorgabe, die es mit Leben zu füllen gilt.

---

[2] Näheres zur Arbeit des eHealth ERA Projekts ist unter http://www.ehealth-era.org/ nachzulesen.

Für Unterschiede in der Verbreitung telemedizinischer Anwendung ist neben geographischen Aspekten (siehe Kapitel 2.6) laut Prof. Oeff auch eine stärkere Prävalenz der klassischen chronischen Herz-Kreislauf-Erkrankungen in Nord-Europa ursächlich (Interview Klinikum Brandenburg, 2007). Diesem erhöhten Bedarf steht ein größeres Angebot gegenüber. Die Reife des Angebots spiegelt sich in der Unternehmenslandschaft wider: Obwohl es kleine Anbieter in allen europäischen Ländern gibt, besteht die Herausforderung darin, klassische IT- oder Medizinanbieter von solchen mit eindeutig telemedizinischer Spezialisierung abzugrenzen. Letztgenannte Gattung ist im Süden Europas weniger stark vertreten als im Norden, den USA oder Israel. Da Telemedizin vorerst ein Geschäft der kleinen Margen und kleinen Budgets ist, beschränkt sich die Geschäftstätigkeit vieler KMU vor allem im südlichen Europa auf die Teilnahme an vereinzelten Projekten oder auf das Angebot einer maßgeschneiderten IT-Lösung für eine einzige Kooperation. Unternehmen, die in solch geringem Umfang im Telemedizinmarkt aktiv sind und deren Kernkompetenz in anderen Branchen angesiedelt ist, bleiben in der folgenden Darstellung weitestgehend unberücksichtigt.

Im Anschluss an die Beschreibung eines Telemedizinmarktes folgt eine Aufstellung der Unternehmen, die in diesem Land tätig sind. Die Auflistung enthält Informationen zu Größe, Geschäftsfokus, Produktportfolio, Allianzen und andere Angaben, die aus öffentlich zugänglichen Quellen oder in direkter Korrespondenz mit den Unternehmen recherchiert wurden. Die Verfasser erheben keinen Anspruch auf Vollständigkeit der Darstellung. Bei einem schnelllebigen Markt wie der Telemedizin ist nicht auszuschließen, dass einige Angaben nicht genau oder nicht aktuell sind. Nähere Informationen zu den genannten Unternehmen findet der Leser bei den Internetauftritten, die jeweils unter der Firmenbezeichnung vermerkt sind.

### 4.1.1 Finnland

**Gesetzliche Rahmenbedingungen**
Finnland verabschiedete im Dezember 2006 das "Patientendaten Gesetz" (Act on the electronic processing of health care and social welfare client data, HE 253/2006 und Act on ePrescriptions, HE 250/2006), das im Januar 2007 in Kraft trat.

Elektronische Datenerfassung ist im finnischen Gesundheitssystem längst zum Standard geworden, das Gesetz schreibt landesweite elektronische Zusammenarbeit nun verbindlich fest und ebnet so auch telemedizinischen Anwendungen den Weg. Es verpflichtet Teilnehmer des Gesundheitssystems sich dem nationalen Informationssystem anzuschließen, welches zwischen 2007 und 2010 online gehen soll. Im Kern beinhaltet es die folgenden Dienste, deren Ausgestaltung im Detail jedoch noch aussteht:

- Landesweite Nutzung der elektronischen Patientenakte
- Nationale Verschreibungsdatenbank
- Elektronische Zertifizierung medizinischen Personals
- Verwaltung einheitlicher Klassifizierungen, Codes und Terminologie (Finnish Ministry of Social Affairs and Health, 2007, S. 11 ff.)

Interesse und Bedarf an Telemedizin ist in Finnland aufgrund der dezentralen Organisation des Gesundheitssystems und Personalmangels in entlegenen Gebieten hoch. Mit allen derzeit verfügbaren Formen der Telemedizin wird deshalb in verschieden fortgeschrittenen Stadien experimentiert (folgende Aufzählung vgl. Reponen, 2005, S. 3):

- Telekonsultation
- Videokonferenzen
- Weiterbildung über Distanz
- Patientenmonitoring
- Kundenservice, Beratungsdienste (Call Center, Schwangerschaftsberatung im Internet)
- Informationsdienste, data mining

**Institutionen**

STAKES
Stakes ist das sektorspezifische Forschungsinstitut Finnlands, welches mit der Entwicklung, Forschung und Generierung von Information über das Gesundheits- und Sozialwesen beauftragt ist. Es untersteht dem finnischen Ministerium für Sozial- und Gesundheitswesen (Järvelin, 2002, S.19) ist Mitglied des eHealth ERA Projekt-Konsortiums und ist unter anderem Herausgeber der Studie „eHealth of Finland, Check point 2006“.

Finnish Society of Telemedicine (FST)
Die 1995 gegründete Finnish Society of Telemedicine hat zwei erklärte Zielsetzungen: Sie arbeitet für die Förderung der Gesundheit durch Telekommunikation und unterstützt außerdem die Verbreitung telemedizinischen Know-hows im Gesundheitssektor. Ihr gehören etwa 20 Stiftungen, Forschungseinrichtungen, Klinken und Unternehmen vor allem aus dem Telekommunikationsbereich an. Sie ist Mitglied der Nordic Telemedicine Association (NTA) (Finnish Society of Telemedicine, 2007a). Die FST organisiert jährlich die „Finnish National Telemedicine and eHealth“- Konferenz, welche im Jahr 2007 von über 170 Interessenten besucht wurde. Die Veranstaltung findet in jedem Jahr in einer anderen finnischen Stadt in Kooperation mit der lokalen Gesundheitsbehörde statt (Finnish Society of Telemedicine, 2007b).

FinnTelemedicum
FinnTelemedicum ist das “Centre of Excellence” für Telehealth der Universität Oulu, Finnland. Es ist sowohl in der Technologieentwicklung als auch in der Forschung tätig. Gemeinsam mit STAKES erstellt es im Auftrag des finnischen Gesundheitsministeriums Expertisen zum eHealth Sektor in Finnland (FinnTelemedicum, 2007).

„Finnish Innovation Fund - Sitra“
Sitra ist ein unabhängiger öffentlicher Fond unter Aufsicht des finnischen Parlaments. In seinem Programmschwerpunkt Gesundheit beteiligt er sich unter anderem an Telemedizinunternehmen (siehe Kapitel 6.5).

**Marktteilnehmer**

Die folgende Abbildung 39 stellt die finnischen Marktteilnehmer in Form von Kurzprofilen dar.

| | Mutterunternehmen/ Finanzierung | Angebot/ Service | Indikation | Kennzahlen | Equipment/ Messung/ Geräte | Kunden | Allianzen/ Netzwerke | Region | Marken | Vertrieb/ Projekte | Sonstiges |
|---|---|---|---|---|---|---|---|---|---|---|---|
| **eHIT Ltd.**<br>**www.ehit.fi** | • 61% MA-Beteiligung<br>• 39% Mega Elektronics & Management | • Equipment<br>• Call Center | • AH<br>• Ger.<br>• COPD<br>• DM<br>• HK<br>• Inkont.<br>• Schw.<br>• Wellbeing | • 15 MA<br>• Umsatz 861.000 € (2006)<br>• Umsatz 2 Mio. Euro 2007 | • BZ<br>• EKG<br>• GP<br>• KG<br>• LuFu<br>• RR<br>• SpO2 | • Industrie<br>• öffentliche Gesundheitsdienste<br>• private Kliniken | • Mega Electronics Ltd<br>• Elektropoint Oy (Hardware)<br>• ProWelleness Ltd<br>• IBM Deutchland<br>• Roche Diagnostics<br>• Institute for New Media Frankf. | • Finnland<br>• Schweden<br>• Japan<br>Kontakte nach:<br>• Dtld<br>• England<br>• Spanien | • BabyMonitor<br>• BAM!<br>• Mobile Trainer<br>• Pregnancy Dates | DM monitoring Ironman Frankfurt 2007 | n/a |
| **LifeIT Plc.**<br>**www.lifeit.com** | • South Ostrobothnia Health District<br>• City of Seinäjoki<br>• Tampere University Foundation<br>• TietoEnator (6,8 %)<br>• Cygate Ltd/jetzt: TeliaSonera (13,5 %)<br>• MA-Beteilig. (10%) | • Beratung<br>• Entwicklung<br>• elektronische Archivierung<br>• IT-Anw. | n/a | • 5 MA<br>• Umsatz 459.000 € (2005)<br>• Gewinn 22.000 € (2005) | • GPS<br>• andere | Kliniken | n/a | Finnland | n/a | Krankenhausprojekte: finn. Gesundheitsministerium zu IT-Anwendungen (10 Kliniken) und Tekes zu neuer Technologie (5 Kliniken) | n/a |
| **TietoEnator**<br>**www.tietoenator.com** | • börsennotiert<br>• OMX Exchanges, Helsinki Stock Exchange (1984)<br>• Stockholm Stock Exchange (1999) | • IT Services<br>• "Mobile Homecare" digitales Management & Remote access für Pflegepersonal<br>• Gesundheitswesen, Sozialwesen, Bildung<br>• Strategieberating eHealth und Telemedizin Umsetzung | n/a | • 14.414 MA weltweit<br>• 144 Mio. € (Health&Wellfare)<br>• 13 Mio. € (Health&Wellfare) | n/a | • Norwegen: Central Region Health Authority, Southern Region Health Authority, Oslo Municipality<br>• Schweden: counties of Skåne and Stockholm, the City of Stockholm<br>• Deutschland: Rhön Klinikum AG and Bundesknappschaft (Informationssystem iMedOne),<br>• Finnland: Medi-IT Oy, Helsinki and Uusimaa Hospital<br>• Districts, the City of Espoo<br>• Dänemark: The Capital Region, Region South, National Board of Health | • MedAssist<br>• ProWellness | 30 Länder weltweit | n/a | • schwedisches EU-Projekt "Tryggve" mit CDH<br>• EU-Projekt SARAH | n/a |
| **Emtele**<br>**www.emtele.com** | • Business Angels<br>• Gründer und Anteilseigner Hannu Martikainen (Mehrheit) Henry Palonen<br>• Seed Fund Vera Ltd | Healthcare und Business IT Plattform eingebunden in Telemonitoring Konzept | • CHF<br>• COPD<br>• DM<br>• KHK | n/a | versch. | • aktuell: Herzpatienten Tampere<br>• Komerzialisierung 2007<br>• Internationalisierung 2008 | • VTT (Business Konzept/Wertkette)<br>• Comptel (Management, Billing, Sicherheit)<br>• Tampere University Hospital Heart Center<br>• A*Star (Sens. Technologie) | Finnland | n/a | n/a | n/a |

| | Mutterunter-nehmen/ Finanzierung | Angebot/ Service | Indikation | Kennzahlen | Equipment/ Messung/ Geräte | Kunden | Allianzen/ Netzwerke | Region | Marken | Vertrieb/ Projekte | Sonstiges |
|---|---|---|---|---|---|---|---|---|---|---|---|
| **IST International Security Technology Oy**<br><br>**www.ist.fi** | Finnish Innovation Fund (2,2 Mio € / 32%) | • IST Vivago-Armband (Monitoring- und Hausnotrufsystem)<br>• Call Center software IST Vista | • Bewegung<br>• Hautzust.<br>• T | 20 MA | n/a | Industrie<br>Endkunden<br>Pflegeheimen<br>medizinischen Einrichtungen | VTT | • Finnland<br>• Schweden<br>• Dtld.<br>• UK<br>• Frankreich<br>• Irland<br>• Japan | Vivago | Vivago | 2006 Frost & Sullivan Award for Prod.Innov. Eur.Social Alarms Market |
| **Oy ProWellness Ltd.**<br><br>**www.prowellness.com** | • MA und Privatinvest.<br>• Fortel Invest Oy<br>• Sitra, Finnish National Fund for R&D<br>• Celltronics Oy<br>• Finantec Advisors Oy<br>• IF P&C Insurance | • DM Management System<br>• DM Prävention System<br>• Management System chr. Erkrankungen<br>• Selfcare Systeme<br>• Work flow Management kardiol. Zentren | • AH<br>• CHF<br>• COPD<br>• DM | • £190,000 Umsatz 2005<br>• < 50 MA | • BZ<br>• KG<br>• LuFU<br>• P<br>• Retinal<br>• RR ext Lieferant | • Gesundheitsdienste<br>• Leistungserbringer<br>• Lokalbehörden<br>• Patienten | • Lieferant NHS "telecare national framework agreement"<br>• TietoEnator integriert DM-Management System in Patientakte | • UK<br>• Finnland<br>• Schweden | n/a | • 2003 Diabro Projekt für DM Typ 2, Nordfinnland, Koop. mit Aventis<br>• Vertriebsvertrag mit TietoEnator Oy in Finnland | n/a |
| **VTT Technical Research Centre of Finland**<br><br>**www.vtt.fi** | n/a | Entwicklung | n/a | • 2.780 MA<br>• Umsatz: 217 Mio € nicht-profit-orientiert | n/a | öffentlicher Sektor<br>Industrie<br>internationale Organisationen | • IST International Security Technology Oy<br>• Emtele<br>• Comptel (Management, Billing, Sicherheit)<br>• Tampere University Hospital Heart Center<br>• A*Star (Sensoren, Technologie) | • Finnland<br>• Nordeuropa<br>• international | n/a | Projekt: Information and Communications Technology for Healthcare- a Global solution (2) | Größtes Vertrags-Forschungszentrum Nordeurop |

*Abbildung 39: Marktteilnehmer Finnland*
*Quelle: Eigene Recherche*

**INDIKATIONEN: AH** = Arterielle Hypertonie, Bluthochdruck; **Aneur.**= Gefäßaneurysmen; **Arr.** = Herzrhythmusstörungen, Arrhythmien; **CHF** = Chronische Herzinsuffizienz, Chronical Heart Failure; **COPD** = Asthma und chronisch obstruktive Lungenerkrankung; **Dem.** = Demenz, Alzheimer; **Depr.** = Depressionen; **Derm.** = Dermatologische Erkrankungen; **DM** = Diabetes mellitus, **Epilep.** = Epilepsie; **Ger.** = Kontrolle/ Einstellung der Blutgerinnungswerte; **HK** = Herz-Kreislauf-Erkrankungen allgemein; **Inkont.** = Inkontinenz; **KHK** = Koronare Herzkrankheit; **LE** = Lungenerkrankungen allgemein; **MH** = Mentale Gesundheit, mental health; **MM** = Multimorbidität; **PP** = Palliativpflege; **Physio** = Physiotherapie; **Post-OP** = Postoperative Überwachung; **Schlaf.** = Schlafstörungen und korrelierende Herzerkrankungen; **Schw.** = Hochrisikoschwangerschaften; **ÜG** = Übergewicht; **versch.** = verschiedene

ANWENDUNG / MESSUNG: **AF** = Atemfrequenz; **Aktiv.** = Körperliche Aktivität; **Apnoe** = Schlafapnoe; **BF** = Blutfettwerte; **BZS** = Blutzuckerspiegel; **BZS, n.-i.** = nicht-invasiveBlutzuckerspiegelspiegel; **Derma** = Dermatologische Videoüberwachung; **Doku** = tragbare Dokumentationssysteme für Klinikgebrauch; **EKG** = Herzfrequenz und Herzrhythmus mittels Elektrokardiogramm; **GP** = Blutgerinnungsparameter; **GPS** = GPS-Ortung; **Hämo** = Hämodynamischer Status; **HAR** = Herzauswurfrate; **HG** = Herzgeräusche, Stethoskop; **HSM** = Herzschrittmacherkontrolle; **kcal.** = Kalorienverbrauch; **KG** = Körpergewicht; **LuFu** = Lungenfunktionsprüfung, Spirometrie; **Monitor** = Monitoring System; **Notfall** = Notfallsysteme; **P** = Puls, Herzfrequenz; **Retina** = Retinal Screening, Netzhaut Screening; **RR** = Blutdruck (nach Riva-Rocci in mmHg); **Schritt** = Schrittzähler; **Schweiß** = Schweißsekretion; **Sensor** = implantierbare Sensoren; **SpO2** = Sauerstoffsättigung im Blut, Pulsoximetrie; **T** = Körpertemperatur; **Video** = Video conferencing

ANDERE: **Akte** = interaktive Krankenakte; **Call Center** = Call Center oder Service Center, in der Regel mit med.Personal; **Gateway** = Datenschnittstelle (Datensammlung und -übertragung); **MA** = Mitarbeiter; Plattform = Datenmanagementsystem, data platform

*Legende internationale Marktteilnehmer*

### 4.1.2 Schweden

In Schweden ist die Telemedizin, nicht aber explizit das Telemonitoring, integrierter Teil des Gesundheitssystems. Die meisten telemedizinischen Anwendungen erfolgen im Krankenhaus, 75 % der Kliniken haben Telemedizin bereits erprobt oder wenden sie regelmäßig an. Seit 2006 vereinheitlicht die nationale eHealth Strategie die zuvor individuell gehandhabten Einzelkooperationen zwischen nationalen und regionalen Behörden (Europäische Kommission, 2007b, S. 71 ff.). Die meisten Telemedizinumsetzungen bestehen aus Konsortien zwischen Forschungszentren, IT-Firmen und beispielsweise Kliniken oder anderen Einrichtungen des Gesundheitswesens.

Sjunet ist ein landesweites Kommunikationsnetzwerk für Gesundheitsdaten und -dienste, das als geschlossenes System den Austausch vertraulicher medizinischer Daten zulässt. Es ermöglicht Videokonferenzen, stellt ein nationales Telefonbuch und eine Wissensdatenbank zur Verfügung. Die Verbreitung elektronischer Verschreibungen nimmt dank Sujet rasant zu, im April 2006 machte sie 55 % aus. Bereits im Jahre 2004 stand Sujet für die Versorgung von 85 % der schwedischen Bevölkerung zur Verfügung (eHealth ERA, 2007d, S. 2).

In Schweden wird der Telemedizin großes Potential zugeschrieben, weil ein großer Mangel an Ärzten, medizinischem Personal und Betreuungspersonal insbesondere im spärlich besiedelten Norden vorhersehbar ist. Das Fehlen nationaler Einheitlichkeit scheint Telemedizinanbieter bisher jedoch verunsichert zu haben. Einige Quellen sprechen von einem verminderten Angebot aufgrund unterschiedlicher Beschaffungsanforderungen der Gesundheitsversorger in der Vergangenheit, die dazu führten, dass sich Produktinvestitionen als unrentabel erwiesen. Schließlich waren sie nicht flächendeckend absetzbar (U.S. & foreign service and U.S. department of state, 2003). Diese Standards zu vereinheitlichen, ist ein Ziel der schwedischen eHealth Strategie; sie konzentriert sich auf sechs definierte Bereiche (vgl. National High-Level Group for eHealth, 2006, S. 2 ff.):

1. Harmonisierung von Gesetzen, Regularien, Informations- und Kommunikationstechnologie (IKT)
2. Schaffung einer einheitlichen Informationsstruktur
3. Schaffung einer einheitlichen Technik-Infrastruktur
4. Förderung vollständig kompatibler und unterstützender IKT-Systeme
5. Vereinfachte Informationsbeschaffung über Organisationsgrenzen hinweg
6. Vereinfachter Zugang der Bürger zu Information und Dienstleistung

**Institutionen**

Carelink

Carelink ist eine nationale Kooperation in Schweden, um IT Anwendungen im Gesundheitswesen voran zu bringen. Sie wurde im Jahr 2000 gegründet von den Provinzen, dem Dachverband der Gemeinden, dem Arbeitgeberverband der privaten Gesundheitsversorgung und der Vereinigung der schwedischen Apotheken. Provinzen, Regionen, Gemeinden und somit die in ihrem Besitz befindlichen Krankenhäuser, sowie einige private Gesundheitseinrichtungen sind Carelink Mitglieder und haben so automatisch Zugang zu Sjunet (U.S. & foreign service and U.S. department of state, 2003).

CDH – Centre for Distance-Spanning Healthcare
CDH ist ein Forschungs- und Entwicklungszentrum der Luleå University of Technology. Es sucht Kooperationen zu ermöglichen zwischen der Universitätsforschung, anwendenden IT-Unternehmen und Organisationen des Gesundheitssystems. CDH ist Teil einiger EU-Projekte (beispielsweise SARAH, Mobihealth) sowie transnationaler und national begrenzter Projekte. Die Kommerzialisierung marktfähiger Lösungen obliegt den am Projekt beteiligten IT-Firmen (Centre for Distance-Spanning Healthcare, 2007).

Vitalis
Vitalis ist die wichtigste Messe Schwedens im Bereich der Telemedizin, sie ist auf IT im Gesundheitswesen spezialisiert. Im Jahre 2007 feiert sie ihren fünften Geburtstag mit inzwischen über 70 Ausstellern, die im Swedish Exhibition Centre in Göteborg vertreten sind (Swedish Exhibition Centre, 2007).[3]

**Marktteilnehmer**
Abbildung 40 stellt Teilnehmer des schwedischen Telemonitoring-Markts in Form von Kurzprofilen vor.

[3] Nähere Informationen unter: http://nemonet.swefair.se/templates/StartPageMain____4594.aspx

| | Mutterunternehmen/ Finanzierung | Angebot/ Service | Indikation | Kennzahlen | Equipment/ Messung/ Geräte | Kunden | Allianzen/ Netzwerke | Region | Marken | Vertrieb/ Projekte |
|---|---|---|---|---|---|---|---|---|---|---|
| **MedAssist**<br><br>**www.medassist.eu** | Kooperationsplatform von sieben IT Firmen:<br>• TietoEnator<br>• TeliaSonera<br>• STT System<br>• Marratech<br>• MedCon<br>• isMobile<br>• IntelliWork | • Datenübertragung<br>• Remote access für Pflegepersonal<br>• Übertragung und Planung zwischen Leistungserbringern<br>• Equipment<br>• Beratung | versch. | n/a | • Plattform<br>• EKG<br>• RR<br>• HG<br>• LuFu | • Kliniken<br>• Leistungserbringer<br>• Pflegedienste | • Gründerfirmen<br>• Evalutaion durch SARAH Projekt (EU) | Schweden | MedAssist | n/a |
| **Ortivus AB**<br><br>**www.ortivus.com** | • notiert an Small Cap-list Stockholm Stock Exchange (OMX)<br>• Ticker: ORTI | • Notfallservice (Entsendung, Prehospital- und Klinikmonitoring)<br>• mobiles Klinik-Herzüberwachungssystem<br>• Bildübertragung | • KHK | • 165 MA<br>• Umsatz 200 Mio. SEK (2006)<br>• Verlust 150 Mio. SEK (2006) | • Akte<br>• Plattform | • Kliniken<br>• Polizei<br>• Feuerwehr | n/a | • Schweden<br>• Belgien<br>• Dtld<br>• UK<br>• Norwegen<br>• Dänemark<br>• Italien<br>• Spanien<br>• Österreich | • CoroNet<br>• MobiMed<br>• .med RMS<br>• .med PACS<br>• .med PMS<br>• .med NIS<br>• .med SIS | UK: NHS Connecting for Health |
| **ProWellness AB**<br><br>**www.prowellness.com** | • MA und Privatinvestoren<br>• Fortel Invest Oy<br>• Sitra, Finnish National Fund for R&D<br>• Celltronics Oy<br>• Finantec Advisors Oy<br>• IF P&C Insurance | • Equipment<br>• Management System chronische Erkrankungen<br>• Work flow Management kardiologischer Zentren<br>• Selfcare Systeme | • AH<br>• CHF<br>• COPD<br>• DM | n/a | • BZ<br>• KG<br>• LuFU<br>• P<br>• Retina<br>• RR<br>(externer Lieferant) | • Gesundheitsdienste<br>• Leistungserbringer<br>• Lokalbehörden<br>• Patienten | • Lieferant NHS "telecare national framework agreement"<br>• TietoEnator integriert Diabetes Management System in Patientakte | • UK<br>• Finnland<br>• Schweden | n/a | 2003 Diabro Project für DM Typ 2, Nordfinnland, Kooperation mit Aventis |
| **TeliaSonera AB**<br><br>**www.teliasonera.com** | börsennotiert Helsinki Stock Exchange (2002), Stockholm Stock Exchange (2000), ehem. NASDAQ (2002-2004), gelistet in Dow Jones Sustainability Index. | Telekommunikation | n/a | • 128.528 MA ww<br>• Umsatz 91 Mrd. SEK (2006)<br>• 19 Mrd. SEK Gewinn 2006 | n/a | n/a | • Karolinska University Hospital<br>• Tadiran LifeCare (jetzt Aerotel) | • Dänemark<br>• Estland<br>• Finnland<br>• Lettland<br>• Litauen<br>• Norwegen<br>• Russland<br>• Schweden<br>• Spanien<br>• Türkei | n/a | TeleMedIS project 2005 Telemedizin-Plattform and drahtloses Armband Monitoring System |

| | Mutterunternehmen/ Finanzierung | Angebot/ Service | Indikation | Kennzahlen | Equipment/ Messung/ Geräte | Kunden | Allianzen/ Netzwerke | Region | Marken | Vertrieb/ Projekte |
|---|---|---|---|---|---|---|---|---|---|---|
| **TietoEnator Public & Healthcare Abv**<br><br>**www.tietoenator.com** | • börsennotiert<br>• OMX Exchanges, Helsinki Stock Exchange (1984)<br>• Stockholm Stock Exchange (1999) | • IT Services<br>• "Mobile Homecare" digitales Management & Remote access für Pflegepersonal<br>• Gesundheitswesen, Sozialwesen, Bildung<br>• Strategieberatung eHealth und Telemedizin Umsetzung | n/a | • 14.414 MA ww<br>• 144 Mio € (Health&Wellfare)<br>• 13 Mio € (Health&Wellfare) | n/a | • Norwegen: Central Region Health Authority, Southern Region Health Authority, Oslo Municipality<br>• Schweden: counties of Skåne and Stockholm, the City of Stockholm<br>• Deutschland: Rhön Klinikum AG and Bundesknappschaft (Informationssystem iM | • MedAssist<br>• ProWellness | 30 Länder weltweit | n/a | • schwedisches EU-Projekt "Tryggve" mit CDH<br>• EU-Projekt SARAH |

*Abbildung 40: Marktteilnehmer Schweden*
*Quelle: Eigene Darstellung*

**INDIKATIONEN: AH =** Arterielle Hypertonie, Bluthochdruck; **Aneur.=** Gefäßaneurysmen; **Arr. =** Herzrhythmusstörungen, Arrhythmien; **CHF =** Chronische Herzinsuffizienz, Chronical Heart Failure; **COPD** = Asthma und chronisch obstruktive Lungenerkrankung; **Dem**. = Demenz, Alzheimer; **Depr**. = Depressionen; **Derm**. = Dermatologische Erkrankungen; **DM** = Diabetes mellitus, **Epilep**. = Epilepsie; **Ger**. = Kontrolle/ Einstellung der Blutgerinnungswerte; **HK** = Herz-Kreislauf-Erkrankungen allgemein; **Inkont**. = Inkontinenz; **KHK** = Koronare Herzkrankheit; **LE** = Lungenerkrankungen allgemein; **MH** = Mentale Gesundheit, mental health; **MM** = Multimorbidität; **PP** = Palliativpflege; **Physio** = Physiotherapie; **Post-OP** = Postoperative Überwachung; **Schlaf**. = Schlafstörungen und korrelierende Herzerkrankungen; **Schw**. = Hochrisikoschwangerschaften; **ÜG** = Übergewicht; **versch**. = verschiedene

ANWENDUNG / MESSUNG: **AF** = Atemfrequenz; **Aktiv**. = Körperliche Aktivität; **Apnoe** = Schlafapnoe; **BF** = Blutfettwerte; **BZS** = Blutzuckerspiegel; **BZS, n.-i.** = nicht-invasiveBlutzuckerspiegelspiegel; **Derma** = Dermatologische Videoüberwachung; **Doku** = tragbare Dokumentationssysteme für Klinikgebrauch; **EKG** = Herzfrequenz und Herzrhythmus mittels Elektrokardiogramm; **GP** = Blutgerinnungsparameter; **GPS** = GPS-Ortung; **Hämo** = Hämodynamischer Status; **HAR** = Herzauswurfrate; **HG** = Herzgeräusche, Stethoskop; **HSM** = Herzschrittmacherkontrolle; **kcal**. = Kalorienverbrauch; **KG** = Körpergewicht; **LuFu** = Lungenfunktionsprüfung, Spirometrie; **Monitor** = Monitoring System; **Notfall** = Notfallsysteme; **P** = Puls, Herzfrequenz; **Retina** = Retinal Screening, Netzhaut Screening; **RR** = Blutdruck (nach Riva-Rocci in mmHg); **Schritt** = Schrittzähler; **Schweiß** = Schweißsekretion; **Sensor** = implantierbare Sensoren; **SpO2** = Sauerstoffsättigung im Blut, Pulsoximetrie; **T** = Körpertemperatur; **Video** = Video conferencing

ANDERE: **Akte** = interaktive Krankenakte; **Call Center** = Call Center oder Service Center, in der Regel mit med.Personal; **Gateway** = Datenschnittstelle (Datensammlung und -übertragung); **MA** = Mitarbeiter; Plattform = Datenmanagementsystem, data platform

*Legende internationale Marktteilnehmer*

### 4.1.3 Norwegen

Te@mwork 2007 ist die nationale Strategie für Informations- und Kommunikationstechnologie im norwegischen Gesundheits- und Sozialwesen für den Zeitraum 2004 bis 2007. Die beiden deklarierten Ziele der Teamw@rk Strategie sind zum einen ein verbesserter Informationsfluss und zum anderen die Einbeziehung neuer Akteure in den Gesundheitssektor (beispielsweise Pflegeeinrichtungen der Gemeinden). Mit Te@mwork 2007 wird eine zusammenhängende und detaillierte Informationsgrundlage mit hohen Datensicherheitsstandards angestrebt, die als Datenquelle dienen kann. Auch der Austausch elektronischer Nachrichten zwischen Teilnehmern des Gesundheitssystems soll durch die Umsetzung der Strategie deutlich ansteigen (Norwegian Ministry of Health and Care Services, 2007a, S. 26). Telemedizin und Home Monitoring werden in ihr als Möglichkeit der Eigenüberwachung zu Hause als Teil der nationalen Strategie benannt und priorisiert (Norwegian Ministry of Social Affairs and Norwegian Ministry of Health, 2004, S. 19).

Ein wichtiger Schritt, welcher der IT-Anwendung in Norwegen den Weg ebnete, war die Einführung des Norwegischen Gesundheitsnetzwerks (Norsk Helsenett) im Jahr 2004. Es handelt sich um ein geschlossenes Netz, das elektronische Kommunikation und Interaktion im Gesundheits- und Sozialsektor ermöglicht und somit die technische Infrastruktur schafft, der es für flächendeckende Telemedizinanwendungen bedarf. Es gehört den Regionen des norwegischen Gesundheitswesens und dient dem Austausch zwischen Leistungserbringern untereinander sowie mit Patienten. Es sichert auf hohem Niveau Datenqualität und -schutz (Johnsen, E., et al., 2006, S. 7).

Die elektronische Patientenakte ist in Norwegen bereits eingeführt, Hausärzte ebenso wie Fachärzte sind dem System fast ausnahmslos angeschlossen, etwa 97 % aller Krankenhäuser nehmen ebenfalls teil (eHealth ERA, 2007e, S. 2). Auch in Fragen einheitlicher Terminologie und Kodierung ist das Land weit fortgeschritten (Hygen, 2003, S. 2). Telemedizinische Anwendungen sollen in Norwegen gefördert und der Telemedizingebrauch im häuslichen Umfeld gesteigert werden. Aus diesem Grund werden derzeit den beiden folgenden Schritten Priorität eingeräumt: Die Breitbandverbindung von Krankenhäusern und Organisationen der Primärversorgung ist ebenso im Fokus wie die Klärung von Zuständigkeiten, Regularien, Leitlinien und Kosten der Telemedizin (eHealth ERA, 2007e, S. 3).

Als Nicht-Mitglied der Europäischen Union ist Norwegen umso mehr um eine rege Kooperation zwischen den nordischen Ländern bemüht und beteiligt sich an grenzüberschreitenden Kooperationsprojekten, wie zum Beispiel dem „Baltic eHealth Project", sehr aktiv. Ein prominenter Sponsor solcher wie auch anderer Projekte ist Telenor, der führende Mobilfunkanbieter Norwegens und eines der Schwergewichte im Telekommunikationsmarkt Nordeuropas (Telenor, 2007a). Die „Telenor Research and Innovation Organisation" ist eines der größten Forschungszentren Norwegens mit Partnern sowohl aus der akademischen Welt als auch der Industrie. Telenor R&I beteiligt sich auch an der Realisierung von EU Projekten (Telenor, 2007b), während Telenor unter anderem als Sponsor der HIT Northern Norway auftritt, einem Kontaktforum für Firmen und Kunden des öffentlichen Sektors zur Förderung von Gesundheit, Innovation und Technologie.

**Institutionen**

Norwegian Centre for Telemedicine
Das Norwegian Centre for Telemedicine (NST) ist ein Forschungszentrum mit der Aufgabe, Telemedizinwissen zu generieren, zu sammeln und zu verbreiten. Außerdem nimmt es bedingt Beratungstätigkeiten war. Sein Ziel ist die Integration der Telemedizin. Es ist ein international anerkanntes Institut, das unter anderem 2002 durch die WHO als "Collaborating Centre for Telemedicine" zugelassen wurde (Norwegian Centre for Telemedicine, 2007). Eine Vielzahl telemedizinischer Projekte in Norwegen laufen in Kooperation mit oder unter Leitung des NST.[4]

Norwegian Centre for Informatics in Health and Social Care
Das Norwegian Centre for Informatics in Health and Social Care (KITH) ist ein Unternehmen in Staatsbesitz, welches Förderung und Koordination kosteneffizienter IT-Anwendungen im Gesundheits- und Sozialsektor gegründet wurde. Das KITH beschäftigt etwa 30 Mitarbeiter und hat seinen Sitz in Trondheim. Es ist spezialisiert auf die Bereiche Kodierung, Terminologie, elektronischer Datenaustausch, Datensicherheit, elektronisches Krankenaktensystem und digitale Bildgebung / Radiologie. Eine Hälfte der Ressourcen fließt in die Standardisierung oben genannter Bereiche, die andere Hälfte der Ressourcen wird in Einzelprojekten eingesetzt (KITH, 2007).

**Marktteilnehmer**
Abbildung 41 stellt die Teilnehmer des norwegischen Telemonitoring-Markts in Form von Kurzprofilen vor.

[4] Eine Liste der abgeschlossenen Projekte des Zentrums ist in englischer Sprache unter folgendem Link zu finden: http://www.telemed.no/index.php?language=en&cat=4358

| | Mutterunternehmen/ Finanzierung | Angebot/ Service | Indikation | Kennzahlen | Equipment/ Messung/ Geräte | Kunden | Allianzen/ Netzwerke | Region | Marken | Vertrieb/ Projekte |
|---|---|---|---|---|---|---|---|---|---|---|
| **iMed Norwegian Telemedicine**<br>**www.imed.no** | • Data Consult ForretningsUtvikling<br>• The Odd Berg Group<br>• Nornvest Management AS<br>• Troms County<br>• Norinnova | • Management/ Koordination<br>• Maritime Telemedizin<br>• Software | versch. | n/a | • EKG<br>• Kamera<br>• RR<br>• SpO2<br>• T | n/a | • Medi3<br>• MedIT<br>• Norwegian Centre for Telemedicine<br>• Well Diagnostics | Norwegen | merMAid | n/a |
| **MedIT**<br>**www.medit.no** | UMOE Gruppe (private Investmentgesellschaft) | kardiovask. Diagn.<br>• pre-hospital<br>• Krankenhaus<br>• Primärversorgung | • KHK | • 19 MA | • ECG<br>• SpO2<br>• T<br>• RR | • Emergency Call Centers<br>• Krankenhäuser<br>• Primärversorgung<br>• Rettungsdienste | F&E in Moskau | Norwegen | MeditSense | n/a |
| **Telenor**<br>**www.telenor.com** | notiert an der Börse in Oslo und NASDAQ in New York | • Telekommunikation<br>• Tele-Pathology<br>• Forschungs-finanzierung Telemedizin Norwegen | n/a | • 35.600 MA weltweit, davon 11.100 in Norwegen<br>• Umsatz 91 Mrd. NOK (2006)<br>• Jahres-überschuss 18,5 Mrd. NOK (2006) | n/a | n/a | n/a | • Bangladesch<br>• Dänemark<br>• Malaysia<br>• Montenegro<br>• Norwegen<br>• Pakistan<br>• Russland<br>• Schweden<br>• Serbien<br>• Thailand<br>• Ukraine<br>• Ungarn | n/a | Mitglied des CORAS Projektkonsortiums (Telekonsulation Kardiologie) |
| **Well diagnostics AS**<br>**www.well.no** | Spin-off des Norwegian Centre for Telemedicine | • medizinische multimedia Datenübertragung<br>• Systemintegration<br>• sichere Kommunikation | versch. | n/a | • PC<br>• Mobilfunk | • Anb. elektr. Patientenakten<br>• Arztpraxen<br>• Forschungsinstitute<br>• Krankenhäuser<br>• Labore<br>• Pflegedienste | • DIPS ASA<br>• Profdoc AS<br>• ACOS AS | Norwegen | • Well Arena<br>• Well Communicator<br>• Well Diagnostics<br>• Well Multimedia | n/a |

*Abbildung 41: Marktteilnehmer Norwegen*
*Quelle: Eigene Darstellung*

**INDIKATIONEN: AH** = Arterielle Hypertonie, Bluthochdruck; **Aneur.**= Gefäßaneurysmen; **Arr.** = Herzrhythmusstörungen, Arrhythmien; **CHF** = Chronische Herzinsuffizienz, Chronical Heart Failure; **COPD** = Asthma und chronisch obstruktive Lungenerkrankung; **Dem.** = Demenz, Alzheimer; **Depr.** = Depressionen; **Derm.** = Dermatologische Erkrankungen; **DM** = Diabetes mellitus, **Epilep.** = Epilepsie; **Ger.** = Kontrolle/ Einstellung der Blutgerinnungswerte; **HK** = Herz-Kreislauf-Erkrankungen allgemein; **Inkont.** = Inkontinenz; **KHK** = Koronare Herzkrankheit; **LE** = Lungenerkrankungen allgemein; **MH** = Mentale Gesundheit, mental health; **MM** = Multimorbidität; **PP** = Palliativpflege; **Physio** = Physiotherapie; **Post-OP** = Postoperative Überwachung; **Schlaf.** = Schlafstörungen und korrelierende Herzerkrankungen; **Schw.** = Hochrisikoschwangerschaften; **ÜG** = Übergewicht; **versch.** = verschiedene

ANWENDUNG / MESSUNG: **AF** = Atemfrequenz; **Aktiv.** = Körperliche Aktivität; **Apnoe** = Schlafapnoe; **BF** = Blutfettwerte; **BZS** = Blutzuckerspiegel; **BZS, n.-i.** = nicht-invasiveBlutzuckerspiegelspiegel; **Derma** = Dermatologische Videoüberwachung; **Doku** = tragbare Dokumentationssysteme für Klinikgebrauch; **EKG** = Herzfrequenz und Herzrhythmus mittels Elektrokardiogramm; **GP** = Blutgerinnungsparameter; **GPS** = GPS-Ortung; **Hämo** = Hämodynamischer Status; **HAR** = Herzauswurfrate; **HG** = Herzgeräusche, Stethoskop; **HSM** = Herzschrittmacherkontrolle; **kcal.** = Kalorienverbrauch; **KG** = Körpergewicht; **LuFu** = Lungenfunktionsprüfung, Spirometrie; **Monitor** = Monitoring System; **Notfall** = Notfallsysteme; **P** = Puls, Herzfrequenz; **Retina** = Retinal Screening, Netzhaut Screening; **RR** = Blutdruck (nach Riva-Rocci in mmHg); **Schritt** = Schrittzähler; **Schweiß** = Schweißsekretion; **Sensor** = implantierbare Sensoren; **SpO2** = Sauerstoffsättigung im Blut, Pulsoximetrie; **T** = Körpertemperatur; **Video** = Video conferencing

ANDERE: **Akte** = interaktive Krankenakte; **Call Center** = Call Center oder Service Center, in der Regel mit med.Personal; **Gateway** = Datenschnittstelle (Datensammlung und -übertragung); **MA** = Mitarbeiter; Plattform = Datenmanagementsystem, data platform

*Legende der internationalen Marktteilnehmer*

### 4.1.4 England

Das „National Programme for IT“ ist ein umfangreiches Programm, das den Zugang zu Patientendaten im ganzen Land ermöglichen soll. Es beinhaltet die folgenden Zielsetzungen:

- Etablierung des NHS Patientenakten Service (NHS CRS) für verbesserten Zugriff der Patienten selbst und des NHS auf ihre Daten, sofern sie dem zustimmen
- Vereinfachte Krankenhausüberweisung durch Hausärzte
- Einführung der elektronischen Verschreibung

Die elektronische Verschreibung wird seit 2005 eingeführt, macht aber noch nicht die Mehrheit aus: Bisher wurden von 370 Millionen Verschreibungen jährlich etwa 6,5 elektronisch ausgestellt. Krankenhausüberweisungen geschehen derzeit zu 20 % elektronisch. Das New National Network (N3) soll in 2007 alle NHS Organisationen untereinander vernetzen. Im November 2006 waren ca. 15.000 Nutzer registriert (eHealth ERA, 2007b, S. 3).

Für die Jahre 2007 und 2008 stehen im Rahmen des „NHS Plans“ insgesamt 80 Millionen Pfund im Rahmen des „Preventive Technology Grant“ zur Verfügung, die zur Versorgung älterer Menschen in ihrer häuslichen Umgebung verwendet werden sollen (Department of Health England, 2006, S. 73).

Der Zuschuss wird über einen Verteilungsschlüssel an alle lokalen Einheiten mit Versorgungspflicht ausgeschüttet. In den Jahren 2006/2007 stehen 30 Millionen Pfund zur Verfügung und weitere 50 Millionen Pfund werden in den Jahren 2007/2008 ausgeschüttet (Department of Health Older People and Disability Division, 2005, S. 8).

Gesundheitsversorger kaufen von diesen Geldern Dienstleistungen im Telecare und Telemonitoring Bereich. Um Ausschreibungen und Verträge landesweit einheitlich zu halten, hat der NHS eine Rahmenvereinbarung, das „National Framework Agreement for Telecare“, geschaffen, welches verfügbare Ausrüstung, Installationsmöglichkeiten, Wartung, Monitoring und Rückmeldungsdienste darstellt. Zur Kostenminimierung und um dem EU-Recht zu genügen, sind darin vierzehn Firmen genannt, die im Telecare und Telemonitoring Bereich als nationale Lieferanten durch den NHS zugelassen sind. Es steht Lokalbehörden frei zu einheitlichen Konditionen mit diesen Anbietern Verträge zu schließen. Sollten spezielle Dienste nicht von diesen Lieferanten abgedeckt sein, darf eine individuelle Ausschreibung erfolgen. Individuelle Ausschreibungen sind unzulässig mit dem ausschließlichen Anliegen einen günstigeren Anbieter für dieselbe Dienstleistung zur verpflichten. Im Allgemeinen rät der NHS von Verträgen außerhalb der Rahmenvereinbarung ab. Das „National Framework Agreement for Telecare“ unterliegt einem jährlichen Revisionsprozess, der neuen Produkten und veränderten Marktbedingungen Rechnung trägt. Seine Laufzeit ist von 2006 bis Mai 2010 angesetzt (NHS Purchasing and Supply Agency, 2007a, S. 22 ff.). Nach europäischem Recht ist es nicht möglich, neue Lieferanten in ein laufendes Rahmenprogramm aufzunehmen. Die Verpflichtung von Sub-Lieferanten und Kooperationspartnern durch die anerkannten Lieferanten ist jedoch gestattet (NHS Purchasing and Supply Agency, 2007b, S. 5).

Folglich unterscheidet sich der englische Markt von anderen insofern, dass der Markteintritt zwar in der nahen Zukunft beschränkt bzw. erschwert sein wird, jedoch im Falle eines erzielten Kooperationsabkommens flächendeckend möglich ist. Auch die Gesundheitsdienste Schottlands und Wales arbeiten an einer adaptierten Version des englischen Systems.

### Institutionen

UK Telemedicine and ehealth Information Service
Der UK Telemedicine and ehealth Information Service (TEIS) wird von der Universität Portsmouth betrieben und gewährt Zugang zu Informationen in allen Bereichen der Telemedizin mit dem Ziele, Akteure im Markt zusammen zu führen und den Erfahrungsaustausch zu unterstützen. Ursprünglich staatlich initiiert und finanziert, werden Datenbank und Internetauftritt heute aus eigenen Mitteln weitergeführt (TEIS, 2007). Unter der Internetadresse www.tis.bl.uk erhält der Leser einen umfangreichen Einblick in aktuelle Forschungsvorhaben, Institutionen und Nachrichten. TIES veröffentlich auch eine recht umfangreiche Liste aktiver Unternehmen.

UK eHealth Association
Der Verband UK eHealth Association (UKeHA) repräsentiert Organisationen und Individuen, die ein Interesse an der Förderung und Verbreitung von eHealth in Großbritannien haben. Seine Mitglieder sind multinationale Konzerne und KMU ebenso wie Kliniken und Einheiten des NHS. Dem Führungsgremium der UKeHA gehören Vertreter der folgenden Unternehmen an: IBM, iMetrikus, JBP (PR Dienstleister), Lovells (Rechtsberatung), Microsoft, Toshiba und Tunstall (UKeHA, 2007).

Royal Society of Medicine (RSM) Telemedicine and eHealth Forum
Die RSM betreibt das Telemedicine and eHealth Forum mit den Zielen der Forschung und Ausbildung im medizinischen Einsatz der Telekommunikation zu forcieren. Sie bietet deshalb Fortbildungsinitiativen für Ärzte, Krankenschwestern, Psychologen, Manager und Gesundheitsbeauftragte der Kommunen an. Auf dem Programm stehen Abendveranstaltungen, Tagessymposien sowie eine große jährliche RSM Telemedicine eHealth Konferenz mit internationalen Rednern (Royal Society of Medicine, 2007).

### Marktteilnehmer

Abbildung 42 stellt die Teilnehmer des britischen Telemonitoring-Markts in Form von Kurzprofilen vor.

| | Mutterunternehmen/ Finanzierung | Angebot/ Service | Indi-kation | Kenn-zahlen | Equipment/ Messung/ Geräte | Kunden | Allianzen/ Netzwerke | Region | Marken | Vertrieb/ Projekte | Sonstiges |
|---|---|---|---|---|---|---|---|---|---|---|---|
| **Docobo UK Ltd**<br><br>**www.docobo.co.uk** | n/a | • Equipment<br>• Management/ Koordination<br>• Plattform | • AH<br>• CHF<br>• COPD<br>• DM | • 10 MA | • EKG<br>• LuFu<br>• SpO2<br>• RR (Lieferant) | • NHS Organisationen | • Tartu University, Estland<br>• Lieferant des NHS "telecare national framework agreement" | • Schwesterfirma in Ursprungsland Estland,<br>• Vertrieb: UK, Portugal, Dtld, Estland und Finnland | • doc@ HOME ®<br>• HealthHUB™<br>• compliant@HOME | Heakth-e-Life (EU Projekt) | n/a |
| **Fold Group**<br><br>**www.foldgroup.co.uk** | n/a | Sicherheits-sensoren im Haus | • Angst<br>• BZ<br>• Dem.<br>• Epilep.<br>• RR<br>• Sturz | • 750 MA | n/a | • NHS Organisationen | Lieferant des NHS "telecare national framework agreement" | • UK<br>• Irland | n/a | n/a | n/a |
| **Health-Smart Ltd**<br><br>**www.health-smart.co.uk** | • Software Solutions Ltd<br>• Mindlife<br>• Ultrasis Group Plc<br>• Interbiomedica (kommerzieller Zweig University College London) | • Sensoren<br>• Plattform<br>• Software | • CHF<br>• AH<br>• DM<br>• COPD | n/a | • AF<br>• BZ<br>• EKG<br>• LuFu<br>• P<br>• AF<br>• RR | • Patienten<br>• Endkunden Well-being und Sport<br>• Gesundheits-dienste (privat/öffentlich) | n/a | UK | • SmartMind<br>• SmartHeart<br>• SmartPressure<br>• SmartGlucometer<br>• SmartBreath | n/a | Preis: 100 GBP per system<br>CEO: Tuvi Orbach, Gründer von Mindlife, Ultrasis (notiert am AIM, UK), Sapiens (notiert am NASDAQ)<br>Senior Non-Exec Director: Hans Snook, Gründer & Ex-Vorsitzender Orange, Carphone Warehouse, aktuell Vorsitzender Monster Mob |
| **Home Telehealth Limited**<br><br>**www.hometelehealthltd.co.uk** | eigenfinanziert | • Call Center 24/7 (Outsourced)<br>• Beratung<br>• Management / Koordination<br>• Vermietung / Verkauf von Equipment | • AH<br>• Angst<br>• CHF<br>• COPD<br>• Depr.<br>• DM<br>• MH<br>• UG (Kind)<br>• Physio | • MA < 10<br>• Umsatz > 500.000 GBP | • Call Centre Software<br>• Chronic Disease Software<br>• Hardware<br>• medizinische Geräte für ehealth (Zulieferer) | • dritter Sektor<br>• Industrie<br>• NHS<br>• öffentlicher Sektor<br>• Selbstzahler<br>• Versicherungen | • Call Centre (Aid Call vom Age Concern)<br>• Scotty Group<br>• Karder Medical<br>• Quality Healthcare at Home (Nursing Triage Services)<br>• Telecare Call Centre (Astraline)<br>• UMO Call Centre Software (Verklizan BV)<br>• WebVMC (RemoteNurse™) | • UK<br>• EU | • RemoteNurse<br>• CareStation | • Remote Patient Monitoring in Newham<br>• Verträge mit versch. NHS Trusts, BUPA | Home Telehealth Limited assists EU organisations designing, implementing and managing Telehealth Programmes |
| **Initial Attendo**<br><br>**www.initialattendo.co.uk** | • seit Nov 05: Tochter von Electronic Security Systems Ltd. (ESS)<br>• Mutter von ESS: Rentokil Initial plc börsennotiert in UK | • Equipment<br>• Management/ Koordination<br>• Telecare | • CHF<br>• DM<br>• versch. | n/a | • BZ<br>• Gateways<br>• Hardware<br>• KG<br>• LuFU<br>• RR<br>• Software<br>• SpO2 | • NHS Organisationen | • AMD<br>• Docobo<br>• Possum SRS (Environmental Control)<br>• Living Independent<br>• Lieferant des NHS "telecare national framework agreement" | n/a | doc@ HOME ® | n/a | n/a |

| | Mutterunternehmen/ Finanzierung | Angebot/ Service | Indikation | Kennzahlen | Equipment/ Messung/ Geräte | Kunden | Allianzen/ Netzwerke | Region | Marken | Vertrieb/ Projekte | Sonstiges |
|---|---|---|---|---|---|---|---|---|---|---|---|
| **Philips**<br><br>**www.philips.co.uk** | Royal Philips Electronics Konzern | Remote Patient Management Services (Technologie Service zur Unterstützung von Patienten chronischen Erkrankungen) | • CHF<br>• DM | n/a | • BZ<br>• KG<br>• RR<br>• TV | • NHS Organisationen | Lieferant des NHS "telecare national framework agreement" | UK und andere Länder der EU | n/a | TEN HMS Studie | n/a |
| **ProWellness UK Ltd.**<br><br>**www.prowellness.com** | • MA und Privatinvestoren<br>• Fortel Invest Oy<br>• Sitra, Finnish National Fund for R&D<br>• Celltronics Oy<br>• Finantec Advisors Oy<br>• IF P&C Insurance | • Management System chronische Erkrankungen<br>• Selfcare Systeme<br>• Work flow Management kardiologischer Zentren | • AH<br>• CHF<br>• COPD<br>• DM | • Umsatz £190.000 (2005)<br>• <50 MA | • BZ<br>• KG<br>• LuFU<br>• P<br>• Retina<br>• RR (externer Lieferant) | • Gesundheitsdienste<br>• Leistungserbringer<br>• Lokalbehörden<br>• Patienten | • Lieferant NHS "telecare national framework agreement"<br>• TietoEnator integriert Diabetes Management System in Patientakte | • UK<br>• Finnland<br>• Schweden | n/a | • 2003 Diabro Projekt für DM Typ 2, Nordfinnland, Kooperation mit Aventis | n/a |
| **t+ Medical**<br><br>**www.tplusmedical.com** | Spin-off Oxford University ehemals e-San Ltd.<br>Anteilseigner:<br>• Comvest Ltd. (Mehrheit)<br>• Oxford University | • Equipment<br>• self-management software via Handy | • AH<br>• COPD<br>• DM | n/a | • BZ<br>• KG<br>• LuFu<br>• RR | Patienten | Vivatec | UK | n/a | n/a | n/a |
| **TBS GB**<br><br>**www.tbsgb.com** | TBS Group Italy (privat) | • Equipment<br>• Call Center<br>• Managememt/ Koordination | • AH<br>• Arrh<br>• CHF<br>• COPD<br>• DM<br>• KHK<br>• Post-Op | • >250 MA<br>• Umsatz 26 Mio GBP (2006) | • BZ<br>• EKG<br>• GP<br>• KG<br>• LuFU<br>• RR<br>• SpO2 | • NHS Organisationen | • Viterion<br>• TeleHealthcare LLC, Insight<br>• Health Solutions, Inc. | UK und 8 weitere EU-Länder | n/a | n/a | ehemals Clinical Services division GE Healthcare Europe |
| **TeleMedic Systems**<br><br>**www.telemedicsystems.com** | n/a | Equipment:<br>• Interface medizinische Geräte/ IT Systeme<br>• Software<br>• Transmissionkit (Vitalparameter aus entlegenen Orten) | versch. | n/a | • EKG<br>• P<br>• RR<br>• SpO2<br>• T | • Einsatzkräfte<br>• Industrie (Airlines)<br>• Rettungsdienste | • Hostmark (web hosting) funded by the Sturm Group<br>• LiveWorks | • UK<br>• USA (Seattle, WA) | • VitalLink<br>• VitalNet | n/a | n/a |

| | Mutterunternehmen/ Finanzierung | Angebot/ Service | Indi-kation | Kenn-zahlen | Equipment/ Messung/ Geräte | Kunden | Allianzen/ Netzwerke | Region | Marken | Vertrieb/ Projekte | Sonstiges |
|---|---|---|---|---|---|---|---|---|---|---|---|
| **Tunstall Ltd.**<br>**www.tunstall.co.uk** | • aktuell: Bridgepoint<br>• zuvor: HgCapital | • Equipment<br>• Call Center (24/7) genannt "PNC4"<br>• Gateway und software<br>• Management/ Koordination | versch. | • 1150 MA (weltweit)<br>• 90 MA Dtld<br>• Umsatz 200 Mio € (2006) weltweit | • BZ<br>• EKG<br>• GP<br>• KG<br>• LuFu<br>• RR<br>• SpO2<br>• T | • dritter Sektor<br>• NHS<br>• öffentliche Ämter<br>• Pflegedienste (öffentlich/privat)<br>• Sozialdienste<br>• Wohnheime | Lieferant des NHS "telecare national framework agreement" | über 30 Länder weltweit | • Genesis monitor<br>• Lifeline 4000 home unit<br>• MediCompass®<br>• S21 telemedicine monitor<br>• Tunstall MetrikLink® | n/a | n/a |
| **Vivatec**<br>**www.Vivatec.co.uk** | • Intersurgical Ltd<br>• private Anteilseigner | • Dienstleister<br>• Call Center (externer Partner)<br>• Management/ Koordination<br>• Informations-dienst per Internet/Email | • CHF<br>• COPD<br>• Dem<br>• DM<br>• KHK<br>• Sturz<br>• Well-being<br>• Asthma<br>• HK | • Umsatz < 5 Mio. € | • Arrh.<br>• BZ<br>• LuFU<br>• EKG<br>• GP<br>• KG<br>• LuFu<br>• RR<br>• SpO2 (Zulieferer:)<br>• Plattform<br>• Aktiv.<br>• Plattform | • NHS Organisationen<br>• Sozialdienste<br>• Wohnheime<br>• Leistungserbringer (ambulant) | Lieferantennetzwerk | UK | • WristCare<br>• Remote Nurse<br>• Think Positive (T+)<br>• Age Concern Aidcall<br>• Intervox | n/a | n/a |
| **Wealden & Eastbourne Lifeline (WEL)**<br>**www.welbeing.org.uk** | • Wealden District Council Lifeline<br>• Eastbourne Borough Council Lifeline | • Equipment<br>• Call Center<br>• Management/ Koordination | • COPD<br>• DM<br>• CHF<br>• KHK<br>• Apnoe | | • BZ<br>• KG<br>• P<br>• RR | • NHS Organisationen | Lieferant des NHS "telecare national framework agreement" | Süd-Osten UK | n/a | n/a | n/a |

*Abbildung 42: Marktteilnehmer Großbritannien*
*Quelle: Eigene Darstellung*

**INDIKATIONEN: AH** = Arterielle Hypertonie, Bluthochdruck; **Aneur.**= Gefäßaneurysmen; **Arr.** = Herzrhythmusstörungen, Arrhythmien; **CHF** = Chronische Herzinsuffizienz, Chronical Heart Failure; **COPD** = Asthma und chronisch obstruktive Lungenerkrankung; **Dem**. = Demenz, Alzheimer; **Depr**. = Depressionen; **Derm**. = Dermatologische Erkrankungen; **DM** = Diabetes mellitus, **Epilep**. = Epilepsie; **Ger**. = Kontrolle/ Einstellung der Blutgerinnungswerte; **HK** = Herz-Kreislauf-Erkrankungen allgemein; **Inkont**. = Inkontinenz; **KHK** = Koronare Herzkrankheit; **LE** = Lungenerkrankungen allgemein; **MH** = Mentale Gesundheit, mental health; **MM** = Multimorbidität; **PP** = Palliativpflege; **Physio** = Physiotherapie; **Post-OP** = Postoperative Überwachung; **Schlaf**. = Schlafstörungen und korrelierende Herzerkrankungen; **Schw**. = Hochrisikoschwangerschaften; **ÜG** = Übergewicht; **versch**. = verschiedene

ANWENDUNG / MESSUNG: **AF** = Atemfrequenz; **Aktiv**. = Körperliche Aktivität; **Apnoe** = Schlafapnoe; **BF** = Blutfettwerte; **BZS** = Blutzuckerspiegel; **BZS, n.-i.** = nicht-invasiveBlutzuckerspiegelspiegel; **Derma** = Dermatologische Videoüberwachung; **Doku** = tragbare Dokumentationssysteme für Klinikgebrauch; **EKG** = Herzfrequenz und Herzrhythmus mittels Elektrokardiogramm; **GP** = Blutgerinnungsparameter; **GPS** = GPS-Ortung; **Hämo** = Hämodynamischer Status; **HAR** = Herzauswurfrate; **HG** = Herzgeräusche, Stethoskop; **HSM** = Herzschrittmacherkontrolle; **kcal**. = Kalorienverbrauch; **KG** = Körpergewicht; **LuFu** = Lungenfunktionsprüfung, Spirometrie; **Monitor** = Monitoring System; **Notfall** = Notfallsysteme; **P** = Puls, Herzfrequenz; **Retina** = Retinal Screening, Netzhaut Screening; **RR** = Blutdruck (nach Riva-Rocci in mmHg); **Schritt** = Schrittzähler; **Schweiß** = Schweißsekretion; **Sensor** = implantierbare Sensoren; **SpO2** = Sauerstoffsättigung im Blut, Pulsoximetrie; **T** = Körpertemperatur; **Video** = Video conferencing

ANDERE: **Akte** = interaktive Krankenakte; **Call Center** = Call Center oder Service Center, in der Regel mit med.Personal; **Gateway** = Datenschnittstelle (Datensammlung und -übertragung); **MA** = Mitarbeiter; Plattform = Datenmanagementsystem, data platform

*Legende internationale Marktteilnehmer*

### 4.1.5 Schweiz

Die Entwicklung der Telemedizinbranche in der Schweiz beruht auf einer Vielzahl von Projekten, die auf Initiativen einzelner Personen und Institutionen zurückgehen. Praktische Bedürfnisse, teilweise auch wissenschaftliches Interesse, liefern den Anstoß zu diesen Projekten, weniger jedoch übergeordnete gesellschaftliche Anliegen (Buffon et. al., 2004, S. 14).

Auf nationaler Ebene wurde Ende 2006 vom schweizerischen Eidgenössischen Departement des Innern (EDI) eine nationale eHealth Strategie formuliert. Deren Ziel ist es, elektronische Gesundheitsdienste einzuführen, die zuerst bei den häufigsten Prozessen ansetzen. Diese sind in den Bereichen der Administration, Information, Konsultation, Diagnose, Verschreibung, Überweisung, Therapie, Überwachung und Abrechnung zu suchen. Hierfür wurden drei Handlungsfelder ausgemacht: Handlungsfeld A beinhaltet das elektronische Patientendossier. Handlungsfeld B widmet sich den Online-Informationen und Online-Diensten. Handlungsfeld C beschreibt die übergeordnete Umsetzung und Weiterentwicklung der Strategie eHealth (Bundesamt für Gesundheit, 2006).

Meilensteine im Handlungsfeld A beinhalten die flächendeckende Einführung eines elektronischen, lebenslangen Patientendossiers bis 2015 und schließen mit der Etablierung eines elektronischen Austauschs zwischen den Teilnehmern des Gesundheitssystems. Das Handlungsfeld B sieht bis 2015 vor, Bürgern einen sicheren Zugang zu ihrem elektronischen Patientendossier zu gewähren, verbunden mit der Möglichkeit, strukturierte und zertifizierte Informationen abzurufen. Im Handlungsfeld C sollen unter anderem Partnerschaften zwischen Anbietern und der öffentlichen Hand reguliert und koordiniert, Bildungsmaßnahmen für im Gesundheitssystem tätige Personen durchgeführt und aktuelle Informationen, auch aus dem Ausland, zur Verfügung gestellt werden. Die Federführung und Finanzierung der einzelnen Projekte innerhalb der Strategie wird von der jeweiligen, für das Thema rechtlich zuständigen Behörde geregelt (Bundesamt für Gesundheit, 2006).

Am weitesten fortgeschritten in der Erarbeitung und Umsetzung einer eHealth-Strategie sind die Kantone Tessin und Genf. Im Kanton Tessin wurde Ende 2004 das Pilotprojekt „Rete Sanitaria" für eine Gesundheitskarte gestartet (www.retesan.ch). Die weitergeführte Initiative ist nun dabei, eine Strategie für ein vernetztes elektronisches Patientendossier, innerhalb des Tessiner Kantons und zwischen weiteren Kantonen, zu entwickeln.

Der Kanton Genf gründete im Jahr 2000 die Stiftung IRIS, die den Zweck hat, einen Projektplan für den Aufbau eines kantonweiten Gesundheitsnetzes („projet e-toile"), aufzustellen, ausgehend vom elektronischen Patientendossier des Universitätsspitals. Zur Umsetzung des Projekts wurden rund 34 Millionen CHF im Großen Rat beantragt und zunächst auch bewilligt, jedoch wurde die Bewilligung vom Regierungsrat auf Grund finanzieller Engpässe zurückgezogen. Es wurden jedoch verstärkte Anstrengungen versprochen, weitere Finanzierungspartner, auch aus der Industrie mit ins Boot zu holen (GDK Schweizerische Konferenz der kantonalen Gesundheitsdirektorinnen und -direktoren, 2006).

Eine weitere Vorreiterrolle in der Etablierung der Telemedizin in der Schweiz nehmen die Stadt und das Universitätsklinikum Basel mit ihrer Beteiligung am „Projekt Telemedizin/eHealth" ein. Dieses hat die grenzüberschreitende Kooperation, die Etablierung der elektronischen Patientenakte, die Vernetzung der Spitäler und die Vernetzung mit niedergelassenen Ärzten und Patienten zum Ziel (Löpfe, 2007).

Als in Europa einzigartiges und erfolgreiches, wenn auch umstrittenes Verfahren wird die Praxis der Telekonsultation zwischen Arzt und Patient beschrieben. Wer sich per Telefon telemedizinisch betreuen lässt, bevor er zum Arzt geht, erhält bei vielen Krankenkassen Rabatt. Führend ist hierbei das Schweizer Zentrum für Telemedizin, Medgate, welches am Tag rund 1000 Anrufe verbucht, die von speziell geschulten Ärzten entgegengenommen werden (Georgescu, V., 2007).

**Institutionen**

TA-SWISS, Zentrum für Technologiefolgen-Abschätzung
Das TA-SWISS mit Sitz in Bern führt derzeit in Zusammenarbeit mit der Schweizerischen Akademie der Medizinischen Wissenschaften (SAMW) und der Schweizerischen Akademie der Technischen Wissenschaften (SATW) eine umfangreiche Studie zum Entwicklungsstand der Telemedizin durch. Die Studie untersucht unter anderem den Einfluss telemedizinischer Anwendungen auf unmittelbar betroffene Akteure sowie die Struktur des Schweizerischen Gesundheitswesens (TA-SWISS, 2007).

Schweizerische Gesellschaft für Telemedizin und eHealth
Die Schweizerische Gesellschaft für Telemedizin und eHealth (SGTM) hat es sich auf die Fahnen geschrieben, die Telemedizin und ihre Anwendung in allen Bereichen der Medizin, des Gesundheitswesens und der Forschung aktiv zu fördern. Sie möchte hierbei Standards setzen für Telemedizinische Workflows und Prozesse. Außerdem soll sie eine Plattform bieten für Mediziner, Entwickler und Anbieter von technischen Lösungen (SGTM, 2007).

**Marktteilnehmer**
Abbildung 43 stellt Teilnehmer des schweizerischen Telemonitoring-Markts in Form von Kurzprofilen vor.

| | Mutterunternehmen/ Finanzierung | Programm | Angebot/ Service | Indikation | Kennzahlen | Equipment | Kunden | Allianzen/ Netzwerke | Region | Marken | Vertrieb/ Projekte | Sonstiges |
|---|---|---|---|---|---|---|---|---|---|---|---|---|
| **Card Guard AG**<br><br>**http://www.cardguard.com** | Börse Schweiz | n/a | Equipment | • KH<br>• DM<br>• COPD<br>• versch. | • 429 MA<br>• Umsatz 55 Mio USD (2006)<br>• Gewinn: 1,8 Mio. USD (2006) | • KG<br>• EKG<br>• LuFu<br>• SpO2 | n/a | Lieferant: Philips Medical Systems | • Schweiz<br>• Israel<br>• Brasilien<br>• Niederlande<br>• USA<br>• Japan | LifeStar ACT™ | 5-Jahresvertrag mit UnitedHealth Insurance Company, USA | n/a |
| **Medic4all Holding AG**<br><br>**http://www.medic4all.com** | Anteilseigner:<br>• Gründer und Management Ital TBS Spa (Italien)<br>• Fomed - Instituto de Mediación (Spanien)<br>• Schweizer Investoren | DMP | • Call Center<br>• Equipment<br>• Management/ Koordination | versch. | n/a | • Software<br>• EKG<br>• RR<br>• KG<br>• BZP<br>• SpO2<br>• T | n/a | n/a | Tochterfirmen:<br>• Israel(2x),<br>• Italien<br>• USA,<br>• Irland (2x)<br>• Luxemburg | n/a | n/a | n/a |
| **Medi24**<br><br>**http://www.medvantis.ch/** | n/a | • DMP<br>• Demand Management (für Versicherer und Leitungs-erbringer) | • Call Center 24/7<br>• Hotline (Ärzte) | • DM<br>• HK | n/a | primär keine Geräte<br>• ev. RR<br>• KG | • Versicherungen<br>• Ärzte | • Medphone AG<br>• Elvia Reiseversicherungs-gesellschaft<br>• Universitätsspital Zürich<br>• medic4all AG<br>• Schweizerisches toxikol. Informationszentrum<br>• HIN Health Info Net | n/a | n/a | • 13 Versicherungen in der Schweiz<br>• 5 Ärztenetzwerke | n/a |
| **Schweizer Zentrum für Telemedizin Medgate**<br><br>**http://www.medgate.ch/** | privat, inhabergeführt | • DMP<br>• Demand Management | • Call Center 24/7<br>• Hotline (Ärzte) | • AH<br>• COPD<br>• versch. | • 90 MA davon 40 Ärzte und 20 weitere Fachpersonen für Telemedizin<br>• 20 externe Fachärzte | • LuFu<br>• RR | • Patienten<br>• Krankenkassen | • Kooperation mit Schweizer Gesellschaft für Telemedizin (SGTM) und der<br>• internationalen Gesellschaft für Telemedizin und eHealth (ISfTeH) | Schweiz | n/a | IV "§140":<br>• h-care (1000 Leute)<br>• Krankenversicherungen. Sanitas, Intras, innova, KPT, HMO Gesundheits-plan Basel, CSS)<br>• Bundesamt für Gesundheit | • in versch. EU-geförderten und anderen Projekten (z.B MOEBIUS, MyHeart, eDiM) vertreten<br>• regelmäßige Publikationen in Fachmedien |
| **SHL Telemedicine AG**<br><br>**http://www.shl-telemedicine.com/** | Börse Schweiz | n/a | • Equipment<br>• Call Center<br>• Management/ Koordination | • KHK<br>• CHF<br>• (zukünftig DM) | • ca. 885 MA weltweit<br>• Umsatz: 83 Mio USD (2006)<br>• Jahresverlust 7 Mio. USD in 2006 | • KG<br>• RR<br>• EKG | • Krankenkassen<br>• Ärzte | n/a | • Schweiz<br>• Dtld<br>• Israel<br>• USA<br>• Irland<br>• Niederlande | nur Handels-marken | n/a | n/a |

*Abbildung 43: Marktteilnehmer Schweiz*
*Quelle: Eigene Darstellung*

**INDIKATIONEN: AH** = Arterielle Hypertonie, Bluthochdruck; **Aneur.**= Gefäßaneurysmen; **Arr.** = Herzrhythmusstörungen, Arrhythmien; **CHF** = Chronische Herzinsuffizienz, Chronical Heart Failure; **COPD** = Asthma und chronisch obstruktive Lungenerkrankung; **Dem.** = Demenz, Alzheimer; **Depr.** = Depressionen; **Derm.** = Dermatologische Erkrankungen; **DM** = Diabetes mellitus, **Epilep.** = Epilepsie; **Ger.** = Kontrolle/ Einstellung der Blutgerinnungswerte; **HK** = Herz-Kreislauf-Erkrankungen allgemein; **Inkont.** = Inkontinenz; **KHK** = Koronare Herzkrankheit; **LE** = Lungenerkrankungen allgemein; **MH** = Mentale Gesundheit, mental health; **MM** = Multimorbidität; **PP** = Palliativpflege; **Physio** = Physiotherapie; **Post-OP** = Postoperative Überwachung; **Schlaf.** = Schlafstörungen und korrelierende Herzerkrankungen; **Schw.** = Hochrisikoschwangerschaften; **ÜG** = Übergewicht; **versch.** = verschiedene

ANWENDUNG / MESSUNG: **AF** = Atemfrequenz; **Aktiv.** = Körperliche Aktivität; **Apnoe** = Schlafapnoe; **BF** = Blutfettwerte; **BZS** = Blutzuckerspiegel; **BZS, n.-i.** = nicht-invasiveBlutzuckerspiegelspiegel; **Derma** = Dermatologische Videoüberwachung; **Doku** = tragbare Dokumentationssysteme für Klinikgebrauch; **EKG** = Herzfrequenz und Herzrhythmus mittels Elektrokardiogramm; **GP** = Blutgerinnungsparameter; **GPS** = GPS-Ortung; **Hämo** = Hämodynamischer Status; **HAR** = Herzauswurfrate; **HG** = Herzgeräusche, Stethoskop; **HSM** = Herzschrittmacherkontrolle; **kcal.** = Kalorienverbrauch; **KG** = Körpergewicht; **LuFu** = Lungenfunktionsprüfung, Spirometrie; **Monitor** = Monitoring System; **Notfall** = Notfallsysteme; **P** = Puls, Herzfrequenz; **Retina** = Retinal Screening, Netzhaut Screening; **RR** = Blutdruck (nach Riva-Rocci in mmHg); **Schritt** = Schrittzähler; **Schweiß** = Schweißsekretion; **Sensor** = implantierbare Sensoren; **SpO2** = Sauerstoffsättigung im Blut, Pulsoximetrie; **T** = Körpertemperatur; **Video** = Video conferencing

ANDERE: **Akte** = interaktive Krankenakte; **Call Center** = Call Center oder Service Center, in der Regel mit med.Personal; **Gateway** = Datenschnittstelle (Datensammlung und -übertragung); **MA** = Mitarbeiter; Plattform = Datenmanagementsystem, data platform

*Legende internationale Marktteilnehmer*

### 4.1.6 USA

Im April 2006 formulierte Präsident Bush das Ziel, innerhalb der nächsten 10 Jahre für die Mehrheit der Amerikaner eine elektronische Krankenakte, Electronic Health Record (EHR) zu erstellen. Mit dieser Initiative übernimmt das U.S. Department of Health and Human Services die Führungsrolle in der Entwicklung einer einheitlichen Informationsinfrastruktur im nationalen Gesundheitswesen und strebt danach, sowohl den öffentlichen als auch den privaten Sektor einzubinden (Bertelsmann Stiftung, 2007).

Whitten und Buis (2006) identifizieren als eine der größten Hindernisse in der flächendeckenden Verbreitung der Telemedizin die fehlende Anerkennung und Kostenübernahme durch staatliche und private Versicherer. Das staatliche Zentrum für Gesundheitsversorgung „Center for Medicare & Medicaid Services“ (CMS) erkennt telemedizinische Leistungen nicht eindeutig als Leistungen im Sinne der Medicaid- Programme an. Es liegt im Ermessen der einzelnen Bundesstaaten, telemedizinische Leistungen als kostengünstigere Alternative zu anderen Behandlungsverfahren zu erstatten. Die Bereitschaft der Bundesstaaten für Telemedizin- Services aufzukommen hängt stark von der Bevölkerungsdichte und dem Zugang zu medizinischer Versorgung ab. So haben häusliche Versorgungsdienste in vergleichsweise unterversorgten Gebieten mit weiten Wegstrecken in der Regel bessere Chancen auf Kostenerstattung für Telemonitoringdienste, als in Ballungsräumen, da die einzelnen Anfahrten zum Patienten die Kosten für die Teleservices leicht übersteigen würden.

Der 1997 in Kraft getretene Balanced Budget Act (BBA) zur Regulierung der staatlichen Kostenübernahme von Telemedizinleistungen im Rahmen des Medicare Programms wird heute gemeinhin als Misserfolg im Kostenübernahmestreit angesehen, da er durch seine Einschränkungen eine eher bremsende Wirkung auf die Verbreitung der Telemedizin hatte (AMD Telemedicine, 2007). Die Gesetzesanpassungen durch den Benefits Improvement and Protection Act (BIPA) aus dem Jahr 2000 sorgten für einige Verbesserungen, die dazu führten, dass 2005, laut Telemedicine Information Exchange, 34 Staaten die Kosten für Telemedizin unterschiedlicher Art übernahmen. Allerdings waren laut einer Studie des Institute for Child Health Policy and Departments of Pediatrics and Epidemiology and Health Policy Research im Jahr 2004 lediglich zwei Staaten dazu bereit, Patientenheimüberwachungs-Services zu erstatten und ein weiterer Diabetiker-Schulungen. (Youngblade, L.M., 2004)

Im Rahmen des in Kapitel 4.1.6 beschriebenen Prospective Payment System ("PPS") begann Medicare indirekt die Dienste für Telemonitoring zu fördern. Dafür wird Anbietern häuslicher Versorgung durch die Bezahlung einer 60-Tage-Pauschale ein Anreiz geboten, innovative Maßnahmen zu ergreifen, die helfen, Kosten sparend zu arbeiten (AMD Telemedicine, 2007).

Da rund 70 % der US-Bürger nicht staatlich, sondern über den Arbeitgeber oder selbstzahlend in einer Privatversicherung versichert sind, kommt insbesondere der Kostenübernahmepraxis dieser Versicherer eine entscheidende Bedeutung zu (US Census Bureau, 2005). Laut einer Studie der American Telemedicine Association und AMD Telemedicine aus dem Jahre 2003 übernahmen rund 100 private Versicherer in insgesamt 38 Bundesstaaten bereits Telemedizinkosten, während 2004 im Vergleich nur fünf US-Bundesstaaten, im Einzelnen Kalifornien, Louisiana, Texas, Oklahoma und Kentucky, die Kostenübernahme von Telemedizinleistungen immerhin zum Teil reguliert (Whitten, Buis, 2006). Die privaten Versicherungen sind den staatlichen in der Akzeptanz und Förderung der Telemedizin weit voraus.

Whitten beschreibt das Gebiet der Telemedizinprogramme als unbeständig. Viele Gesundheitsorganisationen beginnen Telemedizinprogramme mit Hilfe (bundes-)staatlicher Finanzmittel (Whitten, Buis, 2006). Das staatliche Office for the Advancement of Telehealth (OAT) hat in den Jahren 2005 und 2006 159 Telehealth-/Telemedizin-Projekte verwaltet. Von diesen wurden 92 durch das OAT (teil-)finanziert. Die gesammte Finanzierungssumme belief sich auf mehr als 34,9 Million USD. Viele der ausführenden Gesundheitseinrichtungen führen jedoch ihre Telemedizinaktivitäten nach Abschluss des eigentlichen Projekts nicht fort (Office for the Advancement for Telehealth, 2007). In der Datenbank des Telemedicine Information Exchange werden momentan 125 Telemedizinprogramme unterschiedlichster Art und von verschiedenen ausführenden Instanzen in den USA geführt (Telemedicine Information Exchange, 2007a).

Telemedizinanbieter in den USA leisten direkte Überzeugungsarbeit meist bei Diensten der häuslichen Versorgung und niedergelassenen Ärzten. Diese wiederum argumentieren bei ihrem lokalen Versicherer, staatlich oder privat, mit Kosteneffizienz, um in meist individuell vereinbarten Verträgen eine Erstattung der Telemedizinservices durchzusetzen.

Der amerikanische Anbietermarkt ist sehr fragmentiert, charakterisiert durch eine große Anzahl regionaler Serviceanbieter. Es handelt sich um einen sehr wettbewerbsintensiven Markt, der den Veränderungen von Technologien und Marktdynamiken unterliegt. Als Hauptwettbewerbsfaktoren werden häufig genannt (folgende Aufzählung vgl. Edgar.online Inc., 2007):

- Servicequalität
- Zugang zu klinisch hoch entwickelten Technologien
- Ruf des Serviceanbieters
- Bestehendes Netzwerk zu Ärzten und privaten Zahlern
- Qualität des Kundenservice
- Vertriebsfertigkeiten

### Telemedizin- Institutionen und Organisationen USA

The Office for the Advancement of Telehealth
Das Office for the Advancement of Telehealth (OAT) ist dem US Department of Health and Human Services untergeordnet. Das OAT entwickelt Richtlinien, verwaltet finanzielle Zuschüsse für Telemedizinprojekte und evaluiert Telehealth Programme und -technologien. Außerdem berichtet es an den Kongress (OAT, 2007).

American Telemedicine Association
Die American Telemedicine Organization (ATA) wurde 1993 als NGO gegründet. Eine Mitgliedschaft ist möglich für Einzelpersonen, Unternehmen und anderen Organisationen die sich der Anwendung und dem Voranbringen der Telemedizin widmen. Die ATA fungiert als zentrale Informationsstelle, fördert die Zusammenarbeit der Marktteilnehmer, veröffentlicht

das Telemedicine and eHealth Journal und erarbeitet medizinische und industrielle Standards (American Telemedicine Association, 2007).

Telemedicine Information Exchange
Das Telemedicine Information Exchange hat sich der Informationssammlung und dem Informationsaustausch über Telemedizin und eHealth verschrieben. Das TIE führt Datenbanken sowohl mit US-weiten wie auch internationalen Telemedizinprojekten und mit Telemedizin- und Telehealth-Anbietern (Telemedicine Information Exchange, 2007b).

Association of Telehealth Service Providers
Die Association of Telemedicine Service Providers (ATSP) wurde 1996 mit dem Ziel gegründet, Entwicklung und Wachstum der Telemedizinindustrie voranzutreiben. Sie ist eine Handelsorganisation, die Leistungserbringer in ihren Bestrebungen unterstützt, telemedizinische Leistungen anzubieten und abzurechnen. Mitglieder sind sowohl institutionellen Ursprungs als auch andere Organisationen, d.h. Pflegeeinrichtungen, Krankenhäuser und Polikliniken, Regierungseinheiten, Telemedizinprogramme, Hersteller und Anbieter von Produkten und Leistungen, Ärzte, Juristen und Berater. Finanziert wird die Organisation durch Mitgliedsbeiträge und eine jährliche internationale Konferenz (Association of Telehealth Service Providers, 2007).

**Marktteilnehmer**
In Abbildung 44 werden US-amerikanische Marktteilnehmer in Form von Kurzprofilen dargestellt.

| | Mutterunternehmen/ Finanzierung | Angebot/ Service | Indikation | Kennzahlen | Equipment/ Messung/ Geräte | Kunden | Allianzen/ Netzwerke | Region | Marken | Vertrieb/ Projekte | Sonstiges |
|---|---|---|---|---|---|---|---|---|---|---|---|
| **Acadian Telehealth Monitoring**<br><br>**www.acadiantelehealth.com/** | Division von Acadian Monitoring services, LLC (AMS) und 100% Tochter von Acadian Ambulance Service | • Equipment Verleih<br>•4 Call Center 24/7 besetzt | versch. | •Acadian gesamt ca. 2500 MA<br>• Telehealth division 10 MA | • RR<br>• BZ<br>• KG<br>• T<br>• SpO2 | • Häusliche Pflegedienste<br>• Patienten | Viterion TeleHealthcare LLC | USA, vor allem Südstaaten | n/a | n/a | • Mietgebühr 119 USD im Monat<br>• nicht direkt duch Medicare erstattet |
| **AMD Global Telemedicine. Inc.**<br>**www.amdtelemedicine.com** | n/a | Equipment | versch. | n/a | • EKG<br>• LuFu<br>• HG<br>• andere | • Ärzte<br>• Häusliche Pflegedienste<br>• Kliniken | n/a | 5000 Vertretungen in 68 Ländern | n/a | n/a | n/a |
| **AMD Telehealth**<br><br>**http://www.amdtelehealth.com** | Ehemals Home Monitoring Business Division von AMD Telemedicine, jetzt unabhängig | Equipment | versch. | n/a | • EKG<br>• Plattform<br>• LuFu<br>• HG<br>• andere | • Häusliche Pflegedienste<br>• Patienten | n/a | 7 Länder | • CareCompanion | n/a | n/a |
| **American Medical Alert Corporation**<br><br>**http://www.amac.com/** | NASDAQ gelistet | • Call Center 24/7<br>• Equipment | versch. | • 531 MA<br>• Umsatz 31Mio. USD (2006)<br>• Gewinn 1,3 Mio USD (2006) | • BZ<br>• Monitoren<br>• KG<br>• P<br>• SpO2 | n/a | • AMTELCO<br>• Health Hero<br>• Kshema Technologies | USA | • Med-Time® Medicationseinnahme-überwachung<br>• VoiceCare®<br>• H-LINK® On-Call<br>• PERS Buddy® (von Health Hero)<br>• H-LINK® Monitoring Center | n/a | n/a |
| **American Telecare**<br><br>**www.americantelecare.com** | n/a | Equipment | • Ger<br>• AH<br>• CHF<br>• COPD<br>• Dem<br>• Depr<br>• DM<br>• MM<br>• PP | n/a | • Ger<br>• BZ<br>• HG<br>• Gewicht<br>• SpO2 | •Ärzte<br>• Kliniken | n/a | n/a | • TeleCare inLife TM XP Patient Monitor<br>• TeleCare® Provider Station<br>• TeleCare's® NX Server Software<br>• ProTime PT/INR<br>• LifeSource™ Digital Scale<br>• BCI® Pulse Oximeter<br>• OneTouch® Glucose Meter<br>• CareTone® Telephonic Stethoscope | n/a | n/a |
| **AubreyGroup**<br><br>**http://www.aubreygroup.com** | n/a | Equipment | CHF | knapp 50 MA | • Monitor f<br>• KG | • Unternehmen | • Source Scientific Net<br>• Black Hagen Design<br>• SyPro Soft Inc<br>• ArtWorks<br>• Solid Works Manufacturing | USA | Day Link® | n/a | n/a |

| | Mutterunternehmen/ Finanzierung | Angebot/ Service | Indi-kation | Kenn-zahlen | Equipment/ Messung/ Geräte | Kunden | Allianzen/ Netzwerke | Region | Marken | Vertrieb/ Projekte | Sonstiges |
|---|---|---|---|---|---|---|---|---|---|---|---|
| **Bodymedia**<br>**www.bodymedia.com** | VC | Equipment | versch. | Break-even erreicht | • Kcal.<br>• Aktivität<br>• Schritt | • Ärzte<br>• Kliniken<br>• Klinische Forschung | Continua Health Alliance | USA | • SenseWear® armband<br>• SenseWear® software<br>• bodybugg™ Calorie Management System | n/a | n/a |
| **Call 4 Health**<br>**/www.call4health.com** | n/a | • Call Center 24/7 (nicht medizinisch besetzt)<br>• Patienten-akquise für Studien | versch. | • <100 MA<br>• profitabel | n/a | • Ärzte<br>• Krankenhäuser<br>• Krankenkassen<br>• häusliche Pflegeeinrichtungen | n/a | USA | n/a | n/a | n/a |
| **Cardiac Telecom Corporation**<br>**www.cardiactelecom.com** | n/a | • Equipment<br>• Call Center 24/7 (mit Certified Telemetry Technicians) | Arrh. | n/a | EKG | n/a | mit CardioNet Gründung des Arrhythmia Detection and Alarm Consortium (ADAAC) | n/a | Telemetry@Home® | n/a | n/a |
| **Cardiocom LLC**<br>**www.cardiocom.net** | privat, kein VC, keine IPO Pläne | • Equipment<br>• Call Center<br>• Studiendesign | • CHF<br>• COPD<br>• DM<br>• UG<br>• KHK | die letzten 5 Jahre profitabel mit bedeutender Wachstumsrate | • Hardware<br>• Software<br>• Monitor | • Versicherungen<br>• Disease Management Unternehmen<br>• Krankenhäuser und Praxiszentren<br>• Ärztentzwerke<br>• häusliche Pflegedienste | Keine Allianzen, Anbieter ganzheitlicher Programme | • US<br>• Pläne für Markteintritt in Europa | • Omnivisor™<br>• Telescale®<br>• CARESTAR®,<br>• GlucoCom™ | Teilnehmer an 4 CMS (Center for Medicare &Medicaid Services) Demonstration programs | Verschieden Gebührenoptionen<br>• Gebühr pro Patient<br>• partial savings guarantee<br>• full savings guarantee |
| **CardioMems**<br>**www.cardiomems.com** | • Medtronic größter Anteilseigner mit 15.1%<br>• weitere VC Investoren: Arcapita, Boston Millennia Partners, Foundation Medical Partners, Medtronic Inc. und J&J Development Corp. | Equipment | • AH<br>• CHF<br>• Aneur. | • 2006 Umsätze von 3,4 Mio US$<br>• Verlust 20,7 Mio USD | • Sensor<br>• RR<br>• HAR<br>• P | • Ärzte<br>• Patienten | Lizenz- und Entwicklungsabkommen mit Medtronic Inc. | USA | EndoSure Pressure Measurement System | n/a | Pläne für IPO zurückgezogen |
| **Cardionet, Inc.**<br>**www.cardionet.com** | VC-finanziert: Hambrecht & Quist Capital Management,Sanderling, IngleWood Ventures, BioFrontier Partners, IDEO, Boston Scientific, and Foundation Medical Partners. | • Equipment<br>• Call center 24/7/365 | Arrh. | Umsatz $31 Mio US$ 2005 | • EKG | • Ärzte<br>• Krankenhäuser | n/a | • 49 Bundesstaaten in den USA | n/a | • Medicare<br>• 143 kommerzielle Versicherer, dadurch Zugang zu 142 Mio Vers. in den USA<br>• > 70.000 Patienten überwacht | Pläne für IPO innerhalb innerhalb eines Jahres |
| **Carematix**<br>**www.carematix.com** | n/a | Equipment | • COPD<br>• RR<br>• CHF<br>• DM<br>• PE<br>• UG | n/a | • Software<br>• Monitor | • Krankenversicherungen<br>• Pharmazeutische und medizinische Gerätehersteller | Medtronic Inc. | USA | Carematix Wellness System (CWS) | n/a | n/a |
| **Cybernet Medical**<br>**www.cybernetmedical.com/** | Mutterunternehmen Cybernet Systems Corporation | Equipment | n/a | • Umsatz 5,4 Mio USD (2006)<br>• 35 MA | Plattform | • Häusliche Pflege Einrichtungen<br>• Ärzte | n/a | USA | MedStar™ System | Telehealth Equipment & Service für Patienten der NYC Health & Hospitals Corporation (HHC) | n/a |

| | Mutterunternehmen/ Finanzierung | Angebot/ Service | Indi-kation | Kenn-zahlen | Equipment/ Messung/ Geräte | Kunden | Allianzen/ Netzwerke | Region | Marken | Vertrieb/ Projekte | Sonstiges |
|---|---|---|---|---|---|---|---|---|---|---|---|
| **Diabetech ltd partnership**<br>**www.diabetech.net** | n/a | Equipment | DM | • 5MA<br>• "Break-even" erreicht<br>• 2007 Profitabilität erwartet | • Software<br>• BZS | • Thomas Jefferson University, Baylor<br>• Texas Children's Hospital,<br>• LifeScan<br>• Entelos,<br>• Driscoll Children's Hospital<br>• Unternehmen<br>• Patienten | angegliederte Unternehmen im Bereich der kardiovaskulären und kardiopulmonalen Geräte | • USA<br>• Geschäftsausweitung in den EU Markt für 2008 vorgesehen | • GlucoMON Messgerät<br>• Echtzeitdaten-managementsystem GlucoDYNAMIX | n/a | • versch. erfolglose Partnersch.über die Jahre auf Grund von eigentumsrechtlichen Problemen<br>• für EU Markt sind versch. regionale Joint Ventures geplant |
| **Doctors Telehealth Network**<br>**www.doctorstelehealthnetwork.net** | • privat<br>• "3 years for an IPO" | Equipment | versch. | • " 99% der MA outgesourct, eigene MA zu teuer"<br>• Umsatz in Mio-Größe | • Kamera<br>• HG<br>• Monitor<br>• P<br>• SpO2 | • Ärzte<br>• Kliniken<br>• häusliche Pflegedienste | n/a | • Africa<br>• Pakistan<br>• Malaysia<br>• Südamerika | Telehealth End Point (TEP) | n/a | n/a |
| **Exmovere LLC**<br>**www.exmovere.com/** | n/a | Equipment | n/a | n/a | Uhr zur Messung von<br>• P<br>• Schweiss | • Familienangehörige von Patienten | • International Robotics Inc<br>• Brainquiry US/Brain Resource Company<br>• Industria Superstudio Overseas<br>• Lab_AnnaBarbara<br>• The Fabrizio Ferri School | n/a | Exmocare Watch | n/a | n/a |
| **Health Hero**<br>**www.healthhero.com** | n/a | Equipment | • DM<br>• CHF<br>• COPD<br>• andere | n/a | Monitoring System | n/a | • Abbey Healthcare<br>• Abbott Diabetes Care<br>• AMAC<br>• iCare Helath Monitoring<br>• McKesson<br>• Sananet<br>• Sananet, NL | • USA<br>• Internationalisierungs-pläne für Asien, Europa<br>• Internationale Partnersuche<br>• Demostration Projects außerhalb der US | Health Buddy | 1 600 Patienten mit chronischen Erkrankungen testen im Rahmen eines Medicare-gesponserten Programms das Health Hero Network's Health Buddy® system | n/a |
| **Honeywell HomMed**<br>**www.hommed.com** | n/a | Equipment | n/a | n/a | • Monitoring System<br>• subjekt. Fragen | • Häusliche Pflegeeinrichtungen<br>• Ärzte | 160 Partner in den USA | USA | HomMed® Health Monitoring System | über 300 000 Nutzer | n/a |
| **iCare Health Monitoring Inc.**<br>**www.icarehealthmonitoring.com** | n/a | • Equipment<br>• Call Center• Gesundheits-programme | • RR<br>• CHF<br>• COPD<br>• DM<br>• KHK | n/a | • RR<br>• KG<br>• T<br>• LuFu | • Patienten<br>• Ärzte<br>• Häusliche<br>• Pflegedienste | Health Hero | n/a | • iCareSM Home Health Monitoring<br>• iCare™ Health Buddy® appliance | n/a | n/a |
| **iMetrikus®**<br>**www.imetrikus.com** | n/a | Equipment | • COPD<br>• RR<br>• CHF<br>• DM<br>• HIV<br>• KHK<br>• LE | n/a | • Web technologies zur Kommunikation zw. Ärzten, Patient/ Arzt<br>• Akte | • Leistungserbringer | • Continua Health Alliance<br>• Hon@code | n/a | MediCompass® | n/a | n/a |

| | Mutterunternehmen/ Finanzierung | Angebot/ Service | Indi-kation | Kenn-zahlen | Equip-ment/ Messung/ Geräte | Kunden | Allianzen/ Netzwerke | Region | Marken | Vertrieb/ Projekte | Sonstiges |
|---|---|---|---|---|---|---|---|---|---|---|---|
| **Instromedix**<br><br>**www.instromedix.com** | CardGuard AG Schweiz | Equipment | • HK<br>• Arrh | n/a | • RR<br>• EKG<br>• HSM<br>• KG | n/a | n/a | n/a | • King of Hearts®<br>• CarryAll®<br>• LifeStar ECG<br>• LifeStar BP Pro Blood Pressure Monitor<br>• LifeStar Oxy Pro Pulse Oximeter<br>• LifeStar Scale Digital Weight Scale<br>• LifeStar PDA | n/a | n/a |
| **LifeLink**<br><br>**www.llmi.com/index.htm** | Fidelity Management & Research Company, $4Mio | • Equipment<br>• Call center (all inclusive) | • RR<br>• CHF<br>• DM<br>• PE | n/a | • RR<br>• P<br>• KG<br>• BZ<br>• HbA1C in Zukunft<br>• Gen<br>• SpO2<br>• BF | • Disease Management Unternehmen<br>• Managed Care org<br>• häusliche Pflegedienste<br>• med. Forschungsinstitute | n/a | USA | n/a | • AdvancePCS<br>• Advocate Health Care<br>• AmeriChoice<br>• Columbia University<br>• Connecticut VNA<br>• DC Chartered Health Plan<br>• Health Dialog<br>• HealthGuard<br>• Home Health VNA<br>• Horizon-Mercy<br>• LifeMasters Supported Self-Care<br>• Mount Sinai Hospital<br>• Stanford Hospit. | • einmalige Gebühr pro Patient<br>• skalierbares Umlageverfahren, niedrige monatliche Gebühr für genutzte Services |
| **LifeWatch** | CardGuard AG Schweiz | •Equipment<br>•Call Center 24/7 | • CHF<br>• Arrh<br>• KHK | • Gewinn 1,2 Mio. USD in 9-Mon.-Periode bis Sept. 2006<br>• Umsatz der selben Periode 36,9 Mio USD | • EKG<br>• HSM | • Ärzte<br>• Krankenhäuser | n/a | USA | LifeStar ACT | 5-Jahres-Vertrag mit UnitedHealth, einem großen Krankenversicherer | • Antrag auf Börsenzulassung am Nasdaq im Dez. 2006<br>• Anteile im Wert von 86,25 Mio sollten geleistet werden<br>• im Mai wurde Börsengang ausgesetzt |
| **March Healthcare**<br><br>**www.marchhealthcare.com** | March Networks | Equipment | versch. | n/a | • SpO2<br>• RR<br>• BZ | n/a | •Macadamian<br>•Vesalius Ventures | USA | Health Monitoring Kit (HMK) | n/a | n/a |
| **McKesson**<br><br>**www.mckesson.com/** | börsennotiertes Fortune 16 Unternehmen<br>- 1) Pharmaceuticals<br>- 2) Medical-Surgical<br>- 3) Provider Technologies (Telemonitoring ist Teil von Sparte 3) | Equipment | • DM<br>• CHF<br>• COPD<br>• andere | • 30 000 MA<br>• 45 direkt in Telemonitoring involviert<br>• Umsatz >50 Mrd USD (ganz MCKesson) | • Gateway<br>• Doku für Klinikgebrauch | führende Krankenhausbasierte und alleinstehende Hospiz und Homecare Anbieter in den USA | n/a | USA | • McKesson Telehealth Advisor™ (nutzt Health Buddy von Health Hero und Telehealth Guardian system)<br>• Horizon Homecare Clinical Assistant™ | n/a | im Besitz einer der größten Kundendatenbanken der industry |
| **MD Vista** | n/a | • Equipment<br>• online Kliniken Asien | • DM<br>• CHF<br>• COPD<br>• andere | n/a | n/a | n/a | n/a | n/a | web-based MDvista Journal of Medicine™ | n/a | n/a |
| **Medicomp. Inc**<br><br>**www.medicompinc.com/** | 100% Tochter von United Therapeutics Corporation, (notiert am NASDAQ) | • Equipment<br>• Call Center 24/7/365 | • Arrh | n/a | • EKG<br>• HSM | • Ärzte<br>• Krankenhäuser | n/a | USA | CardioPAL®<br>EpiCardia® | genutzt im international Space Station und Mir Space Station für die Herzfunktionsüberwachung der Astronauten | n/a |

| | Mutterunternehmen/ Finanzierung | Angebot/ Service | Indi-kation | Kenn-zahlen | Equipment/ Messung/ Geräte | Kunden | Allianzen/ Netzwerke | Region | Marken | Vertrieb/ Projekte | Sonstiges |
|---|---|---|---|---|---|---|---|---|---|---|---|
| **Medtronic** **www.medtronic.com/** | notiert am NYSE | Equipment | • Arrh<br>• DM | • 38.000 MA weltweit<br>• Umsatz: April 2006: 11,3 Mrd. USD | Sensor | n/a | • Ärzte<br>• Krankenhäuser | 120 Länder | Reveal® Plus ILR | n/a | n/a |
| **Monebo** **www.monebo.com** | Vesalius Ventures | Equipment | HK | n/a | • EKG<br>• Software | n/a | • Austin Technology Incubator (ATI)<br>• Industry Affiliates Program of the Department of Biomedical Engineering at the University of Texas at Austin | USA | CardioBelt™ | n/a | Unternehmen im Entwicklungsstadium |
| **Mortara Instruments** **www.mortara.com** | n/a | Equipment | HK | n/a | EKG | • Ärzte<br>• Krankenhäuser | n/a | • USA<br>Niederlassungen in<br>• Italien<br>• Deutschland<br>• Niederlande<br>• weltweiter Vertrieb | X12+ | n/a | n/a |
| **Nonin Medical Inc.** **www.nonin.com** | privat | Equipment | versch. | n/a | SpO2 | • Ärzte<br>• Krankenhäuser<br>• Patienten | • Continua<br>• CardGuard<br>• Vivometrics<br>• Philips u.a. | weltweiter Vertrieb | Avant®4000 und viele mehr | Vertrieb in 125 Ländern | Anfang 2007 Kauf der schwedischen Firma MedAir AB |
| **PDSHeart, Inc.** **www.pdsheart.com** | 100% Tochter von CardioNet | • Equipment<br>• 3 call Centers 24/7/365 | Arrh | n/a | • EKG<br>• HSM | • Ärzte<br>• Krankenhäuser | • Medtronic | 50 Staaten in den USA | n/a | n/a | n/a |
| **Pharos Innovations** **www.pharosinnovations.com** | n/a | "clinical design, workflow engineering, technology, implementation, enrollment services, ongoing assessment and support" | • CHF<br>• DM<br>• COPD<br>• Ger.<br>• Depr.<br>• Schw. | n/a | Akte | - Ärzte | n/a | USA | Tel-Assurance ™ | n/a | n/a |
| **Remon Medical Technologies Inc.** **www.remonmedical.com/** | Global Investors wie Concord Ventures, Polaris Venture Partners, Lilly Ventures, KBL Healthcare Ventures, Ofer Hi-Tech Group, Triathlon Medical Ventures, Medica Venture Partners and Guidant Corporation (now Boston Scientific) | Equipment (Miniatur-Implantate) | • CHF<br>• Aneur. | n/a | • Hämo | • Ärzte<br>• Kliniken | n/a | USA | Remon™ ImPressure™ | n/a | n/a |

| | Mutterunternehmen/ Finanzierung | Angebot/ Service | Indi-kation | Kennzahlen | Equipment/ Messung/ Geräte | Kunden | Allianzen/ Netzwerke | Region | Marken | Vertrieb/ Projekte | Sonstiges |
|---|---|---|---|---|---|---|---|---|---|---|---|
| **Raytel Medical Corporation**<br><br>**www.raytel.com** | 100%-Tochter der SHL-Telemedicine Ltd. | • Equipment<br>• Call Center 24/7/365 | • Arrh.<br>• Ger | Umsatz des USA Geschäfts von SHL 66.4 Mio US$ | • EKG<br>• Ledergeldbeutel als EKG<br>• GP | Ärzte | Marketing Alliance mit St. Jude Medical | USA | CardioAmerica INR | • 165.000 Patienten jährlich<br>• 10.000 Ärzte | n/a |
| **Sensei Inc.**<br><br>**www.sensei.com/** | Card Guard AG und Humana Innovation Enterprises, a subsidiary of Humana Inc. | • Equipment<br>• Informations-dienste | zukünftig<br>• AH<br>• DM<br>• CHF<br>• Stress<br>• COPD | n/a | • versch. Geräte<br>• Plattform | Patienten | n/a | n/a | n/a | Vertrieb über<br>• weight loss companies<br>• Fitness Studios<br>• Unterhaltungs-elektronikunternehmen | |
| **Sensitron Inc.**<br><br>**www.sensitron.net** | Privat finanziert<br>• Sensitron Inc.,<br>• Sensitron Canada,<br>• Sensitron Europe Limited<br>• Sensitron UK (PLC)<br>• Sensitron Middle East/ North Africa<br>• Sensitron Asia Pacific<br>• Sensitron Australasia Pty Ltd | Equipment | n/a | n/a | • Software<br>• Plattform | Krankenhäuser | • EDS<br>• INTERFACEWARE | USA weltweit durch verbundete Unternehmen | careTrends | n/a | n/a |
| **Signalife Inc.** | notiert an der AMEX | Equipment | HK | Ende 2004 noch keine Umsätze | • EKG | n/a | n/a | USA | Fidelity 100 | Vertrieb nach Mexico | n/a |
| **Telzuit Inc.**<br><br>**www.telzuit.com** | gelistet am NASDAQ | Equipment | • HK<br>• v.a. CHF | • 11 MA<br>• keine nennenswerten Umsätze | • EKG | Ärzte | n/a | USA | STATPATCH™ Wireless Heart Monitoring System | n/a | Unternhmen im Entwicklungsstadium Am 30. Mai 2007 begann Telzuit mit dem Vertieb seines STATPATCH Systems über ihren Vertriebspartner American Radiologist Network (Amrad) in 7 Bundes-Staaten |
| **VitelNet (Visual Telecommunications Network, Inc.)**<br><br>**www.vitelnet.com** | privat | Equipment | • CHF<br>• DM<br>• COPD<br>• Depr. | • "profitabel<br>• "tremendous growth in the last years" | Monitor | • Krankenhäuser<br>• Polikliniken<br>• häusliche Pflegeeinrichtungen<br>• staatliche Behörden<br>• Ärzte | Partners Home Care | • USA<br>• "around the globe" | ViTelCare™ | n/a | n/a |

| | Mutterunternehmen/ Finanzierung | Angebot/ Service | Indikation | Kennzahlen | Equipment/ Messung/ Geräte | Kunden | Allianzen/ Netzwerke | Region | Marken | Vertrieb/ Projekte | Sonstiges |
|---|---|---|---|---|---|---|---|---|---|---|---|
| **Viterion TeleHealthcare LLC**<br><br>**www.viterion.com** | JV seit 2003 von Bayer HealthCare LLC's Diagnostics Division (diabetes care division) und Matsushita Electric Industrial Co., Ltd (Panasonic) | Equipment | versch | n/a | Viterion<br>• RR<br>• BZS<br>• KG<br>• SpO2<br>• T | n/a | n/a | USA | Viterion 100 | n/a | n/a |
| **Vivometrics**<br><br>**www.vivometrics.com** | • CSFB Private Equity Fund<br>• andere | Equipment | versch | n/a | • versch Vitalzeichen<br>• Herz-Lungen-funktion | • Forschung<br>• Kliniker<br>• Sport- und Fitness Forschung | Nonin Medical inc | n/a | VivoMetrics LifeShirt™ | n/a | n/a |
| **Web VMC**<br><br>**www.webvmc.com** | n/a | Equipment | • CHF<br>• COPD<br>• DM<br>• AH<br>• UG | n/a | • Software<br>• Hardware<br>• Monitor von anderen Herstellern<br>• RR<br>• BZ<br>• KG<br>• SpO2<br>• LuFu<br>• EKG | • Ärzte<br>• Häusliche Pflegedienste<br>• Krankenhäuser | Home Telehealth Ltd., (HTL) für UK | n/a | • RemoteNurse™<br>• RemoteAccess™ | • Fuqua Heart Center of Atlanta at Piedmont Hospital, CHF Studie<br>• VNA Care Network & Hospice<br>• Senior Independence, a division of Ohio Presbyterian Retirement Services (OPRS)<br>• East Alabama Medical Center | n/a |

*Abbildung 44: Marktteilnehmer USA*
*Quelle: Eigene Darstellung*

**INDIKATIONEN: AH** = Arterielle Hypertonie, Bluthochdruck; **Aneur.**= Gefäßaneurysmen; **Arr.** = Herzrhythmusstörungen, Arrhythmien; **CHF** = Chronische Herzinsuffizienz, Chronical Heart Failure; **COPD** = Asthma und chronisch obstruktive Lungenerkrankung; **Dem.** = Demenz, Alzheimer; **Depr.** = Depressionen; **Derm.** = Dermatologische Erkrankungen; **DM** = Diabetes mellitus, **Epilep.** = Epilepsie; **Ger.** = Kontrolle/ Einstellung der Blutgerinnungswerte; **HK** = Herz-Kreislauf-Erkrankungen allgemein; **Inkont.** = Inkontinenz; **KHK** = Koronare Herzkrankheit; **LE** = Lungenerkrankungen allgemein; **MH** = Mentale Gesundheit, mental health; **MM** = Multimorbidität; **PP** = Palliativpflege; **Physio** = Physiotherapie; **Post-OP** = Postoperative Überwachung; **Schlaf.** = Schlafstörungen und korrelierende Herzerkrankungen; **Schw.** = Hochrisikoschwangerschaften; **ÜG** = Übergewicht; **versch.** = verschiedene

ANWENDUNG / MESSUNG: **AF** = Atemfrequenz; **Aktiv.** = Körperliche Aktivität; **Apnoe** = Schlafapnoe; **BF** = Blutfettwerte; **BZS** = Blutzuckerspiegel; **BZS, n.-i.** = nicht-invasiveBlutzuckerspiegelspiegel; **Derma** = Dermatologische Videoüberwachung; **Doku** = tragbare Dokumentationssysteme für Klinikgebrauch; **EKG** = Herzfrequenz und Herzrhythmus mittels Elektrokardiogramm; **GP** = Blutgerinnungsparameter; **GPS** = GPS-Ortung; **Hämo** = Hämodynamischer Status; **HAR** = Herzauswurfrate; **HG** = Herzgeräusche, Stethoskop; **HSM** = Herzschrittmacherkontrolle; **kcal.** = Kalorienverbrauch; **KG** = Körpergewicht; **LuFu** = Lungenfunktionsprüfung, Spirometrie; **Monitor** = Monitoring System; **Notfall** = Notfallsysteme; **P** = Puls, Herzfrequenz; **Retina** = Retinal Screening, Netzhaut Screening; **RR** = Blutdruck (nach Riva-Rocci in mmHg); **Schritt** = Schrittzähler; **Schweiß** = Schweißsekretion; **Sensor** = implantierbare Sensoren; **SpO2** = Sauerstoffsättigung im Blut, Pulsoximetrie; **T** = Körpertemperatur; **Video** = Video conferencing

ANDERE: **Akte** = interaktive Krankenakte; **Call Center** = Call Center oder Service Center, in der Regel mit med.Personal; **Gateway** = Datenschnittstelle (Datensammlung und -übertragung); **MA** = Mitarbeiter; Plattform = Datenmanagementsystem, data platform

*Legende Marktteilnehmer*

### 4.1.7 Israel

Im Jahr 2001 hat die Clalit Krankenversicherung (3,8 Millionen Versicherte) das dbMotion™ Solution-System (dbMotion ist ein Spin-off von Ness Technologies (NASDAQ:NSTC) in seinen 14 Krankenhäusern, 1250 Hausarzt und Spezialisten-Versorgungszentren und 400 Apotheken eingeführt. Im Jahr 2004 wurde es zudem in zwei großen unabhängigen medizinischen Versorgungszentren eingeführt (UPCM, 2006). Das dbMotion™ Solution-System kreiert eine datengeschütze, integrierte virtuelle Patientenakte, die alle patientenrelevanten Daten für autorisierte medizinische Betreuer zugänglich macht (dbMotion, 2007).

Auch die Maccabi-Versicherung verfügt über eine sogenannte „Health Value Added Patient Care Knowledge Base“. Diese ermöglicht HMOs Interaktionen zwischen ihren 1,7 Millionen Versicherten und HMOs zu dokumentieren, Qualitätskontrollen durchzuführen, die Budgetierung zu optimieren, alle Patientendaten zu speichern, zu analysieren, und für Befugte zur Verfügung zu stellen. Die Daten können von den medizinischen Betreuern (Primär- und Sekundärsektor) in Echtzeit eingesehen werden und auf der anderen Seite können Makrodaten dem HMO Management für Trendanalysen zugänglich gemacht werden. Das System ist angebunden an Telemedizin-Systeme wie Tele-Radiologie, Tele-Ultraschall, Tele-EKG und andere. 2007 hat Maccabi begonnen, das System an andere HMOs zu verkaufen. Unter anderem wurde es ausgewählt, bei der Entwicklung des bulgarischen Gesundheitsinformations-System eingesetzt zu werden (eHealth News.eu, 2007).

Die großen Krankenversicherungen unterhalten eigene 24-Stunden-Hotlines, die sie mit Krankenschwestern besetzten. Ziel der Hotlines ist es, die ärztliche Versorgung außerhalb der Sprechzeiten zu koordinieren (eHealth News.eu, 2007).

**Marktteilnehmer**
Abbildung 45 stellt Teilnehmer des israelischen Telemonitoring-Markts in Form von Kurzprofilen vor.

| | Mutter-unternehmen/ Finanzierung | Angebot/ Service | Indikation | Kennzahlen | Equipment/ Messung/ Geräte | Allianzen/ Netzwerke | Region | Marken | Sonstiges |
|---|---|---|---|---|---|---|---|---|---|
| **Aerotel Medical Systems Ltd.**<br><br>**www.aerotel.com** | n/a | Equipment | versch. | n/a | • EKG<br>• RR<br>• KG<br>• SpO2<br>• DM<br>• Software | n/a | über 20 Länder | n/a | n/a |
| **Cheetah Medical Ltd.**<br><br>**cheetah@cheetah-medical.com** | privat | Equipment | HK | n/a | HAR | n/a | • Israel<br>• USA | NICOM™ | n/a |
| **CardioWatch** | Tochter von TEIC - Technological Incubator des Israel Institute of Technology (Technion) | Equipment | KHK | 5 Mitarbeiter | HAR | n/a | Israel | n/a | Unternehmenin der Seed- Phase |
| **dbMotion**<br><br>**www.dbmotion.com** | Spin-off von Ness-ISI, einer division von Ness Technologies<br>VC:<br>• Vertex Venture Capital<br>• Pitango Venture Capital<br>• Gemini Israel Funds | Equipment | versch. | 80 Mitarbeiter (2004) | • Software<br>• Akte | American Medical Informatics Association (AMIA) | • Israel<br>• USA | n/a | n/a |
| **EarlySense Ltd.**<br><br>**www.earlysense.com/** | VC:<br>• Etgar Challenge Fund<br>• Pro Seed Venture Capital,<br>1. Runde: 1,25 Mio. US$<br>2. Runde: 3 Mio. US$ | Equipment | • CHF<br>• Diab.mell.<br>• COPD | n/a | • RR<br>• P<br>• Husten<br>• andere | Continua | • Israel<br>• 2006 Markteintritt in USA | n/a | EarlySense system momentan nicht kommerzialisiert |
| **Glucon Medical Ltd.**<br><br>**http://www.glucon.com/** | VC: letzte Finanzierungsrunde 25 Mio. USD: 3i, Sequel Venture Partners, Quest Capital Partnership and Hunt Ventures, Aurum Ventures, Giza Venture Capital, MKI, Infinity Venture Capital Fund, and Ascend Technology Ventures | Equipment | DM | n/a | BZS, n.-i. | n/a | n/a | n/a | • Start-up Unternehmen<br>• Produkte bislang nicht kommerzialisiert |

| | Mutter-unternehmen/ Finanzierung | Angebot/ Service | Indikation | Kennzahlen | Equipment/ Messung/ Geräte | Allianzen/ Netzwerke | Region | Marken | Sonstiges |
|---|---|---|---|---|---|---|---|---|---|
| **GlucoSat** | n/a | Equipment | DM | n/a | BZS, n.-i. | n/a | - Israel | GlucoSat™ | Unternehmen in der Seed- Phase |
| **IMEXCO General Ltd. www.imexco.com** | Private wholly owned by CEO Dr. Ram | Equipment | HK | n/a | EKG | n/a | n/a | CardioScope (in Entwicklung) | n/a |
| **Integrity Applications Ltd.**<br><br>**www.integrity-app.com** | n/a | Equipment | DM | n/a | BZS, n.-i. | n/a | • Israel<br>• zukünftig USA | GlucoTrack | Unternehmen in der präklinischen Phase |
| **Medic4all** | Medic4all Holding AG, Schweiz | Equipment | versch. | n/a | • RR<br>• EKG<br>• P<br>• AF<br>• SpO2<br>• T<br>• BZS<br>• KG | n/a | n/a | n/a | n/a |
| **SHL Telemedicine http://www.shl-telemedicine.com/** | Börse Schweiz | • Equipment<br>• Call Center<br>• Management/ Koordination | • KHK<br>• CHF<br>• (künftig DM) | • ca. 885 MA weltweit (2002)<br>• Umsatz: 83 Mio. USD (2006) | • KG<br>• RR<br>• EKG | n/a | • Schweiz<br>• Dtld.<br>• Israel<br>• USA<br>• Irland<br>• Niederlande | n/a | n/a |

| | Mutter-unternehmen/ Finanzierung | Angebot/ Service | Indikation | Kennzahlen | Equipment/ Messung/ Geräte | Allianzen/ Netzwerke | Region | Marken | Sonstiges |
|---|---|---|---|---|---|---|---|---|---|
| **SpiroJet Medical Ltd. www.spirojetmed.com** | n/a | Equipment | COPD | n/a | LuFu | n/a | Israel | n/a | Unternehmen in der Seed- Phase |
| **Tadiran LifeCare www.tadlifecare.com** | gekauft von Aerotel, ursprünglich Tadiran Spektralink | Equipment | versch | n/a | n/a | n/a | n/a | n/a | n/a |
| **Vasculogix** | Inkubator: Dr. Hanan Geist | Equipment | Aneur | n/a | Sensor | n/a | Israel | n/a | Unternehmen in der Seed- Phase |
| **WideMed www.widemed.com/** | notiert an TASE, Israel | ▪ Work flow Management | ▪ Schlaf | ▪ Umsatz (2006) 4 Mio. USD<br>▪ Verlust: 9 Mio. USD (2006) | ▪ Apnoe | 200 Ärzte in USA | ▪ Israel<br>▪ USA | Morpheus™ | n/a |

*Abbildung 45: Marktteilnehmer Israel*
*Quelle: Eigene Darstellung*

**INDIKATIONEN: AH =** Arterielle Hypertonie, Bluthochdruck; **Aneur.=** Gefäßaneurysmen; **Arr. =** Herzrhythmusstörungen, Arrhythmien; **CHF =** Chronische Herzinsuffizienz, Chronical Heart Failure; **COPD** = Asthma und chronisch obstruktive Lungenerkrankung; **Dem.** = Demenz, Alzheimer; **Depr.** = Depressionen; **Derm.** = Dermatologische Erkrankungen; **DM** = Diabetes mellitus, **Epilep.** = Epilepsie; **Ger.** = Kontrolle/ Einstellung der Blutgerinnungswerte; **HK** = Herz-Kreislauf-Erkrankungen allgemein; **Inkont.** = Inkontinenz; **KHK** = Koronare Herzkrankheit; **LE** = Lungenerkrankungen allgemein; **MH** = Mentale Gesundheit, mental health; **MM** = Multimorbidität; **PP** = Palliativpflege; **Physio** = Physiotherapie; **Post-OP** = Postoperative Überwachung; **Schlaf.** = Schlafstörungen und korrelierende Herzerkrankungen; **Schw.** = Hochrisikoschwangerschaften; **ÜG** = Übergewicht; **versch.** = verschiedene

ANWENDUNG / MESSUNG: **AF** = Atemfrequenz; **Aktiv.** = Körperliche Aktivität; **Apnoe** = Schlafapnoe; **BF** = Blutfettwerte; **BZS** = Blutzuckerspiegel; **BZS, n.-i.** = nicht-invasiveBlutzuckerspiegelspiegel; **Derma** = Dermatologische Videoüberwachung; **Doku** = tragbare Dokumentationssysteme für Klinikgebrauch; **EKG** = Herzfrequenz und Herzrhythmus mittels Elektrokardiogramm; **GP** = Blutgerinnungsparameter; **GPS** = GPS-Ortung; **Hämo** = Hämodynamischer Status; **HAR** = Herzauswurfrate; **HG** = Herzgeräusche, Stethoskop; **HSM** = Herzschrittmacherkontrolle; **kcal.** = Kalorienverbrauch; **KG** = Körpergewicht; **LuFu** = Lungenfunktionsprüfung, Spirometrie; **Monitor** = Monitoring System; **Notfall** = Notfallsysteme; **P** = Puls, Herzfrequenz; **Retina** = Retinal Screening, Netzhaut Screening; **RR** = Blutdruck (nach Riva-Rocci in mmHg); **Schritt** = Schrittzähler; **Schweiß** = Schweißsekretion; **Sensor** = implantierbare Sensoren; **SpO2** = Sauerstoffsättigung im Blut, Pulsoximetrie; **T** = Körpertemperatur; **Video** = Video conferencing

ANDERE: **Akte** = interaktive Krankenakte; **Call Center** = Call Center oder Service Center, in der Regel mit med.Personal; **Gateway** = Datenschnittstelle (Datensammlung und -übertragung); **MA** = Mitarbeiter; Plattform = Datenmanagementsystem, data platform

*Legende der internationalen Marktteilnehmer*

### 4.1.8 Weitere internationale Märkte

Auch in Staaten, die nicht im Zentrum dieser Arbeit stehen, schreitet die telemedizinische Entwicklung voran. In Abbildung 46 sind die Profile internationaler Telemedizinunternehmen aufgeführt, die schwerpunktmäßig außerhalb der detailliert beschriebenen Fokusländer operieren. Selbstverständlich erheben die Verfasser auch in dieser Zusammenstellung keinen Anspruch auf Vollständigkeit.

| | Mutterunternehmen/ Finanzierung | Angebot/ Service | Indikation | Kenn-zahlen | Equipment/ Messung/ Geräte | Kunden | Allianzen/ Netzwerke | Region | Marken |
|---|---|---|---|---|---|---|---|---|---|
| **AUSTRALIEN** | | | | | | | | | |
| **MedCare Systems Pty. Ltd.**<br><br>**www.medcaresystems.com.au** | Anteilseigner und Gründer<br>• Prof. Celler und Prof. Lovell (University of New South Wales, Sydney)<br>weitere Direktoren:<br>• Philip Pearson (CEO United Health UK)<br>• Associate Prof. Budge (Director Geriatric Services, Canberra Hospital) | • Equipment<br>• Software/ Auswertung | • CHF<br>• LE<br>• DM | n/a | • RR<br>• EKG<br>• KG<br>• T<br>• SpO<br>• LuFu | • Ärzte<br>• Krankenhäuser<br>• Patienten<br>• Wohnheime | • University of New South Wales, Sydney<br>• CEO United Health UK | Tochter Telemedcare Ltd in UK | n/a |
| **BELGIEN** | | | | | | | | | |
| **RDSM nv (Research Development and Sales for Medicine)**<br><br>**www.rdsm.eu** | n/a | • Equipment<br>• Software | versch | n/a | • RR<br>• EKG<br>• SpO2<br>• Apnoe<br>• LuFu | n/a | Vertriebspartner Deutschland: Meytec GmbH | • Belgien<br>• Frankreich<br>• Niederlande | • SpiroLogistics<br>• WiPaM (Wireless Patient Monitoring Platform) |
| **DÄNEMARK** | | | | | | | | | |
| **RTX Healthcare** | RTX (Telkommunikation) | • Equipment | • CHF<br>• COPD<br>• DM<br>• KHK | • 12 MA<br>• Umsatz (05/06): 9,4 Mio DKK<br>• Verlust (05/06): 2,9 Mio DKK | • versch | • Disease Management Firmen<br>• med. Gerätehersteller | | Denmark | RTX3370 Telehealth Monitor |
| **INDIEN** | | | | | | | | | |
| **American Heartcare Limited**<br><br>**www.heartcareindia.com** | Gründer: New York Geschäftsmann Khushjit "Kooks" Ahluwalia<br><br>Punjab Venture Capital Limited hält 24% der Anteile | • Call Center 24/7<br>• weiterbildung<br>• Telepatologie<br>• Teleradiologie<br>• Video<br>• Zweitkonsultation | versch | n/a | • EKG<br>• Video<br>• Monitor<br>• Software | • Hotels<br>• Krankenhäuser<br>• Leistungserbinger<br>• Schulen<br>• Staat<br>• Universitäten<br>• Wohnheime | Vertriebspartner Asien für:<br>• Aerotel Medical Systems Ltd.<br>• Cincom Systems Inc<br>• Heartcare Corporation of America<br>• Mednet Healthcare Technologies Inc<br>• Radiographic Digital Imaging Inc<br>• Universal Medical Inc | • Indien<br>• USA | • Cardiostation<br>• HEARTRAK |

| | Mutterunternehmen/ Finanzierung | Angebot/ Service | Indikation | Kenn-zahlen | Equipment/ Messung/ Geräte | Kunden | Allianzen/ Netzwerke | Region | Marken |
|---|---|---|---|---|---|---|---|---|---|
| **IRLAND** | | | | | | | | | |
| **Medic4All Services International Ltd.**<br><br>**www.medic4all-services.com** | Medic4all Holding AG, Schweiz | med. Konsultation per Plattform 24/7 | versch. | n/a | versch | Reisende, and expatriates, homebound and office patients | n/a | Irland, Israel, Italien, Schweiz | • MedFile™,<br>• Home Medicare™<br>• Visual Medicare™<br>• Office Care™ |
| **Telcomed Advanced Industries Ltd.**<br><br>**www.telcomed.ie** | Medic4all Holding AG, Schweiz | • Equipment<br>• Gateways<br>• Monitoring Software | versch. | n/a | • AF<br>• BZ<br>• EKG<br>• KG<br>• P<br>• RR<br>• SpO2<br>• T | n/a | n/a | • Irland<br>• Europa<br>• USA<br>• andere Medic4all Märkte | • WristClinic™<br>• MiniClinic™ Wrist-unit<br>• aLsis™ |
| **ITALIEN** | | | | | | | | | |
| **ITAL TBS Group**<br>**www.italtbs.com/** | n/a<br>Tochterunternehmen/ Beteiligungen<br>• MediCall<br>• Medic4all<br>• TeSan<br>• TeSanTelevita<br>• Second Opinion<br>• TechnoBioPromo | • Equipment<br>• 2 Call Center (Vicenza und Padua)<br>• Notfall Managemement | • HK<br>• DM<br>• COPD<br>• LE | 870 MA weltweit | • BZS<br>• EKG<br>• LuFu<br>• RR<br>• Notfall | n/a | • Europäisches Projekt SILC "Analisi economica del servizio di telesoccorso e telecontrollo" mit der Fakultät der Wirtschafts-wissenschaften der Universität Padua<br>• Projekt qualima www.qualima.org | • Italien<br>• Österreich<br>• Schweiz<br>• Israel<br>• Dtld | n/a |
| **ADiTech S.r.l –Advanced Digital Technologies**<br>**www.aditechsrl.com** | n/a | • Equipment<br>• Video Call Center (Geräte)<br>• Telekonsultation<br>• Weiterbildung | versch. | n/a | • Plattform<br>• Video<br>• Monitor<br>• Software<br>• Gateway<br>• SpO2<br>• LuFu<br>• Video<br>• RR<br>• LuFu<br>• BZS | n/a | • Scottygroup<br>• Zydacron<br>• PMB Tecnologie Avanzate | n/a | • CareStation 140<br>• CareStation 156s<br>• CareStation Net |

| | Mutterunternehmen/ Finanzierung | Angebot/ Service | Indikation | Kenn-zahlen | Equipment/ Messung/ Geräte | Kunden | Allianzen/ Netzwerke | Region | Marken |
|---|---|---|---|---|---|---|---|---|---|
| **NIEDERLANDE** | | | | | | | | | |
| **Koala Foundation**<br><br>**www.koalaweb.nl** | Telemonitoring-Initiative von<br>• KPN (Kommunikation)<br>• Menzis (Versicherung)<br>• Sensire (Gesundheitsversorgung) | • Equipment<br>• Management/ Koordination<br>• Call Center 24/7 | • CHF<br>• COPD<br>• DM<br>• versch | n/a | versch | • Patienten<br>• Ärzte | n/a | Provinz Groningen | n/a |
| **NetMedical**<br><br>**www.melexis.nl**<br>**www.i-modem.net** | Melexis Connectivity Solutions (spin-off of Melexis NV Belgium) | • Equipment<br>• Plattform | • AH<br>• DM<br>• HK<br>• Schw<br>• UG | n/a | • RR<br>• BZ<br>• KG<br>• versch. | • Medikamenten-forschung (USA UK, NL, weltweit)<br>• Bildung (Schweden, UK, USA)<br>• Patienten (NL) | • MediZorg<br>• Omron<br>• A&D<br>• E77 | • Niederlande<br>• Europa<br>• andere | • I□Modem<br>• ROS-platform |
| **ÖSTERREICH** | | | | | | | | | |
| **PCS Professional Clinical Software-GesmbH**<br><br>**www.pcs.at** | ITAL TBS Group | • Monitoring<br>• Patientenadministration<br>• Verwaltung Medizintechnik im Krankenhaus<br>• Wartung Endoskopie | • HK<br>• DM<br>• versch | n/a | • RR<br>• BZS<br>• LuFu<br>• Video<br>• Software | Krankenhäuser | n/a | Österreich | PATIDOK® |
| **Zydacron GmbH**<br><br>**www.zydacron.com** | • privat finanziert<br>• Hauptanteilseigner G. Weber (75%) und A. Boedenauer<br>• im Juni 07 MBO von Mutter Scotty Group plc | • Equipment<br>• Gateway<br>• Software | • CHF<br>• COPD<br>• DM<br>• KHK<br>• Derm | 18 MA | • BZ<br>• HG<br>• EKG<br>• Derma<br>• KG<br>• LuFu<br>• RR<br>• SpO2 | • Krankenäuser<br>• Leistungserbringer | • Mitglied der Continua Health Alliance (Member)<br>• Geräteproduktion Scotty Group plc | • US: Zydacron Europe Ltd., Norcross (GA)<br>• Asienvertretung SCOTTY Tele-Transport Corporation of Asia Inc., Manila, Philippines | CareStation® |

| | Mutterunternehmen/ Finanzierung | Angebot/ Service | Indikation | Kenn-zahlen | Equipment/ Messung/ Geräte | Kunden | Allianzen/ Netzwerke | Region | Marken |
|---|---|---|---|---|---|---|---|---|---|
| KANADA | | | | | | | | | |
| **Auto Control Medical** | privat finanziert | Equipment (self-care) | • AH<br>• Derm<br>• DM<br>• HK<br>• LE<br>• Wellness | n/a | • BZ<br>• KG<br>• P<br>• Schritt<br>• RR<br>• T<br>(externer Lieferant) | Vertrieb an Patienten über Apotheken und Sanitätshäuser | • A&D Medical<br>• Elta<br>• EndoCare<br>• InHealth Technologies<br>• Knit-Rite<br>• Respironics<br>• Smiths Medical MD Inc.<br>• Surgilance<br>• Unomedical | Kanada | n/a |
| **Medical Intelligence techonologies Inc.**<br><br>**http://en.medicalintelligence.ca** | • notiert in Toronto, TSX Venture<br>• Symbol: MIZ<br>• unterstützt durch Gründer/Anteileigner Net Création Inc. | Equipment | • Derm<br>• HK | Q3/2006:<br>• Umsatz 201,040 USD<br>• Verlust 3,6 Mio. USD | • EKG<br>• GPS | Patienten | n/a | Medical Mobile Niederlassungen: France, Spain, UK | • Columba bracelet<br>• URGENTYS |
| **PHD Medical Inc.**<br><br>**www.phdmedical.com** | n/a | Equipment | • chronische Erkrankungen<br>• Pediatric Sleep Apnea | n/a | • Software<br>• Plattform | Patienten | n/a | Kanada | Televisit™<br>Etrending™ |
| **Vigil Health Solution Inc.**<br><br>**www.vigil.com** | notiertan der Toronto Venture Exchange<br>Symbol VGL | Equipment | Derm | • 17 MA<br>• Umsatz: 1,47 Mio. USD<br>• Verlust: 426.000 USD | • Plattform<br>• Notruf<br>• Derma | • Industrie<br>• Pflegeheime<br>• Wohnheime | Cast | Nordamerika | Vigil Integrated Care Management System™ |

*Abbildung 46: Teilnehmer weiterer internationaler Märkte*
*Quelle: Eigene Recherche*

**INDIKATIONEN: AH** = Arterielle Hypertonie, Bluthochdruck; **Aneur.**= Gefäßaneurysmen; **Arr.** = Herzrhythmusstörungen, Arrhythmien; **CHF** = Chronische Herzinsuffizienz, Chronical Heart Failure; **COPD** = Asthma und chronisch obstruktive Lungenerkrankung; **Dem.** = Demenz, Alzheimer; **Depr.** = Depressionen; **Derm.** = Dermatologische Erkrankungen; **DM** = Diabetes mellitus, **Epilep.** = Epilepsie; **Ger.** = Kontrolle/ Einstellung der Blutgerinnungswerte; **HK** = Herz-Kreislauf-Erkrankungen allgemein; **Inkont.** = Inkontinenz; **KHK** = Koronare Herzkrankheit; **LE** = Lungenerkrankungen allgemein; **MH** = Mentale Gesundheit, mental health; **MM** = Multimorbidität; **PP** = Palliativpflege; **Physio** = Physiotherapie; **Post-OP** = Postoperative Überwachung; **Schlaf.** = Schlafstörungen und korrelierende Herzerkrankungen; **Schw.** = Hochrisikoschwangerschaften; **ÜG** = Übergewicht; **versch.** = verschiedene

ANWENDUNG / MESSUNG: **AF** = Atemfrequenz; **Aktiv.** = Körperliche Aktivität; **Apnoe** = Schlafapnoe; **BF** = Blutfettwerte; **BZS** = Blutzuckerspiegel; **BZS, n.-i.** = nicht-invasiveBlutzuckerspiegelspiegel; **Derma** = Dermatologische Videoüberwachung; **Doku** = tragbare Dokumentationssysteme für Klinikgebrauch; **EKG** = Herzfrequenz und Herzrhythmus mittels Elektrokardiogramm; **GP** = Blutgerinnungsparameter; **GPS** = GPS-Ortung; **Hämo** = Hämodynamischer Status; **HAR** = Herzauswurfrate; **HG** = Herzgeräusche, Stethoskop; **HSM** = Herzschrittmacherkontrolle; **kcal.** = Kalorienverbrauch; **KG** = Körpergewicht; **LuFu** = Lungenfunktionsprüfung, Spirometrie; **Monitor** = Monitoring System; **Notfall** = Notfallsysteme; **P** = Puls, Herzfrequenz; **Retina** = Retinal Screening, Netzhaut Screening; **RR** = Blutdruck (nach Riva-Rocci in mmHg); **Schritt** = Schrittzähler; **Schweiß** = Schweißsekretion; **Sensor** = implantierbare Sensoren; **SpO2** = Sauerstoffsättigung im Blut, Pulsoximetrie; **T** = Körpertemperatur; **Video** = Video conferencing

ANDERE: **Akte** = interaktive Krankenakte; **Call Center** = Call Center oder Service Center, in der Regel mit med.Personal; **Gateway** = Datenschnittstelle (Datensammlung und -übertragung); **MA** = Mitarbeiter; Plattform = Datenmanagementsystem, data platform

*Legende der internationalen Marktteilnehmertabellen*

## 4.2 Entwicklungsstand der Telemedizin im internationalen Vergleich

Um ausgewählte Gesundheitsmärkte miteinander vergleichen zu können, wurden sie auf die nationale Ausprägung telemedizinischer Entwicklung hin untersucht. Es erfolgte dabei eine Unterteilung nach Eignung des Gesundheitssystems (siehe Kapitel 2.6) und Fortschrittlichkeit des nationalen eHealth Sektors (Kapitel 4).

Das folgende Kapitel argumentiert knapp, welche Kriterien zur Bewertung der Gesundheitssysteme und zur Untersuchung des nationalen eHealth Sektors die Entscheidenden sind. Es schließt mit zwei Tabellen, die eine Übersicht über den Entwicklungsstand der internationalen Telemedizin gewähren:

Die konsolidierten Ergebnisse der Analyse von Gesundheitssystem und eHealth Sektor sind in Abbildung 47 dargestellt. Abbildung 48 geht einen Schritt weiter und stellt die Resultate in einem Punktesystem dar. Dabei erfolgt eine Gewichtung der Kategorien nach ihrer Wichtigkeit für die Entwicklung der Telemedizin. Der Gewichtungsfaktor 4 spiegelt eine hohe, der Faktor 1 eine weniger hohe Relevanz wider. Die Endpunktzahl eines Landes gibt Aufschluss über den aktuellen Stand der nationalen Telemedizin. Sie unterstützt Anbieter in der Einschätzung telemedizinischer Auslandsmärkte.

### 4.2.1 Telemedizinische Eignung des Gesundheitssystems

**Alternative Versorgungsformen**
Unter dem Sammelbegriff der alternativen Versorgungsformen sind all jene Ansätze zusammengefasst, die Interaktion und Kooperation innerhalb des Gesundheitssystems fördern. In seiner Analyse integrierter Versorgungsmechanismen in Europa fasst Leichsenring recht heterogene Strategien zusammen. Er berücksichtigt all jene Ansätze, die dem Managed-Care-Prinzip entsprechen, der vertikalen oder horizontalen Integration (Anbietermix) förderlich sind, sektorale Verzahnung anstreben, gerontologisch koordinieren und vernetzen oder in anderer Weise auf eine ganzheitliche oder personenzentrierte Methodik fußen (2004b S. 33).

Versorgungsansätze, die in die oben beschriebene Richtung tendieren, schaffen für Telemedizinanbieter die Möglichkeit, sich bei innovativen Versorgungsmodellen als Dienstleister einzubringen.

**Interne Wettbewerbsintensität**
Wettbewerb kann im Gesundheitssystem auf verschiedenen Ebenen stattfinden. Im Folgenden sind die wichtigsten Formen erklärt:

Auf eine stärkere Marktorientierung zielt die Trennung von Budgetverantwortung (Finanzierung / Purchaser) und Versorgungserbringung (Provider) ab. Im Ausschreibungsverfahren der Versorgungsverträge durch den Budgetverantwortlichen (z. B. Kommune) tragen – sofern ausreichende Wahlmöglichkeiten zwischen verschiedenen Versorgungsanbietern (z. B. Krankenhaus, private Kliniken) bestehen – marktwirtschaftliche Mechanismen stärker als zuvor zur Entscheidungsfindung bei. Ein solcher purchaser-provider-split ist nicht gewährleistet, wenn eine Kommune die Budgetverantwortung innehat und gleichzeitig ohne Ausschreibung ein öffentliches Krankenhaus als einzigen Anbieter betreibt.

Die Erfolge der freien Arztwahl bzw. ihrer Beschränkung sind gesundheitsökonomisch umstritten. Das Instrument der freien Wahl als Ausdruck der Patientensouveränität ist jedoch im Allgemeinen als marktwirtschaftliches Instrument zur Wettbewerbsintensivierung zu verstehen. In Gesundheitssystemen, in denen diese Freiheit nicht besteht, kann sowohl der Wechsel des Primärarztes als auch der Zugang zum fachärztlichen Bereich beschränkt sein.

Der Zugang des privaten Sektors zu einem Gesundheitsmarkt kann beschränkt oder vollständig versperrt sein. Der Öffnungsgrad eines Gesundheitssystems für privatwirtschaftliche Unternehmen ist ein sicherer Indikator für seine interne Wettbewerbsintensität. Weniger beschränkt ist in der Regel der Marktzugang für den „dritten Sektor“.

In Systemen, die mehr als eine Gesundheitsversicherung entweder als Pflichtversicherung oder privatwirtschaftliche Versicherung kennen, ist der Konkurrenzgrad zwischen diesen Anbietern als Indikator von Interesse. Ermöglicht wird der Wettbewerb durch die Möglichkeit der Patienten, ihre Versicherung frei zu wählen und von einer Versicherung zu einer anderen zu wechseln.

**Sektorale Trennung**

Bei ausgeprägter sektoraler Trennung sind die Versorgungsübergänge zwischen ambulantem und stationärem Sektor mangelhaft. Kooperation und Beteiligung der verschiedenen Leistungserbringer in telemedizinischen Projekten wird in diesen Systemen in der Regel erschwert. Bei ausgeprägter intersektoraler Zusammenarbeit hingegen, haben Patienten die Möglichkeit, früher aus dem Krankenhaus entlassen zu werden, wenn ihre Versorgung im Anschluss z. B. durch ambulante Dienste und Telemonitoring-Angebote weiterhin gewährleistet ist.

**Dezentrale Organisation**

Der Begriff der dezentralen Organisation charakterisiert den niedrigen Verflechtungsgrad und die schwache Koordination unter Entscheidungsträgern, Leistungserbringern und Kostenträgern. In dezentralen Systemen werden Entscheidungen individuell von zahlreichen Instanzen auf niedrigen Hierarchiestufen des Versorgungsnetzes getroffen. Die dezentrale Organisation eines Gesundheitsmarkts mag für einzelne Telemedizinanbieter den Markteintritt erleichtern, ist jedoch der flächendeckenden Markterschließung nicht förderlich. Heterogene Nachfragestrukturen verbieten Produkt- und Servicestandardisierungen und machen Vertragsabschlüsse für eine große Klientel zeitaufwendig. Es ist von einer längeren Phase der Marktdurchdringung als in zentralen Systemen auszugehen.

**Geographische Barrieren**
Staaten, in denen die Überwindung von weiten Distanzen und anderen geographischen Barrieren eine Schwierigkeit in der Gesundheitsversorgung darstellt, bietet Telemedizin eine preiswerte Alternative zu personal- und zeitintensiveren Lösungen. Geographische Gegebenheiten sind deshalb in der Tabelle ebenfalls berücksichtigt.

**Finanzierung und Versichertenanteil in der Bevölkerung**
Das Finanzierungssystem ist ein zentrales politisches Steuerungsinstrument. Es wird im Allgemeinen zwischen drei Finanzierungsarten unterschieden, von denen auch Mischformen möglich sind: Finanzierung aus Steuermitteln, Finanzierung durch gesetzliche Krankenversicherung und Finanzierung individuell oder durch Arbeitgeber. Zur vollständigen Darstellung der Gesundheitssysteme werden die Art der Finanzierung sowie der Versichertenanteil in der Bevölkerung ergänzend aufgeführt. Jedoch wirken sich diese beiden Eigenschaften in der Einführung telemonitorischer Dienste weder förderlich noch hinderlich aus. Ihnen kommt in der Punktbewertung deshalb keine Relevanz zu.

## 4.2.2 Fortschrittlichkeit des nationalen eHealth Sektors

Detaillierte Ausführungen zum Kriterium Venture Capital sind in Kapitel 6.5 nachzulesen. An dieser Stelle erfolgt lediglich eine kurze Erläuterung zur telemedizinischen Relevanz der Kriterien.

**IT-Integration**
Telemedizinisch relevante IT-Anwendungen umfassen beispielsweise die einheitliche Definition medizinischer Terminologie und Standards, den nationalen Implementierungsgrad elektronischer Patientenakten und die landesweite Vernetzung der Leistungserbringer über Informationsplattformen.

**Präsenz im Markt**
Die Außendarstellung individueller Anbieter im Markt erlaubt keine direkten Schlüsse auf den Entwicklungsgrad der nationalen Telemedizinbranche. Länder mit durchaus fortschrittlichem Implementierungsgrad und aufgeschlossenen Strategien seitens des Gesetzgebers sind im Bereich des Marketing und der Außenwerbung über die Landesgrenzen hinaus häufig unterrepräsentiert. Beispielsweise ist es nicht ungewöhnlich, die Internetauftritte innovativer skandinavischer Telemedizinfirmen lediglich in der Landessprache vorzufinden. Im Gegensatz dazu ist die Marktpräsenz US-amerikanischer Unternehmen geradezu außergewöhnlich hoch. Selbiges gilt für die Präsenz bei Messen, die Gründung repräsentativer Verbände und die Markttransparenz auf der internationalen Bühne im Allgemeinen.

Wenngleich das Kriterium „Präsenz im Markt“ lediglich subjektiv bewertet sein kann, ist es dennoch ein Indikator für das Selbstverständnis nationaler Unternehmen, für ihre Fähigkeit ausländisches Kapital zu akquirieren und nicht zuletzt für ihr Interesse an internationaler Expansion.

**Venture Capital**
Venture Capital ist gerade für junge Unternehmen vor allem in der kapitalintensiven Anfangsphase eine wichtige Möglichkeit der Wachstumsfinanzierung, weil es Alternativen zum Bankwesen bietet, das an strenge Auflagen gebunden ist.

Es werden in dem Kriterium „Venture Capital" diejenigen bekannten Fälle berücksichtigt, in denen Wagniskapital in Telemedizinunternehmen investiert wurde. Ebenfalls bedacht wurden Fonds, die einen dezidiert ausgewiesenen Investitionsfokus auf Telemedizin aufweisen. Nicht in die Bewertung aufgenommen wurden allgemeine Lifescience und Meditech-Fonds ohne einen solchen Schwerpunkt.

**Verbände, Messen und Kongresse**
Eine lebendige Messen- und Kongresskultur und aktive Interessenvertretungen stehen für eine Institutionalisierung und fortgeschrittene Etablierung der Branche. Sie dienen zudem, ähnlich wie die „Präsenz im Markt", einem reputationsbildenden Zweck.

### 4.2.3 Bewertung

In Abbildung 47 und Abbildung 48 wird der Versuch einer Kategorisierung äußerst heterogener Konzepte nach ihrer Relevanz für die Telemedizin unternommen. Ziel dieser Klassifizierung ist es, dem Leser einen Eindruck von der Aufgeschlossenheit eines Landes gegenüber Telemedizin zu vermitteln. Die Tabelle ist mit folgenden Einschränkungen zu lesen:

1. Die Tabelle stellt Staaten mit einem vergleichsweise hohen Entwicklungsstand einander gegenüber. Prädikate wie „wenig ausgeprägt" oder „schwach" sind demnach immer in Relation zur Vergleichgruppe zu verstehen.
2. Die Tabelle beurteilt den aktuellen Stand eines Landes. Sie berücksichtigt keine Strategien, Reformvorhaben oder Absichtserklärungen, deren Umsetzungsbeginn in der Zukunft liegt.
3. Die Verfasser erheben weder Anspruch auf Vollständigkeit noch kann die Bewertung der Kriterien vollständig objektiv erfolgen. Einige Bewertungen, wie beispielsweise „Präsenz im Markt", sind das Resultat ausführlicher Recherchen im Telemedizinmarkt, geben aber dennoch eine subjektive Einschätzung wieder.

| Gesundheitssystem | Skala | Deutschland | Finnland | Israel | Norwegen | Schweden | Schweiz | UK | US |
|---|---|---|---|---|---|---|---|---|---|
| *Alternative Versorgungsformen* | wenig ausgeprägt<br>ansatzweise<br>verbreitet | ansatzweise | verbreitet | ansatzweise | wenig ausgeprägt | verbreitet | wenig ausgeprägt | verbreitet | verbreitet |
| *Interne Wettbewerbsintensität* | schwach<br>mittel<br>ausgeprägt | mittel | schwach | mittel | schwach | mittel | mittel | mittel | ausgeprägt |
| *Sektoralen Trennung* | ausgeprägt<br>mittel<br>schwach | ausgeprägt | schwach | mittel | mittel | schwach | mittel | mittel | schwach |
| *Dezentrale Organisation* | ausgeprägt<br>mittel<br>schwach | mittel | ausgeprägt | schwach | mittel | ausgeprägt | ausgeprägt | schwach | ausgeprägt |
| *Geographische Barrieren* | keine<br>Gebirge<br>Distanzen<br>Bewaldung | keine | Distanzen, Bewaldung | keine | Gebirge<br>Distanzen | Distanzen | Gebirge | keine | Distanzen |
| *Finanzierung* | staatlich<br>überwiegend staatlich<br>soziales Versicherungswesen<br>privates Versicherungswesen | soziales Versicherungswesen | überwiegend staatlich | Staatlich (mit Selbstzahleranteil) | staatlich | staatlich | soziales Versicherungswesen | staatlich | Privates Versicherungswesen |
| *Versichertenanteil in der Bevölkerung* | in Prozent | 100% | 100% | 100% | 100% | 100% | 100% | 100% | 84% |
| **Telemedizin** | **Skala** | | | | | | | | |
| *IT-Integration* | wenig ausgeprägt<br>ansatzweise<br>verbreitet | wenig ausgeprägt | verbreitet | verbreitet | verbreitet | verbreitet | ansatzweise | ansatzweise | ansatzweise |
| *Präsenz im Markt* | schwach<br>mittel<br>ausgeprägt | ausgeprägt | mittel | schwach | schwach | schwach | mittel | mittel | ausgeprägt |
| *Venture Capital* | nicht verfügbar<br>kaum<br>ansatzweise<br>verfügbar | nicht verfügbar | verfügbar | mittel | nicht verfügbar | nicht verfügbar | nicht verfügbar | verfügbar | verfügbar |
| *Verbände* | Bezeichnung | • ICT Regensburg<br>• DGTelemed e.V.<br>• Dtsch. Gesellschaft für Gesundheitstelematik<br>• Zentrum für Telematik im Gesundheitswesen<br>• VDE - Verband der Elektrotechnik Elektronik Informationstechnik e.V. | • Finnish Society of Telemedicine<br>• FinnTelemedicum<br>• Nordic Telemedicine Collaboration Forum<br>• Nordic Telemedicine Association | • Israel Life Science Industry | • Norwegian Centre for Telemedicine<br>• Norwegian Centre for Informatics in Health and Social Care<br>• Nordic Telemedicine Collaboration Forum<br>• Nordic Telemedicine Association | • Centre for Distance-Spanning Healthcare<br>• Royal Institute of Technology<br>• Nordic Telemedicine Collaboration Forum<br>• Nordic Telemedicine Association | • Zentrum für Technologiefolgen-Abschätzung (TA-SWISS)<br>• Schweizerische Gesellschaft für Telemedizin und eHealth (SGTM) | • UK eHealth Association<br>• UK Telemedicine and eHealth Information Service<br>• The Scottish Telemedicine Initiative<br>• International Centre for Distance Learning | • Office for the Advancement of Telehealth<br>• American Telemedicine Association<br>• Telemedicine Information<br>• Exchange<br>• Association of Telehealth Service Providers<br>• Center for Telehealth & E-Health Law<br>• Healthcare Information Management System |
| Messen, Konferenzen, Workshops | Bezeichnung | • TeleHealth<br>• Medica<br>• eHealth week Berlin<br>• Telematik-Konferenz Potsdam<br>• eHealth-Konferenz Berlin<br>• MedTec | Nordic conference on eHealth | Conference on eHealth Israelisch Italienische Handelskammer | Nordic conference on eHealth | • Vitalis<br>• Nordic conference on eHealth | Telematiktage Bern | • Telemed & eHealth<br>• Southern Institute for Health Informatics (SIHI) 2006 Conference | • Consumer HealthTech Summit<br>• Rodman&Renshaw Healthcare Conference (VC und Healthcare) |

*Abbildung 47: Entwicklungsstand der Telemedizin international*
*Quelle: Eigene Darstellung*

| | | | Deutschland | | Finnland | | Israel | | Norwegen | | Schweden | | Schweiz | | UK | | US | |
|---|---|---|---|---|---|---|---|---|---|---|---|---|---|---|---|---|---|---|
| **Gesundheitssystem*** | **Skala** | **Relevanz / Gewichtung** | P | GP | P | GP | P | GP | P | GP | P | GP | P | GP | P | GP | P | GP |
| *Alternative Versorgungsformen* | 3-0 | *Rang 1 / x 4* | 2 | 8 | 3 | 12 | 2 | 8 | 1 | 4 | 3 | 12 | 1 | 4 | 3 | 12 | 3 | 12 |
| *Interne Wettbewerbsintensität* | 3-0 | *Rang 2 / x 3* | 2 | 6 | 1 | 3 | 2 | 6 | 1 | 3 | 2 | 6 | 2 | 6 | 2 | 6 | 3 | 9 |
| *Sektoralen Trennung* | 3-0 | *Rang 3 / x 2* | 1 | 2 | 3 | 6 | 2 | 4 | 2 | 4 | 3 | 6 | 2 | 4 | 2 | 4 | 3 | 6 |
| *Dezentrale Organisation* | 3-0 | *Rang 4 / x 2* | 2 | 4 | 1 | 2 | 3 | 6 | 2 | 4 | 1 | 2 | 1 | 2 | 3 | 6 | 1 | 2 |
| *Geographische Barrieren* | 3-0 | *Rang 4 / x 1* | 0 | 0 | 3 | 3 | 0 | 0 | 3 | 3 | 2 | 2 | 1 | 1 | 0 | 0 | 3 | 3 |
| *Finanzierung* | - | - | - | - | - | - | - | - | - | - | - | - | - | - | - | - | - | - |
| *Versichertenanteil Bevölkerung* | - | - | - | - | - | - | - | - | - | - | - | - | - | - | - | - | - | - |
| **ZWISCHENSUMME** | | | | 20 | | 26 | | 24 | | 18 | | 28 | | 17 | | 28 | | 32 |
| **Telemedizin**** | 3-0 | | | | | | | | | | | | | | | | | |
| *IT-Integration* | 3-0 | *Rang 1 / x 4* | 1 | 4 | 3 | 12 | 3 | 12 | 3 | 12 | 3 | 12 | 2 | 8 | 2 | 8 | 2 | 8 |
| *Präsenz im Markt* | 3-0 | *Rang 2 / x 3* | 3 | 9 | 2 | 6 | 1 | 3 | 1 | 3 | 1 | 3 | 2 | 6 | 2 | 6 | 3 | 9 |
| *Venture Capital* | 3-0 | *Rang 3 / x 2* | 0 | 0 | 3 | 6 | 2 | 4 | 0 | 0 | 0 | 0 | 0 | 0 | 3 | 6 | 3 | 6 |
| *Verbände* | 3-0 | *Rang 3 / x 2* | 3 | 6 | 3 | 6 | 0 | 0 | 3 | 6 | 2 | 4 | 2 | 4 | 3 | 6 | 3 | 6 |
| *Messen, Konferenzen, Workshops* | 3-0 | *Rang 4 / x 1* | 3 | 3 | 2 | 1 | 1 | 1 | 1 | 1 | 2 | 2 | 1 | 1 | 2 | 2 | 2 | 2 |
| **ZWISCHENSUMME** | | | | 22 | | 31 | | 20 | | 22 | | 21 | | 19 | | 28 | | 31 |
| **GESAMT** | | | | 42 | | 57 | | 44 | | 40 | | 49 | | 36 | | 56 | | 63 |

*Abbildung 48: Punktbewertung des Entwicklungsstands der Telemedizin international*
*Quelle: Eigene Darstellung*

P = absoluter Punktwert, GP = gewichteter Punktwert

* Ist der aktuelle Stand der Telemedizin förderlich? Skala: 3 = ja, besonders förderlich, 2 = bedingt förderlich, 1 = nicht förderlich, 0 = hinderlich

** Wie ist der Entwicklungsstand des Marktes einzuschätzen? Skala: 3 = fortgeschritten, 2 = positive Ansätze, 1 = Anfangsstadium, 0 = nicht entwickelt

## 4.2.4 Deutschlands Position im internationalen Vergleich

Im Vergleich der nationalen Ausprägung telemedizinischer Entwicklung ist Deutschland in einer Auswahl der stärksten Nationen im unteren Mittelfeld zu finden. Dies ist vor allem auf das deutsche Gesundheitssystem zurückzuführen, welches im internationalen Vergleich wenig telemedizinförderlich strukturiert ist. Deutschland hat nach der Schweiz und Norwegen die niedrigste Punktzahl in diesem Bewertungsteil (siehe Abbildung 48). Im Gegensatz dazu schneidet Deutschland in der Beurteilung der Telemedizinbranche gut ab. Es folgt nach den drei weit entwickelten Vorreitermärkten US, UK und Finnland zusammen mit Norwegen an vierter Stelle.

Zusammenfassend gibt der aktuelle Entwicklungsstand wie er in Abbildung 49 dargestellt ist bei starker deutscher Marktpräsenz, einer regen Kongress- und Messelandschaft (siehe Abbildung 47) und einem im Wandel begriffenen Gesundheitssystem (siehe Kapitel 2.5) Grund zur Zuversicht. Die Zeit und speziell die nächsten Jahre im Zeichen der aktuellen Gesundheitsreformen arbeiten für die Telemedizin in Deutschland. Wenn Defizite in der Struktur des Gesundheitssystems aufgeholt werden, steht einer führenden Stellung im internationalen Kontext wenig im Wege.

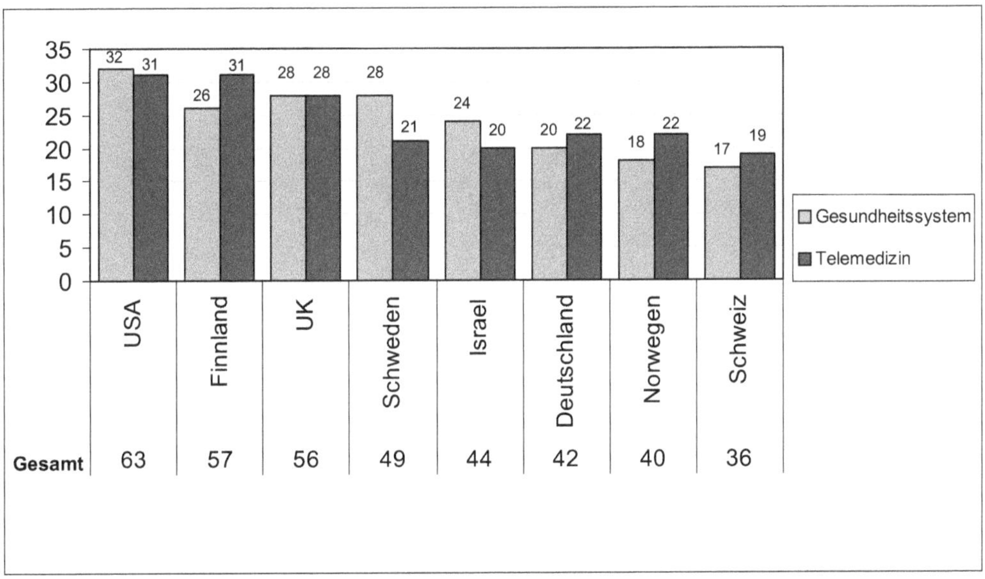


*Abbildung 49: Ranking ausgewählter Telemedizinnationen*
*Quelle: Eigene Darstellung*

# 5 Unternehmensstrategie in der Telemedizin

## 5.1 Erfolgsfaktoren des Telemonitoring

Stros et al. unterscheiden Strategieführung in gesundheitsrelevanten Märkten nach drei grundsätzlichen Kriterien: Der technologischen Ausstattung, dem Indikationsfokus eines Unternehmens sowie der Position seiner Haupttätigkeit entlang der externen Wertschöpfungskette (2005, S. 53 ff.) Aus der Kombination dieser drei Faktoren leiten sich im Bereich der Telemedizin im Wesentlichen zwei unterschiedliche Geschäftskategorien ab: Technologieanbieter und Informationsdienstleister. Der Fokus dieser Arbeit liegt auf dem Geschäftsfeld der Informationsdienstleister. Für diese Unternehmenstypen sowie ihre Mischformen sind unterschiedliche Strategieansätze sinnvoll.

Das Telemedizingeschäft weist einige Besonderheiten auf, die darauf schließen lassen, dass seine Erfolgsfaktoren sehr industriespezifisch definiert werden müssen. Dazu gehören die Angebotsform der Dienstleistung, der innovative, digitale und individualisierte Charakter des Services und die Tatsache, dass die Branche den Gesetzen des Gesundheitsmarktes unterworfen ist. Im Folgenden findet der Leser eine Annäherung an dienstleistungsspezifische Erfolgsfaktoren innovativer Branchen (Kapitel 5.1.1), die in einem nächsten Schritt um die im Telemonitoring relevanten Faktoren präzisiert werden (Kapitel 5.1.2).

### 5.1.1 Erfolgreiche Dienstleistungsnetzwerke der eIndustrie

Der Erfolg von Dienstleistungsnetzwerken in der eIndustrie kann ein Anhaltspunkt für Telemedizinunternehmen sein. Er speist sich nach einer Studie von Ahlert und Evaschitzky vor allem aus drei Schlüsselfaktoren (2002, S. 121 ff.):

- Humankapital
- Leistungsqualität
- Kundenbeziehungsmanagement (Customer Relationship Management, CRM)

Ebenfalls relevant, jedoch von Experten in ihrer Wichtigkeit nicht vergleichbar hoch eingestuft sind (mit absteigender Wichtigkeit) Markenmanagement, individualisierte Massenfertigung, Netzwerkmanagement, Innovationsmanagement und Internationalisierung (Ahlert, Evanschitzky, 2002, S. 121 ff.).

### 5.1.2 Erfolgsfaktoren im Telemonitoring

Vergleichbare Erfolgsfaktoren sind auch im Telemonitoring relevant, welche Kernkompetenz jedoch die entscheidende sein wird, kann bisher nicht abschließend beantwortet werden. Folglich werden im Markt derzeit äußerst konträre Strategieansätze erprobt. Alle Teilnehmer, die über eine der relevanten Voraussetzungen verfügen, drängen auf den Markt: Ärztenetze, medizinische Zentren und Kliniken verfügen über Patientenzugang und medizinisches Know-how. IT und Technologieunternehmen bringen die technische Expertise zur Datenübertragung über Distanz mit. Auch Krankenkassen, die vor allem über Markt- und Patientenzugang verfügen, und ausländische Telemedizinkonzerne, denen Erfahrungskurven aus internationalen Märkten zu Gute kommen, partizipieren am deutschen Geschäft.

Aufgrund individueller Unterschiede im fragmentierten Gesundheitsmarkt sind diese Produktpakete nicht in jedem Fall standardisiert absetzbar. Anbieter müssen deshalb entscheiden, ob sie ihrem Kunden eine „make or buy" Entscheidung auch in Teilschritten ermöglichen wollen. Sie würden dabei Komponenten ihres Services als Teilleistungen verkaufen. So können sie beispielsweise Partnern ihr Call Center als isolierte Dienstleistung anbieten oder Ärztenetzen und Kliniken in einer Art Lizenzvertrag Software, Schulung & Prozesse zur Verfügung stellen, damit diese Kunden ihr eigenes Telemedizinnetz betreiben können. Auch die Ausstattung der Call Center großer Krankenkassen mit Messgeräten und Software ist denkbar. Am Markt gibt es durchaus unterschiedliche Auffassungen darüber, ob ein solcher Schritt vorteilhaft ist. Einige Anbieter schauen primär auf die Steigerung der Umsatzzahlen und bewerten ihn deshalb als positiv. Andere Marktteilnehmer stehen dem Verkauf von Teilleistungen eher abgeneigt gegenüber, weil sie befürchten, sich zukünftige Wettbewerber zu schaffen.

Abbildung 50Abbildung zeigt die meistgenannten Eigenschaften eines erfolgreichen Telemedizinanbieters wie sie in Experteninterviews, die diesem Werk zugrunde liegen, angegeben wurden. Die Erfolgsfaktoren sind aus Gründen der Anschaulichkeit nach Anbietern zusammengestellt. Diese Zuordnung kommt keiner Ausschließlichkeit gleich: Während eine Klinik beispielsweise primär von direktem Patientenzugang und ihrem medizinischen Wissen profitiert, kann sie gleichzeitig über eine vorteilhafte Prozessstruktur des Call Centers verfügen. Dieser Erfolgsfaktor ist in Abbildung 50Abbildung hier beispielhaft Telemedizinunternehmen in der Kategorie „diverse Hintergründe" zugeordnet.

**Kapitalausstattung**

Die Grundvoraussetzung einer soliden Finanzierung und einer hinreichenden Kapitalausstattung wurde aufgrund der branchentypisch langen Entwicklungsspannen und des frühen Lebenszyklusstadiums häufig als essentiell benannt (Interview AnyCare GmbH, Interview AOK Bundesverband, 2007, Interview PHTS Telemedizin und Vitaphone GmbH, 2007). Sie ist deshalb im Zentrum der Darstellung angesiedelt. Sie wird umrahmt von Kernkompetenzen operativer Natur, welche für die qualitativ hochwertige Dienstleistungserstellung von Bedeutung sind.

**Technologische Vorsprung**
Kompatibilität und einfache Handhabung sind entscheidend für die Verbreitung telemedizinischer Technologien, ihre Abwesenheit ist ein Stolperstein auf dem Weg in die flächendeckende Anwendung (siehe auch **Fehler! Verweisquelle konnte nicht gefunden werden.**, Ad 9) Mangel einheitlicher Kompatibilität und Standards und Kapitel 0, Einfache Handhabung des Monitoring). Dr. Hilfer erwartet ein schnelleres Tempo der Telemedizinentwicklung, sobald „im Entwicklungsbereich neue diagnostische Möglichkeiten erwachsen, die sich in die Telemedizin integrieren lassen. „Ich denke dabei zum Beispiel an nicht-invasive Blutzuckermessung. Dadurch würde ein zusätzlicher Mehrwert geschaffen und die Telemedizin evolutionär und natürlich gerechtfertigt. Sie erhielte weiteren Auftrieb" (Interview AOK Bundesverband, 2007).

**Medizinisches Know-how**
Da Prof. Oeff die Sinnhaftigkeit mancher Parametermessungen nicht abschließend geklärt sieht, hält er ebenso wie andere Interviewpartner insbesondere medizinischen Sachverstand für einen wichtigen Erfolgsfaktor (Interview ICT Regensburg, 2007, Interview Klinikum Brandenburg, 2007, Interview Techniker Krankenkasse, 2007, Interview Ventario GmbH, 2007). Prof. Oeff beobachtet mancherorts eine Produktentwicklung vorbei am klinischen Bedarf (Interview Klinikum Brandenburg, 2007). Telemedizinanbieter, die diesen Bedarf treffen, erarbeiten sich Glaubwürdigkeit und Reputation bei Leistungserbringern und einen Wettbewerbsvorteil gegenüber der Konkurrenz.

**Patientenzugang**
Manche sogenannten „bundesweiten" Telemonitoringangebote seien aufgrund der niedrigen Teilnehmerzahl kaum als flächendeckend zu bezeichnen, bemängelt Dr. Graf von Stillfried. Oft gäben Studien wenig Aufschluss über das wahre Potential des Telemonitoring, weil sie mit wenigen Patienten durchgeführt seinen. Hier bestehe wegen des beschränkten Umfangs die Möglichkeit eines Selbstselektionsprozess, d.h., es nähmen nur die motiviertesten und interessiertesten Patienten an Pilotprojekten teil, die kaum als repräsentativ für den Durchschnitt gelten könnten (Interview Kassenärztliche Bundesvereinigung, 2007). Obschon andere Interviewpartner nicht mit dieser Meinung übereinstimmen und Studien für wissenschaftlich belastbar halten, verdeutlicht der Kommentar die Bedeutung des Faktors Patientenzugang. Kliniken, Krankenkassen und andere Marktteilnehmer, die Zugang zu großen Patientenpools haben und geeignete Teilnehmer für ihre Programme rekrutieren können, sind ihren Wettbewerbern einen entscheidenden Schritt voraus.

**Marktzugang und Netzwerke**
Telemonitoring bedarf der Teilnahme diverser Akteure des Gesundheitssystems. Ein persönlicher Zugang, etablierte Beziehungen zu Entscheidungsträgern, Erfahrung und Marktkenntnis sind für Anbieter entscheidend (Interview Techniker Krankenkasse, 2007 und Interview Vitaphone GmbH, 2007): Die Affinität oder das Desinteresse einer Krankenkasse an Telemedizin ist nach Eindruck von Herrn Conz weniger von rein ökonomischen Argumenten als durch Individuen bzw. die individuelle Strategie des jeweiligen Hauses geprägt (Interview

AnyCare GmbH, 2007). Auch Dr. Leis beurteilt die Interessen der Kassen als unübersichtlich. Auf die Frage nach der Stellung der Telemedizin aus Sicht der Kassen antwortet er: Es „ergibt sich ein Bild, das genauso viele Facetten hat, wie es Krankenkassen in Deutschland gibt. Und das sind momentan zirka 250 an der Zahl. (Interview ICT Regensburg, 2007). Deshalb sind eine solide Vertrauensbasis, langjährige Marktkenntnis und gute Reputation bei den verschiedenen Kundengruppen laut Herrn Krütten der beste Garant für einen gesicherten Zugang zum Gesundheitsmarkt (Interview Ventario GmbH, 2007). Dem stimmt Dr. Schieber zu und ergänzt, dass vor allem medizinische Expertise und eine medizinisch hohe Reputation zu dieser Vertrauenbildung beitrügen (Interview „Partnership for the Heart", 2007).

**Humankapital**

Der Faktor Humankapital wurde in Interviews als einer der Erfolgsfaktoren identifiziert und ist gleichzeitig Dienstleistungsunternehmen aller Branchen als zentraler Inputfaktor gemein. Der Wert eines Mitarbeiters setzt sich aus drei Arten von Fähigkeiten zusammen:

Die *Fach- und Methodenkompetenz*, das bedeutet Eignungen inhaltlicher Art, welche den Mitarbeiter zu einer strukturierten, inhaltlich hochwertigen Ausübung seiner beruflichen Tätigkeit befähigen, wird vor allem beeinflusst durch fachliche Ausbildung, Erfahrung und unternehmerische Kompetenz (Dreyer, 2004, S. 88). Telemedizinanbieter sind auf „Allrounder" Personal angewiesen, das technischen und rechtlichen, sowie Fragen des Marktauftritts gewachsen ist (Interview Ventario GmbH, 2007). Flexible Mitarbeiter müssen Innovationen gegenüber aufgeschlossen sein, über medizinische Kompetenz und wirtschaftlichen Sachverstand verfügen. Persönliche Kontakte und Erfahrung im Gesundheitsmarkt sind ebenso von Bedeutung.

Die *persönliche Disposition* fußt auf den Verstand, die Emotionen und die Motivation des Mitarbeiters. Sie entscheiden zum Beispiel darüber, ob ein Mitarbeiter ausschließlich aufgrund monetärer Anreize gute Leistungen erbringt (extrinsische Motivation), oder seine Aufgabe um Ihrer selbst Willen aus aufrichtigem Interesse erfüllt (intrinsische Motivation) (Wiswede, 2004, S. 388 ff.). In telemedizinischen Dienstleistungen, die in direktem Patientenkontakt erfolgen, ist diese persönliche Disposition ebenso wichtig wie die *soziale Kompetenz* eines Mitarbeiters. Sie beschreibt seine Fähigkeit zur Interaktion und Kommunikation mit anderen, die sich beispielsweise im Grad der Teamfähigkeit, der Art der Selbstdarstellung und Reflexion über das eigene Wissen und Können ausdrückt (Dreyer, 2004, S. 88 ff.). Sie ist in der Telemedizin von großer Wichtigkeit, weil es ihrer im Umgang mit den unterschiedlichen Kundengruppen in sehr unterschiedlichen Facetten bedarf. Die Kundenorientierung und das soziale Einfühlungsvermögen eines Telemedizinunternehmens findet nicht zuletzt in der praktischen Umsetzung durch seine Mitarbeiter ihre Ausprägung.

**Prozessstruktur und Managementkompetenz**

Eine prozesssichere Strukturierung und Organisation des Telemonitoringdienstes benennen viele Anbieter als ihr entscheidendes Alleinstellungsmerkmal. Die ArztPartner almeda AG nennt in diesem Zusammenhang ihre Software, die anhand vorgegebener Prozesse beispielsweise die Vernetzung des Call Centers mit den Leistungserbringern und Patienten erlaubt. Diese Struktur ermöglicht es, gepaart mit der Managementkompetenz eine reibungslose

Ablaufsteuerung gewährleisten zu können, eine qualitativ hochwertige Betreuung zu erbringen, erläutert Dr. Kottmair (Interview ArztPartner almeda AG, 2007).

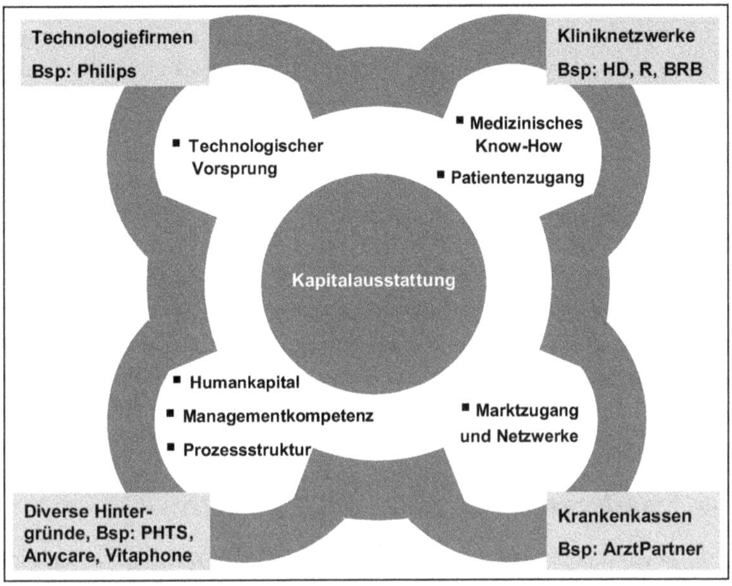


*Abbildung 50: Erfolgsfaktoren der Telemedizindienstleister*
*Quelle: Eigene Darstellung*

## 5.2 Porters generische Strategien

Im Umgang mit den fünf Wettbewerbskräften kristallisieren sich gemäß Porter drei strategische Ansätze heraus, die geeignet sind, konkurrierende Unternehmen zu überflügeln. In der Regel schließen sich die drei Strategien gegenseitig aus. Es kann jeweils nur eine Strategie verfolgt werden, weil sie konträre Zielsetzungen haben, welche auf allen Ebenen des Unternehmens konsequent umgesetzt werden müssen (Porter, 1983, S. 62 ff.).

**Umfassende Kostenführerschaft**

Die umfassende Kostenführerschaft profitiert vom Konzept der Erfahrungskurve und setzt darauf, durch einen deutlichen Kostenvorsprung Vorteile gegenüber dem Wettbewerb zu erreichen. Um zu nachhaltig niedrigeren Kosten als die Konkurrenz produzieren und anbieten zu können, bedarf es einer konsequenten Ausrichtung aller Unternehmensbereiche auf diese Strategie. Der Kostenführer hat typischerweise einen hohen Bedarf an Innovation und Investition, um seine Position zu halten. Zugang zu Kapital ist deshalb unerlässlich. Häufig verfügt der Kostenführer außerdem über einen hohen Marktanteil und vorteilhafte Konditionen bei der Beschaffung von Rohstoffen. Eine Produktkonzeption, die mit einfachen Herstellungsprozessen auskommt, ist ebenfalls von Vorteil (Porter, 1983, S. 62 ff.).

Bisher ist ein vergleichbarer Strategieansatz bei keinem der deutschen Telemedizinanbieter auszumachen (Interview AnyCare GmbH, 2007). Der Grund dafür liegt im frühen Marktstadium der Telemedizin in Deutschland. Bisher ist der Markt nicht komplett erschlossen, zudem sind entscheidende Voraussetzungen, wie das Konzept der Erfahrungskurve, noch nicht etabliert. Dazu ist Preistransparenz zum aktuellen Zeitpunkt nicht gegeben, der Kostenvergleich fällt auf Abnehmerseite also schwer. Es bleibt abzuwarten, ob nach einer Phase der Marktdurchdringung und –sättigung eine Kostenführerstrategie praktikabel ist.

**Differenzierung**

Die Strategie der Differenzierung zielt darauf ab, sich durch Alleinstellungsmerkmale (USPs) von der Konkurrenz zu unterscheiden. Die Einzigartigkeit kann in einer Marke, einer Technologie, einem Service, einem Netzwerk oder anderen entscheidenden Vorteilen bestehen. Sie rechtfertigt einen Aufpreis und bedarf keines Kostenvorsprungs. Im Idealfall resultiert Differenzierung in Kundenloyalität und somit erhöhten Eintrittsbarrieren für Wettbewerber. Für eine erfolgreiche Differenzierung vom Wettbewerb sind in der Regel Eigenschaften wie Marketingkompetenz, ein gefestigtes Image in Sachen Qualität und Technologie oder Kooperationen in den Vertriebskanälen notwendig. Häufig geht die Differenzierungsstrategie mit Exklusivität einher, womit sie dem Erreichen eines beherrschenden Marktanteils entgegenstehen kann (Porter, 1983, S. 65 ff.).

Differenzierung ist die im Telemedizinmarkt vorwiegend gewählte Strategie, sie erfolgt durch Art und Ausgestaltung der Dienstleistung. Anbieter unterschiedlichen Hintergrunds und unterschiedlicher Kernkompetenzen treten miteinander in Wettbewerb und streben nach Alleinstellung gegenüber der Konkurrenz (siehe Kapitel Wettbewerbskraft 2: Bedrohung durch neue Konkurrenten).

**Konzentration auf Marktnischen**

In der Konzentration auf Marktnischen, beispielsweise auf eine Kundengruppe, einen geographisch begrenzten Markt oder ein spezielles Produkt, kann ein Unternehmen Wettbewerber übertreffen, die breiter aufgestellt sind. Der unternehmensspezifische Vorteil ist durch Kostenführerschaft wie auch Differenzierung möglich, selbst eine Kombination der beiden Strategien ist in der Beschränkung auf ein Marktsegment möglich. Die beiden Strategien schließen sich nicht aus, weil sie sich auf Konzentration gründen. Am Gesamtmarkt könnte ein Kostenvorteil gehalten werden (Porter, 1983, S. 67 ff).

Nischenmärkte bearbeiten vor allem die Kliniken und medizinische Zentren, indem sie für ihren beschränkten Patientenkreis mit spezieller Indikation zumeist regional fokussierte Lösungen bieten. Das International Center for Telemedicine (ICT) in Regensburg bietet aufgrund seiner Angliederung an die Unfallchirurgie des Klinikums der Universität Regensburg beispielsweise die telemedizinische Betreuung von Traumapatienten. Eine solche Spezialisierung ist ein klassisches Beispiel für einen Nischenmarkt - sowohl aufgrund seiner regionalen Konzentration, als auch wegen der Wahl einer recht ungewöhnlichen Indikation - in dem ein vergleichsweise kleiner Anbieter führend agiert.

# 5.3 Die interne Wertkette

Die interne Wertkette eines Unternehmens ist die Summe seiner Tätigkeiten wie sie in Abbildung 51Abbildung dargestellt ist. Sie umfasst den Entwurf, die Erstellung, das Marketing und den Vertrieb eines Produktes, sowie die Unterstützung des Produktionsprozesses. Porter unterscheidet zwischen primären und unterstützenden Aktivitäten (1986, S. 62 ff.). Erstere sind direkt Teil der Produkterstellung und -weitergabe an den Kunden und sind in Abbildung 51Abbildung vertikal dargestellt. Letztere wirken unterstützend für das gesamte Unternehmen und gewährleisten so die reibungslose Abwicklung und das Fortbestehen der Primäraktivitäten; sie sind horizontal abgebildet. Im Folgenden wird die Abbildung 51Abbildung näher erläutert.

In der klassischen Literatur befasst sich die *Eingangslogistik* mit Tätigkeiten des Wareneingangs, der Lagerhaltung und Bestandskontrolle. Bei der Erstellung einer Dienstleistung sind die Inputfaktoren vornehmlich immaterieller Natur. Der wichtigste Faktor ist das Humankapital in Form der Arbeitsleistung und das Know-how der Mitarbeiter. Die Aufbereitung von Know-how für den Leistungserstellungsprozess (Dreyer, 2004, S. 76 ff.), beispielsweise die Aufbereitung medizinischen Wissens in Form eines Prozessalgorithmus, zählt also ebenso zur Eingangslogistik eines Telemedizindienstleisters, wie die Bereitstellung eingekaufter Hardware, Software, Patente und Lizenzen.

Die eigentliche Erstellung der Dienstleistung erfolgt in der Kategorie *Operationen* in zwei Schritten. Im ersten Schritt schafft das Unternehmen das Dienstleistungspotential, d. h. es kombiniert interne Produktionsfaktoren mit der Fähigkeit und der Bereitschaft eine Dienstleistung anzubieten (Hilke, 1989, S. 11 ff.). Diese Bereitschaft ist beispielsweise bei telemedizinischen Call Centern mit 24-Stunden-Betrieb höher einzustufen, als bei solchen mit beschränkten Öffnungszeiten. In einem zweiten Schritt erfolgt die entscheidende Zusammenbringung des internen Dienstleistungspotentials mit einem externen Faktor, der vom Abnehmer zur Verfügung gestellt wird, beispielsweise der telefonischen Anfrage eines Patienten. Diese Kombination der Anfrage mit dem Potential des Telemedizinanbieters ist die ursprüngliche Leistung, die ein Dienstleistungsunternehmen erbringt, sie stellt das Endprodukt dar (Dreyer, 2004, S. 76 ff.).

Aktivitäten im Bereich *Marketing und Vertrieb* kommen in Dienstleistungsunternehmen deshalb eine große Bedeutung zu, weil es sich um den Absatz immaterieller Güter in Form von Prozessen mit dem primären Inputfaktor Humankapital handelt. Der Abnehmer einer Dienstleistung kann diese vor dem Kauf nur schwer auf Qualitätsmerkmale prüfen. Es besteht also eine hohe ex-ante-Unsicherheit beim Kunden, die durch gute Reputation, Markenimage und andere vertrauensbildende Maßnahmen gemindert werden kann (Dreyer, 2004, S. 76 ff.). Fundierte Begleitforschung und wissenschaftliche Studien zum Nachweis des Mehrwerts steigern die Reputation der Telemedizin und sind für die Glaubhaftigkeit und den Fortbestand der Branche unerlässlich (Interview „Partnership for the Heart“, 2007 und Interview AOK Bundesverband, 2007). Mittel der Kommunikationspolitik wie intensive Öffentlichkeitsarbeit und Werbung gehören ebenfalls zu Instrumenten des Marketings und können absatzfördernd wirken.

In der *Ausgangslogistik* werden alle Aktivitäten im Rahmen der Distributionsabwicklung an den Abnehmer zusammengefasst. Darunter fallen in klassischen Industrieunternehmen die Lagerung des Endproduktes, Logistik, Auftragsabwicklung und Terminplanung (Porter, 1986, S. 62 ff.). In der Telemedizindienstleistung sind darunter Aktivitäten zusammengefasst wie die Archivierung und Aufbereitung der erhobenen Daten und die Zurverfügungstellung an den Abnehmer, also den Patienten, Leistungserbringer und die Krankenkasse.

Der *Kundendienst* umfasst Tätigkeiten, die nach dem Verkauf Zusatzwert schaffen. Beispielsweise können darunter Installations- und Reparaturdienste für die telemedizinische Hardware in Kundengebrauch fallen. Auch das Beschwerdemanagement und andere aftersale Aktivitäten wie Patientenbefragungen fallen in diese Kategorie.

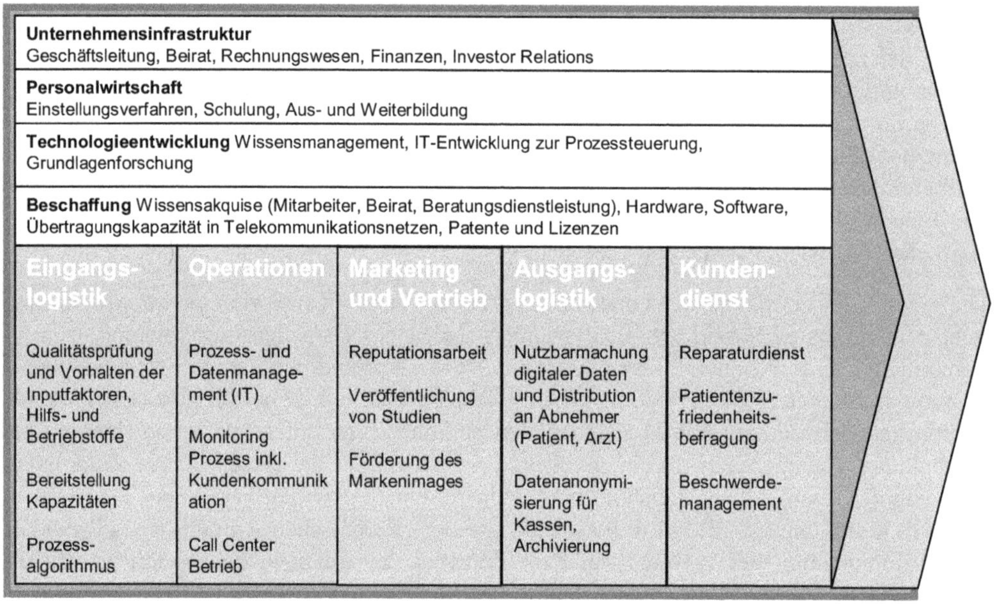


*Abbildung 51: Wertkette eines Telemedizindienstleisters*
*Quelle: Eigene Darstellung in Anlehnung an Porter (1986, S. 62), Volck (1997, S. 33) und Dreyer (2004, S.77)*

# 5.4 BCG- Matrix

Die BCG-Matrix gestattet die Kassifizierung der Produkte eines Unternehmens nach Wachstumspotential und Marktanteil. Mit dem Wissen über die Rolle eines Produktes innerhalb des Portfolios kann der Unternehmer Entscheidungen in der Produkt-, Preis-, Vertriebs-, und Kommunikationspolitik informierter treffen und die Investitionsplanung verbessern.

Bruce Henderson beschrieb 1970 die Notwendigkeit eines ausgewogenen Produktportfolios, in dem Produkte unterschiedlicher Entwicklungsstadien bestimmte Funktionen übernehmen. Die Kriterien „Marktanteil“ und „Wachstum“ erlauben eine Zuordnung aller Produkte eines

Unternehmens zu vier Kategorien: „Question marks", „Stars", „Cash Cows" und „Pets" (vgl. Abbildung 52).

Als „Question marks" bezeichnet Henderson Produkte, die zwar ein hohes Wachstumspotential haben, jedoch bisher keinen bedeutenden Marktanteil für sich beanspruchen. Im Idealfall entwickeln sie sich später hin zu „Stars". „Stars" generieren Profite durch einen hohen Marktanteil und sind gleichzeitig in einer wenig fortgeschrittenen Lebenszyklusphase, verfügen also über weiteres Wachstumspotential. Sie könnten später zu „Cash Cows" werden, d.h. zu Produkten, die bereits in der letzten Phase des Lebenszyklus angelangt sind und deshalb kein Wachstumspotential mehr aufweisen, jedoch auf Grund eines hohen Marktanteils Kapitalfluss generieren, welcher in die Stärkung anderer Produkte investiert wird. „Pets" weisen weder einen hohen Marktanteil noch besonderes Wachstumspotential auf, somit sind sie die einzige Produktkategorie, die in einem Portfolio nicht erstrebenswert ist (Stern und Stalk, 1998, S. 35 ff.).

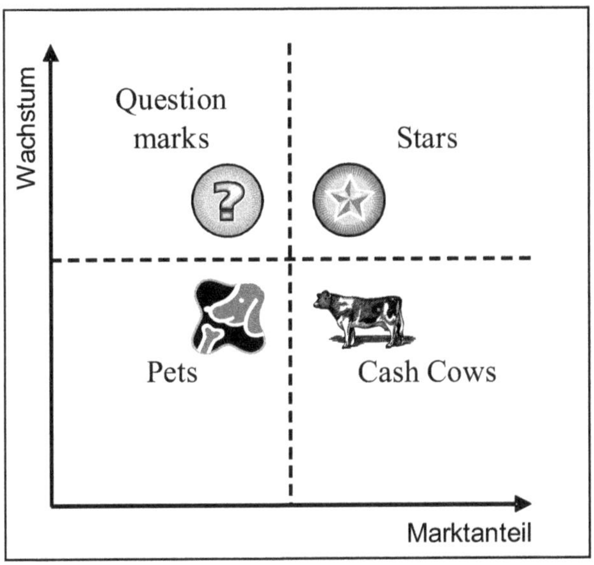


*Abbildung 52: BCG Matrix des Produktportfolios*
*Quelle: Stern und Stalk, 1998, S. 35 ff.*

Eine Produktkategorisierung im recht heterogenen Produkt- und Servicemix der deutschen Telemedizinlandschaft kann anhand der behandelten Indikationen erfolgen. Kundenpotential, technische Umsetzbarkeit und medizinische Sinnhaftigkeit bestimmen hierbei Wachstumschancen und Marktanteil und somit die Zuordnung zu den unterschiedlichen Portfolio-Kategorien.

Betrachtet man den Branchenlebenszyklus im aktuellen frühen Stadium, ist es schwer zu beurteilen, ob einzelne Indikationen eines Produktportfolios als „Stars" oder „Cash Cows" bezeichnet werden können, weil die Marktdurchdringung nicht abgeschlossen ist und somit

Marktanteile nicht etabliert sind. Zudem ist die Datenlage bezüglich der Profitabilität ungenügend. Es ist anzunehmen, dass die meisten Indikationen derzeit in die Kategorie der „Question marks“ fallen, da sie wachsen, jedoch ihren endgültigen Marktanteil noch lange nicht erreicht haben. Das bestätigt Herr Lewin, der den Überwachungsservice für herzkranke Patienten der PHTS Telemedizin noch als „Question marks“ sieht, ihm aber bei stärkerem Branchenwachstum aufgrund der etablierten Stellung der Indikation Herzinsuffizienz Chancen als „Cash Cow“-Produkt einräumt (Interview PHTS Telemedizin, 2007). Dem Monitoring von Diabetikern werden sogar Aussichten auf eine Position als „Star“-Produkt unterstellt. Diese Einschätzung erfolgt vor allem vor dem Hintergrund des oben errechneten hohen Marktpotentials sowie des hohen Einsparpotentials bei der telemedizinischen Betreuung von Diabetikern. In der zukünftigen Investitionsplanung eines Telemedizinanbieters wird das Konzept der BCG-Matrix bei einem breiten und tiefen Produktportfolio von zunehmender Bedeutung sein (siehe Kapitel 0, Breites Produkt- und Leistungsportfolio).

## 5.5 SWOT-Analyse

Die SWOT-Analyse ist ein Management- und Marketinginstrument zur Analyse der Makro- und Mikroumwelt eines Unternehmens. Die Abkürzung steht für die englischen Begriffe „strengths“ (Stärken), „weaknesses“ (Schwächen), „opportunities“ (Chancen) und „threats“ (Risiken).

Mit einem ins Unternehmensinnere gerichteten Blick gilt es in einem ersten Schritt die Stärken und Schwächen des eigenen Unternehmens und seiner Mikroumwelt zu analysieren. Dabei schaut man sowohl auf Kunden, Lieferanten und Absatzkanäle, als auch auf die eigenen Geschäftseinheiten wie Marketing, Finanzen, Fertigung bzw. Serviceerstellung oder Personalführung sowie alle Parameter des unternehmerischen Handelns, die ein Unternehmen aktiv beeinflussen kann. Es ist wichtig, im jeweiligen Faktor relativ stärker zu sein als die Konkurrenz. Ziel dieser Analyse ist es, aufzuzeigen, ob ein Unternehmen über die notwenigen Fähigkeiten verfügt, Marktchancen zu nutzen und –risiken zu begegnen.

Mit einem nach außen gerichteten Blick gilt es in einem zweiten Schritt die Chancen und Risiken der Makroumwelt, das heißt des Marktes, in dem das Unternehmen agiert, zu analysieren. Dabei schaut man auf Markttendenzen, die Geschäftschancen bieten können und auf ungünstige Entwicklungen, denen sich das Unternehmen wie die gesamte Branche als Herausforderung wird stellen müssen. Sie können das Geschäft fördern oder gefährden, das Unternehmen kann sie nicht direkt beeinflussen, sondern muss mit geeigneten Marketingmaßnahmen reagieren (Kotler, Bliemel, 2006, S.132 ff.).

In einer Gegenüberstellung werden die ausgemachten Stärken des Unternehmens mit den Marktchancen verglichen. Eine hohe Übereinstimmung kann richtungweisend oder bestätigend für die weitere Strategieplanung sein. Eine hohe Übereinstimmung der Unternehmensschwächen mit Marktrisiken soll als Warnung verstanden werden und ein Überdenken der Strategie anregen.

Abbildung 53 zeigt beispielhaft Stärken und Schwächen, wie sie typischerweise bei Telemedizinunternehmen vorherrschen können. Chancen und Risiken vermitteln einen Überblick über Eigenschaften des Telemedizinmarktes.

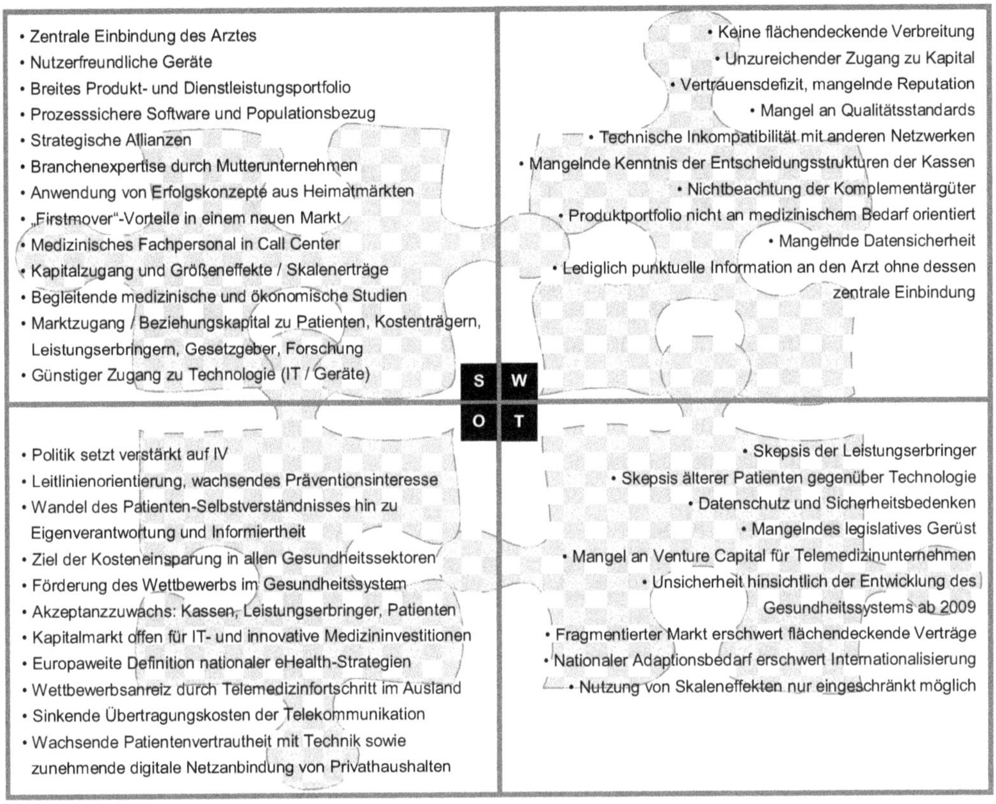


*Abbildung 53: SWOT Analyse der telemedizinischen Unternehmung*
*Quelle: Eigene Darstellung*

## 5.6 Die Rolle der Wirtschaftlichkeitsstudien in der Telemedizin

Dass Wirtschaftlichkeitsstudien in der Realität allenfalls gelegentlich jedoch keinesfalls grundsätzlich von Marktteilnehmern als Kriterium zur Entscheidungsfindung herangezogen werden, belegt die EUROMET-Untersuchung („European Network on methodology and Application of Economic Evaluation Techniques") unter Leitung von Matthias Graf von der Schulenburg. In der EUROMET-Untersuchung wurde die Bereitschaft der Entscheidungsträger verschiedener europäischer Gesundheitssysteme verglichen, Wirtschaftlichkeitsstudien zu berücksichtigen. In Deutschland beantworteten 70 Personen die Fragen. Die überwiegende Mehrheit der Befragten waren Krankenhausärzte. Vertreten waren des Weiteren Allgemeinmediziner, Krankenhausapotheker, Krankenkassenvertreter, Vertreter der Pharmaindustrie, Gesundheitspolitiker und Versicherungsärzte.

Konkret nennt die EUROMET-Studie die folgenden Barrieren, die in Deutschland die Berücksichtigung von Wirtschaftlichkeitsstudien behindern (Schulenburg, 2000, S. 51 ff.):

1. Schwierigkeit, Ressourcen zwischen Sektoren zu verschieben
2. Enge Budgets erlauben keinen Spielraum zur Einführung neuartiger Therapieformen
3. Sparpotential ist zumeist theoretisch, jedoch nicht reell umsetzbar
4. Zweifel an der Objektivität und Vertrauenswürdigkeit privat finanzierter Studien
5. Verständnisschwierigkeiten bei komplexen Studien
6. Annahmen in Wirtschaftlichkeitsstudien sind zu zahlreich

Anforderungen an Studien und Systemanreize, welche den Studienergebnissen in Zukunft mehr Gewicht einräumen könnten, nennt die EUROMET-Studie ebenfalls. Sie werden im Folgenden, nach Häufigkeit der Nennung geordnet, aufgezählt:

1. Leichtere Verfügbarkeit von Studienergebnissen z. B. über Fachpresse mit hoher Auflage
2. Flexiblere Budgetierung im Gesundheitswesen
3. Nachweis der praktischen Anwendbarkeit von Kostenersparnissen
4. Aufstellung allgemeingültiger Güteanforderungen zu Studienerhebung und -darstellung
5. Verbesserung der gesundheitsökonomischen Ausbildung
6. Erhöhte Vergleichbarkeit durch ähnliche Maßstäbe in der Ergebnisbewertung
7. Direkter Nutzen für mich oder meine Abteilung
8. Bewertung der Studien durch zuverlässige Quellen
9. Berücksichtigung von Studien als obligatorische Vorgabe

Die EUROMET-Untersuchung erhebt keinen Anspruch auf Repräsentativität. Sie ist nicht als Beleg für ein allgemeines Desinteresse an wirtschaftlichen Studien in Deutschland misszuverstehen. Vielmehr wünschen sich Teilnehmer des Gesundheitswesens eine verlässlichere Forschungsqualität:

Prof. Oeff stellt dar, dass bisher nur sehr wenige Wirtschaftlichkeitsstudien in Deutschland durchgeführt wurden. Die geplante systematische Anwendung des Telemonitorings muss daher stets auch von Wirtschaftlichkeitsstudien begleitet sein. Ausländische Studienergebnisse sind aufgrund andersartiger Versorgungsstrukturen und geographischer Besonderheiten (zum Beispiel Australien) nicht gut auf den deutschen Markt übertragbar. (Interview Klinikum Brandenburg, 2007). Auch Dr. Hilfer fehlen objektive und verlässliche Daten aus der Wissenschaft, die einen ökonomischen oder medizinischen Mehrwert nachweisen. Er gesteht zu, dass solche Studien teuer sind und KMUs und GKV sie nicht allein bezahlen können, hält sie aber dennoch für unerlässlich (Interview AOK Bundesverband, 2007). Die EUROMET-Untersuchung kann Forschern als Handlungsempfehlung dienen, um in Zukunft eine breitere Anerkennung für Studienergebnisse in Deutschland zu erreichen.

# 6 Corporate Finance Aktivitäten

## 6.1 Überblick

Telemedizinanbieter in Deutschland stehen heute am Anfang der Entwicklung einer innovativen Branche, deren Schlüsselfaktor zum Erfolg neben anderen die Ausstattung mit Kapital ist (siehe Kapitel 5.1). Größen-, Mengen- wie Verbundeffekte senken die Grenzkosten. Um diese Mechanismen nutzen zu können und langfristig am Markt wettbewerbsfähig zu bleiben, gilt es, Wachstumschancen zu nutzen und Marktdurchdringungs- sowie Internationalisierungsbestrebungen zu verwirklichen. Dazu muss sich ein erfolgreicher Telemedizinanbieter neben der klassischen Fremdkapitalfinanzierung unterschiedlicher Optionen der Aufnahme von Eigenkapital bewusst sein. Welche Form der Unternehmensfinanzierung (Englisch: Corporate Finance) im Einzelfall zu bevorzugen ist, hängt vom Entwicklungsstand sowie von der Finanz- und Wettbewerbslage des jeweiligen Unternehmens ab. Abbildung 45 stellt die verschiedenen Zeitpunkte der Corporate Finance Aktivitäten im Branchenlebenszyklus dar, wobei $t_0$ den Ausgangszeitpunkt bezeichnet. In $t_0$ ist die zentrale Corporate Finance Aktivität die Finanzierung mittels Venture Capital (siehe Kapitel 6.5).

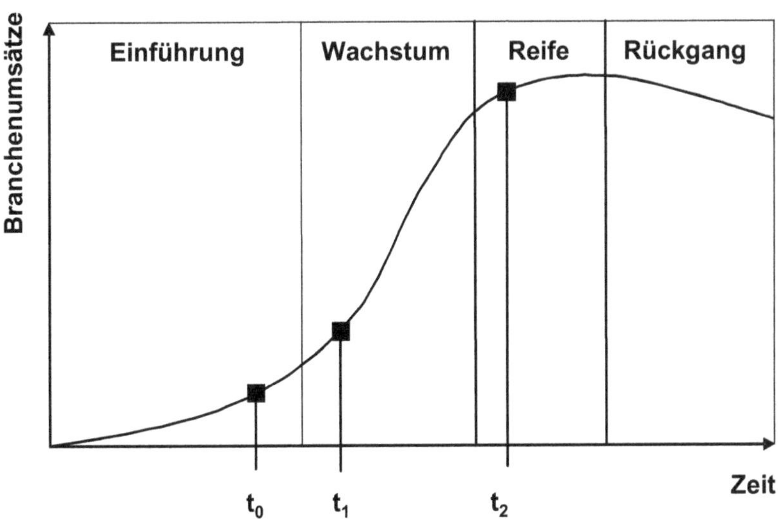


*Abbildung 54: Corporate Finance Aktivitäten im Branchenlebenszyklus*
*Quelle: in Anlehnung an Porter (1983): S. 214*

Der Börsengang oder IPO (Englisch: Initial Public Offering) ist von besonderer Bedeutung für innovative Unternehmen und KMU, denn er bietet Firmen mit einem zukunftsträchtigen Geschäftskonzept zum Zeitpunkt $t_1$ in Abbildung 54Abbildung eine attraktive Alternative gegenüber dem Verkauf an strategische oder finanzielle Investoren. Aus erfolgreichen IPOs ist abzuleiten, dass ein Unternehmen dann börsenfähig ist, wenn es „Firstmover"-Effekte oder dominierende Marktanteile sowie eine schlüssige Strategie für sich geltend machen kann und die Managementvoraussetzungen in Professionalität und Erfahrung gegeben sind (Ernst, Häcker, 2007, S. 214). In diesem Fall kann die Entscheidung für einen IPO entweder langfristig eine Alternative zu Unternehmenskäufen und -fusionen darstellen (Englisch: Mergers&Acquisitions, M&A) oder sie gewinnbringend auf einen späteren Zeitpunkt $t_2$ verschieben (siehe Abbildung 54). Für andere Marktteilnehmer, die keine Führungsposition im Markt innehaben, ist, der Verkauf an Investoren im außerbörslichen Bereich (M&A), zu Beginn der Wachstumsphase zum Zeitpunkt $t_1$, eine ernstzunehmende Option.

## 6.2 Börsengang

Eine Erstemission an der Frankfurter Börse, dem größten deutschen Börsenplatz, bedarf einer extensiven Planung und Abwägung, noch bevor der erste konkrete Schritt in Richtung Kapitalmarkt unternommen wird. Ist die Entscheidung für eine Aktienemission einmal gefallen, durchläuft der Börsenkandidat unter Anleitung seiner Berater fünf Phasen, wie sie in Abbildung 55 dargestellt sind. Im Folgenden sind lediglich die wichtigsten Meilensteine dieses Prozesses erläutert (siehe hierzu: Ernst, Häcker, 2007).

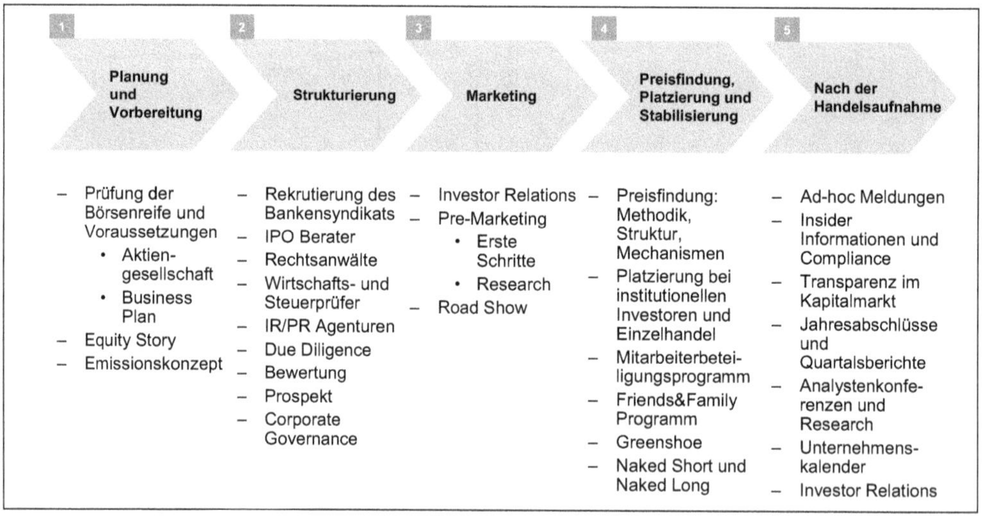


*Abbildung 55: Phasen eines Börsengang*
*Quelle: Ernst, Häcker, 2007, S. 256*

In *Phase 1* gilt es, die Voraussetzungen für einen Börsengang zu schaffen, das bedeutet insbesondere die Rechtsform – falls noch nicht geschehen – in eine Aktiengesellschaft (AG) umzuwandeln, die Rechnungslegung internationalen Standards anzupassen sowie Ablaufpläne und Grundsatzdokumente zu erstellen. Diese Dokumente sind der Business Plan, die Equity Story und das Emissionskonzept. Sie dokumentieren die Geschäfts- und Börsenstrategie des Unternehmens nach innen und außen und navigieren durch den Börsengang

*Business Plan:* Der Business Plan erläutert die Ziele und Geschäftsstrategie des Börsenkandidaten, seine Produkte und seinen Markt sowie die Plausibilität seiner Planzahlen für die kommenden drei bis fünf Jahre.

*Equity Story:* Der systematische Strategiefindungsprozess für den Börsengang beginnt mit der Formulierung der Equity Story, welche jedes Unternehmen vorab ohne Einflussnahme von Beratern oder Konsortialbank für sich rechtfertigen sollte. Sie stellt die Alleinstellungsmerkmale, Kernkompetenzen und Erfolgsfaktoren des Unternehmens dar, erklärt sein Geschäftskonzept und beschreibt das Umfeld. Neben den klassischen Investitionsargumenten (Marktanteil, Wachstumspotential, historische Profitabilität, Produkterfolg, erfolgreiche Übernahmen) sollte die Equity Story vor allem zukunftsgerichtete Fragen der Investoren zu beantworten suchen, so beispielsweise die folgenden: „Kann das Unternehmen Marktführer werden?", „Gibt es Bestrebungen zur Internationalisierung?", „Ist das Produktportfolio ausgewogen und profitabel?", „Sind strategische Allianzen geplant?" sowie: „Werden innovative Technologien verwandt?"

*Emissionskonzept:* Das Emissionskonzept schreibt die Eckpunkte eines Börsengangs vor. Es dokumentiert die Börsenstrategie und welche Optionen wahrgenommen werden sollen. Es legt vor allem die folgenden Parameter fest: Börsenplatz und Transparenzstandard (Entry / General / Prime Standard), Aktiengattung (Inhaber-/Namensaktie und Stamm- /Vorzugsaktie), Emissionsvolumen, Umfang der Kapitalerhöhung, Mittelverwendung, Platzierungsstrategie sowie Projektplan und –schritte.

In *Phase 2* geschieht vor allem die Auswahl der den Börsengang begleitenden Berater aus dem Banken-, Rechts- und Steuerwesen, ebenso wie Wirtschaftsprüfer, unabhängige Emissionsberater und PR-Agenturen. Diese Phase schließt mit der Erstellung einer ersten Unternehmensbewertung unter Mithilfe der Berater ab. Daraus abgeleitet wird der Börsenprospekt erstellt, das zentrale und obligatorische Antragsdokument bei Zulassung zum Handel an einem organisierten Markt. Er dient dem Ausgleich etwaiger Informationsgefälle, weil er alle wichtigen Fakten über die Aktie des Unternehmens zusammenträgt. Da er beispielsweise auch explizit positive wie negative Risiken auflistet, die eine Investition in diese Aktie mit sich bringt, dient er der informierten Anlageentscheidung der Aktionäre

Durch das Marketing in *Phase 3* werden Beziehungen zu potentiellen Investoren (Investor Relations) mit dem Ziel aufgebaut, die Akzeptanz am Markt einzuschätzen und das Unternehmen zu positionieren. Es dient als Stimmungsbarometer, um eventuelle Umstrukturierungen rechtzeitig vornehmen zu können und so eine bestmögliche Platzierung zu erzielen.

Nach den ersten vorfühlenden Schritten schreiben Analysten der involvierten Investmentbanken Research Reports, die eine Unternehmensbewertung und eine Annäherung an einen möglichen Emissionspreis beinhalten. Sie sind die Grundlage anschließender Treffen zwischen potentiellen Investoren und Analysten.

In *Phase 4* schließlich wird die Platzierung vorgenommen, bei der eine Fülle von Wahlmöglichkeiten offen steht. Zu Beginn werden die Art der Preisfindung (Festpreisverfahren oder Bookbuilding), die Preisstruktur und Preismethodik (Einzelpreis oder Preisspanne) festgelegt. Später ist es wichtig zu entscheiden, welchen Anlegergruppen Aktien zugeteilt werden.

Schließlich enden die Börsenaktivitäten eines Unternehmens nicht mit der erfolgreichen Platzierung an der Börse, sondern beginnen viel mehr zu diesem Zeitpunkt. *Phase 5* beinhaltet die Aufnahme aller laufenden Aktivitäten einer Börsennotierung und die Erfüllung der mit ihr verbundenen gesetzlichen Folgepflichten.

# 6.3 Mergers und Acquisitions

## 6.3.1 Prozessablauf

Mit fortschreitender Branchenentwicklung und zunehmendem Verbreitungsgrad sinken die Absatzpreise. Um durch Größenvorteile Kostenersparnisse erzielen zu können, werden Unternehmen auf der Suche nach Wachstumsalternativen auf Expansionskurs gehen. Unternehmen, die finanzstarke Mutterunternehmen oder Investoren im Rücken haben, werden im Vorteil sein, denn Zugang zu Kapital ist in dieser Phase ein überlebenswichtiger Faktor. Dass große Spieler in einigen Jahren KMU aufkaufen werden, um ihren Marktanteil zu vergrößern, erwartet auch Herr Conz (Inteview Anycare GmbH, 2007).

Der Begriff Mergers & Acquisitions (M&A) beschreibt entweder den Zusammenschluss oder die Fusion von mindestens zwei eigenständigen Unternehmen (Merger) oder den Kauf (Acquisition) eines bis dahin eigenständigen Unternehmens. Unternehmenskäufe können als freundliche oder feindliche Übernahmen vorgenommen werden und laufen üblicherweise in vier Phasen ab. Diese sind in Abbildung 56 schematisch dargestellt (ausführliche Darstellung vgl. Ernst, Häcker, 2007, S. 15 ff. sowie Ernst Häcker, 2002, S. 93 – 111).

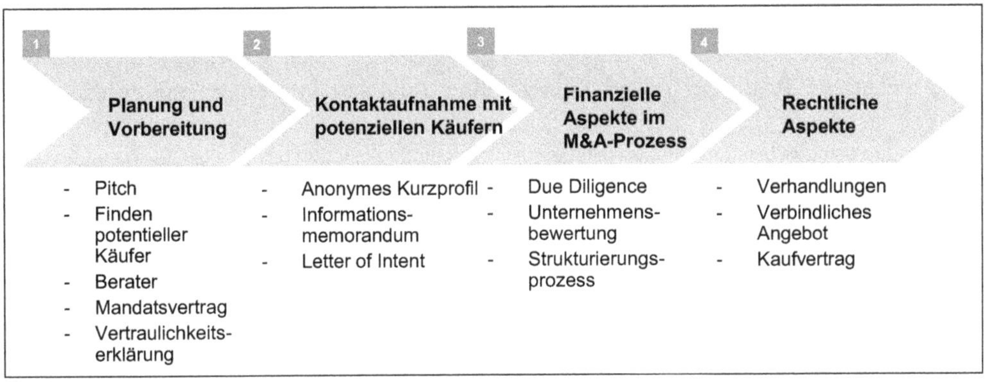


*Abbildung 56: Darstellung des M&A-Prozesses*
*Quelle: Eigene Darstellung nach Ernst, Häcker, 2007, S. 15 ff.*

## 6.3.2 Mergers and Acquisitions in der Telemedizin

Wie im vorigen Abschnitt beschrieben, können Zukäufe und Fusionen zwischen Unternehmen verschiedener Ebenen entlang der Wertkette stattfinden. Im Folgenden findet der Leser eine Auswahl aktueller Beispiele aus der internationalen Telemedizin.

Die an der schweizer Börse notierte CardGuard AG israelischen Ursprungs kaufte sich mit der Übernahme von LifeWatch im Jahr 2000 und einer weiteren Akquisition von Instromedix im Jahr 2002 in den amerikanischen Markt ein. Instromedix ist wie CardGuard Hersteller telemedizinischer Messgeräte. Die Übernahme von LifeWatch stellt eine vertikale Integration dar, da LifeWatch Geräte herstellt, jedoch außerdem telemedizinische Call Center betreibt (CardGuard, 2007a und CardGuard, 2007b).

2001 verschaffte sich die Deutsche Krankenversicherung (DKV) Zugang zum Telemedizinbereich indem sie die ArztPartner almeda AG kaufte, insbesondere, um von den Dienstleistungen des Call Centers und Erfahrungswerten in der Entwicklung von DMP zu profitieren (Ärzte Zeitung Online, 2001).

Um sich im Zuge seiner Internationalisierungsstrategie einen Zugang zum deutschen Markt zu verschaffen, kaufte 2005 das schwedische Unternehmen Ortivus AB, notiert in der O-Liste der Stockholmer Börse, 100 % des Aktienkapitals der deutschen MEDOS AG und deren Tochtergesellschaften. Durch die Übernahme soll die Marktposition der Ortivus-Produkte, wie auch der MEDOS-Produkte international gestärkt werden. Bis zur Übernahme hatte Ortivus Niederlassungen in Schweden, England, Kanada und den USA. Ortivus bietet folgendes an: Gesamtlösungen für Leitzentralen der Polizei, Feuerwehr und Rettungsdienste (Dispatch- und Fahrzeugmanagementsysteme), Telematik-Systeme zur Übertragung von Patienten- und Vitaldaten aus Rettungswagen direkt in die elektronischen Patientenakten der verschiedenen Krankenhaus-Informationssysteme sowie tragbare Patientenüberwachungssysteme für die stationäre Kardiologie. Medos entwickelt Informationssysteme für die Medizin sowie eine multimediale elektronische Patientenakte und hat eine Niederlassung in Dänemark. MEDOS bietet Ortivus Unterstützung in den Bereichen Vertrieb, Projektmanagement, technische Realisierung und Support ihrer Produkte in Deutschland (Medos AG, 2005).

Initial Electronic Security Systems Limited, eine Tochtergesellschaft des börsennotierten britischen Konzerns Rentokil Initial plc kaufte im November 2005 den Telecare-Anbieter Attendo Systems Limited. Heute agiert das ehemals eigenständige Unternehmen als Initial Attendo und Teil des Rentokil Initial Konzerns im britischen Markt (NHS Purchasing and Supply Agency, 2006, S. 23).

Im Januar 2007 kaufte Aerotel Medical Systems, Hersteller transtelefonischer Telemedizinsysteme, die Tadiran LifeCare Division von Tadiran Spectralink, einem spezialisierten Hersteller kabelloser Kommunikationstechnologien. Tadiran LifeCare fertigt innovative kabellose Monitoringsysteme, welche Miniaturbiosensoren mit kabellosen Technologien verbinden. Tadiran Spectralink entschied sich zum Verkauf, um sich auf sein Kerngeschäft militärischer Kommunikationstechnologien zu fokussieren (Aerotel, 2007).

Als richtungweisende Transaktion kann der im Oktober 2007 verkündete Erwerb von Raytel Cardiac Services durch Philips sowie der damit verbundene Vertrieb von SHL Telemedicine Produkten durch Phillips in Nordamerika gesehen werden.

In der Presseerklärung von SHL heißt es wie folgt:

„Tel Aviv/Zürich, 4 Oktober, 2007 – SHL Telemedicine Ltd. (SWX: SHLTN), ein führender Telemedizin Provider und Entwickler fortschrittlicher persönlicher Telemedizinlösungen hat heute die Unterzeichnung einer Vereinbarung mit Royal Philips Electronics (NYSE:PHG, AEX:PHI) (ein 18%-iger Aktionär von SHL) verkündet bzgl. der Veräußerung von Raytel Cardiac Services sowie weiterer ergänzender Bereiche inklusive SHLs US Cardiac Monitoring Aktivitäten. Der Käufer ist Philips. Die Bezahlung erfolgte mittels einer Vorauszahlung in bar von ca. USD 110 Millionen zuzüglich der Beteiligung an zukünftigen Umsätzen von aktuellen Raytel Dienstleistungen sowie gewisser neuer Produkte and Dienstleistungen für die nächsten 9 Jahre.

Mit der Akquisition von Lifeline vor einem Jahr ist Philips der führende Anbieter von „Personal Response Dienstleistungen“ und Notrufsystemen in den USA und Kanada geworden. Philips vermarktet seine Dienstleistungen mittels eines Netzwerks von mehr als 2,500 Krankenhäusern und anderer Healthcare Provider und dient 750,000 individuellen Kunden.“ (...) Diese Transaktion stattet SHL mit signifikanten liquiden Mitteln aus, um die Expansionsgeschwindigkeit im deutschen Markt zu erhöhen sowie die Erschließung neuer Märkte und die Entwicklung neuer Produkte voranzutreiben.

# 6.4 Strategische Allianzen

## 6.4.1 Arten von strategischen Allianzen

Neben der Möglichkeit des Firmenkaufs gibt es noch verschiedene andere Alternativen, wie Unternehmen eine Kooperation erreichen können.

- Gemeinschaftsunternehmen (Joint Ventures)
- Strategische Beteiligungen
- Beteiligungen
- Lizenzierung
- Franchising
- Netzwerkallianzen

Dabei unterscheidet sich jede Partnerschaft in ihrer Struktur und Tragweite. So wird bei einem Joint Venture ein gemeinsames Unternehmen gegründet, in das Kapital, bzw. Know-how eingebracht wird. Bei einer strategischen Beteiligung hingegen äußert sich die Partnerschaft in Form einer Minderheitsbeteiligung.

Im Gegensatz dazu steht die strategische Allianz, bei der weder ein gemeinsames Unternehmen gegründet wird, noch ein Eigenkapitaltransfer stattfindet. Bei dieser Form der Unternehmenspartnerschaft arbeiten die Firmen auf den Gebieten der Forschung und Entwicklung, Marketing und Technologie zusammen. Lizenzierung beinhaltet die Nutzung von Markennamen und Technologien gegen eine Lizenzgebühr. Beim Franchising besteht eine enge Zusammenarbeit durch eine Vielzahl von Lizenzverträgen. Netzwerkallianzen sind Kooperationen von Unternehmen, die nicht dauerhaft angelegt sind, sondern gegründet werden, um in einer bestimmten Situation marktfähig zu sein (Ernst, Häcker, 2007, S. 6 ff.).

## 6.4.2 Prozessablauf einer strategischen Allianz

Die Gestaltung strategischer Allianzen bedarf einiger begleitender Überlegungen, um den Erfolg der Kooperation zu garantieren.

Der Prozess lässt sich in verschiedene Phasen einteilen: In der ersten Phase der Planung und Initiierung muss zunächst die Strategie und Wettbewerbsposition des eigenen Unternehmens klar herausgestellt werden, um in einem zweiten Schritt die Ziele einer möglichen Kooperation definieren zu können. In der zweiten Phase werden die kritischen Anforderungen an den strategischen Partner festgelegt, die für die Identifikation eines geeigneten Kooperationsunternehmens notwendig sind. Die dritte Phase der Allianz beinhaltet zunächst Überlegungen zu Ablauf und Inhalt einer ersten Begegnung und schlussendlich die Auswahl des Partners. In der Umsetzungsphase sollten Inhalte des Projektmanagements wie die Bildung einer geeigneten Ablauforganisation und der Einsatz von Kommunikations- und Steuerungsinstrumenten bedacht werden. Der Entscheidung der Fortführung, Erweiterung oder Beendigung einer Kooperation sollte eine detaillierte Analyse vorausgehen, die erreichte Ziele und entstandene Probleme beleuchtet.

### 6.4.3 Strategische Allianzen in der Telemedizin

Strategische Allianzen haben in der Telemedizin eine besondere Bedeutung. Da die IV eine Vernetzung verschiedener Leistungserbringer und Kostenträger fördert, bestimmen Netzwerkallianzen das Bild der deutschen Telemedizinlandschaft. Hierbei finden unterschiedliche Teilnehmer der externen Wertkette im Rahmen von (Pilot)Projekten zusammen. Häufig resultieren aus diesen zunächst temporär angelegten Kooperationen dauerhafte Partnerschaften, in denen jeder Teilnehmer seine Kernkompetenzen oder Komponenten dieser Kernkompetenzen einbringt. Im Laufe der Zeit werden diese Allianzen häufig erweitert. So gehen die Bestrebungen beispielsweise dahin, möglichst viele Leistungserbringer zu integrieren und die absolute Kundenanzahl zu erhöhen. Eine wichtige Funktion haben auch Public-Private-Partnerships, in denen Anbieter und öffentliche Finanzierungs- oder Forschungsstellen zueinander finden.

**Strategische Allianzen in Deutschland**
Beispielhaft für Netzwerkallianzen ist die Kooperation der Medizinischen Universitätsklinik Heidelberg mit der AOK Baden-Württemberg und der PHTS Telemedizin zur Betreuung von Patienten mit chronischer Herzinsuffizienz. Ebenfalls im klinischen Umfeld entsteht momentan die Partnerschaft „Partnership for the Heart“ zwischen der Charité Berlin, dem Robert-Bosch-Krankenhaus Stuttgart, der Barmer Ersatzkasse, der InterComponentWare AG mit ihrer Gesundheitsakte, der Aipermon GmbH & Co KG und Vodafone.

**Strategische Allianzen international**
Strategische Allianzen werden auch im internationalen Kontext und länderübergreifend geschlossen. Das israelische Unternehmen Tadiran LifeCare, heute Teil von Aerotel, startete 2005 das Projekt "TeleMedIS" mit dem schwedischen Karolinska Universitätskrankenhaus und der schwedischen Telekommunikationsfirma TeliaSonera. Ziel dieser Allianz war es, eine einzigartige Telemedizinplattform und ein am Handgelenk tragbares Monitoring System für das schwedische Gesundheitssystem zu entwickeln. Finanziert wurde die 18-monatige Initiative auf schwedischer Seite von Vinnova und auf israelischer Seite von MATIMOP im Rahmen des Programms SIBED (Sweden-Israel Binational Testebed Program) (Tadiran Life Care, 2007). Vinnova ist eine schwedische Landesbehörde (Swedish Governmental Agency for Innovation Systems, 2007). MATIMOP, das israelische Industrie-Zentrum für Forschung und Entwicklung, ist eine Koordinationsstelle für industrielle F&E-Kooperationen zwischen Israel und der internationalen Hi-Tech Community (Matimop, 2007).

Ein Beispiel für ein Joint Venture in den USA stellt seit 2003 Viterion TeleHealthcare LLC dar, eine Kooperation von Bayer HealthCare LLC's Diagnostics Division (Diabetes care division) und Matsushita Electric Industrial Co. Ltd. (Panasonic): Viterion TeleHealthcare LLC produziert Geräte zur Messung unterschiedlicher Vitalzeichen; das prominenteste Produkt ist der TeleHealth Monitor Viterion 100. Das Unternehmen verbindet Bayers medizinisches Wissen mit Panasonics technischer Expertise (Viterion, 2007).

**Lizenzierung**

Lizenzierung findet sowohl im nationalen als auch internationalen Kontext häufig statt, wenn ein Dienstleistungsanbieter Messgeräte von einem Gerätehersteller bezieht. Die Auswahl des Gerätelieferanten kann von nicht unerheblicher Bedeutung sein, wenn es sich dabei um einen renommierten Gerätehersteller bzw. ein renommiertes Produkt handelt. Die Lizenzverträge in der Telemedizinbranche sind vielfältig und unterliegen meist der Geheimhaltung.

# 6.5 Venture Capital

Die Verfügbarkeit von Venture Capital ist eine wichtige Wachstumsvoraussetzung für KMU in innovativen Branchen wie der Telemedizin (vgl. im Folgenden: Ernst, Häcker, 2007, S. 57-126). Als Investoren im sogenannten Wagniskapitalmarkt (englisch: Venture Capital) treten risikofreudige Kapitalgeber auf, die im Gegenzug in der Regel an einer überdurchschnittlich hohen Rendite interessiert sind. Der Investitionshorizont ist mit ca. fünf Jahren eher kurz; danach streben Venture-Capital-Geber in der Regel einen Ausstieg aus dem Unternehmen durch Verkauf an, um die erwartete Rendite zu realisieren. Käufer können sich an der Börse (Anleger) innerhalb der jeweiligen Branche (strategische Investoren z. B. größere Unternehmen) oder erneut bei finanziellen Investoren finden. Während des Investitionszeitraums unterstützen Wagniskapitalgeber KMU meist nicht nur mit Kapital, sondern auch mit Managementberatung, um den Ausgang ihrer Investition positiv zu beeinflussen.

Unter den Investoren finden sich regionale Beteiligungsgesellschaften, vermögende Privatleute (sogenannte Business Angels), die eigenes Kapital einbringen, oder Venture Capital Fonds, welche von einer Managementgesellschaft verwaltet werden. Durch Venture Capital Fonds wird Kapital meist institutioneller Anleger wie Rentenfonds oder Banken investiert. Häufig spezialisieren sich die Anleger auf bestimmte Branchen oder Stadien im Lebenszyklus junger Firmen (Seed-Phase, Start-Up, Expansion, Bridge-Finanzierung), für die sie über besondere Expertise und Erfahrung verfügen. Es gibt auch Lösungen, in denen der Staat einen Fond mit definiertem Fokus auflegt und Kapital zur Verfügung stellt, um die Wettbewerbsfähigkeit bestimmter Branchen im Land zu fördern. Ein solches Beispiel existiert für die Telemedizin mit dem Sitra Fund in Finnland.

**Venture Capital in der internationalen Telemedizin**

*VC in Deutschland*
Während Wagniskapitalgeber in Deutschland der Telemedizin bisher abwartend gegenüberstehen, wird in anderen Teilen Europas und der Welt längst in diese Branche investiert. Es ist davon auszugehen, dass auch Kapitalgeber in Deutschland zukünftig, nicht zuletzt dank des großen Marktpotentials, die Telemedizin als aufstrebende junge Branche für sich entdecken

werden. Die Wagnisfinanzierung dient in anderen Ländern bereits als entscheidender Katalysator auf dem Weg zu mehr Wachstum und auf dem Weg zur Börse.

*VC in Finnland*

Der „Finnish Innovation Fund Sitra" ist ein unabhängiger öffentlicher Fund, der sich über die Rendite seiner Wagnis-Investitionen refinanziert. Seine sechs Investmentschwerpunkte sind unter den Überschriften Innovation, Gesundheit, Ernährung, Umwelt, Russland und Indien zusammengefasst (Sitra, 2007). Derzeit hält Sitra ein VC-Investment-Portfolio von etwa 80 Beteiligungen, davon sieben eHealth und Medizin-IT-Firmen im Rahmen des Gesundheitsprogramms (Sitra, 2006a, S. 33), von denen IST Oy, ein Produzent von Überwachungsarmbändern, in den Fokus dieser Arbeit passt. Im September 2006 rief Sitra den Gesundheitsfond Terveysrahasto Oy ins Leben, der mit einem Kapital von 22 Millionen Euro startete. Sitras Betrag zur Kapitalausstattung des als „Limited" operierenden Fonds betrug 10 Millionen Euro. Terveysrahasto Oy investiert in innovative Public-Private-Partnerships des Gesundheitssektors, derzeit gehört seinem Portfolio jedoch keine Telemedizinfirma an (Sitra, 2006b). Abbildung 57Abbildung stellt den Finnish Innovation Fund mit seinen Finanzkennzahlen vor.

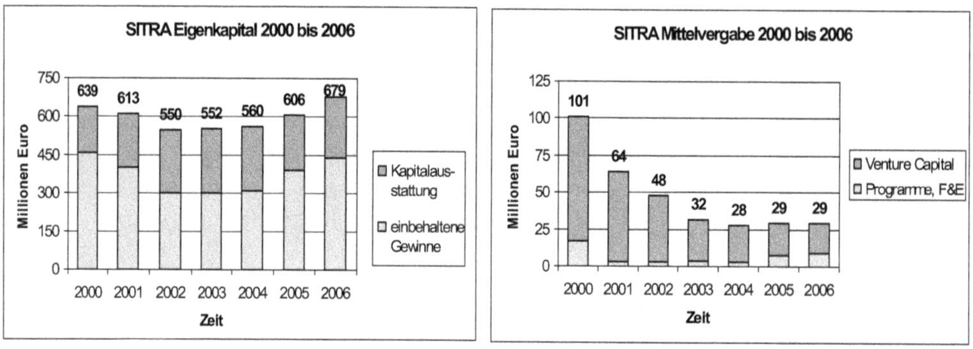


*Abbildung 57: Kennzahlen des Finnish Innovation Fund Sitra 2000 bis 2006*
*Quelle: Sitra, 2006a, S. 24 ff.*

*VC in den USA*

Wagniskapital ist in den USA ein häufig genutztes und gut verfügbares Finanzierungsinstrument. So ist der Einsatz von Wagniskapital sowohl in Frühphasen als auch in Wachstumsphasen in der Telemedizin keine Seltenheit. Um den Einsatz von Wagniskapital in Telemedizinunternehmen voran zu bringen, organisierte die American Telemedicine Association 2005 zusammen mit Vesalius Ventures eine Konferenz im Rahmen eines Telemedizinkongresses, um Telemedizinunternehmen mit VC-Gebern zusammenzuführen. Vesalius Ventures ist ein Venture Capital Fond, der sich ausdrücklich der Finanzierung der Telemedizin verschrieben hat.

Im Folgenden werden Transaktionen der jüngeren Vergangenheit beschrieben, um die Vielfältigkeit der Branche zu illustrieren.

Ein Beispiel für eine Seed-Phasen-Finanzierung stellt die VitalStream Health Inc dar, ein Unternehmen das gerade in der Entstehung begriffen ist. Das Unternehmen, welches eine transtelefonische Blutdrucküberwachung chronisch kranker Herz-Kreislauf-Patienten anbieten wird, ist ein Spin-off der Cleveland Clinic und wird hauptsächlich finanziert durch ein lokales VC-Unternehmen, Glengary LLC. Weiterhin an der Kooperation beteiligt sind ein Telemedizin-Experte und ein Informationstechnologiespezialist. Weitere Vitalzeichen wie EKG sollen das Produktportfolio zu einem späteren Zeitpunkt ergänzen (Vanac, M., 2007).

Neben der Seed-Finanzierung werden auch weitaus umfangreichere Investments im Telemedizinsektor getätigt: Der Börsenaspirant Cardionet Inc. schloss eine 110 Millionen US-Dollar umfassende Finanzierungsrunde ab, die größte Eigenkapitalrunde für eine Medizintechnikfirma seit Mai 2000. Sie ist der erste Schritt für Cardionet Inc. auf dem Weg an die Börse.

Auch CardioMems visierte nach einer 22,6 Millionen US-Dollar umfangenden Finanzierungsrunde im November 2006 für 2007 zunächst einen IPO an. Zu diesem Zweck sollten weitere 86 Millionen US-Dollar investiert werden. Die Pläne wurden jedoch inzwischen zurückgezogen. Investoren sind unter anderen: Arcapita, Boston Millennia Partners, Foundation Medical Partners (WRAL.com, 2007a).

Ein weiteres Beispiel für VC-gestütze Unternehmen ist auch Remon Medical Technologies Inc., ein Hersteller von Miniaturimplantaten zur Messung der Blutströmung, vor allem bei chronisch herzinsuffizienten Patienten. Fonds, die in das Unternehmen investieren, sind globale Investoren wie Concord Ventures, Polaris Venture Partners, Lilly Ventures, KBL Healthcare Ventures, Ofer Hi-Tech Group, Triathlon Medical Ventures, Medica Venture Partners and Guidant Corporation (jetzt Boston Scientific) (Remon Medical Technologies, Inc, 2007).

Zwei Beispiele für kleinere Investments sind Vivometrics, finanziert von Credit Suisse und anderen Eigenkapitalgebern sowie Bodymedia, das von nicht näher angegebenen Wagniskapitalgebern gestützt wird. Vivometrics stellt das VivoMetrics-T-Shirt zur Messung von Vitalzeichen und Herz-Lungen-Funktion her (Vivometrics, 2007). Bodymedia hingegen stellt ein Armband und eine Software zur Messung von Kalorienverbrauch, körperlicher Aktivität und anderer Parameter her (Bodymedia, 2007).

*VC in Israel*

In Israel existiert eine lebendige VC-Kultur. Die Life-Science-Industrie ist stark gestützt von Wagniskapitalgebern.

2006 ermöglichte eine zweite VC-Finanzierungsrunde dem Telemedizinhersteller EarlySense die Zulassung durch die amerikanische „Food and Drug Administration“ (FDA) und somit den Markteintritt in die USA. Die Kapitalgeber Etgar Challenge Fund und ProSeed Venture Capital Fund investierten in dieser Runde gemeinsam $3 Millionen. Bisher hatte EarlySense $1,25 Millionen eingesammelt, in einer Seed-Finanzierungsrunde von privaten Investoren und in einer ersten VC-Runde vom Challenge Fund (Israel Healthcare & Medical Device Industry, 2006).

Glucon Medical Ltd, ein israelisches Start-Up-Unternehmen, welches Technologien zur nicht-invasiven Blutzuckermessung mittels Fotoakustik entwickelt, wird ebenfalls durch VC finanziert. Anfang 2007 wurde eine neue Finanzierungsrunde eingeläutet, hauptsächlich beteiligt ist 3i. Andere beteiligte Wagniskapitalgeber sind Sequel Venture Partners, Quest Capital Partnership und Hunt Ventures, Aurum Ventures, Giza Venture Capital, MKI, Infinity Venture Capital Fund und Ascend Technology Ventures. Nach Angaben des Israel Venture Capital Research Center wurden $ 25 Millionen zugeschossen (Israel Healthcare & Medical Device Industry, 2007). Bereits 2004 war die erste Finanzierungsrunde über $13 Millionen gestartet worden, unter Beteiligung von Giza Venture Capital, InnoMed Ventures, Jerusalem Global Ventures, Infinity Venture Capital und einem strategischen Investor aus Japan (Jerusalem Global Ventures, 2004).

dbMotion, ein Hersteller virtueller Patientenakten zur Vernetzung verschiedener Leistungsanbieter und Organisationen, ist ebenfalls VC-gestützt. 2005 wurden unter Leadinvestor Gemini Israel Funds 10,2 Millionen US-Dollar in einer Runde gesammelt. Andere Anteilseigner sind Vertex Venture Capital und Pitango Venture Capital, die ebenfalls teilnahmen. In der vorhergehenden Finanzierungsrunde Anfang 2004, hatte dbMotion bereits 6 Millionen US-Dollar von Vertex und Pitango erhalten (Israel Healthcare & Medical Device Industry, 2005).

Auch die inzwischen an der schweizer Börse notierte CardGuard ist mit finanzieller Unterstützung von Wagniskapital gestartet. Pitango, einer der größten israelischen VC-Fonds, hält bis heute Anteile an CardGuard AG (Pitango Vneture Capital, 2003).

*VC in Großbritannien*

Im englischen Private Equity Markt sind im Bereich Telemedizin vor allem die Beteiligungen an der Tunstall Gruppe von Interesse. Sie ist bedeutend schwergewichtiger als Beteiligungen in anderen Märkten. HgCapital, ein sektorbezogener europäischer Private-Equity-Investor kaufte die Tunstall Gruppe 1999 und ist an weiteren Unternehmen des Gesundheitswesens wie beispielsweise Newchurch, einem Anbieter von elektronischen Krankenberichten, Beratungsdiensten und anderen IT-Services für den NHS, beteiligt (HgCapital, 2007). HgCapital verkaufte Tunstall Holdings Limited fünf Jahre nach dessen Management-Buy-Out an Bridgepoint (HgCapital, 2005). In seinem aktuellen Portfolio gibt Bridgepoint sein Investment in Tunstall mit einem Volumen von 336 Millionen Euro an (Bridgepoint, 2007).

In wesentlich kleinerem Umfang als HgCapital und Bridgepoint sind auch die Investoren Albany Ventures, Elaia Partners, Sitka Partners und YFM Private Equity in der Telemedizin vertreten. Das Konsortium beteiligt sich mit drei Millionen britischen Pfund an dem IT-Unternehmen Digital Healthcare aus Cambridge (Elaia, 2005). Digital Healthcare bietet Softwarelösungen für digitale Bildgebung und automatisiertes Behandlungspfadmanagement an (Digital Healthcare, 2007).

# 7 Bewertung von Telemedizinunternehmen

Im Folgenden werden vier Bewertungsmethoden zur Bewertung von Telemedizinunternehmen vorgestellt. Dabei handelt es sich um die Methoden

1. Börsenbasierende Multiplikatoren
2. Vergleichbare Transaktionen
3. Discounted-Cashflow Analyse
4. Venture Capital Modell

Während die Methoden eins bis drei gängige Methoden in der Unternehmensbewertungspraxis sind, handelt es sich bei der Methode vier um ein hier speziell für junge Unternehmen aus Wachstumsbranchen entwickeltes Modell. Das Modell wurde von Joachim Häcker, Miriam Krieg und Marc Uhland entwickelt. Es setzt auf Datensätzen von zwei Veröffentlichungen auf[5] und entwickelt diese weiter.

Über die gängigen Bewertungsmethoden eins bis drei wird jeweils nur ein kurzer Überblick gegeben. Auf die Analyse der Bewertungsmethoden eins bis drei im Rahmen einer „Case Study" wird hier verzichtet und auf folgende Literatur verwiesen: Ernst, Häcker (2007), Eil, Häcker (2007), Ernst, Drukarczyk, (2007), Ernst, Schneider, Thielen, (2006) sowie Ernst, Häcker (2002). Die Bewertungsmethode vier wird ausführlich anhand eines fiktiven Beispiels, der Telemed A dargestellt.

---

[5] Vgl. Eisele, F.; Habermann, M.; Oesterle, R. (2002): Die Beteiligungskriterien für eine Venture Capital Finanzierung – Eine empirische Analyse der phasenbezogenen Bedeutung, Tübinger Diskussionsbeitrag Nr. 238, März 2002 ; sowie: Frei, P. (2006): Assessment and Valuation of High Growth Companies, thèse N° 3425 (2006) présentée à la faculté colège du management de la technologie, Institut de logistique, économie et management de technologie, section de management de la technologie et entrepreneuriat, école polytechnique fédérale de Lausanne.

## 7.1 Börsenbasierte Multiplikatoren

Bei der Verwendung der börsenbasierter Multiplikatoren (auch Comparable-Companies-Ansatz genannt) werden zur Unternehmenswertermittlung Kennzahlen von vergleichbaren, börsennotierten Unternehmen berechnet und auf das zu bewertende Unternehmen angewandt. Es handelt sich hierbei üblicherweise um Kennzahlen, die sich entweder auf den Ertrag oder die Substanz des Unternehmens beziehen.

*Schritt 1:* Der erste Schritt zur Durchführung von Multiplikatorenverfahren besteht darin, vergleichbare, börsennotierte Unternehmen in einer so genannten Peer-Group zusammenzufassen.

*Schritt 2:* Danach erfolgt die Bestimmung der Jahresabschlussgrößen, die zur Berechnung der Multiplikatoren dienen. Als Multiplikatoren werden Verhältniswerte wie z.B. das Kurs-Gewinn-Verhältnis herangezogen und jeweils der Median oder das arithmetische Mittel für die Peer-Group berechnet.

*Schritt 3:* Im letzten Schritt erfolgt die Unternehmenswertberechnung, indem der Durchschnittswert der Multiplikatoren der Peer-Group mit entsprechenden Jahresabschlussgrößen des zu bewertenden Unternehmens multipliziert wird. Daraus ergibt sich der potenzielle Marktpreis des Unternehmens, der bei Veräußerung auf einem bestimmten Markt erzielbar wäre.

**Einschränkende Anwendungsvoraussetzungen**

Um die Äquivalenz zwischen den zu vergleichenden Unternehmen zu gewährleisten, sollten die Unternehmen eine Reihe von Voraussetzungen erfüllen. Im ersten Schritt sollten dazu Unternehmen derselben Branche, eines ähnlichen Tätigkeitsgebietes, von vergleichbarer Größe, mit ähnlichen Wachstumsraten bezogen auf Umsatz und Gewinn sowie einer ähnlichen historischen Geschäftsentwicklung ausgewählt werden. Im zweiten Schritt sollte darauf geachtet werden, dass die zu vergleichenden Unternehmen ein äquivalentes Investitionsrisiko besitzen. Auch sollte das Finanzierungsrisiko der zu vergleichenden Unternehmen übereinstimmen. Ist dies nicht der Fall, sollte der Unternehmenswert um Effekte aus der Fremdfinanzierung bereinigt werden und somit ein fiktiv eigenfinanziertes Unternehmen unterstellt werden.

Der Hauptvorteil des Multiplikatoren-Verfahrens besteht darin, dass der Markt als Bewertungsmaßstab herangezogen werden kann und potenzielle Marktpreise abgeschätzt werden können. Ein weiterer Vorzug ist die schnelle und leicht verständliche Berechnungsweise. Durch die erhebliche Komplexitätsreduktion wird das Verständnis der Berechnung des Unternehmenswertes auch dem Praktiker deutlich. Auch können Unternehmensbewertungen auf Basis von Multiplikatoren laufend ohne großen Aufwand aktualisiert werden, was insbesondere bei langen Verhandlungszeiträumen von Vorteil sein kann.

Die Stärke der Multiplikatoren-Verfahren ist gleichzeitig auch die Schwäche der Methode, nämlich die Abbildung der aktuellen Marktsituation. Dies führt dazu, dass es in Zeiten volatiler Börsenkurse zu hohen Schwankungen des Unternehmenswertes kommt. Ein weiterer

Kritikpunkt besteht darin, dass die Multiplikatoren-Verfahren die unternehmens-individuelle Ertragskraft und Wachstumsaussichten des zu bewertenden Unternehmens vernachlässigen und die aktuelle Börsenbewertung nur schwer mit betriebswirtschaftlichen Daten zu begründen ist.

Ferner hängt die Güte einer Unternehmensbewertung mit Multiplikatoren von der Vergleichbarkeit der Peer-Group-Unternehmen ab, die als Basis für die Multiplikatorenberechung dienen. In der Realität wird es in der Tat nicht möglich sein, eine Gruppe von Unternehmen zu finden, die mit dem zu bewertenden Unternehmen völlig identisch sind. Eine Verwerfung des Ansatzes aus diesem Grund würde aber mit einer unrealistischen Zielsetzung einer Unternehmensbewertung einhergehen.

Bei Peer-Groups mit internationalen Unternehmen ist zu beachten, dass die Vergleichbarkeit durch unterschiedliche Rechnungslegungsnormen gegeben ist. So bieten teilweise die Verwendung von z. B. HGB, IFRS, US-GAAP unterschiedliche bilanzpolitische Gestaltungsspielräume (z.B. die Verwendung unterschiedlicher Abschreibungsmethoden). Dieser Einschränkung kann durch die Auswahl von Multiplikatoren begegnet werden, die entweder bilanzpolitisch wenig manipulierbar sind oder bereits bereinigte Größen enthalten.

Ferner stehen die zur Durchführung von Multiplikatoren-Verfahren benötigten Daten in der Regel nur für börsennotierte Unternehmen zur Verfügung. Nicht börsennotierte Unternehmen können somit nur durch vergleichbare börsennotierte Unternehmen bewertet werden.

### Enterprise-Value Multiplikatoren und Equity-Value-Multiplikatoren

Im Folgenden sollen einige der gängigsten Multiplikatoren erläutert werden. Dabei wird zwischen Enterprise-Value-Multiplikatoren und Equity-Value-Multiplikatoren unterschieden. Enterprise-Value-Multiplikatoren dienen zur Berechung des Gesamtunternehmenswerts (Marktwert des Eigen- und Fremdkapitals), Equity-Value-Multiplikatoren zur Berechung des Werts des Eigenkapitals (Marktwert des Eigenkapitals).

Im Equity-Value-Verfahren wird zunächst der Wert des Eigenkapitals berechnet, zu dem anschließend der Wert des Fremdkapitals addiert wird, um zu einem Unternehmensgesamtwert zu gelangen. Somit ergibt sich folgende Rechnung:

| | |
|---|---|
| | Equity-Value (Wert des Eigenkapitals) |
| + | Zinstragende Verbindlichkeiten |
| + | Anteile Dritter |
| - | Kassenposition |
| - | Nichtbetriebsnotwendiges Vermögen |
| = | Enterprise Value (EV = Gesamtunternehmenswert) |

**Enterprise-Value-Multiplikatoren**

Zur Bewertung von Telemedizinunternehmen sind vor allem folgende drei Multiplikatoren geeignet:

*EV/Sales-Multiplikator:* Der EV/Sales-Multiplikator stellt am leichtesten eine internationale Vergleichbarkeit her, da bei den Umsätzen in der Regel keine bilanzpolitischen Bewertungsspielräume bestehen. Dieser Multiplikator wird auch häufig bei jungen, stark wachsenden Unternehmen angewandt, die noch keine operativen Gewinne erzielen. Ein weiteres Einsatzgebiet ist die Bewertung von Turn-Around-Unternehmen. Zu bemängeln bleibt jedoch, dass dieser Multiplikator keinen Bezug zur Ertragskraft des Unternehmens hat. Es kann also vorkommen, dass ein Unternehmen bei steigenden Umsätzen hohe Kosten aufweist und so ein niedrigeres operatives Ergebnis erzielt. Dennoch würde die Bewertung auf Grund des Umsatz-Multiplikators höher ausfallen.

*EV/EBITDA-Multiplikator:* Bei einem EV/EBITDA-Multiplikator bleiben zusätzlich zu den Eigenschaften eines EV/EBIT-Multiplikators unterschiedliche Abschreibungspolitiken unbeachtet, insbesondere hinsichtlich unterschiedlicher Goodwill-Behandlungen. Wesentliche, rein buchhalterische Unterschiede lassen sich dadurch vermeiden. Deshalb ist dieser Multiplikator insbesondere für internationale Vergleiche gut geeignet, da hier häufig Abschreibungs- und Besteuerungsvorschriften variieren.

*EV/EBIT-Multiplikator:* Der Multiplikator EV/EBIT zielt auf den operativen Gewinn eines Unternehmens ab. Effekte aus der Finanzierungsstruktur, d.h. Zinszahlungen und Steuerersparnisse, werden hierbei ausgeblendet. Auch bleiben hier Auswirkungen von unterschiedlichen Ausschüttungspolitiken und Steuersätzen unberücksichtigt. Dieser Multiplikator stellt eine gute Vergleichmöglichkeit des operativen Geschäfts dar. Im Falle, dass mehrere Unternehmen der Vergleichsgruppe keinen positiven operativen Gewinn ausweisen, kann auch zur Bewertung von Telemedizinunternehmen der *EV/Gross Profit-Multiplikator* verwendet werden. Hierbei werden lediglich die Herstellungskosten vom Umsatz abgezogen. Die Vertriebs- und Verwaltungskosten bleiben bei der Berechnung der Bruttomarge unberücksichtigt.

**Equity-Value-Multiplikatoren**

*Price/Book-Multiplikator*: Der Price/Book-Multiplikator setzt den Marktwert des Eigenkapitals ins Verhältnis zum Buchwert des Eigenkapitals. Dadurch soll die Ertragskraft des Unternehmens dargestellt werden. Der Multiplikator aus Markt- und Buchwert kann im Gegensatz zum Kurs-Gewinn-Verhältnis auch bei negativen Gewinnen eingesetzt werden. Er besitzt jedoch wenig Aussagekraft bei Dienstleistungsunternehmen, wird jedoch häufig bei der Bewertung von Banken und Versicherungen angewendet. Ferner ist sein Einsatz nur dann zulässig, wenn Bewertungsobjekt und Vergleichsunternehmen über eine annähernd identische relative Wertsteigerung verfügen und eine ähnliche Relation zwischen Buchwert und tatsächlichem Substanzwert des Eigenkapitals besteht.

*KGV-Multiplikator*: Der wahrscheinlich bekannteste Multiplikator ist das Kurs-Gewinn-Verhältnis (KGV), im angelsächsischen Raum bekannt als Price/Earnings-Multiple (P/E). Die Berechnung erfolgt durch Division des Aktienkurses durch den Gewinn pro Aktie. Üblicherweise wird der Gewinn um außerordentliche Faktoren, wie z.B. Aufwendungen für eine Börseneinführung, bereinigt. So wird die temporale Vergleichbarkeit gewährleistet. Kurs-Gewinn-Verhältnisse erweisen sich immer dann als problematisch, wenn ein Unternehmen Verluste erwirtschaftet oder starken zyklischen Schwankungen unterliegt. Hauptkritikpunkt ist die Verwendung des Jahresüberschusses als Gewinngröße, da dieser durch Bilanzpolitik gestaltet werden kann.

Um den Zukunftsbezug des P/E-Multiple herzustellen, wird in der Literatur die Price/Earnings-to-Growth-Ratio (PEG-Ratio) empfohlen. Zur Berechnung der PEG-Ratio wird das P/E auf Basis des Gewinns der folgenden Jahre durch die CAGR (Compound-Annual-Growth-Rate) entweder des Gewinns oder des Umsatzes der sich daran anschließenden z.B. drei Jahre geteilt. Dadurch gelingt es, Unternehmen mit unterschiedlichen Wachstumsprofilen besser vergleichbar zu machen. Bei der Anwendung der PEG-Ratio gilt zu beachten, dass die angesetzte CAGR als Basis die im P/E verwendete Gewinngröße hat, damit es nicht zu einer Doppelerfassung von Wachstum kommt.

Die Kennziffer PEG darf nur bei wirklichen Wachstumsunternehmen angewendet werden. Das Wachstum muss kontinuierlich sein und darf sich nicht auf einige Ausnahmeperioden mit überdurchschnittlichen Wachstumsraten beschränken. PEGs, die auf sehr hohen KGVs basieren, sind höchst kritisch zu beurteilen. Die Mischung aus hohen aktuellen Kursen und hohen geschätzten Wachstumsraten kann zu einer gefährlichen Überbewertung führen. In der Praxis wird PEG nicht mehr angewendet.

## 7.2 Vergleichbare Transaktionen

### Vorgehensweise

Vor allem bei größeren Unternehmenstransaktionen werden neben dem Comparable-Companies-Ansatz externe, am M&A-Markt orientierte Preisvergleiche angestellt. Im Rahmen der Anwendung vergleichbarer Transaktionen – auch „Comparable-Transactions-Ansatz" genannt – wird der potenzielle Marktpreis des zu bewertenden Unternehmens aus Kaufpreisen abgeleitet, die in der jüngeren Vergangenheit bei Verkäufen vergleichbarer Unternehmen erzielt wurden. Statt auf die Marktwerte börsennotierter Unternehmungen wie beim Comparable-Companies-Ansatz abzustellen, werden beim Comparable-Transactions-Ansatz tatsächlich realisierte Transaktionspreise vergleichbarer Unternehmen zur Preisfindung herangezogen. Dabei werden im Allgemeinen Gesamtübernahmen betrachtet. Die tatsächlich realisierten Kaufpreise dienen als erster Indikator für den potenziellen Marktpreis des zu bewertenden Unternehmens. Der anhand des Comparable-Transactions-Ansatz abgeleitete Preis liegt in der Praxis zumeist über dem im Rahmen des Comparable-Companies-Ansatz abgeleiteten Wert und am oberen Ende der Wertspanne der Discounted-Cash-Flow-

Methode. Dies liegt darin begründet, dass in den Transaktionspreisen bereits Übernahmeprämien enthalten sind.

**Anwendbarkeit**

Voraussetzung für eine brauchbare Anwendung des Comparable-Transactions-Ansatzes ist das Vorliegen einer entsprechend großen Anzahl zeitnaher Transaktionen vergleichbarer Unternehmen. Ferner muss die Verfügbarkeit von entsprechenden Informationen über zuvor stattgefundene Transaktionen sicher gestellt sein. Diese Informationen sind häufig schwierig zu beschaffen. Als Informationsquellen für Vergleichstransaktionen stehen Informationsdienste wie Thomson zur Verfügung.

Es müssen explizite Angaben über den Transaktionspreis und die wichtigsten finanziellen Kenngrößen, wie z.B. Umsatz, EBITDA, EBITA, EBIT und Gewinn veröffentlicht worden sein. Da in der (Tele)medizin-Branche auch Anteile von nicht börsennotierten Unternehmen den Besitzer wechseln, besteht für diese Transaktionen keine Publizitätspflicht. Deshalb sind für diese Branche teilweise keine Daten von vergleichbaren Transaktionen verfügbar. In einem solchen Fall ist eine Bewertung mit diesem Verfahren nicht möglich.

## 7.3 Discounted-Cashflow Analyse

**Vorgehensweise**

Die Discounted-Cash-Flow-Methode (DCF-Methode) ist das international dominierende Verfahren der Unternehmensbewertung. Die DCF-Methode stellt einen investitions- und kapitalmarkttheoretisch fundierten Ansatz dar, bei dem der Unternehmenswert als Summe der auf den Bewertungszeitpunkt abgezinsten zukünftigen freien Cash-Flows für einen begrenzten Planungszeitraum zuzüglich des abdiskontierten Restwertes (Terminal Value) und des Veräußerungswertes des nicht betriebsnotwendigen Vermögens ermittelt wird.

*Welche verschiedenen DCF-Verfahren gibt es?* Es lassen sich das Nettoverfahren (Equity-Approach) sowie das Bruttoverfahren (Entity-Approach) unterscheiden. Letzteres untergliedert sich in die WACC-Methode und die APV-Methode. Beim Nettoverfahren werden nur die Zahlungsüberschüsse diskontiert, die den Eigenkapitalgebern zufließen. Beim Bruttoverfahren werden die Zahlungsüberschüsse diskontiert, die sowohl für die Befriedigung der Ansprüche der Eigen- als auch der Fremdkapitalgeber zur Verfügung stehen. Die APV-Methode ermittelt den Gesamtunternehmenswert komponentenweise. In einem ersten Schritt wird eine ausschließliche Eigenkapitalfinanzierung angenommen und auf dieser Basis der Marktwert eines (fiktiven) unverschuldeten Unternehmens bestimmt. In einem zweiten Schritt wird dann der Wertbeitrag der Finanzierungsseite (Steuerersparnis durch Fremdfinanzierung) festgelegt.

Die folgende Darstellung konzentriert sich auf die WACC-Methode, die international am häufigsten verwendet wird. Dabei entspricht der Gesamtunternehmenswert der Summe aller mit ihren Kapitalkosten diskontierten zukünftigen Cash-Flows (einschließlich des Terminal Values). Um zum Marktwert des Eigenkapitals zu kommen, werden von dem Gesamtunternehmenswert die zinstragenden Verbindlichkeiten und die Anteile Dritter an Konzerntochtergesellschaften abgezogen und die Kassenposition sowie das sonstige nichtbetriebsnotwendige Vermögen addiert. Falls eine eigenständige Cash-Flow-Planung nicht vorliegt, kann der freie Cash-Flow auch retrograd aus GuV- und Bilanzgrößen ermittelt werden.

Als Diskontierungsfaktor dienen die gewichteten Kapitalkosten (Weighted-Average Cost-of-Capital, WACC), die sich aus Eigenkapitalkosten und Fremdkapitalkosten zusammensetzen. Sowohl Eigenkapital als auch Fremdkapital gehen zu Marktwerten in die Berechnung ein.

**Herleitung des WACC**

Die Formel für den WACC lautet wie folgt:

$$WACC = r_e * \frac{EK}{EK+FK} + r_d * (1-t) * \frac{FK}{EK+FK}$$

Die Eigenkapitalkosten $r_e$ (Fremdkapitalkosten $r_d$) entsprechen den Renditeanforderungen der Eigenkapitalgeber (Fremdkapitalgeber) und werden entsprechend mit dem Eigenkapitalverhältnis EK/EK+FK (Fremdkapitalverhältnis FK/EK+FK) gewichtet. Bei den gewichteten Fremdkapitalkosten wird zusätzlich noch das Tax-Shield (1 – t) berücksichtigt, das die aus dem anrechenbaren Zinsaufwand resultierende Steuerersparnis zum Ausdruck bringt. Da für die Ermittlung des WACC der Marktwert des Eigenkapitals bekannt sein muss, der gleichzeitig durch die DCF-Bewertung erst errechnet werden soll, besteht ein so genanntes Zirkularitätsproblem, das jedoch relativ einfach mittels Iterationsverfahren in EXCEL gelöst werden kann. Als weitere Schwierigkeit erweist sich, dass sich das Eigenkapital-/Fremdkapitalverhältnis in jeder Periode auf Grund von Änderungen in der Finanzierungsstruktur verändert. Dieser Punkt kann in einem DCF-Modell abgebildet werden, indem eine Zielkapitalstrukur angenommen wird oder ein periodenspezifischer WACCs ermittelt wird.

Zur Ermittlung der Eigenkapitalkosten greift die DCF-Methode im Allgemeinen auf das Capital-Asset-Pricing-Modell (CAPM) zurück. Das CAPM besagt, daß sich die vom Markt geforderte Rendite einer Aktie (Opportunitätskosten des Eigenkapitals) aus der erwarteten Rendite des Marktportfolios und der Kovarianz der individuellen Aktienrendite mit der Rendite des Marktportfolio errechnen lässt.

Die Fremdkapitalkosten werden ebenfalls auf der Grundlage von Marktwerten berechnet. Für börsennotierte Unternehmensanleihen sind die Kapitalkosten relativ einfach auf Basis der aktuellen Notierungen zu berechnen. Bei Bankkrediten ist die Ermittlung eines aktuellen Zinssatzes schwieriger. Deutsche Unternehmen finanzieren sich zudem häufig zu einem hohen Anteil aus Rückstellungen, deren Kapitalkosten nicht leicht zu ermitteln sind.

**Anwendbarkeit**

*Wann lässt sich die DCF-Methode anwenden?* Sinnvoll ist die Anwendung, sobald eine Verstetigung der Cash-Flows zu beobachten ist. Dies kann sich schon zum Ende der Wachstumsphase eines Unternehmens abzeichnen. Üblicherweise ist die DCF-Methode aber in der „Reifephase" ein geeignetes Instrument zur Ableitung eines Unternehmenswertes. Grundvoraussetzung für die Anwendung der DCF-Analyse sind prognostizierbare und positive Cash-Flows.

*Wann sind Cash-Flows prognostizierbar?* Die erwarteten Cash-Flows sollten für eine Detailprognoseperiode von mindestens 3 Jahren abschätzbar sein und anschließend näherungsweise linear verlaufen. Dies ist insbesondere bei relativ stetigen Geschäftsfeldern der Fall. Ein Telemedizinunternehmen hingegen, dessen zukünftige Cash-Flow-Entwicklung noch nicht auf stabilen Cash-Flows der Vergangenheit beruht, sollte eher mit den anderen hier aufgeführten Methoden bewertet werden.

*Warum müssen positive Cash-Flows vorliegen?* Werden die Cash-Flows mit einem Zinssatz diskontiert, auf den eine Risikoprämie aufgeschlagen wird, führt ein höheres Risiko zu einem niedrigeren Unternehmenswert. Dieses Prinzip, auf dem die Bewertung mittels der DCF-Methode basiert, hat jedoch bei negativen Cash-Flows den umgekehrten Effekt. Je höher der Kapitalisierungszinssatz, desto geringer die (negative) Auswirkung der negativen Cash-Flows auf den Unternehmenswert.

## 7.4 Venture Capital Modell

In 7.4 wird anhand des Beispielunternehmens Telemed A GmbH aufgezeigt, wie sich der Unternehmenswert zusätzlich zu den oben genannten Methoden für ein Unternehmen berechnen lässt, das sich noch in der Frühphase des Entwicklungsstadiums befindet. Bei der Telemed GmbH wird ein Jahresfehlbetrag erwirtschaftet und es fällt kein operativer Gewinn an.

**Schritt 1: Quantitative Bewertung anhand der Multiplikatormethode**

In den folgenden Abschnitten wird eine quantitative Unternehmensbewertung anhand des Fallbeispiels der Telemed A GmbH vorgenommen. Nach einer Unternehmensanalyse des Bewertungsobjektes und der Peer Group-Vorstellung wird der Unternehmenswert der Telemed A GmbH mit Hilfe der Methode der börsenbasierenden Multiplikatoren ermittelt. Abschließend wird das Ergebnis durch den Liquiditätsabschlag angepasst.

Die wichtigsten Daten der Telemed A GmbH im Überblick:

| | |
|---|---|
| Umsatz 2006 | € 3.718.277 |
| EBIT 2006 | € -2.079.803 |
| Jahresfehlbetrag 2006 | € -2.167.526 |

Im Folgenden werden die ausgewählten Vergleichsunternehmen näher betrachtet. Hierbei handelt es sich um die börsennotierten

- **CardGuard.** CardGuard entwickelt, produziert und vermarktet Gesundheitstechnologien, Monitoringsysteme für die häusliche Versorgung von Kranken und Hochrisikopatienten sowie andere Konsumenten von Gesundheitsprodukten
- **Ortivus**. Mittels MobiMed bietet Ortivus Telematik-Syxsteme zur Übertragung von Patienten- und Vitaldaten aus Rettungswagen direkt in die elektronischen Patientenaktien der verscheidenen Krankenhausinformationssysteme

CardGuard weist einen Enterprise /Umsatz-Multiplikator für das Jahr 2006 von 2,4 auf. Dieser Multiplikator beträgt für Ortivus 2,1. Das arithmetische Mittel bzw. der Median beträgt in diesem Falle 2,25. Dieser Wert der Vergleichsgruppe wird jetzt mit dem Umsatz der Telemed A multipliziert. Es ergibt sich ein Unternehmenswert (Enterprise Value) für Telemed A in Höhe von: € 3.718.277 * 2,25 = € 8.366.123,25. Von diesem Wert sind noch die zinstragenden Verbindlichkeiten der Telemed A abzuziehen und die Kassenposition der Telemed A dazuzuaddieren (beide Positionen ergeben € 2.647.412,58). Somit ergibt sich der Wert des Eigenkapitals für Telemed A in Höhe von € 8.366.123,25 - € 2.647.412,58 = € 5.718.710,67.

**Schritt 2: Berechnung eines Liquiditätsabschlags**

Im nächsten Schritt wird das Bewertungsergebnis durch den sogenannten Liquiditätsabschlag verfeinert. Der Liquiditätsabschlag wird benutzt, da Aktien eines börsennotierten Unternehmens einfacher verkauft werden können als Anteile eines nicht börsennotierten Unternehmens. Aus diesem Grund besteht zwischen der Peer Group, bei der es sich ausschließlich um börsennotierte Unternehmen handelt und der Telemed A GmbH ein Liquiditätsunterschied, der in die Unternehmensbewertung mit einfließen sollte. Dieser wird anhand der folgenden vier Kriterien bestimmt:

- Unternehmensgröße

Je größer das Unternehmen ist, desto einfach ist es Unternehmensanteile zu veräußern und desto kleiner ist demnach der Liquiditätsabschlag.

- Liquidität der Aktivposten

Wenn die Aktivposten eines Unternehmens einfach auf ein anderes Unternehmen übertragen werden können, ist der Liquiditätsabschlag eher gering.

- Finanzielle Lage und Cashflow

Je besser die finanzielle Lage und die Cashflows eines Unternehmens sind, umso einfacher ist es, Unternehmensanteile zu veräußern und der Liquiditätsabschlag ist geringer.

- IPO-Potenzial

Die Möglichkeit eines IPO verringert den Liquiditätsunterschied, da das IPO-Potenzial den Shareholdern eine Perspektive gibt (Frei, 2006, S. 150).

Diese vier Kriterien werden anhand des folgenden Ratings bewertet:

| Rating | Bewertung |
|---|---|
| 0 | Außerordentlich |
| 1 | Gut |
| 2 | Überdurchschnittlich |
| 3 | Unterdurchschnittlich |
| 4 | Ungenügend |
| 5 | Sehr schlecht |

*Abbildung 58: Rating von Kriterien*
*Quelle: Frei, 2006, S. 151*

Für die Telemed A GmbH ergibt sich folgendes Rating:

| Kriterium | Rating |
|---|---|
| Unternehmensgröße | 1 |
| Liquidität der Aktivposten | 3 |
| Finanzielle Lage und Cash Flow | 4 |
| IPO Potenzial | 1 |
| **∑ Rating** | **9** |

*Abbildung 59: Rating der Telemed*
*Quelle: Eigene Darstellung*

Die Höhe der Liquiditätsprämie ist abhängig von der Entwicklungsphase des zu bewertenden Unternehmens. Je weiter das Untenehmen im Unternehmenszyklus fortgeschritten ist, desto geringer wird der Illiquiditätsgrad des Unternehmens. Abbildung 60 zeigt das Liquiditätsrisiko in den verschiedenen Phasen nach Patrik Frei. Spalte A zeigt die Spanne des Liquiditätsrisikos. Spalte B zeigt den Mindestwert des Risikos pro Phase und Spalte C bildet die Differenz zwischen Höchst- und Mindestwert ab. In Spalte D werden die Scoringpunkte berechnet, in dem die Differenz (Spalte C) durch die Höchstpunktzahl der Ratingpunkte (4 Kriterien *5 Punkte = 20) dividiert wird (Frei, 2006, S. 151).

| | A | B | C | D |
|---|---|---|---|---|
| **Seed stage** | 20% - 30% | 20% | 10% | 10% / 20 = 0,5% |
| **Start-up stage** | 15% - 25% | 15% | 10% | 10% / 20 = 0,5 % |
| **First stage** | 11% - 21% | 11% | 10% | 10% / 20 = 0,5 % |
| **Second Stage / Later stage** | 7% - 19% | 7% | 12% | 12% / 20 = 0,6 % |
| **Pre IPO / IPO** | 0% - 10% | 10% | 10% | 10% / 20 = 0,5 % |

*Abbildung 60: Liquiditätsrisiko je nach Phase*
*Quelle: Frei, 2006, S. 151*

Im nächsten Schritt wird die Summe des Ratings im Fallbeispiel Telemed A GmbH beträgt die Summe 9, mit den Scoringpunkten multipliziert und dieses Ergebnis mit dem Mindestwert addiert. Da sich die Telemed A GmbH im Second stage befindet, ergibt sich demzufolge eine Liquiditätsprämie von 12,4%, die sich wie folgt berechnet:

9 * 0,6% + 7% = 12,4%

Diese wird nun vom errechneten Unternehmenswert abgezogen.

€ 5.718.710,67 * (1 - 12,4%) = € 5.009.590,55

Damit hat die Telemed A GmbH nach Anwendung des Multiplikatorverfahrens einen Unternehmenswert Vmul von = € 5.009.590,55.

**Schritt 3: Qualitative Bewertung anhand eines Beurteilungsmodells**

Die Rate der erfolglosen Neugründungen mithilfe von Venture Capital ist nach wie vor hoch. Aufgrund dieser Tatsache ist es besonders wichtig für den Screeningprozess vor einer Investmententscheidung die richtigen Kriterien zur Auswahl der geeigneten Unternehmen festzulegen, um das Risiko eines Scheiterns so gering wie möglich zu halten.

Abgesehen von quantitativen und anhand von Bewertungsverfahren konkret messbaren Kriterien für den Investmententscheidungsprozess einer Venture Capital Finanzierung gibt es auch eine Reihe qualitativer Kriterien, die bei der Untersuchung der Beteiligungswürdigkeit potenzieller Portfoliounternehmen eine Rolle spielen.

Es handelt sich hierbei u. a. um Managementkriterien wie z.B. die Persönlichkeit und Erfahrungen des Managements, Charakteristika des Produkts und des relevanten Marktes sowie finanzielle Beteiligungskriterien. Darüber hinaus ist es wichtig, dass die „Chemie“ zwischen den Entscheidungsträgern der Venture Capital Gesellschaft und den kapitalsuchenden Unternehmern stimmt.

Da es sich bei Venture Capital Finanzierungen typischerweise um Beteiligungen an sehr jungen Unternehmen handelt, kommt diesen qualitativen Kriterien eine relativ große Bedeutung zu, denn gerade bei jungen Unternehmen gibt es vergleichsweise wenige „greifbare“

Kriterien, anhand welcher über den letztendlichen Unternehmenswert entschieden werden kann (Weber, 2002, S. 13-20).

Die grundsätzliche Fragestellung des folgenden Kapitels liegt deshalb in der Festlegung solcher qualitativer Auswahlkriterien und deren Gewichtung innerhalb des Auswahlprozesses. Hierfür soll ein Excel-Tool zur systematischen Bewertung selbiger Kriterien und ein Ansatz zur wertmäßigen Quantifizierung der qualitativen Kriterien vorgestellt werden.

### *Schritt 3.1: Ermittlung der Gewichtungsfaktoren*

Als Grundlage für das vorliegende Excel-Tool dient eine empirische Analyse der phasenbezogenen Bedeutung von Beteiligungskriterien für eine Venture Capital Finanzierung. Die Studie stammt aus dem Jahre 2002 und wurde von Florian Eisele, Markus Habermann und Ralf Oesterle durchgeführt (vgl. Eisele, Habermann, Oesterle, (2002)). Die Untersuchung besteht aus einem standardisierten Fragebogen, der die Beteiligungsmerkmale in die vier Kategorien Management, Produkt, Markt und finanzielle Kriterien unterteilt, wobei die Kategorie Management in die Unterkategorien Persönlichkeit des Managements, Erfahrungen des Managements und sonstige Managementkriterien eingeteilt wird. Die Ausgangsbasis für den verwendeten Kriterienkatalog bilden hierbei die in früheren, überwiegend US-amerikanischen Studien bereits verwendeten Beteiligungskriterien. In der Studie wird die Bedeutung einzelner Selektionskriterien durch ein ordinales Skalenniveau, dem die Gewichtungsfaktoren null (nicht relevant) bis drei (dringend notwendig) zugeordnet sind, ermittelt.

Der für die Umfrage angefertigte standardisierte Fragebogen wurde an 61 Venture Capital Gesellschaften gesendet, von denen 30 antworteten, was einer Rücklaufquote von 49% entspricht (Eisele, Habermann, Oesterle, 2002, S. 8-10).

Die zuvor angesprochenen Kategorien sind in sechs verschiedene Variablenblöcke mit jeweils unterschiedlicher Anzahl an Kriterien eingeteilt. Das Ergebnis der Untersuchung ist eine Auflistung der durchschnittlichen Kriteriengewichtungen in den einzelnen Phasen (Early Stage, Expansion Stage und Late Stage), sowie deren Standardabweichung ($\sigma$) innerhalb der Stichprobe.

Für jede der Phasen wurde ein separates Excel-Tool entwickelt, da sich die Gewichtungen der Kriterien in den verschiedenen Phasen unterscheiden.

Die Mittelwerte der Studie dienen als Ausgangspunkt für das vorliegende Excel-Tool. Da den Mittelwerten verschiedene Standardabweichungen zugrunde liegen, was der Ermittlung einer einheitlichen Gewichtung der Kriterien im Wege steht, besteht der erste Schritt darin, die Mittelwerte zu standardisieren. Hierzu wird zu jedem Mittelwert der zugehörige z-Wert erzeugt, welcher sich durch folgende Formel berechnen lässt:

$$z = \frac{\text{Mittelwert}}{(\text{Standardabweichung / Wurzel der Stichprobe})}$$

*Abbildung 61: Standardisierung der Mittelwerte*
*Quelle: Eigene Darstellung*

Diese z-Werte werden nun innerhalb ihrer Kriterienkategorien gewichtet, indem jeder Einzelwert durch die Summe aller z-Werte innerhalb der Kategorie (Persönlichkeit des Managements, Erfahrungen des Managements, sonstige Managementkriterien, Produkt, Markt und finanzielle Kriterien) dividiert wird. Hieraus ergibt sich die prozentuale Gewichtung der einzelnen Werte innerhalb der Kategorie, welcher sie angehören. Diese Gewichtung wird als „Gewichtung 1“ bezeichnet.

Im nächsten Schritt werden die Mittelwerte der z-Werte der einzelnen Kategorien ermittelt, indem die Summe aller z-Werte einer Kategorie durch die Anzahl der darin enthaltenen Kriterien dividiert wird. Diese Mittelwerte sind in der Spalte „Durchschnitt“ zu finden. Nun wird aus den Mittelwerten der einzelnen Kategorien die Summe gebildet und anschließend wird jeder einzelne Kategorie-Mittelwert durch diese Summe dividiert, wodurch sich die prozentuale Gewichtung der Kategorien in Bezug auf die Gesamtgewichtung ergibt. Diese Gewichtung erhält die Bezeichnung „Gewichtung 2“.

Durch die Multiplikation der Gewichtungen 1 und 2 ergibt sich schließlich der Endgewichtungswert, welcher die prozentuale Gewichtung jedes einzelnen Kriteriums in Bezug auf die Gesamtheit aller Kriterien widerspiegelt.

### *Schritt 3.2. Entwicklung eines Scoring-Systems*

Unabhängig von der Ermittlung der Endgewichtungswerte wird ein Scoring-System erstellt, mithilfe dessen die einzelnen Kriterien bewertet werden sollen.

Die Scoringfaktoren erstrecken sich auf einer Skala von null bis zehn, wobei der Scoringfaktor 5 aussagt, dass das Kriterium als „durchschnittlich“ bewertet wird (siehe Abbildung 62).

| Scoringfaktor | Bewertung |
|---|---|
| 0 | miserabel |
| 1 | sehr schlecht |
| 2 | ungenügend |
| 3 | schlecht |
| 4 | unterdurchschnittlich |
| 5 | durchschnittlich |
| 6 | überdurchschnittlich |
| 7 | zufriedenstellend |
| 8 | gut |
| 9 | sehr gut |
| 10 | hervorragend |

*Abbildung 62: Allgemeines Scoringsystem*
*Quelle: Eigene Darstellung*

Nun kann jedes einzelne Kriterium mit einem Scoringfaktor bewertet werden. Dieser Scoringfaktor wird mit der Endgewichtung des Kriteriums multipliziert. Daraus ergibt sich ein gewichteter Endwert für jedes Kriterium. Schließlich erhält man das Gesamtscoring für das Unternehmen indem die Summe aus den gewichteten Scoringfaktoren aller Kriterien gebildet wird. Im Fall der Telemed A GmbH ergibt sich ein Gesamtscoring von 7,476607112 (siehe Abbildung 63).

Vom Gesamtscoringwert wird der Durchschnittsscoringwert (5) subtrahiert und der daraus resultierende Wert durch den höchstmöglichen Scoringwert (10) dividiert. Der daraus resultierende Wert wird hier „qualitative Prämie" genannt.

Im Fallbeispiel Telemed A ergibt sich folgende Rechnung:

Qualitative Prämie = (7,4766 – 5) / 10 = 0,2476607112

Bei einem durchschnittlichen Gesamtscoring von 5 würde sich eine qualitative Prämie von 0 ergeben. Alle Werte kleiner 5 führen zu einer negativen und alle Werte größer als 5 zu einer positiven qualitativen Prämie.

| Kriterien | Mittelwert | σ | z-Wert | Gewichtung 1 | Durchschnitt | Gewichtung 2 | Endgewichtung | Scoring | gewichtet |
|---|---|---|---|---|---|---|---|---|---|
| **Management** | | | | | | | | | |
| *Persönlichkeit des Management* | | | | | | | | | |
| Die Geschäftsidee wird überzeugend vertreten | 2,86 | 0,35 | 44,756758 | 0,255156615 | | | 0,058781521 | 8 | 0,470252165 |
| Ein extrem hohes Leistungs- und Durchstehvermögen ist erkennbar | 2,69 | 0,49 | 30,068851 | 0,171421402 | | | 0,039491082 | 8 | 0,315928652 |
| Das Management kann Risiken erkennen, einschätzen und entsprechend reagieren | 2,89 | 0,5 | 31,658364 | 0,180483158 | | | 0,041578677 | 7 | 0,291050739 |
| Das Management kann Probleme erfassen, Ziele vereinbaren und Aufträge erteilen | 2,71 | 0,53 | 28,006191 | 0,159662257 | | | 0,036782077 | 9 | 0,331038693 |
| Das Management kann Mitarbeiter mitreißen | 2,29 | 0,66 | 19,004313 | 0,108342883 | | | 0,024959413 | 6 | 0,14975648 |
| Das Management arbeitet gewissenhaft und vernachlässigt keine Details | 2,13 | 0,74 | 15,765528 | 0,089878688 | | | 0,020705738 | 9 | 0,186351641 |
| Das Management verfügt über Unabhängigkeitsstreben | 1,19 | 1,06 | 6,1489608 | 0,035054997 | | | 0,00807577 | 8 | 0,064606157 |
| **Zwischensumme Persönlichkeit des Management** | | | **175,408965** | **1** | **25,05842362** | **0,230374277** | **0,230374277** | | **1,808984526** |
| | | | | | | | | | |
| *Erfahrungen des Managements* | | | | | | | | | |
| Das Management ist mit dem Zielmarkt vertraut | 2,9 | 0,31 | 51,238562 | 0,342067586 | | | 0,067294432 | 9 | 0,605649888 |
| Managementkompetenz & Erfahrung im Bereich F&E | 2,14 | 0,79 | 14,837041 | 0,099051784 | | | 0,019486306 | 10 | 0,194863056 |
| Managementkompetenz & Erfahrung im Produktionsbereich | 2,32 | 0,67 | 18,965916 | 0,126616062 | | | 0,024908984 | 8 | 0,19927187 |
| Managementkompetenz & Erfahrung im Führungsbereich | 2,37 | 0,67 | 19,374664 | 0,129344856 | | | 0,025445815 | 8 | 0,203566523 |
| Hochschul- oder praktische Ausbildung im Zusammenhang mit dem Venture | 1,59 | 0,82 | 10,620474 | 0,070902066 | | | 0,013948455 | 9 | 0,125536093 |
| Managementkompetenz & Erfahrung im Marketingbereich | 2,33 | 0,76 | 16,792021 | 0,112103184 | | | 0,022053888 | 7 | 0,154377213 |
| Managementkompetenz & Erfahrung im Finanzbereich | 2,23 | 0,68 | 17,962078 | 0,119914463 | | | 0,023590589 | 5 | 0,117952943 |
| **Zwischensumme Erfahrungen des Managements** | | | **149,790755** | **1** | **21,39867935** | **0,196728468** | **0,196728468** | | **1,601217586** |
| | | | | | | | | | |
| *Sonstige Managementkriterien* | | | | | | | | | |
| Gehaltener Kapitalanteil des Managements | 1,97 | 0,85 | 12,694276 | 0,243134532 | | | 0,038901551 | 4 | 0,155606203 |
| Ausgewogenes Managementteam | 2,4 | 0,62 | 21,202164 | 0,406086823 | | | 0,064973934 | 8 | 0,519791474 |
| Referenzen | 2,14 | 0,64 | 18,314473 | 0,350778644 | | | 0,05612462 | 7 | 0,392872339 |
| **Zwischensumme Sonstige Managementkriterien** | | | **52,2109125** | **1** | **17,40363751** | **0,160000105** | **0,160000105** | | **1,068270016** |
| | | | | | | | | | |

| Kriterien | Mittelwert | σ | z-Wert | Gewichtung 1 | Durchschnitt | Gewichtung 2 | Endgewichtung | Scoring | gewichtet |
|---|---|---|---|---|---|---|---|---|---|
| **Produkt** | | | | | | | | | |
| Der Kundennutzen des Produkts ist erkennbar | 2,69 | 0,6 | 24,556228 | 0,229213006 | | | 0,03225105 | 10 | 0,322510499 |
| Das Produkt stellt eine Verbesserung gegenüber bisherigen Angeboten dar | 2,45 | 0,77 | 17,427536 | 0,162672292 | | | 0,022888545 | 8 | 0,18310836 |
| Das Produkt verfügt über einen Innovationsgrad | 2,17 | 0,75 | 15,847439 | 0,147923338 | | | 0,020813317 | 8 | 0,166506536 |
| Das Produkt fällt in die Kategorie High Tech | 1,67 | 1,14 | 8,023655 | 0,074894486 | | | 0,010537909 | 10 | 0,105379091 |
| Das Produkt / seine Herstellung ist geschützt | 2,1 | 0,9 | 12,780193 | 0,119293014 | | | 0,016784933 | 9 | 0,151064397 |
| Das Produkt erfreut sich einer Marktakzeptanz | 2,41 | 0,87 | 15,172544 | 0,141623726 | | | 0,01992694 | 7 | 0,139488581 |
| Das Produkt verfügt über Potential zur Schaffung einer Produktfamilie | 1,63 | 0,67 | 13,325191 | 0,124380137 | | | 0,017500708 | 8 | 0,140005667 |
| **Zwischensumme Produkt** | | | **107,132787** | **1** | **15,30468382** | **0,140703403** | **0,140703403** | | **1,208063132** |
| | | | | | | | | | |
| **Markt** | | | | | | | | | |
| Der Zielmarkt zeichnet sich durch eine hohe Wachstumsrate aus | 2,23 | 0,73 | 16,731799 | 0,301164387 | | | 0,030764713 | 8 | 0,246117703 |
| Auf dem Markt herrscht in den ersten 3 Jahren eine geringe Wettbewerbsintensität | 1,5 | 0,82 | 10,019315 | 0,180342887 | | | 0,018422487 | 5 | 0,092112437 |
| Vorhandene Distributionskanäle | 1,7 | 0,7 | 13,301834 | 0,239426652 | | | 0,024458045 | 5 | 0,122290226 |
| Erschließung internationaler Märkte | 1,33 | 0,76 | 9,5851448 | 0,172528029 | | | 0,01762418 | 7 | 0,123369258 |
| Erschließung neuer Märkte mit dem Venture | 0,67 | 0,62 | 5,9189373 | 0,106538045 | | | 0,010883134 | 5 | 0,05441567 |
| **Zwischensumme Markt mit dem Venture** | | | **55,5570296** | **1** | **11,11140592** | **0,102152559** | **0,102152559** | | **0,638305294** |
| | | | | | | | | | |
| **Finanzielle Beteiligungskriterien** | | | | | | | | | |
| Hoher Wertezuwachs der erworbenen Kapitalanteile möglich | 2,87 | 0,34 | 46,234228 | 0,624927626 | | | 0,106263436 | 8 | 0,85010749 |
| Schnelle und problemlose Veräußerung der erworbenen Kapitalanteile möglich | 2,34 | 0,67 | 19,129415 | 0,258563846 | | | 0,043966504 | 5 | 0,219832518 |
| Eine Teilnahme an weiteren Finanzierungsrunden ist erwünscht | 1,04 | 1,12 | 5,0859952 | 0,068745149 | | | 0,011689507 | 7 | 0,081826549 |
| Potential der laufenden Kapitalausschüttungen aus der Beteiligung | 0,4 | 0,62 | 3,5336939 | 0,047763379 | | | 0,008121742 | 0 | 0 |
| **Zwischensumme finanzielle Beteiligungskriterien** | | | **73,9833318** | **1** | **18,49583294** | **0,170041189** | **0,170041189** | | **1,151766557** |
| | | | | | | | | | |
| **Summe** | | | | | **108,7726632** | **1** | | | |
| Gesamtscoring | | | | | | | | | 7,476607112 |

*Abbildung 63: Scoring der Telemed A GmbH*
*Quelle: Eigene Darstellung*

### *Schritt 3.3. Verknüpfung der beiden Bewertungsansätze*

Den letztendlichen Unternehmenswert (Vend) erhält man durch die Verknüpfung der beiden Bewertungsansätze. Um die qualitative Bewertung in den durch die Multiplikatormethode errechneten Unternehmenswert (Vmul) einfließen zu lassen, wird die qualitative Prämie (Pqual) wie folgt in den Unternehmenswert einberechnet:

Vend = Vmul * (1 + Pqual)

Dabei spiegelt Vmul den Unternehmenswert gemäß der quantitativen Bewertungsmethode zuzüglich Liquiditätsabschlag (Schritt 1 und 2) wider. Bei einer qualitativen Prämie von 0 verändert sich der Unternehmenswert folglich nicht. Alle positiven Prämien führen zu einer Erhöhung des Unternehmenswertes, alle negativen Prämien zu einer Verminderung des Unternehmenswertes. Das Ergebnis der quantitativen Bewertung kann sich jedoch höchstens um die Hälfte erhöhen oder reduzieren.

Für das Fallbeispiel Telemed A GmbH ergibt sich folgende Rechnung:

Vend = € 5.009.590,55 * (1 + 0,2476607112) = **€ 6.250.269,31**

Der letztendliche Unternehmenswert für die Telemed A GmbH beträgt somit € 6.250.269,31. In diesem Wert werden sowohl quantitative als auch qualitative Kriterien berücksichtigt.

# 8 Telemedizin – quo vadis?

## 8.1 Allgemeine Einschätzung

„Es heißt mitunter, im Internet verginge die Zeit dreimal schneller als im wirklichen Leben. Nun, ich meine, dass dies für die Telemedizin als technologie- und kommunikationsnahe Disziplin ebenso gelten könnte. Wer hätte sich den aktuellen Stand vor fünf Jahren ausmalen können? Sicher die wenigsten“ Dr. Leis (Interview ICT Regensburg, 2007)

Auf die Frage nach der Zukunft der Telemedizin antwortete Dr. Leis weiter:

„In diesem Fall möchte ich es mit Steve Jobs Worten zur Zukunft der IT in fünf Jahren halten: "I really don't know!"“ (Interview ICT Regensburg, 2007).

Das folgende Kapitel wagt dennoch einen Ausblick.

## 8.2 Markttendenzen in Deutschland

Die Markterschließung in Deutschland wird mittelfristig weiterhin durch kleine, flexible Unternehmen vorangetrieben werden, die ihre Produkte und Dienstleistungen auf spezifische Kundenwünsche und Regionalitäten anpassen können. Parallel dazu werden sich, wo Standardisierung möglich ist, auch die großen Marktteilnehmer, die in den letzten Jahren eine abwartende und beobachtende Rolle eingenommen hatten, wieder ins Geschehen einbringen.

Mit fortschreitender Marktdurchdringung und absehbarer Marktsättigung wird es Konsolidierungstendenzen zwischen den beiden Teilnehmergruppen geben. Mit ihrer reichlichen Kapitalausstattung sind globale Player in der Lage, KMUs und damit deren Marktanteil und Kernkompetenzen einzukaufen. Auf diese Weise verbinden sie ihre Finanzkraft mit der detaillierten Marktkenntnis der kleineren Unternehmen und stärken so langfristig ihre Stellung am Markt.

Auf der Abnehmerseite erlaubt die Gesundheitsreform in Zukunft Fusionen nicht nur zwischen einzelnen Krankenkassen, sondern auch zwischen Kassenarten, mit dem Resultat, dass wenige große Kassen größeres politisches und ökonomisches Gewicht erlangen werden. Dies wird sie zu einer gestärkten Verhandlungsposition in ihrer Rolle als Kunde führen. Große Krankenkassen werden dank Synergieeffekten und erweiterten Ressourcen auch ihr eigenes Leistungsangebot ausbauen können. In der Konsequenz werden Telemedizindienstleister gegebenenfalls die Ausschließlichkeit ihrer „all-in-one-Lösung“ überdenken und dazu übergehen, Teillösungen dem Bedarf anzupassen.

Auch von Seiten der Leistungserbringer beobachtet Dr. Schieber in den letzten Monaten durchaus eine Interessenzunahme an telemedizinischen Leistungen (Interview „Partnership for the Heart“, 2007). Dr. Kottmair bestätigt diese Einschätzung mit der Aussage, dass zunehmend Leistungserbringer Informationen zu telemedizinischen Betreuungsprogrammen nachfragten (Interview ArztPartner almeda AG, 2007).

Momentan konzentrieren sich Telemedizinanbieter beinahe ausschließlich auf die Vergütung durch die Krankenkassen, insbesondere den gesetzlichen Kostenträger. In Deutschland existiere kein Endkundenmarkt für die Telemedizin, sagt Herr Homberg. Lediglich nichtmedizinische Zusatzdienste wie die GPS-Ortung per Mobilfunk machen derzeit einen kleinen Teil des Umsatzes aus (Interview Vitaphone GmbH, 2007). Der Patient als Selbstzahler hat bisher eine verschwindend geringe Bedeutung nicht nur in der Telemedizin, sondern auch im übrigen deutschen Gesundheitssystem. In Zukunft wird jedoch die Eigenverantwortung des Patienten steigen, nicht nur in seinem Selbstverständnis, sondern auch in der Vergütungsstruktur und in Erstattungsmechanismen. Herr Conz kann sich Entwicklungen vorstellen, in denen der Patient durch regelmäßiges Telemonitoring seine Compliance belegt und somit einen Anspruch auf Kostenübernahme bestimmter Leistungen geltend machen kann (Interview AnyCare GmbH, 2007), zumal der Nutzen mancher telemedizinischer Anwendungen für den Patienten so hoch ist, dass auch eine direkte Kostenübernahme denkbar ist.

Dass die Entwicklung der Telemedizin fortschreiten wird, verstehen die Verfasser als unumgänglich, lediglich ihre Ausgestaltung gilt es positiv zu beeinflussen. Auf die Frage, ob es langfristig Alternativen zur Telemedizin gebe antwortet Dr. Leis: „Im bereits skizzierten Spannungsfeld aus steigenden Kosten und knapperen Budgets sowie alternder Gesellschaft sehen wir keinen anderen Ausweg (…)“ (Interview ICT Regensburg, 2007).

Die folgenden Handlungsempfehlungen für die einzelnen Teilnehmergruppen im Telemedizinmarkt werden mit dem Ziel ausgesprochen, ein telemedizinfreundliches Klima in Deutschland zu schaffen und Teilnehmern das Werkzeug in die Hand zu geben, sich eine für sie gewinnbringende Stellung zu sichern.

### 8.2.1 Politik

**Budgetstruktur**

Es ist Aufgabe der Politik, wie durch die IV in Ansätzen bereits angestoßen, unter anderem eine Budgetstruktur zu schaffen, die die Telemedizin als Ergänzung der ärztlichen Leistung versteht. Sie kann zusätzlich als Bindeglied der Wertkette agierend den Datenfluss und die Behandlung über Sektoren hinweg erleichtern und effizienter gestalten.

Für die weitere Wettbewerbsentwicklung und das Vorankommen alternativer Versorgungsformen sollte der Gesetzgeber entschlossen sektoral übergreifende Budgets umsetzen. Gleichzeitig sollte die Komplexität und der bürokratische Aufwand alternativer Versorgungsmodelle reduziert werden. Neben den Kosteneffizienzpotentialen dürfen in der Umsetzung integrierter Versorgungsmodelle weder die Patientenorientierung noch die Qualitätsverbesserung durch innovative Diagnose- und Therapiekonzepte aus dem Blickfeld geraten.

**Veränderung der Vergütungsstrukturen**

Für niedergelassene Ärzte fehlen in Deutschland bisher monetäre Anreize, sich in integrierte Versorgungsnetzwerke, die Telemedizin anwenden, einzubringen. Die Einführung von DRGs auch im ambulanten Sektor könnte eine Änderung dieser Einstellung bewirken. Sie hätte einen erhöhten Druck auf Niedergelassene zur Folge, redundante und nicht-profitable Aufgaben an externe Dienstleister abzutreten und ist deshalb für die Entwicklung der Telemedizin wünschenswert.

„In der Nutzung der gegebenen Vergütungsstrukturen herrscht ein Mangel an Kreativität", bilanziert Herr Conz (Interview AnyCare GmbH, 2007). Auf welchem Wege die Vergütung der Telemedizindienstleistung in Zukunft erfolgen sollte, ist umstritten:

Dr. Hilfer rechnet nicht mit einer weitergehenden gesetzlichen Verankerung der Telemedizin wie es sie für die elektronische Gesundheitskarte im Sozialgesetzbuch V gibt.

Dies böte die Möglichkeit zur systemweiten Einführung telemedizinischer Anwendungen. Er vermutet, dass die Politik ein solches Maß an Druck für den Bereich Telemedizin nicht ausüben wird. Dr. Hilfer sieht die Telemedizin nicht als direkten und unersetzlich in den Behandlungsprozess unmittelbar eingebundenen Bestandteil, sondern eher als prozessgestaltendes Element. Eine Aufnahme in die Regelversorgung über den EBM oder die Mantelverträge wäre kurz- bis mittelfristig zwar möglich, aber kaum denkbar. Wenn im Rahmen von evidenzbasierten Leitlinien festgehalten wäre, dass die medizinische Betreuung mit Hilfe von Telemedizin der Versorgung ohne Telemedizin vorzuziehen ist oder wenn belastbare Daten für eine Wirksamkeit oder Überlegenheit bestimmter Anwendungen verfügbar wären, könnte sich diese Einschätzung jedoch ändern. Dann könnte eine telemedizinische Anwendung auf dem Weg von einzelverträglichen Lösungen über größere Modellprojekte in die Regelversorgung Eingang finden und kollektivvertraglich entsprechend abgesichert werden, so Dr. Hilfer. Ein Beispiel für eine solche Anwendung könnte „Tempis" sein, ein Schlaganfallprojekt in Bayern, das Aussichten hat, Schritt für Schritt in die (stationäre) Regelversorgung überzugehen. Derzeit findet ein Ausweitungsschritt auf weitere Krankenhäuser statt. Zwar handelt es sich um ein System zum Telekonsil mit Übertragung von z.B. bildgebenden Befunden und ist auf die stationäre Landschaft beschränkt. Aber es sieht so aus als würde sich die Datengrundlage hinsichtlich der verbesserten Ergebnisqualität der Versorgung bald als so gut erweisen, dass keine Kasse (und kein Krankenhaus) außen vor bleiben kann und somit eine künftige Finanzierung gesichert wäre. Damit wäre zwar die Anwendung wieder aus dem Wettbewerb (der Kassen) entfernt, die Technologie als solche wäre jedoch flächendeckend implementiert und auf kollektivvertraglicher Ebene abgesichert (Interview AOK Bundesverband, 2007).

Dr. Mex hingegen formuliert die konkrete Erwartung, dass telemedizinische Leistungen über den Leistungskatalog abgerechnet werden, um ihre Finanzierung auch über die Reformen 2009 hinaus zu sichern (Interview Techniker Krankenkasse, 2007). Herr Krütten hält eine Aufnahme der arztbezogenen Vergütungskomponente in den EBM für sinnvoll, weil sie eine

Möglichkeit böte, erfolgreiche Innovationen aus der IV in die Regelversorgung zu überführen (Interview Ventario GmbH, 2007). Herr Homberg erhofft sich eine solche Entwicklung ebenfalls und betont dabei, dass Telemedizin im EBM indikationsabhängig definiert sein sollte und für sie zusätzliche Gelder zur Verfügung stehen müssen (Interview Vitaphone GmbH, 2007).

Herr Pourie hingegen hält die Abrechnung telemedizinischer Leistungen über den EBM für irrelevant und nicht sinnvoll. Vielmehr werde die Vergütung der Telemedizin auch in Zukunft besser direkt von den Krankenkassen an den Dienstleister erfolgen, weil sie primär eine Dienstleistung gegenüber der Kasse ist und somit nicht den Umweg über die Abrechnung des Vertragsarztes gehen sollte. Deshalb erhofft sich Herr Pourie eine Flexibilisierung der Vertragsgestaltungsmöglichkeiten zwischen Kostenträgern und Anbietern. Sie hätte eine Stärkung des Wettbewerbs und eine gesteigerte Innovationsbereitschaft zur Folge (Interview 4sigma GmbH, 2007). Andere Marktteilnehmer halten diese Abrechnungsmethode mit dem Ziel einer flächendeckenden Einführung vor Augen für suboptimal und sehen sie bisher als Behelfsmittel mangels Alternativen (Interview Vitaphone GmbH, 2007).

Ähnlich wie Herr Pourie kann auch Dr. Graf von Stillfried keinen Bedarf für eine gesetzliche Änderung erkennen. Er sieht die ärztliche Leistung in Verbindung mit Telemedizin unverändert, es sei im Grunde dieselbe Leistung wie ohne telemedizinische Unterstützung. Einer Abrechnung der ärztlichen Leistung über den EBM bzw. ergänzenden vertraglichen Vereinbarungen z. B. nach § 73b oder 73c SGB V, stehe deshalb seiner Meinung nach nichts im Wege. Die Vergütung der Geräte- und der Dienstleistungsanbieter hingegen, müsse direkt mit den Kassen oder über die KV erfolgen (Interview Kassenärztliche Bundesvereinigung, 2007).

Wenn Telemedizin als medizinische Leistung angesehen wird, wäre es grundsätzlich sinnvoll, dass Krankenkassen diese auch als Leistungsausgaben und nicht womöglich als Verwaltungskosten verbuchten, konstatiert Herr Conz. Derweil stehe zu bedenken, dass der Leistungskatalog gegenwärtig eher verschlankt wird, anstatt zusätzliche Leistungen neu aufzunehmen. Eine hochpreisige Lösung innerhalb des EBM hält er deshalb für unwahrscheinlich (Interview AnyCare GmbH, 2007). Dr. Lücke sieht die Studie „Partnership for the Heart“ als ersten Meilenstein auf dem Weg zur Aufnahme in den EBM (Interview „Partnership for the Heart“, 2007).

**Transparenz der Kassen-Buchführung**

Deutsche GKV sind nicht verpflichtet, ihre Bilanzen zu veröffentlichen oder durch Wirtschaftsprüfer kontrollieren zu lassen. In der ZEIT bemängelt Gammelin, dass keine Berichtspflicht an das Bundesministerium für Gesundheit besteht (Gammelin, 2006). Stattdessen legten Kassen ihre Haushaltspläne lediglich dem Bundesversicherungsamt (BVA) zur jährlichen Plausibilitätsprüfung der Beitragsätze vor. Personal- und Verwaltungskosten sowie die Abrechnung der Leistungen werden laut Gammelin nur alle fünf Jahre umfassend geprüft (2006).

Mangelnde Transparenz erschwert nicht nur die Klärung der Vergütungsfrage in der Telemedizin, sondern auch die Angebotserstellung der Telemedizinanbieter. Oft wird von Kassenseite bemängelt, dass Telemedizindienste den Kassenbedarf verfehlen und nicht bezahlbar seien (Interview AOK Bundesverband, 2007). So lange die andere Partei in Verhandlungen keine Informationen zum internen Ablauf und Abrechnungsmodalitäten offen legt, gleicht die Produktkonzeption der Telemedizinanbieter dem Fischen in trüben Gewässern. Kassen mögen erkennen, dass konstruktive Offenheit nicht nur den Nutzen des Anbieters, sondern auch ihren eigenen Nutzen erhöhen kann. Um diese Einsicht zu fördern, könnte der Gesetzgeber die Infomationsasymmetrie abbauen und Wettbewerb somit glaubhaft gestalten.

### 8.2.2 Kostenträger

Angesichts der zunehmenden Konsolidierung des Versicherungsmarktes und des damit einhergehenden wachsenden Wettbewerbs erarbeiten sich Krankenkassen aktuell Alleinstellungsmerkmale und einen innovativen Ruf. Dazu gehören auch flexiblere interne Strukturen, die außerdem der Kostendämpfung dienlich sind. Hierbei ist die Beachtung der Studien zum Nachweis der Kosteneffizienz durch den Einsatz von telemedizinischen Maßnahmen zu erwähnen, die laut Schulenburg (2000, S. 51 ff.) in den letzten Jahren noch immer zu wenig Beachtung fanden.

**Erweiterung des Kundenverständnisses**

Den informierten Patienten können Krankenkassen in Zukunft mehr denn je als mündigen Kunden verstehen lernen. Seine Stimme wird mit besserer Kenntnis seiner Krankheit und fortschreitender Differenzierung des Versicherungsangebots ein größeres Gewicht im Gesundheitsmarkt erhalten.

Die Unterscheidung zwischen Grundversorgung und Zusatzleistungen werde über Wahltarife erfolgen, so Dr. Graf von Stillfried, und für die GKV und Vertragsärzte werde somit die Patientenbindung noch wichtiger werden (Interview Kassenärztliche Bundesvereinigung, 2007). Die Telemedizin kann das differenzierte Profil einer Krankenkasse oder einer Arztpraxis schärfen. Dazu müssen jedoch nach Intensität gestaffelte Betreuungsangebote (siehe Kapitel 0, Breites Produkt- und Leistungsportfolio) nicht als Insellösung, sondern für die breite Masse der Versicherten erhältlich sein.

**Investitionen bedeuten Schutz vor Übernahme**

Dass mit der Gesundheitsreform Fusionen zwischen Kassenarten gestattet sind, setzt vor allem kleine Kassen wie IKK und BKK unter Druck. Herr Conz erkennt in der Fusionserwartung mancher Kassen ein Motiv für die wachsende Zurückhaltung im Tätigen von Investitionen. Diese Reaktion sei nicht selten irrational und eher persönlich motiviert, weil Entscheidungsträger (und oftmals nicht einmal die Krankenkasse selbst, da sie z.B. wegfusioniert wird) die Früchte ihrer Investition nicht mehr selbst ernten können, da bei manchen Indikationen zentrale Einsparpotenziale erst 10 – 20 Jahre später stattfinden. Die Politik müsste aber ein volkswirtschaftliches Interesse haben, auch solche langfristigen Investitionen bewusst zu fördern und zu fordern (Interview AnyCare GmbH, 2007). Daher sollte diese Strategie umgekehrt werden. Kassen, die durch Investitionen und Innovationen beispielsweise im Bereich

Telemedizin ihre Attraktivität für Versicherte steigern, erhöhen ihren Marktwert. Sie gehen als konkurrenzfähige Kasse aus einer gestärkten Position heraus in etwaige Fusionsverhandlungen.

### 8.2.3 Telemedizinanbieter

**Neue Wege der Kapitalbeschaffung**

An der Schwelle zur Wachstumsphase stehend (siehe Kapitel 3.1.1) sollte es die Zielsetzung jedes Anbieters sein, eine mögliche Expansion solide zu finanzieren. Beteiligungsgesellschaften haben bisher keine Abschlüsse im deutschen Telemedizinmarkt getätigt. Anbieter könnten sich jetzt aktiv um diese und andere Kapitalquellen bemühen, um ihr Bestehen langfristig zu sichern. Allianzen und auch der Börsengang werden in Zukunft als realistische Wachstumsmöglichkeit stärker in den Mittelpunkt rücken.

**Gründung einer Interessensvertretung**

Noch ist nicht abzusehen, wann der Prozess der Marktdurchdringung in Deutschland abgeschlossen sein wird. Dennoch wird unter den Anbietern bereits um Verträge gewetteifert und es herrscht ein Klima, das Herr Krütten als „kompetitiv“ beschreibt (Interview Ventario GmbH, 2007). Um die Telemedizin in den deutschen Köpfen zu etablieren, Hindernisse abzubauen und eine Marktreife zu erreichen, die es erlaubt, um Anteile wettzueifern, wird es in den nächsten Jahren darum gehen, strategische Differenzen bei Seite zu lassen und vorerst gemeinsam für die Verbreitung und Akzeptanz der Telemedizin zu arbeiten. Die Gründung einer Interessensvertretung sehen die Verfasser deshalb als den ersten Schritt.

**Imagewandel**

Das Image der Telemedizin sollte sich wandeln von einer revolutionären „e“-Technologie oder „tele“-Innovation hin zu einem praktischen, erprobten und sozial wichtigen Faktor in der medizinischen Versorgung, resümiert David Lloyd-Williams von der European Health Telematics Association (Korrespondenz EHTEL, 2007). Die Telemedizin schafft für den selbstverantwortlichen Patienten einen Mehrwert, auf den die Kommunikation der Branche stärker abzielen sollte. Der Kunde, und als solcher muss der Patient gesehen werden, will seinen Gesundheitszustand einschätzen, kontrollieren und lenken - die Telemedizin gibt ihm die Möglichkeit dazu. Wenn dieser Zufriedenheitssteigerung auf Seiten des Kunden ein monetärer Wert zuzuordnen wäre, fiele die Argumentation gegenüber den Kostenträgern wesentlich stringenter aus. Die Gesundheitspolitik zielt seit Jahren auf die Steigerung des Wettbewerbs zwischen Kassen ab. Diese Funktion der Telemedizin als Qualitäts- und Alleinstellungsmerkmal gemeinsam mit dem Kostenargument ist die Tür, durch welche der Marktzugang in Zukunft erfolgen wird.

**Kosten-Nutzen-Nachweis**

Wenn, wie in Kapitel 3.1.1 dargelegt, der Wirtschaftlichkeitsnachweis entscheidend das Branchenwachstum beschleunigt und unterstützt, sollten wissenschaftlich belastbare Studien trotz ihrer hohen Kosten nicht nur in den ersten Jahren der Marktdurchdringung durchgeführt werden, sondern entwicklungsbegleitend mindestens während der ersten drei Phasen des Branchenlebenszyklus stattfinden, um den Absatz dauerhaft zu sichern. Dieselbe Aussage ist für Studien zur klinischen Wirksamkeit zu treffen. Das Schritthalten mit der medizinischen Entwicklung ist Grundvoraussetzung der Telemedizin. Den Nachweis ihrer Existenzberechtigung muss die Telemedizin immer wieder erneut erbringen.

**K.O. Kriterium Populationsbezug**

Bei gegebener demographischer Entwicklung drohen europäische Gesundheitssysteme in ihren jetzigen Finanzierungsmechanismen zu scheitern (siehe Kapitel 2.4.3). Folglich sollten erfolgsorientierte Unternehmen spätestens dann im soliden Teil ihrer Wachstumsphase angekommen sein, wenn die flächendeckende Einführung ihrer Dienste eine reine Notwendigkeit sein wird. Dieser Zeitpunkt ist selbstverständlich nicht eindeutig definierbar. David Lloyd-Williams von der EHTEL sieht ihn jedoch beispielsweise für Großbritannien spätestens 2014 kommen (Korrespondenz EHTEL, 2007). In diesem Moment werden jene Unternehmen den Markt dominieren können, deren populationsbezogene Produkte bereits die Marktreife erreicht haben und auf Abruf einsetzbar sind. Deshalb gelte bereits heute, dass die erste Stufe eines nachhaltigen Geschäftskonzepts „nicht nur in einem Pilotprojekt, sondern auch in Personengruppen von mindestens zehn, wahrscheinlich aber 25 Millionen anwendbar sein muss“, erklärt David Lloyd-Williams (Korrespondenz EHTEL, 2007). Zukunftsträchtige Telemedizinlösungen müssen also in der Lage sein, große Datenmengen zuverlässig für einen großen Teil der Bevölkerung zu verarbeiten. Das heißt Investitionen in prozesssichere Abläufe, unterstützende Software und Datenauswertungsprogramme, insbesondere data mining-Anwendungen, sollten nicht auf die lange Bank geschoben werden.

Dass Produkte in Zukunft auf große Populationen anwendbar sein müssen, stellt für kleine Anbieter mit limitierter Kapitalausstattung und Humanressourcen eine ernste Herausforderung dar. Deshalb ist es wichtig, sich des Entwicklungszyklus seines Unternehmens bewusst zu sein. Frühzeitig kann über eine Spezialisierung nachgedacht werden, um gegebenenfalls in einem Nischenmarkt die Marktführerschaft erringen zu können. Alternativ können im Voraus mögliche Corporate Finance Alternativen geprüft werden, um die Verhandlungsposition maximal zu stärken (siehe Kapitel 6).

**Einfache Handhabung des Monitoring**

Chronische Erkrankungen betreffen vorwiegend ältere Menschen. Durch das höhere Lebensalter aber vor allem auch durch die Erkrankung selbst sind diese Menschen häufig in ihren Hör- oder Sehfähigkeiten eingeschränkt. Außerdem lässt die Fingerfertigkeit z. B. durch Nervenschädigungen im Rahmen des Diabetes mellitus nach. Anbieter können diesen Umstand beachten und ihn in die Konzeption ihrer Produkte mit einbeziehen. „Je nutzerfreundlicher und unkomplizierter die Anwendungen werden, desto besser werden sie auf die breite Masse übertragbar sein“, fasst Dr. Hilfer zusammen (Interview AOK Bundesverband, 2007). Die Ergebnisse der Empirica „European Senior Watch Survey“ liefern konkrete Anhaltspunkte, welche körperlichen Einschränkungen Telemedizinanbieter insbesondere berücksichtigen müssen. In Abbildung 64 ist dargestellt, in welchem Maße über 50jährige Europäer in ihrem Hör- und Sehvermögen sowie in ihrer Fingerfertigkeit eingeschränkt sind.

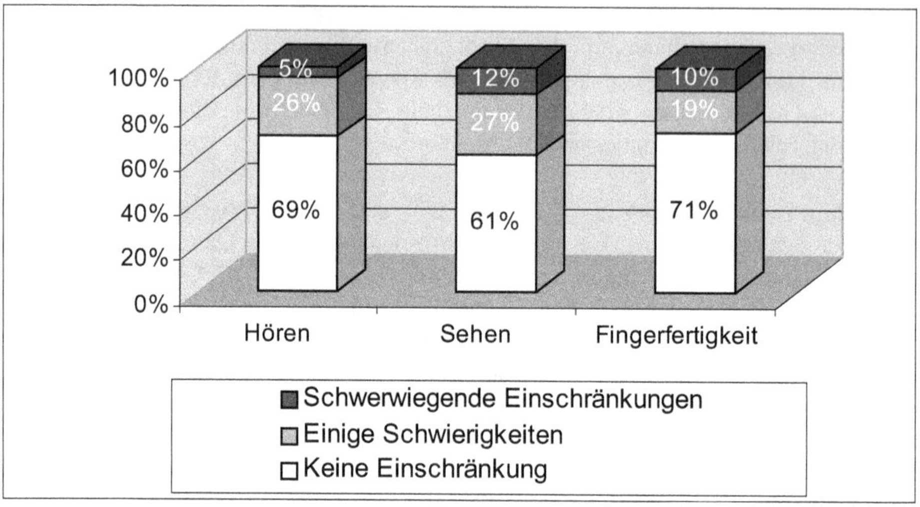


*Abbildung 64: Funktionale Einschränkungen bei älteren Menschen*
*Quelle: European SeniorWatch Survey, Empirica, S.11*

**Komplementärgüter**

Komplementärgüter (siehe Wettbewerbskraft 5: Komplementärgüter) haben Anteil und Einfluss auf die telemedizinische Entwicklung. Telemedizinanbieter sollten also die Teilnehmer ihres Marktes nicht zu eng definieren. Gemeinsame Projekte unterschiedlichster Art können als Mittel der Absatzförderung angedacht werden. Es folgen einige Beispiele, die beliebig ergänzt werden können:

- Strategische Allianzen mit Telekommunikationsunternehmen
- Computerkurse in Einrichtungen des betreuten Wohnens
- Austausch mit Betreibern nicht-konkurrierender Demand Management Hotlines
- Marketing-Kooperationen mit Optikern, Sanitätshäusern und Anbietern von Hörgeräten (Anpassung der Vertriebswege oder Kooperationen in PR-Arbeit)
- Unterstützung von Seniorenheimen, beispielsweise durch kostenlose Ratgeber zur Bewerbung um zusätzliche Fördermitteln oder durch Sponsoring von Bewegungstraining oder Parkanlagen

**Breites Produkt- und Leistungsportfolio**

Die Auswirkungen integrierter Versorgung schaffen gleichzeitig auch die Notwendigkeit, Produkte und Services in verschiedenen Szenarien (stationär, ambulant, rehabilitativ und auch im Heim-Bereich) einsetzbar zu machen. Zudem haben es Anbieter mit einer zunehmenden Bündelung der Nachfrage zu tun. Es werden deshalb sehr individualisierte Angebotspakete geschnürt werden, die mit einem möglichst breiten Produktportfolio den gesamten Bedarf eines Nachfragers decken. Ein Telemedizinanbieter könnte deshalb sein Produkt- und Serviceportfolio umfassend halten, um verschiedenen Ansprüchen gerecht zu werden. „Telemedizindienstleistung muss in Teilleistungen, z. B. Monitorcenter, Geräte, Software, ärztlicher Hintergrunddienst, beziehbar sein", fordert Dr. Graf von Stillfried (Interview Kassenärztliche Bundesvereinigung, 2007). Denn ein Telemedizinanbieter, der bereit ist aus seinem breiten Portfolio Teilleistungen auszukoppeln und Produktvarianten individualisiert zu verkaufen, trifft den Bedarf vieler Nachfrager wie Kassen, Kliniken oder Leistungserbringer, die Leistungen möglichst selbst erbringen möchten. Sie kaufen Telemedizin nur ergänzend dort ein, wo ihre eigenen Ressourcen nicht ausreichen. „Im Goldrausch haben auch die Schaufelverkäufer das meiste Geld verdient", sagt Herr Hudler und bezieht sich insbesondere auf den Verkauf von Schulungen, Software und Prozessabläufen an Kunden, die Telemedizin in Eigenleistung anbieten wollen (Interview ArztPartner almeda AG, 2007).

Neben der Verbreiterung des Produktportfolios kann auch eine stärkere Differenzierung der Betreuungsintensität nachgefragt werden, weil die Preiselastizität der Nachfrager sehr heterogen ist. Es kann deshalb für Telemedizinanbieter wichtig sein, eine Vertiefung des Portfolios, d.h., eine Abstufung der Angebote innerhalb einer Indikation vorzunehmen (Interview AnyCare GmbH). Beide Erweiterungen sind schematisch in Abbildung 65 dargestellt.

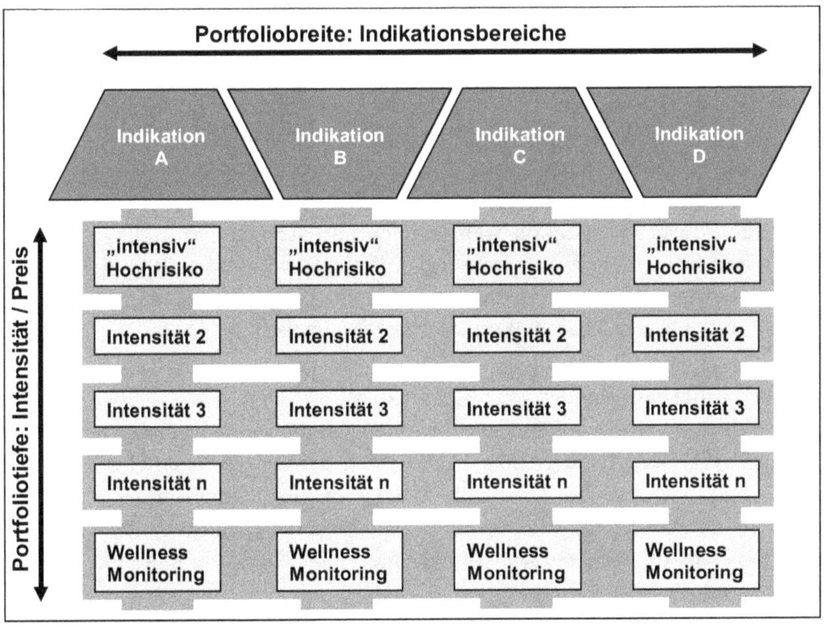


*Abbildung 65: Erweiterung des Telemonitoring-Produktportfolios in Breite und Tiefe*
*Quelle: Eigene Darstellung*

In Strategie und Investitionsplanung gilt es zu entscheiden, ob eine Indikation im Sinne der BCG-Matrix (siehe Kapitel 5.4) bereits eine etablierte Stellung einnimmt, mäßige Wachstumsaussichten hat und vor allem als „Cash Cow" möglichst flächendeckend Umsatz generieren soll oder ob es sich beispielsweise um einen innovativen Monitoringdienst einer zukunftsträchtigen Indikation handelt, der zwar noch keine vergleichbaren Umsätze generiert, jedoch ein großes Potential aufweist („Question mark"-Produkt). Ein angepasstes Management einzelner Produktlebenszyklen kann über die Wettbewerbsfähigkeit und den nachhaltigen Erfolg eines breiten Produktportfolios entscheiden.

**Erweiterung des Kundenverständnisses**
Bei jedem Telemedizinanbieter, der fordert, telemedizinische Leistungen in den EBM aufzunehmen (siehe Kapitel 8.2.1), verschieben sich seine Kundenansprache und Zielgruppe. Im bisherigen Kundenverständnis einiger Telemedizinanbieter kommen Leistungserbringer und insbesondere die niedergelassenen Ärzte nur indirekt vor. Anbieter, die eine Vergütung über den EBM und somit eine Verordnung telemedizinischer Leistungen durch den Arzt anstreben, sollten diesen in Zukunft in das Zentrum ihres Kundenverständnisses rücken und ihre Produkte seinem Bedarf entsprechend ausrichten.

In diesem Zusammenhang fordern sowohl Dr. Schieber und Dr. Lücke, als auch Prof. Oeff Telemedizinanbieter auf, den Leistungserbringer stärker im eigenen Kundenverständnis zu verankern, da eine Verbreitung der Telemedizin ohne die Akzeptanz und die ausgesprochene Förderung durch die Leistungsanbieter nicht denkbar sei. Dies beinhaltet auch die Forderung einer stärkeren Ausrichtung der Produkt- und Servicekonzeption am Bedarf der Leitungserbringer (Interview „Partnership for the Heart", 2007 und Interview Klinikum Brandenburg, 2007).

### 8.2.4 Leistungserbringer

Wettbewerbsorientierung im Gesundheitssystem erfordert, dass Leistungserbinger eine starke Position für sich im Patientenmanagement aushandeln. Niedergelassene Ärzte mit Zukunftsorientierung sollten diese Möglichkeit wahrnehmen und sie aktiv gestalten. Auch angesichts einer zunehmend informierten und fordernden Patientenklientel sollten Ärzte nicht die Chance verpassen, sich gegenüber der Konkurrenz durch Aufgeschlossenheit und Informiertheit durch patienten-zentrierte Therapiekonzepte hervorzuheben.

**„Vom Einzelkämpfer zum Teamplayer"**
Die Telemedizin verändert die Rolle des niedergelassenen Arztes „vom Einzelkämpfer zum Teamplayer" (Interview ICT Regensburg, 2007). Der Arzt, der diesen Wandel als Chance zur Qualitätsverbesserung versteht, die Telemedizin nutzt um Redundanzen zu verringern und den Einsatz von (Human-)Kapital zu optimieren, wird sie in Verbindung mit der Fortentwicklung der IV sinnvoll für sich nutzen können und seine Konkurrenzfähigkeit schon heute und vor allem für die Zukunft stärken.

**Positionierung der Leistungserbinger im Telemedizinmarkt**
Leistungserbringer des ambulanten sowie stationären Sektors werden auf neue Entwicklungen der Telemedizin reagieren müssen. Die KBV gibt Ihren Mitgliedern als zentrale Informationsstelle Auskunft und Orientierung und befähigt sie, informierte Entscheidungen zu treffen. Dr. Graf von Stillfried schließt nicht aus, dass sich die Rolle der KV bei veränderten gesetzlichen Bedingungen hin zu einem Anbieter wandeln könnte (Interview Kassenärztliche Bundesvereinigung, 2007).

Auch Krankenhäuser und insbesondere Klinikumsketten werden ihre Stellung im Telemedizinmarkt finden. Bei wesentlich stärkerem Konkurrenzdruck als im ambulanten Sektor, können Kliniken die Telemedizin gewinnbringend für sich einsetzen und gleichzeitig ihre Position im nationalen Telemedizinmarkt definieren. Nach Einschätzung von Herrn Conz könnten große Krankenhausketten ebenfalls als Managementgesellschaft im Markt auftreten (Interview AnyCare GmbH). Sie könnten ihre Managementkompetenz einbringen und Größenvorteile nutzen. Als neuer großer Spieler könnten sie in Zukunft die Marktlandschaft verschieben.

### 8.2.5 Patienten

Steigende Lebenserwartung, eine Zunahme der chronischen Volkskrankheiten, technologischer Fortschritt und gesellschaftliche Veränderungen stellen Patienten vor immer neue Herausforderungen. Die größte Herausforderung ist es für Patienten, eine passive Forderung nach persönlicher Gesundheit gegenüber Leistungserbringern hinter sich zu lassen und mit eigenverantwortlichem Denken und Handeln den Erhalt der Gesundheit aktiv zu forcieren. Dieses Umdenken erfordert eine stärkere Identifikation und Partizipation der Patienten durch bessere Schulung und Einbindung in ihr Krankheitsmanagement. Diesem sogenannten Patienten-Empowerment wird eine ganz entscheidende Rolle bei Therapieerfolgen zugeschrieben.

Patienten können die Chancen wahrnehmen, die Telemedizin für sie bereithält. Die Telemedizin kann dem Patienten helfen, eine dem Arzt gleichberechtigte und eigenverantwortliche Rolle im eigenen Gesundheitsmanagement einzunehmen. Sie kann die Patienten-Verantwortung im Behandlungsprozess stärken und den Erfolg der medizinischen Maßnahmen absichern.

Auch in finanzieller Hinsicht können Patienten in einem sich wandelnden Gesundheitssystem eine proaktive Rolle übernehmen. Wenn Krankenkassen unterschiedliche Versicherungspakete anbieten und regelmäßig neue Therapieformen auf den Markt kommen, dann erfordert es einen mündigen Patienten, der Unterschiede zu erkennen und bewerten vermag und sich unter Umständen im Kollektiv organisiert. Patienten sollten ihre Marktmacht nutzen und durch eine bewusste Tarifwahl jene Krankenkassen honorieren, die innovative Anwendungen, wie z.B. telemedizinische Anwendungen, anbieten. Hierfür kann als beratender und betreuender Partner ein niedergelassener Arzt gewählt werden, der innovativen Versorgungsformen offen und gut informiert gegenübersteht.

# Literaturverzeichnis


*Aerotel (2007):* Aerotel Medical Systems Acquires the Tadiran LifeCare Line of Personal Wireless Monitoring Solutions from Tadiran Spectralink, http://www.aerotel.com/pdf/29-Jan-2007%20%20Aerotel%20-%20Tadiran%20LifeCare%20PR.pdf, am 02.07.2007

*Adrian, A.., Baden, D., Helms T., Korb, H., Wähner, M., Zugck, Ch., (2005):* Telemonitoring bei chronischer Herzinsuffizienz: Effektivität unter klinischen und gesundheitsökonomischen Aspekten, http://www.stiftung-telemedizin.de/download/TeleMed2005.pdf, am 15.04.07

*Ahlert, D., Evanschitzky H. (2002):* Erfolgsfaktoren von Dienstleistungsnetzwerken: Theoretische Grundlagen und empirische Ergebnisse, In: *Bruhn, M., Strauss, B. (2002):* Electronic Services, Dienstleistungsmanagement Jahrbuch 2002, Gabler, Wiesbaden

*AMD Telemedicine (2007):* Succesful Telemedicine Programs, Chapter 9, Reimbursement: http://www.amdtelemedicine.com/primer_9.cfm, am 08.05.07

*American Heart Association (2007):* 1994 Revisions to Classification of Functional Capacity and Objective Assessment of Patients With Diseases of the Heart, http://www.americanheart.org/presenter.jhtml?identifier=1712, am 12.05.07

*American Telemedicine Association, (2007):* About the Association, http://www.americantelemed.org/about/aboutH.htm, am 25.04.07

*Andersson, G., Karlberg, I. (2000):* Integrated care for the elderly – The background and effects of the reform of Swedish care of the elderly, International Journal of Integrated Care – Vol. 1, 1 November 2000, http://www.pubmedcentral.nih.gov/picrender.fcgi?artid=1534007&blobtype=pdf, am 09.06.07

*Antonini Revaz, Sarasin F. P., Stalder H., (2005):* Synkope, continuous professional development, Strategien für die ambulante Medizin, in: PrimaryCare 2005;5: Nr. 15, SGAM Schweizerische Gesellschaft für Allgemeinmedizin, http://www.primary-care.ch/pdf/2005/2005-15/2005-15-243.PDF, am 08.06.07

*Anwälte für Ärzte e.V. (2007):* Möglichkeiten der Telemedizin, http://www.afae.de/links/archivReadAfae.cfm?id=60, am 22.06.07

*AOK Bundesverband (2007a):* AOK und AOK-Bundesverband, http://www.aok-bv.de/aok/index.html, am 11.07.07

*AOK Bundesverband (2007b):* Amtliche Mitgliederstatistik KM1 für die AOK zum Stichtag 1. Dezember 2006

*AOK Bundesverband (2007c):* Risikostrukturausgleich, http://www.die-gesundheitsreform.de/glossar/risikostrukturausgleich.html, am 11.07.07

*AOK Bundesverband (2007d):* Der morbiditätsorientierte RSA, http://www.aok-bv.de/politik/agenda/rsa/index_03182.html, am 11.07.07

*AOK Bundesverband (2007e):* Diagnosis Related Groups (DRG), http://www.aok-bv.de/lexikon/d/index_02142.html, am 02.07.07

*AOK Bundesveband (2007f):* Integrierte Versorgung, http://www.aok-bv.de/lexikon/i/index_02508.html, am 12.07.07

*AOK Bundesverband (2007g):* Wieviele Diabetiker gibt es in Deutschland?, http://www.aok-bv.de/gesundheit/curaplan/faq/index_00999.html, am 15.04.07

*Arzneimittelkommission der deutschen Ärzteschaft (2007):* Arzneiverordnung in der Praxis, Therapieempfehlungen der Arzneimittelkommission der deutschen Ärzteschaft, Koronare Herzkrankheit, 1. Auflage 2004, http://www.akdae.de/35/76_KHK_2004_1Auflage.pdf, am 15.04.07

*Association of Telehealth Service Providers (2007):* Association Pofile, http://www.atsp.org/about/profile.asp, am 05.06.07

*Ärzte Zeitung Online (2001):* Bei Arztpartner almeda soll sich nach Übernahme nichts ändern, http://www.aerztezeitung.de/docs/2001/11/02/197a1901.asp?cat=/computer/internet, am 02.07.07

*Beck, K. (2006):* Wettbewerb ohne ausreichenden Risikostrukturausgleich, Präsentation Bundespressekonferenz zum Risikostrukturausgleich, http://www.aok-bv.de/imperia/md/content/aokbundesverband/dokumente/pdf/politik/ran_beck_vortrag_020306.pdf, am 13.06.07

*Bertelsmann Stiftung (2004):* Internationaler Reformmonitor, 9/2004, http://www.reformmonitor.org/downloads/brochure/refmon_9d.pdf, am 11.06.07

*Bertelsmann Stiftung (2007):* Policy Health Monitor: Strategy for Electronic Health Records, http://hpm.org/en/Surveys/CMWF_New_York/04 /Strategy_for_Electronic_Health_Records .html , am 08.05.07

*BKK Landesverband Hessen (2007):* Die BKK, http://bkk-hessen.de/?dms_id=1, am 02.07.07

*Boerma, W.G., Dubois, C. A. (2006):* Mapping primary care across Europe, In: *Saltman, R.B., Rico, A., Boerma, W. (2006):* Primary care in the driver's seat? : organizational reform in European primary care, European Observatory on Health Systems and Policies series, Open University Press, Maidenhead

*Bodymedia (2007):* www.bodymedia.com/, am 18.06.2007

*Borsche, J, Fröhlich, K. (2006):* Die Vermarktungsphase – Pilot Fishing, Investor Education, Roadshow und Platzierung, In: *Deutsche Börse AG (2006)*, Praxishandbuch Börsengang - Von der Vorbereitung bis zur Umsetzung, Gabler, Wiesbaden

*Bortz, J., Döring, N. (2002):* Forschungsmethoden und Evalutaion für Human- und Sozialwissenschaftler, 3. Auflage, Springer, Berlin

*Böhm, O., Brückel, J., Kerner W., (2004):* Definition, Klassifikation und Diagnostik des Diabetes mellitus, Evidenzbasierte Leitlinie DDG – Aktualisierung 10/2004, Deutsche Diabetes-Gesellschaft 2001, http://www.uni-duesseldorf.de/awmf/ll-na/057-002.pdf, am 11.07.07

*Brandenburger, A. M., Nalebuff, B. (1998):* A revolutionary mindset that combines competition and cooperation 2: The game theory strategy that's changing the game of business, 1. currency paperback ed., Doubleday, New York

*Braun, J., Renz-Polster, H. (2000):* Basislehrbuch Innere Medizin: kompakt –greifbar – verständlich, 1. Aufl., Urban & Fischer Verlag, München

*Bridgepoint (2007):* Unsere Beteiligungen, http://www.bridgepoint-capital.com/default.asp?fSector=Health&fLocation=&sID=1102934908250, am 27.06.07

*Britische Botschaft Berlin (2004):* Das Gesundheitssystem in Großbritannien, http://www.britbot.de/pdf/NHS_ger.pdf, am 14.05.2007

*Buffon, F., Eckhardt, A., Keel, A., Oberholzer, M., Schönenberger, A (2004)*: Telemedizin, Studie des Zentrums für Technologiefolgen-Abschätzung, TA-SWISS Zentrum für Technlogiefolgen-Abschätzung, Bern

*Bundesagentur für Außenwirtschaft (2006):* Norwegen – Wirtschaftstrends kompakt, Jahresmitte 2006, http://www.bfai.de/fdb-SE,MKT20060628085632,Google.html, am 05.05.2007

*Bundesamt für Gesundheit (2006):* Nationale Strategie „eHealth", pdf, http://www.bag.admin.ch/themen/krankenversicherung/00305/03505/index.html?lang=de, am 29.05.07

*Bundesministerium für Gesundheit (2005):* Statistisches Taschenbuch Gesundheit 2005, http://www.bmg.bund.de/cln_040/nn_665732/SharedDocs/Publikationen/Gesundheit/a-404-05,templateId=raw,property=publicationFile.pdf/a-404-05.pdf, am 22.06.07

*Bundesministerium für Gesundheit (2006):* Statistik über Versicherte, gegliedert nach Status, Alter, Wohnort, Kassenart 2006, http://www.bmg.bund.de/cln_041/nn_601098/SharedDocs/Download/DE/Datenbanken-Statistiken/Statistiken-Gesundheit/Gesetzliche-Krankenversicherung/Mitglieder-und-Versicherte/2006-km6-lang-xls,templateId=raw,property=publicationFile.xls/2006-km6-lang-xls.xls, am 11.07.2007

*Bundesministerium für Gesundheit (2007a):* Die neue Gesundheitsversicherung, http://www.die-gesund heitsreform.de/gesundheitsreform/ueberblick/neue_gesundheitsversicherung/index.html, am 11.07.07

*Bundesministerium für Gesundheit (2007b):* Risikostrukturausgleich, http://www.die-gesund heitsreform.de/glossar/risikostrukturausgleich.html; am 12.07.07

*Bundesministerium für Gesundheit (2007c):* Strukturierte Behandlungsprogramme – Anforderungen und Ziele, http://www.die-gesundheitsrform.de/gesundheitssystem/zukunft_entwickeln/strukt_behandlungsprogramme/grundlagen/index.html, am 26.06.07

*Stiefelhagen, P., (2007):* Diabetes mellitus und koronare Herzkrankheit: Prävention, Frühdiagnostik, Versorgung, Herz 32, 2007, Nr. 2, Urban & Vogel http://www.bnk.de/uploads/media/0702_197.pdf, am 25.05.07

Bundesversicherungsamt (2007): Wie funktioniert der Risikostrukturausgleich?, http://www.bundesversicherungsamt.de/Fachinformationen/Risikostrukturausgleich/Informationen/Wie-funktionert-RSA.pdf, am 11.07.07

*Bundeszentrale für politische Bildung (2007a)*: Der eigentliche Reform-Motor im Gesundheitswesen, http://www.bpb.de/themen/WZDR7I.html?guid=AAA237&lt=AAA397, am 22.06.07

*Bundeszentrale für politische Bildung (2007c):* Gegliederte Krankenversicherung, http://www.bpb.de/themen/WZDR7I,0,Gesundheitspolitik_Lernobjekt.html?lt=AAA739&guid=AAA741, am 02.07.07

*Bundeszentrale für politische Bildung (2007b):* GKV & Soziale Sicherung, http://www.bpb.de/themen/WZDR7I.html?guid=AAA740&lt=AAA739, am 02.07.07

*Bundeszentrale für politische Bildung (2007d):* Risikostrukturausgleich Einführung, http://www.bpb.de/themen/WZDR7I.html?guid=AAA740&lt=AAA739, am 02.07.07

*Bundeszentrale für politische Bildung (2007e):* Einer für alle, alle für einen - Das Solidarprinzip in der gesetzlichen Krankenversicherung, http://www.bpb.de/popup/popup_druckversion_sosi.html?guid=WZDR7I&sosi_guid=AAA040&sosi_lt=AAA127, am 11.07.07

*Burchert, H., Achim Jäckel (Hrsg.) (2003):* Teleradiologie, Telemedizin, Telemathik im Gesundheitswesen und E-Health – Eine Begriffsbestimmung und –abgrenzung, In: Telemedizinführer Deutschland, Ausgabe 2003, Ober-Mörlen: Medizin-Forum AG

*Burgermeister, J. (2004):* Sweden bans privatisation of hospitals, BMJ 2004; 328:484 (28 February), http://www.bmj.com/cgi/content/full/328/7438/484-c, am 10.06.07

*Burns, L. R. (2002):* The health care value chain: producers, purchasers, and providers, Jossey-Bass, San Francisco

*Bundesversicherungsamt (2007):* Wie funktioniert der Risikostrukturausgleich? http://www.bundes versicherungsamt.de/, am 27.3.07

*Bundeszentrale für politische Bildung (2007):* Dossier Gesundheitspolitik, http://www.bpb.de/themen/X9C5R7,0,0,Gesundheitspolitik.html, am 09.03.2007

*CardGuard AG (2007a):* Instromedix-Akquisition erfolgreich abgeschlossen, http://www.cardguard.com/newsite/inner.asp?lang=2&newsid=108&type=1&cat=85, am 06.07.07

*CardGuard AG (2007b):* Card Guard doubled sales in 1999, http://www.cardguard.com/newsite/inner.asp?lang=1&newsid=62&type=1&cat=44, am 06.07.07

*CardGuard AG (2007c):* Card Guard subsidiary LifeWatch Corp. decided to suspend its IPO *process,* http://www.cardguard.com/newsite/inner.asp?lang=1&newsid=70&type=6&cat=41, am 06.07.07

Cardiomems (2007): Technology Overview, http://www.cardiomems.com/content.asp?display=aboutus&view=technology%20overview, am 09.07.07

*Cardiovasc, (2007):* Kardial asymptomatischer Diabetiker – Jeder Vierte hat schon eine KHK, in: Interdisziplinäre Fortbildungszeitschrift für Angiologie, Diabetologie, Hypertensiologie, Kardiologie, Lipidologie, Nephrologie, Neurologie, http://www.cardiovasc.de/hefte/2003/04/67.htm, am 4.06.07

*Centers for Disease Control and Prevention (2007*): Chronic Disease Overview, http://www.cdc.gov/nccdphp/dnpa/obesity/, am 08.05.07

*Centre for Distance-Spanning Healthcare (2007):* About CDH, https://cdh.project.ltu.se/projectweb/portalproject/About%20CDH.html, am 11.07.2007

*Coyle, B. (2007):* 2 Medical Firms See IPOs As Key To Competing, Dow Jones Newswire, http://gaskinsco.com/3-13-07-dj-newswires.htm, am 04.06.07

*Dalrymple, D. W., Cron, W. L., DeCarlo, T. E. (2004):* Sales management, achte Auflage, Wiley, Hoboken, NJ

*DATAPHARM Netsystems AG, Kardionet.de (2007b):* Ursachen der Herzinsuffizienz, http://www.kardionet.de/ursachen/ursachen.php, am 08.06.07

*dbMotion (2007):* http://www.dbmotion.com/site/content/t1.asp?Sid=68&Pid=241, am 15.06.07

*Department of Health England (2001):* The Expert Patient: A New Approach to Chronic Disease Management for the 21st Century, http://www.dh.gov.uk/prod_consum_dh/groups/dh_digitalassets/@dh/@en/documents/digitalasset/dh_4018578.pdf, am 11.07.07

*Department of Health England (2002a):* Care trusts background briefing, http://www.dh.gov.uk/en/Publicationsandstatistics/Publications/PublicationsPolicyAndGuidance/DH_4005188, am 09.06.07

*Department of Health England (2002b):* National Service Framework for Older People, Supporting Implementation, Intermediate Care: Moving Forward, http://www.dh.gov.uk/en/Publicationsandstatistics/Publications/PublicationsPolicyAndGuidance/DH_4006996, am 09.06.07

*Department of Health England (2006):* Departmental Report 2006, http://www.dh.gov.uk/en/Publicationsandstatistics/Publications/AnnualReports/DH_4134613am 14.05.07

*Department of Health England (2007a):* About diabetes, http://www.dh.gov.uk/en/Policyandguidance/Healthandsocialcaretopics/Diabetes/DH_074762, am 11.07.07

*Department of Health England (2007b):* About the Department, http://www.dh.gov.uk/en/Aboutus/HowDHworks/DH_4106148, am 14.05.07

*Department of Health England (2007c):* Managing the system, http://www.dh.gov.uk/en/Aboutus/Deliveringhealthandsocialcare/Thehealthandsocialcaresystem/DH_4105332, am 14.05.07

*Department of Health England (2007d):* Managing the system, The NHS - strategic health authorities and arm's length bodies, http://www.dh.gov.uk/en/Aboutus/HowDHworks/DH_074634, am 11.07.07

*Department of Health England (2007e):* Delivering Primary Care, http://www.dh.gov.uk/en/Aboutus/HowDHworks/DH_074639, am 11.07.07

*Department of Health England (2007f):* Plurality and diversity, http://www.dh.gov.uk/en/Publicationsandstatistics/Publications/PublicationsPolicyAndGuidance/Browsable/DH_4912346, am 10.06.07

*Department of Health England (2007g):* Incentives for performance, http://www.dh.gov.uk/en/Publicationsandstatistics/Publications/PublicationsPolicyAndGuidance/Browsable/DH_4912271, am 10.06.07

*Department of Health Older People and Disability Division (2005):* Building Telecare in England, http://www.pasa.nhs.uk/pasa/Doc.aspx?Path=%5bMN%5d%5bSP%5d/Products%20and%20Services/Telecare/Building%20Telecare%20in%20England%20-%20July%202005.pdf, am 18.05.07

*Der Bund (2007):* Schwieriger Auslandvergleich, auf: infolinemed, Medien-Info-Dienst für das Gesundheitswesen, http://www.atupri.ch/fileadmin/dokumente/Meta/Medien/MS_2007/070208_der_Bund.pdf, am 13.06.07

*Deutsch-Amerikanische Handelskammer Kalifornien*, (2007): http://www.markteinstiegusa.de/Gesundheitswesen.69.0.html, am 08.05.07

*Deutsche BKK, (2007):* Koronare Herzkrankheit, Herzinsuffizienz, http://www.deutschebkk.de/deuschebkk_dmp/index_frameopener.htm?zielurl=http://www.deutschebkk.de/deutschebkk/bkkcontent_p_dmp.nsf/Header/KoronareHerzkrankheitenHerzinsuffizienz?OpenDocument&useFlash=0, am 08.06.07

*Deutsche Börse AG (2005):* Ihr Weg an die Börse – Emittentenleitfaden, http://deutsche-boerse.com/dbag/dispatch/de/kir/gdb_navigation/listing/20_Going_Public/03_I-POint/62_IPO_Guide, am 16.04.2007

*Deutsche Börse AG (2006)*: Praxishandbuch Börsengang – Von der Vorbereitung bis zur Umsetzung, Gabler, Wiesbaden

*Deutsches Diabetes Zentrum DDZ Düsseldorf (2007*): Diabetes Fachthemen, http://www.diabetes.uni-duesseldorf.de/fachthemen/, am 13.05.07

*Deutsche Stiftung für chronisch Herzkranke (2007):* Telemedizin fürs Herz, http://www.stiftung-telemedizin.de/cont_05.html, am 01.07.07

Deutsche US-Botschaft (2007): Gesellschaft, Gesundheitswesen, http://usa.usembassy.de/gesellschaft-health.htm, am 03.07.07

*Diabetes Zentrum München Schwabing (2007):* Telediabetes, http://www.telediabetes.eu/index.html, am 01.07.07

*Die gesetzlichen Krankenkassen (2007):* Verwaltungsrat – Wahl der Vorsitzenden und alternierenden Vorsitzenden, http://www.gkv.info/gkv/index.php?id=532, am 02.07.07

*Die Kaufmännische Krankenkasse (2005):* Erstes telemedizinisches Programm für Patienten mit Herzschwäche - KKH erzielt hervorragende Ergebnisse, Presseerklärung, http://www.kkh.de/detail.cfm?pageid=128&op=dsp&pk=105965, am 28.05.07

*Die Presse (2007):* USA: Krankenhäuser im Supermarkt, http://www.diepresse.com/home/wirtschaft/economist/299806/index.do, am 13.05.07

*Digital Healthcare (2007):* Welcome to Digital Healthcare, http://www.digital-healthcare.com, am 27.06.07

*Döcke, P., (2004):* Wie berechnet sich das Einkommen eines Arztes? Hausärzte, tagesschau.de, http://www.tagesschau.de/aktuell/meldungen/0,1185,OID1962406,00.html, am 12.07.07

*Dreyer, D., Oehler, A. (2002)*: Werttreiber im Dienstleistungsprozess – Eine Analyse anhand der Wertkette nach Porter; Working Paper, Bank- und Finanzwirtschaftliche Forschung (BAFIFO) Nr. 20, Diskussionsbeiträge des Lehrstuhls für Betriebswirtschaftslehre, Otto-Friedrich-Universität Bamberg, http://web.uni-bamberg.de/sowi/finanz/forschung/bafifo/bafifo21.pdf, am 11.07.07

*Edgar.online Inc. (2007):* Initial Public Offerings (IPO) Text Section: Competitors, http://ipoportal.edgar-online.com/ipo/textSection.asp?cikid=728684&fnid=52647&IPO=1&sec=cm&coname=, am 10.07.07

*eHealth ERA (2007a):* Fact Sheet Finland, http://www.ehealth-era.org/database/documents/factsheets/Finland.pdf, am 30.05.07

*eHealth ERA (2007b):* Fact Sheet England, http://www.ehealth-era.org/database/documents/factsheets/UK_England.pdf, am 30.05.07

eHealth ERA (2007c): About eHealth ERA, http://www.ehealth-era.org/about/about.htm, am 30.05.07

*eHealth ERA (2007d):* Fact Sheet Sweden, http://www.ehealth-era.org/database/documents/factsheets/Sweden.pdf, am 30.05.07

*eHealth ERA (2007e):* Fact Sheet Norway, http://www.ehealth-era.org/database/documents/factsheets/Norway.pdf, am 30.05.07

*eHealth News.eu (2007):* Maccabi Healthcare Services Announces Availability ofits Advanced Solutions, http://www.ehealthnews.eu/content/view/441/26/, am 15.06.2007

*Eil, N., Häcker, J. (2007)*: Bewertung von Unternehmen in der Speicherchipindustrie, in: Praxis der Unternehmensbewertung und Akquisitionsfinanzierung, hrsg. von Ernst, D., Häcker, J. Moser, U. , Auge-Dickhut, St., Nr. 25, S. 1- 52, München.

*Eisele, F., Habermann, M., Oesterle, R. (2002)*: Die Beteiligungskriterien für eine Venture Capital Finanzierung – Eine empirische Analyse der phasenbezogenen Bedeutung, Tübinger Diskussionsbeitrag, Nr. 238, März 2002.

*Elaia (2005):* ELAIA invests in Digital Healthcare, Cambridge UK and Baltimore USA, http://www.elaia.com/index2.php?lg=uk&page=actualites&id=22, am 27.06.07

*Ernst, D., Häcker, J. (2007):* Applied International Corporate Finance, Vahlen, München

*Ernst, D., Drukarczyk, J. (2007):* Branchenorientierte Unternehmensbewertung, 2. Auflage München.

*Ernst, D., Schneider, S., Thielen, B. (2006):* Unternehmensbewertungen erstellen und nachvollziehen: Ein Praxisleitfaden, 2. Auflage, München.

*Ernst, D.; Häcker, J. (2002):* Realoptionen im Investment Banking: Mergers & Acquisitions, Initial Public Offering, Venture Capital, Schäffer-Poeschel Publishers, Stuttgart.

*Ess Europe.de (2007):* Das Krankenversicherungssystem der Schweiz, http://www.ess-europe.de/europa/kvsys_schweiz.htm, am 18.05.07

*Europäische Gemeinschaften (2007):* Öffentliches Auftragswesen - Bau-, Liefer- und Dienstleistungsaufträge, http://europa.eu/scadplus/leg/de/lvb/l22009.htm, am 11.07.07

*Europäische Kommission (2004):* Elektronische Gesundheitsdienste – eine bessere Gesundheitsfürsorge für Europas Bürger: Aktionsplan für einen europäischen Raum der elektronischen Gesundheitsdienste, Brüssel, http://europa.eu/eur-lex/de/com/cnc/2004/com2004_0356de01.pdf, am 10.04.2007

*Europäische Kommission (2007a):* eGesundheit, http://ec.europa.eu/health-eu/care_for_me/e-health/index_de.htm, am 09.04.2007

*Europäische Kommission (2007a)*: eTen Projektdatenbank http://ec.europa.eu/information_society/activities/eten/cf/opdb/cf/project/index.cfm, am 09.04.2007

*Europäische Kommission (2007b):* eHealth priorities and strategies in European countries, Luxemburg, http://ec.europa.eu/information_society/activities/health/docs/policy/ehealth-era-full-report.pdf, am 05.05.2007

*Faulkner, D., Bowman, C. (1995)*: the Essence of Competitive Strategy, Prentice Hall International, Hertfordshire

*Federal Department of Health Canada (2007):* eHealth Tesaurus: Definition Telemonitoring, http://www.hc-sc.gc.ca/hcs-sss/ehealth-esante/res/thesaurus/index_e.html#T, am 11.07.07

*Finanzen.net (2007):* Wall Street: Deutlich fester, große Übernahmen und Nortel-Zahlen im Fokus http://www.finanzen.net/news/news_detail.asp?NewsNr=501667, am 19.03.07

*Finnischer Ärzteverband (2002):* Die Gesundheitsversorgung und der Arztberuf in Finnland, http://www.laakariliitto.fi/files/SAKSA.pdf, am 07.06.2007

*Finnish Ministry of Social Affairs and Health (2001):* National framework for high-quality care and services for older people, Helsinki, http://pre20031103.stm.fi/english/pao/publicat/framwork/framework.pdf, am 09.06.07

*Finnish Ministry of Social Affairs and Health (2004):* Health Care in Finland, Brochure 2004:11, Helsinki, http://www.stm.fi/Resource.phx/publishing/store/2004/12/aa11069160 32942/passthru.pdf, am 07.05.2007

*Finnish Ministry of Social Affairs and Health (2007)*: eHealth Roadmap – Finland, http://www.stm.fi/Resource.phx/publishing/documents/10546/index.htx, am 29.04.2007

*Finnish Society of Telemedicine (2007a):* Introduction, http://www.fimnet.fi/telemedicine/eng_seura.htm, am 30.05.07

*Finnish Society of Telemedicine (2007b):* Telemedicine event calendar, http://www.fimnet.fi/telemedicine/eng_tapahtumat.html, am 30.05.07

*FinnTelemedicum (2007):* FinnTelemedicum, Centre of Excellence for Telehealth, http://www.oamk.fi/~pasikela/finntelemedicum/index_eng.html, am 01.07.07

*Finnvera (2007):* Finnvera in brief, http://www.finnvera.fi/index.cfm?id=1778, am 11.07.07

*Fischer, W.-J., Hey, S., Homberg, B., Korb, H., Lührs, C., Norgall, T., Rumm, P., Schmidt, S., Strehlau-Schwoll, H., Stettin, J., (2005):* VDE-Thesen zum Anwendungsfeld Telemonitoring, Thesenpapier Telemonitoring, Anwendungen, Technologie, Ökonomie, Verband der Elektrotechnik, Elektronik Informationstechnik e.V., Frankfurt am Main

*Finnvera plc (2007):* Finnvera in brief, http://www.finnvera.fi/index.cfm?id=1778, am 28.05.07

*Fox, MA., Harman-Boehm I., Weitzman S., Zelingher J., (2002):* A framework for a diabetes mellitus disease management system in southern Israel, http://www.ncbi.nlm.nih.gov/sites/entrez?cmd=Retrieve&db=PubMed&list_uids=15460806&dopt=Abstract, am 15.06.07

*Frankenstein, L., Helms, T., Katus, H.A., Korb, H., Nelles, M. Remppis, A., Schultz, C., Zugck, C. (2005):* Telemedizinisches Monitoring bei herzinsuffizienten Patienten http://www.telekor.de/downloads/publikationen/p013_Telemedizinisches_Monitoring_bei_herzinsuffizienten_Patienten.pdf, am 02.07.07

*Frei, P. (2006):* Assessment and valuation of high growth companies; http://library.epfl.ch/theses/?nr=3425&fmt=order

*Fries, J.F. (1980):* Aging, Natural Death and the Compression of Morbidity, in: The New England Journal of Medicine, Band 303:130-135, 17. Juli 1980, Nr. 3

*Frye, Ch., Kielblock, B., Kottmair. S., Hudler, T. , Middeke, M. Siegmund-Schultze, E., (2007):* Deutsche Medizinische Wochenschrift: Einfluss einer telemedizinisch gestützten Betreuung auf Gesamtbehandlungskosten und Mortalität bei chronischer Herzinsuffizienz, 132. Jahrgang, Georg ThiemeVerlag KG, Stuttgart

*Furrer, M.-T., Gurtner, F. (2004):* Integrierte Versorgung- Wo liegen die Barrieren? In Managed Care,6, 2004, S.18 ff., http://www.forummanagedcare.ch/archiv/2004/6/08-integrierte%20Versorgung.pdf, am 13.06.2007

*Gammelin, C. (2006):* Das große Kungeln, in: Die ZEIT, 31.08.2006 Nr. 36, http://images.zeit.de/text/2006/36/Krankenkassen, am 01.07.07

*GDK Schweizerische Konferenz der kantonalen Gesundheitsdirektorinnen und -direktoren (2006):* Stellenwert von eHealth und Erwartungen an eine nationale eHealth-Strategie, Ergebnisse der Umfrage bei den Gesundheitsdepartementen vom März 2006, gdk-cds.ch/fileadmin/pdf/Themen/Statistik_eHealth/eHealth/Bericht_eHealth-Umfrage_Kantone-d.pdf, am 29.05.07

*Gemeinsamer Bundesausschuss (2006):* Beschluss des Gemeinsamen Bundesausschusses zur Empfehlung von geeigneten chronischen Krankheiten für strukturierte Behandlungsprogramme gemäß § 137f Abs. 1 Satz 1 SGB V vom 16.05.2006, http://www.g-ba.de/downloads/39-261-312/2006-05-16-dmp-Module.pdf, am 26.06.07

*Gemeinsamer Bundesausschuss (2007):* Strukturierte Behandlungsprogramme für chronisch kranke Menschen, http://www.g-ba.de/informationen/chronikerprogramme/, am 12.07.07

*Georgescu, V. (2007):* Bei Anruf Diagnose, DocCheck, Newsletter, Artikel 1, 29/05/07, http://newsletter.doccheck.com/generator/687/3501/xhtml, am 29.05.07

*Gesundheitsportal NRW (2006):* Allgemeine Informationen über DMP, http://gesundheit.nrw.de/content/e16/e3526/e3529/index_ger.html, am 02.06.07

*Glenngård A.H,, Hjalte F., Svensson M., Anell A., Bankauskaite V. (2005):* Health Systems in Transition: Sweden. Copenhagen, WHO Regional Office for Europe on behalf of the European Observatory on Health Systems and Policies, http://www.euro.who.int/document/e88669.pdf, am 11.07.07

*Goold, M., Campbell, A., Alexander, M., (1994):* Corporate-level Strategy: creating value in John Wiley and Sons Inc., New York

*Gormley, B. (2007):* CardioNet Taps Hedge Funds, Inside VCs For $110M, Dow Jones VentureWire, 26/03/2007, http://www.cardionet.com/media/pdf/DJVW_2007_03_26.pdf, am 15.05.07

*Grant, R. (2003):* Contemporary strategy analysis, 4. Auflage, Blackwell Publishing, Malden, MA

*Häcker, J. (2005)*: The process of Mergers&Acquisitions – Financial issues, legal aspects, the consummation of the process: in: Trends im Rechnungswesen, ed. by Brecht, U., S. 219 - 235.

*Häcker, J.; Ragotzky, S. (1999)*: Reduzierung der Informationsrisiken beim Unternehmenskauf, in: M&A-Review, No. 10, S. 421 – 427.

*Hans Böckler Stiftung (2006):* Medizinsystem: Teures Mittelmaß, http://www.boeckler.de/pdf/impuls_2006_18_4-5.pdf, am 16.06.07

*Helios-Kliniken,* http://www.helios-kliniken.de/de/Medizin/DRG/DRG_und_Finanzierung/ Krankenhausfinanzierung/Duale_Krankenhausfinanzierung/index.htm, am 14.04.07

*Health and Social Care Change Agent Team (2007):* Home – change agent team, http://www.changeagentteam.org.uk/, am 09.06.07

*Health Canada (2007):* Telemonitoring, eHealth Resources, eHealth Thesaurus, http://www.hc-sc.gc.ca/hcs-sss/ehealth-esante/res/thesaurus/index_e.html#T, am 06.07.07

*Heinen-Kammerer, T., Nelles, S., Rychlik, R., Wiosna, W., (2006)*: Monitoring von Herzfunktionen mit Telemetrie, Deutsche Agentur für Health Technology Assessment des Deutschen Instituts für Medizinische Dokumentation und Information (Hrsg.),1. Aufl., Köln

Herz- und Diabeteszentrum NRW (2007): http://www.hdz-nrw.de/de/zentrum/institute/telemedizin.php, am 30.06.07

*HgCapital (2005):* HgCapital verkauft Tunstall für £225 Millionen, http://www.hgcapital.com/de/News/Pages/PressView.aspx?ItemId=23&ListId=840BB4E1-9D44-4814-BBDE-341FEB9ACAD8&WebId=9AED649E-D5A3-4571-B8FF-A39C3530743C&SiteId=622c2749-8fc5-4c8c-a942-9ac88660ed4c, am 27.06.07

*HgCapital (2007):* Investitionen Detail Newchurch, http://www.hgcapital.com/de/investments/Pages/Detail.aspx?ItemId=110&ListId=2391D6CB-A644-4662-A30C-4DC023E71627&WebId=191E0351-AB8C-4633-8AEF-E2D06D2508EA&SiteId=622c2749-8fc5-4c8c-a942-9ac88660ed4c , am 27.06.07

*Hilke, W. (1989):* Dienstleistungs-Marketing: Banken und Versicherungen, freie Berufe, Handel und Transport, nicht- erwerbswirtschaftlich orientierte Organisationen, Gabler, Wiesbaden

*Holzborn, T. (2006):* Umwandlung in die AG, in: *Deutsche Börse AG (2006)*: Praxishandbuch Börsengang - Von der Vorbereitung bis zur Umsetzung, Gabler, Wiesbaden

*Hygen, J. (2003)*: Health Informatics and Telemedicine in Norway, am 05.05.2007, http://www.kith.no/upload/1751/NSTanniversary.pdf

*ICT Regensburg (2007):* International Center for Telemedicine Regensburg, http://www.ict-regensburg.de/index.htm, am 01.07.07

*IKK-Bundesverband (2007):* Das IKK-System, http://www.ikk.de/ikk/generator/ikk/unternehmen/ikk-gemeinschaft/6938,i=1.html, am 02.07.07

*Initiative Transparenz im Gesundheitswesen (2007):* Das Deutsche Gesundheitssystem, http://www.gesundheit-transparenz.de/fileadmin/user_upload/infothek/Grafik_A3_I.jpg, am 02.07.07

*Interview 4sigma GmbH (2007):* mit Herrn Hubert Stebner, Geschäftsführung Vertrieb und Herrn Ralf Pourie, Projektmanager, am 23.05.07 in Oberhaching

*Interview AnyCare GmbH (2007):* mit Herrn Alexander Conz, Projektleiter TelemedCare, am 29.06.07 in Stuttgart

*Interview AOK Bundesverband (2007):* mit Dr. Steffen Hilfer, beratender Arzt und Fachbeauftragter im Stabsbereich Medizin, am 06.06.07 in Bonn

*Interview ArztPartner almeda AG (2007):* mit Dr. Stefan Kottmair, Vorstand und Herrn Thomas Hudler, Logistik und Telemedizin, am 10.05.07 in München

*Interview Deutsche Stiftung für chronisch Herzkranke (2007):* mit Vorstand und Konsortium, telefonisch am 01.06.07

*Interview Dr. Gölz (2007):* mit Dr. Stefan Gölz, Diabetologe, am 22.05.07 in Esslingen

*Interview ICT Regensburg (2007):* mit Dr. Alexander Leis, ICT Regensburg (telemedizinische Forschungsabteilung der Abteilung für Unfallchirurgie des Klinikums der Universität Regensburg), schriftlich am 21.06.07

*Interview Kassenärztliche Bundesvereinigung (2007):* mit Dr. Dominik Graf von Stillfried, Leiter der Stabsstelle Versorgungsforschung, telefonisch am 28.06.07

*Interview Klinikum Brandenburg (2007):* mit Prof. Dr. Michael Oeff, Direktor der Klinik für Innere Medizin, Städtisches Klinikum Brandenburg und Vorsitzender der Arbeitsgruppe „Telemonitoring“ der Deutschen Gesellschaft für Kardiologie und Herz- und Kreislaufforschung, telefonisch am 21.05.07

*Interview „Partnership for the Heart“ (2007):* mit Dr. Stephanie Lücke, Leiterin Projektkommunikation „Partnership for the Heart“ und Dr. Michael Schieber, Leiter Telemedizinisches Zentrum Robert-Bosch-Krankenhaus, am 09.07.07 in Stuttgart

*Interview PHTS Telemedizin (2007):* mit Eyal Lewin, CEO der PHTS Telemedizin, am 14.05.07 in Düsseldorf

*Interview Techniker Krankenkasse (2007):* mit Dr. Jenny Mex, Projektleiterin „Telemedizin fürs Herz“, telefonisch am 14.06.07

*Interview Universitätsklinikum Heidelberg (2007):* mit Dr. Christian Zugck, Oberarzt der Abteilung für Kardiologie, Angiologie und Pulmonologie, schriftlich am 11.06.07

*Interview Ventario GmbH (2007):* mit Robert Krütten, Geschäftsführer, telefonisch am 29.06.07

*Interview Vitaphone GmbH (2007):* mit Benjamin Homberg, Unternehmenskommunikation, telefonisch am 21.06.07

*Israel Healthcare & Medical Device Industry (2005):* dbMotion Raises $10.2 Million from Gemini, Vertex & Pitango , http://israelhealthcare.wordpress.com/2005/06/

*Israel Healthcare & Medical Device Industry (2006):* EarlySense raises $3 million from Challenge Fund and ProSeed Venture Capital, http://israelhealthcare.wordpress.com/?s=EarlySense&searchbutton=go%21, am 17.06.2007

*Israel Healthcare & Medical Device Industry (2007):* Glucose monitoring systems developer Glucon closed $25 million financing round led by 3i, http://israelhealthcare.wordpress.com/?s=glucon&searchbutton=go%21, am 17.06.2007

*Israel Ministry of Foreign Affairs (2002):* The Health Care System in Israel- An Historical Perspective, http://www.mfa.gov.il/MFA/History/Modern%20History/Israel%20at%2050/The%20Health%20Care%20System%20in%20Israel-%20An%20Historical%20Pe, am 13.05.07

*Järvelin, J. (2002):* Health Systems in Transition: Finland. Copenhagen, WHO Regional Office for Europe on behalf of the European Observatory on Health Systems and Policies, http://www.euro.who.int/document/e74071.pdf, am 11.07.07

Jennen, E., (2004): Koronare Herzkrankheit, in: das Hausarzthandbuch, Kapitel 2.2, deutscher Hausärzteverband und AOK, München, http://www.hausarzt-handbuch.de/khk/2.2.php, am 08.06.07

*Jerusalem Global Ventures (2004):* Glucon, a Developer of Non-Invasive Glucose Monitoring Devices, completes First Closing of $13 Million, http://www.jgv.com/press/prglucon2.htm, am 17.06.2007

*Johnsen, E., Breivik, E., Myrvang, R., Olsen, F. (2006):* Benefits from telemedicine in Norway, An examination of available documentation, HØYKOM report 2006/1, http://www.hoykom.no/hoykom/HOYKOM_Prosjekter_ny.nsf/a1b9d00d779649e9c1256d7b0033f036/2629abfbf8cc02e8c12571a2003cb41f/$FILE/HR%202006-1_mf.pdf, am 05.05.2006

*Johnsen, J. R.. (2006):* Health Systems in Transition, Norway, Copenhagen, WHO Regional Office for Europe on behalf of the European, Observatory on Health Systems and Policies, 2006, http://www.euro.who.int/Document/E88821.pdf, am 11.07.07

*Kane, R. L., Radosevich, D. M., Vaupel, J. W. (1990)*: Compression morbidity: issues and irrelevancies, In: *Kane, R. L., Evans, J.G., MacFadyen, D. (1990)*: Improving the Health of Older People: A World View, Oxford, New York, Tokio

*Kardiologisches Informationsforum (2007):* Angina Pectoris, http://www.cardiologe.de/index_extern.html?/patient/krankheiten/herzerkrankungen/angina_pectoris.html, am 11.06.07

*Kassenärztliche Bundesvereinigung (2007a):* Häufige Fragen, Auf einen Klick – Die ambulante Versorgung in Zahlen, http://www.kbv.de/presse/7479.html#6.%20Medizinische%20Versorgungszentren%20(Stand%204.%20Quartal%202006), am 3.05.07

*Kassenärztliche Bundesvereinigung (2007b):* Auf Partnersuche in Herzensangelegenheiten, http://www.kbv.de//publikationen/10270.html, am 01.07.07

*Kardiologisches Informationsforum Medizin life (2007):* Internet Forum GmbH, http://www.cardiologe.de/index_extern.html?/patient/krankheiten/herzerkrankungen/angina_pectoris.html, am 11.07.07

*KITH (2007):* KITH – Norwegian Centre for Informatics in Health and Social Care, http://www.kith.no/templates/kith_IndependantWebPage____976.aspx, am 11.07.07

*Kompetenznetz Herzinsuffizienz (2007):* Prävalenzdaten, http://www.knhi.de/html/start.htm, am 15.04.07

*Konjunturforschungsstelle der ETH Zürich, (2006):* Gesundheitssystem Schweiz: Prognose der Ausgabenentwicklung 2005-2007, www.kof.ethz.ch/deutsch/news/doc.php?did =982&tid=2, am 18.05.07

*Königliche Norwegische Botschaft Berlin (2007):* Fakten - Das staatliche Gesundheitssystem, http://www.norwegen.no/facts/living/healthsystem/public.htm, am 05.05.2007

*Korrespondenz EHTEL (2007):* Email Korrespondenz mit David Lloyd-Williams, , Board Member der European Health Telematics Association (EHTEL), am 01.05.07

*Kotler, P., Bliemel, F. (2006):* Marketing-Management, Pearson Studium, München

*Kubitschke, L., Hüsing, T., Stroetmann, V.N., Stroetmann, K.A. (2002):* Are Senior People ready for Telehealth Services?, ATA 2002, 7$^{th}$ Annual Meeting, Los Angeles, June 4-6, 2002

*Kroeber-Riel W. (1975):* Konsumentenverhalten, Vahlens Handbücher der Wirtschafts- und Sozialwissenschaften, Vahlen, Müchen

*Hüsing, T., Kubitschke, L., Stroetmann, V.N., Stroetmann, K.A. (2002):* Are Senior People Ready for Telehealth Services?, Empirica Institut für Kommunikations- und Technologieforschung, www.atmeda.org/news/2002_presentations/kubitschke.aresenior.ppt, am 05.06.07

*Levin-Zamir, D., Peterburg, Y. (2001):* Health literacy in health systems: perspectives on patient self-management in Israel, Health Promotion International, Vol. 16, No. 1, 87-94, March 2001, Oxford University Press 2001, http://heapro.oxfordjournals.org/cgi/content/full/16/1/87, am 16.06.2007

*Leichsenring, K. (2004a):* Developing integrated health and social care services for older persons in Europe, International Journal of Integrated Care – Vol. 4, 3 September 2004, http://www.pubmedcentral.nih.gov/picrender.fcgi?artid=1393267&blobtype=pdf, am 09.06.07

*Leichsenring, K., Alaszewski, A. M. (2004b):* Providing Integrated Health and Social Care for older persons – A European Overview of Issues at Stake, Public policy and social welfare No.28, Ashgate, Aldershot

*LifeWatch Corp. (2007):* Press Release December 13, 2006, LifeWatch Corp. files registration statement with the SEC for proposed Initial Public Offering, http://www.lifewatchinc.com/pdfs/LW_PR_061214.pdf, am 04.06.07

*Löhr, A. (2006):* Börsengang – Kapitalmarktchancen prüfen und umsetzen, Handelsblatt Bücher, Schäffer-Poeschel, Stuttgart

*Löpfe, J. (2007):* Wegweisende Telemedizin aus Basel, Telemedizin, http://www.swissitmedical.ch/Index/Ausgaben/Ausgabe1/PDF/46_swissitmedical.pdf, am 17.07.07

*Löwel, H., Robert-Koch-Institut, Statistisches Bundesamt, (2006):* Koronare Herzkrankheit und akuter Myokardinfarkt, Gesundheitsberichterstattung des Bundes, Heft 33, http://infomed.mds-ev.de/sindbad.nsf/e57e9ddd98ebc0a0c12571e700442bee/433f090825ef4df6c12571ce0020945b?OpenDocument, am 11.07.07

*Luczak, H., Killich, (2003):* Unternehmenskooperation für kleine und mittelständische Unternehmen, Springer Verlag, Berlin

*Maleri, R. (1991):* Grundlagen der Dienstleistungsproduktion, 2. Auflage, Springer, Berlin

*MATIMOP (2007): http://www2.matimop.org.il/1/index.html, am 17.06.07*

*McKinsey and Company (2007):* Krankenhausreform weitgehend ausgereizt:Neue Studie: Fallpauschalen bringen jede dritte Klinik in Bedrängnis – größte Herausforderung in der Nachkriegsgeschichte, http://www.mckinsey.de/presse/060502_business_breakfast.htm, am 11.07.07

*Medos AG (2005):* Ortivus AB übernimmt MEDOS AG Fortsetzung der Internationalisierungsstrategie im Fokus, http://www.medos.de/deutsch/eingebundeneDokumente/Download/ortivus_medos.pdf, am 02.07.07

*Meffert, H., Bruhn, M. (2006):* Dienstleistungsmarketing, 5. Auflage, Gabler, Wiesbaden

*Merck Serono (2007):* Integrierte Versorgung auf einen Blick, http://www.medizinpartner.de/versorgungsformen/neue/integrierte-versorgung/, am 14.05.07

*National Center for Health Statistics (2007):* Deaths: Final Data for 2004, http://www.cdc.gov/nchs/products/pubs/pubd/hestats/finaldeaths04/finaldeaths04.htm, am 03.07.07

*National Diabetes Information Clearinghouse (1993):* Diabetes Control and Complication Study, (DCCT), http://diabetes.niddk.nih.gov/dm/pubs/control/, am 26.04.07

*National Health Service (2007a):* About the NHS – How the NHS Works, http://www.nhs.uk/Aboutnhs/howthenhsworks/Pages/HowtheNHSworks.aspx, am 11.07.07

*National Health Service (2007b):* The NHS from 1998 to the Present, http://www.nhs.uk/England/AboutTheNhs/History/1998ToPresent.cmsx, am 10.06.07

*National High-Level Group for e-Health (2006):* National Strategy for eHealth Sweden, http://www.sweden.gov.se/content/1/c6/06/43/24/f6405a1c.pdf, am 05. 05.2007

*Neubauer, G.,(2003):* Das System der Krankenhausversorgung in Deutschland, Die BKK 8/2003, http://www.bkk.de/bkk/psfile/downloaddatei/87/Die_BKK_8_3f3c9b1410e21.pdf, am 11.07.07

*Netzwerk elektronischer Geschäftsverkehr(2007):* Ablauf einer Unternehmenskooperation, http://www.ec-net.de/EC-Net/Navigation/Kooperationen/kooperationsschritte,did=101812.html, am02.07.07

*NHS Purchasing and Supply Agency (2006):* Framework agreement for the telecare – Part A, Information Pack, http://www.pasa.doh.gov.uk/eat/Information%20Pack%20-%20Final%20Version%2026%20June%2006.doc, am 01.07.07

*NHS Purchasing and Supply Agency (2007a):* National framework agreement for telecare, Version 2.0, http://www.pasa.nhs.uk/pasa/Doc.aspx?Path=[MN][SP]/Products%20and%20 Services/Telecare/070426Telecare_information_pack_final.pdf, am 18.05.07

*NHS Purchasing and Supply Agency (2007b):* National framework agreement for telecare –2007 Review Gate, Version 1.0, http://www.pasa.nhs.uk/pasa/Doc.aspx?Path=[MN][SP]/Products%20and%20Services/Telecare/April2007%20Review%20Gate%20Supplement.pdf, am 18.05.07

*Nordic Centre for Classifications in Health Care (2007):* NordDRG – the Nordic DRG-system, http://www.nordclass.uu.se/index_e.htm, am 10.06.07

*Norwegian Centre for Telemedicine (2007):* A centre of research and expertise, http://www.telemed.no/index.php?cat=43160, am 05.05.2007

*Norwegian Ministry of Labour and Social Inclusion (2006):* The Norwegian Social Insurance Scheme 2007, http://www.regjeringen.no/nb/dep/aid/dok/veiledninger_brosjyrer/2006/A-0008-E-The-Norwegian-Social-Insurance-Scheme-2007.html?id=419518, am 06.05.2007

*Norwegian Ministry of Social Affiars and Norwegian Ministry of Health (2004):* National strategy 2004 – 2007 for Norway, Te@mwork 2007, Electronic Interaction in the Health and Social Sector, http://www.shdir.no/vp/multimedia/archive/00008/TeamWork__8087a.pdf, am 30.04.2007

*Norwegian Ministry of Health and Care Services (2007a):* National Diabetes Strategy (2006–2010), http://www.regjeringen.no/en/dep/hod/Whats-new/News/2007/National-Health-Plan.html?id=449316, am 11.06.07

*Norwegian Ministry of Health and Care Services (2007b):* National Health Plan for Norway (2007–2010), http://www.regjeringen.no/en/dep/hod/Whats-new/News/2007/National-Health-Plan.html?id=449316, am 11.06.07

*Oberender, P., Ecke, T., Zerth, J. (2005):* Grundelemente der Gesundheitsökonomie, 2. Auflage, P.C.O., Bayreuth

*Oberender, P. , Hebborn, A., Zerth, J. (2006):* Wachstumsmarkt Gesundheitsmarkt, 2. Auflage, Lucius & Lucius, Stuttgart

*OECD (2003)*: The US healths systems: Economics Department, the US health system: An assessment and prospctive directions for reform economics department working papers, No. 350, http://www.olis.oecd.org/olis/2003doc.nsf/linkto/eco-wkp(2003)4, am 13.07.07

*OECD (2005a):* OECD Gesundheitsdaten 2005, Deutschland im Vergleich – Gesundheitsausgaben und Finanzierung des Gesundheitswesens, http://www.oecd.org/dataoecd/54/33/35056839.pdf, am 22.06.07

*OECD (2005b):* OECD Reviews of Health Systems, Finland, http://ec.europa.eu/health/ph_information/dissemination/hsis/hsis_13_nhs_de.htm, am 04.04.2007

*OECD (2006a):* Balancing health care quality and cost containment: The case of Norway, Economics Department, Working Paper No.481, http://www.olis.oecd.org/olis/2006doc.nsf/43bb6130e5e86e5fc12569fa005d004c/120aaa9de142e1e9c125711d0031b5b8/$FILE/JT00201240.PDF , am 11.06.07

*OECD (2006b):* Studie der OECD und der WHO zum schweizerischen Gesundheitssystem, http://www.oecd.org/document/23/0,2340,en_2649_201185_37567831_1_1_1_1,00.html, am 18.05.07

*OECD (2006c):* Health Data, How Does the United States Compare http://www.oecd.org/dataoecd/29/52/36960035.pdf, am 08.05.07

*OECD (2007):* Statistics, United States, Country Statistical Profile 2007, http://stats.oecd.org/wbos/viewhtml.aspx?queryname=336&querytype=view&lang=en, am 20.04.07

*Office for National Statistics (2006a):* Population estimates, http://www.statistics.gov.uk/CCI/nugget.asp?ID=6, am 11.07.07

*Office for National Statistics (2006b):* Ageing, http://www.statistics.gov.uk/cci/nugget.asp?ID=949, am 11.07.07

*Office for the Advancement of Telehealth (2007a):* Grantee Directory 2005/2006, ftp://ftp.hrsa.gov//telehealth/grantdirectory.pdf, am 17.07.07

*Office for the Advancement of Telehealth (2007b): http://www.hrsa.gov/telehealth/, am 17.07.2007*

*ORF News(2007):* US-Krankenhausbetreiber HCA vor Übernahme, http://www.orf.at/?href=http%3A%2F%2Fwww.orf.at%2Fticker%2F225057.html, am 13.05.07

*"Partnership for the Heart" (2007):* http://www.partnership-for-the-heart.de/, am 16.07.2007

*Pitango Venture Capital (2003): http://www.pitango.com/news_item.asp?ID=386, am 17.07.07*

*Porter, M. E. (1983):* Methoden zur Analyse von Branchen und Konkurrenten (= Competitive strategy), Campus, Frankfurt a.M. / New York

*Porter, M. E. (1986):* Wettberwebsvorteile (= Competitive advantage), Campus, Frankfurt a.M. / New York

*Preusker, U. (1996):* Gesundheitssysteme in Skandinavien: eine aktuelle Darstellung des schwedischen, norwegischen und finnischen Gesundheitswesens, Heider, Bergisch Gladbach

*Preusker, U.K. (2007):* Erfolgsmodell IV: Jetzt über 3.300 Verträge - FinanziellesVolumen aber auf Tiefpunkt, in: KlinikMarkt Inside 03/2007, Verlagsgruppe Hüthig Jehle Rehm, http://www.mydrg.de/dload/20070206_iv_analyse_KlinikMarkt_inside.pdf, am 05.06.07

*Profil Telemedizinisches Zentrum Brandenburg (2007):* schriftlich von Prof. Dr. Michael Oeff, am 28.06.07

*ProWellness (2007):* ProWellness Group Structure, http://www.prowellness.com/prowellnessgroupen.htm, am 19.06.07

*Rae, D. (2005):* Getting better value for money from Sweden's health care system, OECD Economics Department working papers No. 443, http://www.olis.oecd.org/olis/2005doc.nsf/c707a7b4806fa95dc125685d005300b6/f501081ec882a6b8c1257088002cdbb0/$FILE/JT00189812.PDF, am 10.06.07

*Remon Medical Technologies Inc.,(2007):* http://www.remonmedical.com/, am 18.06.2007

*Rieder, A. (2004):* Epidemiologie der Herzkreislauferkrankungen, Journal für Kardiologie, Österreichische Zeitschrift für Herz-Kreislauferkrankungen, Suppl. D, S.3., http://www.kup.at/kup/pdf/4624.pdf, am 21.05.07

*Ringard, A., Hagen, T. P., Rico, A. (2006):* Introducing patient choice of hospital in National Health Systems – A comparison of the UK and Norway, Working Paper 2006:2, Health Organization Research Norway (HORN), http://www.med.uio.no/heled/publikasjoner/HORN/HORN_2006_2.pdf, am 11.06.07

*Rosen, B. (2003)*: Health Care Systems in Transition: Israel 2003, European Observatory on Health Care Systems, www.euro.who.int/document/E81826.pdf, am 09.05.07

*Robert Koch Institut, Statistisches Bundesamt (2005):* Diabetes mellitus aus der Reihe "Gesundheitsberichterstattung des Bundes", Heft 24, http://www.gbe-bund.de/gbe10/ergebnisse.prc_tab?fid=9432&suchstring=&query_id=&sprache=D&fund_typ=TXT&methode=&vt=&verwandte=1&page_ret=0&seite=1&p_lfd_nr=3&p_news=&p_sprachkz=D&p_uid=gast&p_aid=90111058&hlp_nr=2&p_janein=J, am 13.05.07

*Royal College of General Practitioners (2007):* The primary care practice and its team, RCGP Factsheet, http://www.rcgp.org.uk/PDF/ISS_INFO_21_FEB07.pdf, am 18.06.07

*Reponen, J. (2005):* Current Finnish eHealth experiences, Med-e-Tel 2005, Luxemburg, http://www.medetel.lu/download/2005/parallel_sessions/presentation/0407/Current_Finnish_eHealth_experiences.pdf, am 12.06.07

*Royal Society of Medicine (2007):* About The Telemed & eHealth Forum, http://www.rsm.ac.uk/telemed/about.htm, am 22.05.07

*Salonen, P., Haverinen, R. (2003):* Providing integrated health and social care for older persons in Finland, PROCARE National Report Finland, Helsinki, http://www.imsersomayores.csic.es/documentos/documentos/procare-providingfinlandia-01.pdf , am 09.06.07

*Santésuisse (2007)*: Reform Spitalfinanzierung: Anliegen der Krankenversicherer, die schweizer Krankenversicherer santésuisse http://www.santesuisse.ch/de/index.html?SID=963838c7514b3f53fe6%201c42672baad22&contentUrl=dyn_output.html%3Fcontent.vname%3Dporta, am 12.07.07

*Schefczyk, M. (2006):* Finanzieren mit Venture Capital und Private Equity : Grundlagen für Investoren, Finanzintermediäre, Unternehmer und Wissenschaftler, 2. Aufl., Schäffer-Poeschel, Stuttgart

*Schrappe, M. (2003):* Die Krankenhaus- Perspektive: Disease Management und sektorale Schnittstellen. In: Zeitschrift für ärztliche Fortbildung und Qualität im Gesundheitswesen, Jahrgang 97, Heft 3, 05-2003, Seiten 195-200

*Schulenburg, J. –M. von der (1995):*Ökonomische Evaluation telemedizinischer Projekte und Anwendungen, Nomos, Baden-Baden

*Schulenburg, J. –M. von der (2000):* The influence of economic evaluation studies on health care decision making: a European survey, IOS Press, Amsterdam

*Schuler, K. (2007):* Was sich ändert, ZEIT online, 2.2.2007, http://www.zeit.de/online/2007/06/bildergalerie-gesundheitsreform?3, am 09.03.07

*Schultz, C., Gemünden, H.G., Salomo, S. (2005):* Akzeptanz der Telemedizin, Technische Universität Berlin, Lehrstuhl für Innovations- und Technologiemanagement, 1. Auflage, Minerva, Darmstadt

*Schweizerische Gesellschaft für Telemedizin und eHealth (2007)*: http://www.sgtm.ch/cms/, am 29.05.07

*Schweizerisches Gesundheitsobservatorium (2006):* Wirksamkeit von Managed Care auf dem Prüfstand, *http://www.obsan.ch/infos/medien/d/MM-Evidenz-MC-de-30.1.2006.pdf, am12.07.07*

*Schweizerisches Gesundheitsobservatorium (2007a) :* Gesundheitszustand, Panorama Gesundheit, http://www.obsan.ch/infos/news/d/obsan_panorama10-21_D.pdf, am 12.07.07

*Schweizerisches Gesundheitsobservatorium (2007b):* Gesundheitssystem, Panorama Gesundheit, http://www.obsan.ch/infos/news/d/obsan_panorama30-40_D.pdf, am 18.05.07,

*SHL TeleMedicine Ltd (2005):* Jahresbericht 2005, http://www.shl-telemedicine.com/objects/ar05.pdf, am 14.03.2007

*Sitra, The Finnish Innovation Fund (2006a):* Annual Report 2006 http://www.sitra.fi/julkaisut/Vuosikertomus/2006/Sitra_vsk_englanti2006.pdf?download=Download+pdf, am 28.04.2007

*Sitra, The Finnish Innovation Fund (2006b):* "Health-care fund established by Sitra starts operations", http://www.sitra.fi/en/News/release_2006-09-01.htm, am 28.04.2007

*Sitra, The Finnish Innovation Fund (2007):* Sitra's history, http://www.sitra.fi/en/About+Sitra/history/history.htm , am 28.04.2007

*Spiro, R. L., Stanton, W. J., Rich, G. A. (2003):* Management of a sales force, elfte Ausgabe, McGraw-Hill, Boston, MS

*STAKES, FinnTelemedicum (2007):* eHealth of Finnland, Checkpoint 2006, http://www.stakes.fi/FI/Julkaisut/verkkojulkaisut/raportteja07/VR1_2007_1.htm, am 29.4.2007

*Statistics Finland (2007):* Population, http://www.stat.fi/tup/suoluk/suoluk_vaesto_en.html#structure, am 14.05.07

*Statistics Norway (2007a):* Health accounts 1997-2006: Health expenditure doubled in last decade, http://www.ssb.no/helsesat_en/main.html, am 04.06.2007

*Statistics Norway (2007b):* Population, http://statbank.ssb.no/statistikkbanken/default_fr.asp?PLanguage=1, am 14.05.2007

*Statistisches Bundesamt (2006a):* Todesursache: Herzinfarkt, http://www.destatis.de/jetspeed/portal/cms/Sites/destatis/Internet/DE/Presse/pm/2006/09/PD06__395__232,templateId=renderPrint.psml , am 11.07.07

*Statistisches Bundesamt (2006b):* 11. koordinierte Bevölkerungsvorausberechnung – Annahmen und Ergebnisse, http://www.destatis.de/jetspeed/portal/cms/Sites/destatis/Internet/DE/Presse/pk/2006/Bevoelkerungsentwicklung/Annahmen__und__Ergebnisse,property=file.pdf, am 11.07.07

*Statistisches Bundesamt, (2007):* Diagnosedaten der Patienten und Patientinnen in Krankenhäusern (einschl. Sterbe- und Stundenfälle), Fachserie 12, Reihe 6.2.1, https://www-ec.destatis.de/csp/shop/sfg/bpm.html.cms.cBroker.cls?cmspath=struktur,Warenkorb.csp, am 09.06.07

*Stiefelhagen, P. (2007):* Diabetes mellitus und koronare Herzkrankheit: Prävention, Frühdiagnostik, Versorgung, in: Herz 32, Nr. 2, S. 179 – 181, anlässlich der VI. Jahrestagung „Der herzkranke Diabetiker".

*Stern, C. W., Stalk, G. (1998):* Perspectives on strategy from the Boston Consulting Group, J. Wiley & Sons, New York

*Stock, S., Redaèlli, M., Lauterbach, K. (2005):* Disease Management als Grundlage integrierter Versorgungsstrukturen, 1. Aufl., Kohlhammer, Stuttgart

*Straubhaar, T., Geyer, G., Locher, H., Pimpertz, J., Vöpel, H. (2006):* Wachstum und Beschäftigung im Gesundheitswesen, Nomos, Baden Baden

*Stros, M., Hari, J. (2005):* Fokus Wachstumsunternehmen: Analyse, Bewertung, Portfoliomanagement von Beteiligungen in Pharma, Biotech und Medtech, Versus, Zürich

*Sturm, J.-E.,(2006):* Ausgabensystem Schweiz: Prognose der Ausgabenentwicklung 2005-2007, Konjunkturforschungsstelle der EtH Zürich, www.kof.ethz.ch/deutsch/news/doc.php?did=982&tid=2, am 12.07.07

*Swedish Exhibition Centre (2007):* Vitalis, http://nemonet.swefair.se/templates/ StartPageMain____4594.aspx, am 11.07.07

*Swedish Institute (2007):* Swedish health care, fact sheet 2007, http://www.sweden.se/upload/Sweden_se/english/factsheets/SI/SI_FS76z_Swedish_Health_Care/FS76 z%20FINAL_Low.pdf, am 06.05.2007

*Tadiran Life Care (2007)*: TeleMedIS: Israel-Sweden Bi-National Wireless Telehealth Project, http://www.tadlifecare.com/index.php?id=222, am 17.06.2007

*TA-SWISS (2007):* Telemedizin, http://www.ta-swiss.ch/www-remain/projects_archive/ information_society/telemedizin_d.htm, am 29.05.07

*TEIS (2007):* About TEIS, http://www.tis.bl.uk/about/TEIS.htm, am 22.05.2007

*Telemedicine Information Exchange (2007a):* Active Telemedicine programs database, http://tie.telemed.org/programs/browsebylocation.asp?zz=0&browseField=location&submit=Browse& countryFilter=US&newWindows=yes, am 08.05.07

*Telemedicine Information Exchange (2007b):* http://tie.telemed.org/about/, am 17.07.07

*Telemedizin Zentrum Brandenburg (tmzb) 2007*: http://www.tmzb.com/, am 16.07.07

*Telenor (2007a):* What we do, http://www.telenor.com/about/what_we_do/, am 05.05.2007

*Telenor (2007b):* Telenor R &1, http://www.telenor.com/rd/, am 05.05.2007

*The Association of Finnish Local and Regional Authorities (2007):* Municipal Mergers, http://www.kunnat.net/k_perussivu.asp?path=1;161;279;280;37567, am 07.05.2007

*The World Fact Book (2007a):* Country Profile of Switzerland, https://www.cia.gov/library/ publications/the-world-factbook/geos/sz.html, am 18.05.07

*The World Fact Book (2007b):* Country Profile of Israel, https://www.cia.gov/cia/publications/ factbook/print/is.html, am 09.05.07

*Tiemann, S. (2006):* Gesundheitssysteme in Europa - Experimentierfeld zwischen Staat und Markt: Frankreich, Niederlande, Schweiz, Schweden und Großbritannien – ein Vergleich, Schriftenreihe der Gesellschaft für Versicherungswirtschaft und –gestaltung, Bd. 53, Akademische Verlagsgesellschaft Aka, Berlin

*Tjerbo, T., Kjekshus, L. E. (2005):* Coordinating health care: lessons from Norway, International Journal of Integrated Care – Vol. 5, 2. November 2005, http://www.pubmedcentral.nih.gov/ articlerender.fcgi?artid=1475729, am 18.06.07

*Trydegård, G.B. (2003):* Swedish Care Reforms in the 1990s: A First Evaluation of their Consequences for the Elderly People, http://www.sante.gouv.fr/drees/rfas/rfas200304/200304-art14uk.pdf, am 09.06.07

*Universität Karlsruhe,* http://www.itiv.uni-karlsruhe.de/opencms/opencms/de/research /workgroups /MST_Optik/telemonitoring/index.html, am 14.04.04

*Universitätsklinikum Heidelberg (2006):* Telemedizin erhöht die Sicherheit für Patienten und senkt die Krankheitskosten, http://www.klinikum.uni-heidelberg.de/ShowSingleNews.176.0.html?&FS=0&L=&cHash=7229051fd9&tx_ttnews[arc]=1&tx_ttnews[backPid]=24&tx_ttnews[pL]=2678399&tx_ttnews[pS]=1164927600&tx_ttnews[tt_news]=2730, am 01.07.07

*Universitätsklinikum Heidelberg (2007):* Kardiologie, Angiologie und Pneumologie, Telemedizin, http://www.klinikum.uni-heidelberg.de/Telemedizin-HeiTel.3431.0.html?&0=, am 01, 07.07

*UKeHA (2007):* About the UK eHealth Association, http://www.ukeha.co.uk/about.asp, am 22.05.2007

*UPCM (2006):* UPMC Partners With dbMotion To Improve Patient Care With Seamless Data Sharing, http://www.upmc.com/Communications/NewsBureau/BusinessandInternational/Articles/dbMotion.htm , am 15.06.2007

*U.S. & foreign service and U.S. department of state (2003):* Report on the telemedicine market in Sweden, http://strategis.ic.gc.ca/epic/site/imr-ri.nsf/en/gr109919e.html, am 05.05.07

*US Census Bureau (2007):* Statistical Abstract of the United States 2007: Section 3, Health and Nutrition, S. 106, http://www.census.gov/prod/2006pubs/07statab/health.pdf, am 08.05.07

*US Department of Health and Human Services (2005):* CMS Statistics 2005, http://usa.usembassy.de/etexts/soc/cmsstats2005.pdf, am 08.05.07

*Vanac, M. (2007):* Clinic invests in remote monitoring, in: the Plain Dealer, http://www.bioenterprise.com/news/bioe2007/pdvitalstreammarch2007.pdf, am 18.06.2007

*Varian H. R. (2007):* Grundzüge der Mikroökonomik, 7. Auflage, Oldenbourg, München

*VDE Initiative Mikromedizin (2006):* VDE – Positionspapier TeleMonitoring in der Prävention von Herz-Kreislauf-Erkrankungen, Mikrosysteme der Medizin – Anwendungen, Technologien, Ökonomie, Frankfurt, http://www.vde.com/NR/rdonlyres/9874EC78-C2EC-4DE3-B0A2-213977435EEB/14569/DGBMT_Pos_Papier_Telemonitor.pdf, am 01.06.2007

*VDI/VDE Innovation + Technik GmbH, (2005):* Präventive MikroMedizin: Intra- und extrakorporales Langzeitmonitoring von Herz-Kreislauf-Erkrankungen Kurzstudie im Innovationsbereich Life Sciences des Rahmenprogramms Mikrosysteme (2004-2009), www.mstonline.de/publikationen/download/Mikromedizin.pdf, am 11.07.07

*Veraventure (2007):* Seed Fund Vera Ltd, http://www.veraventure.fi/index.asp?language=2, am 28.05.07

*Verbrugge, L. M. (1984):* Longer Life but Worsening Health? Trends in Health and Mortality of Middle-Aged and Older Persons, In: Milbank Memorial Fund Quarterly, Band 62, S. 475-519, New York

*Vertex Venture Capital (2007):* http://www.vertex.co.il/portfolio_company.asp?id=32, am 17.07.07

*Viamedici (2007):* NYHA Klassifikation, Einteilung der Herzinsuffizienz oder koronaren Herzkrankheit, http://www.thieme.de/viamedici/lernen/spickzettel/nyha_klassifikation.html, am 02.07.07

*Vinnova (2007):* http://www.vinnova.se/In-English/, am 17.06.2007

*Viterion (2007):* http://www.viterion.com/aboutus.cfm, am 18.06.2007

*Vivometrics (2007):* http://www.vivometrics.com/, am 18.06.2007

*Volck, S. (1997):* Die Wertkette im prozeßorientierten Controlling, Gabler-Edition Wissenschaft, Dt. Univ.-Verl., Wiesbaden

*Weber,Ch., Dierkes, M. (2002):* Risikokapitalgeber in Deutschland – Strukturmerkmale, Entscheidungskriterien, Selbstverständnis, Edition Sigma, Berlin.

*Whitten, P., Buis, L. (2006):* Private Payer Reimbursement for Telemedicine Services in the United States, http://www.americantelemed.org/news/Whitepapers/2006%20Private%20Payer%20Report.pdf, am 17.07.07

*Wiswede, G. (2004):* Sozialpsychologie-Lexikon, Oldenbourg, München

*World Health Organization*, Information Technology in Support of Health Care, http://www.who.int/eht/en/InformationTech.pdf , am 09.03.07

*WRAL.com (2007a):* CardioMEMS Senses Time Is Right for IPO Up to $84M, http://wrallocaltechwire.com/business/local_tech_wire/venture/story/1265679/, am 18.06.2007

*WRAL.com (2007b):* CardioMems Pulls Plans for IPO, http://www.wral.com/business/local_tech_wire/venture/story/1393980/, am 04.06.07

*Youngblade, L (2004):* Medicaid Reimbursement for Telemedicine and Telehealth: A Nationwide Survey of State Practices, Institute for Child Health Policy and Departments of Pediatrics and Epidemiology and Health Policy Research, http://www.telehealthconnections.ichp.ufl.edu/documents/ATA_Medicaid_Reimbursement_Youngblade_files/frame.htm, am 08.05.07

*Zentrum für Technologie-Abschätzung Schweiz (2004)*: Studie Telemedizin, http://www.ta-swiss.ch/www-remain/reports_archive/publications/2004/040923_BerichtTelemedizin_komplett.pdf, am 27. 03. 2007

*Zugek, C., Radeleff, J., Frankenstein, L. (2007)*: Reduction of Readmissions and Length-of-Stay by Use of Telemonitoring in Chronic Heart Failure Improves Clinical and Economical Effectiveness, in: E-Hospital, 9 (4), S. 29-34.

# Glossar

| | |
|---|---|
| Ad-hoc Meldung | Gemäß § 15 des Wertpapierhandelsgesetzes publizierte, kursbeeinflussende Unternehmensmeldungen |
| Algorithmus | Genau definierte Handlungsvorschrift zur Lösung eines Problems in endlich vielen Schritten |
| Äquivalenzprinzip | In der privaten Krankenversicherung: Versicherungsprämie bemisst sich entsprechend dem Risiko, das die versicherte Person für das Unternehmen darstellt |
| Arterielle Hypertonie | Erhöhter Blutdruck ab einem systolischen Wert über 140/90 mmHg |
| Bradykardie | Herzschlagfrequenz von unter 60 Schlägen pro Minute |
| Business Plan | Geschäftsplan der kommenden drei bis fünf Jahre mit Erläuterungen zu Zielen, Strategie, Produkten, Markt und Planzahlen |
| Compliance | Therapietreue (in medizinischem Zusammenhang) |
| Corporate Governance | In einem Kodex festgeschriebene Verhaltensstandards zur Unternehmensführung und -überwachung |
| Data mining | Statistische Analyse von Datenbeständen zur Mustererkennung |
| DMP | Disease-Management-Programme |
| DRG | Diagnosis Related Groups = Diagnosebezogene Fallgruppen, Entgeltsystem nach ökonomisch-medizinischer Klassifizierung des Patienten abhängig von Diagnose und Therapie |
| Dritter Sektor | Nichtprofitorientierte Anbieter neben der Primär- und Sekundärversorgung (kirchliche Einrichtungen oder Stiftungen) |
| Due Diligence | Erforderliche Sorgfalt: Untersuchung und Bewertung eines Unternehmens durch externe Fachleute |

| | |
|---|---|
| EBM | Einheitlicher Bewerungsmaßstab; Leistungskatalog der gesetzlichen Krankenkassen |
| Echokardiographie | Untersuchung des Herzens mittels Ultraschall |
| EKG | Elektrokardiogramm: Zur Messung von Herzfrequenz, Herzrhythmus und der elektrischen Aktivität von Herzvorhöfen und Herzkammern |
| Emissionskonzept | Die für den Börsengang notwendigen Schritte, die sich an der individuellen Situation des Unternehmens orientieren |
| Equity Story | Zusammenfassende Darstellung einer Aktiengesellschaft, ihre Chancen und Risiken, Strategie, Ertragskraft, Vision, Mission und Kultur. Dient potentiellen Investoren dazu, das Unternehmen zu beurteilen. |
| Evidenzbasierte Medizin | Beruht auf dem aktuellen Stand der wissenschaftlich fundierten klinischen Medizin, auf der Grundlage klinischer Studien |
| FDA | Food and Drug Administration, Arzneimittelzulassungsbehörde in den USA |
| Friends and Family Program | Mitarbeiterbeteiligungen |
| Gatekeeper-Prinzip | Gegenstück zum Hausarzt-Prinzip in der Terminologie von Managed-Care US-amerikanischer Prägung. Allerdings wird hier die Funktion des Hausarztes als Zugangskontrolle zu Spezialisten stärker betont |
| Gefäßaneurysma | Spindel- oder sackförmige Erweiterung des Querschnitts arterieller Gefäße. Die Gefährlichkeit von Aneurysmen zentraler Gefäße liegt in dem Risiko, zu reißen |
| Gerontologie | Wissenschaft vom Altern |
| GKV | Gesetzliche Krankenversicherung |
| Greenshoe | Option einer Konsortial-Bank, im Rahmen einer Neuemission zusätzliche Papiere des von ihr betreuten Unternehmens auszugeben |
| Hausarzt-Prinzip | Der Versicherte verpflichtet sich, im Krankheitsfall zuerst den Hausarzt aufzusuchen, bei dem er sich eingeschrieben hat. Ausnahme bei Notfällen und zumeist für routinemäßige Besuche beim Augen-, Frauen- und Kinderarzt |
| Hämodynamischer Status | Beinhaltet den Blutdruck, Herzfrequenz und die Sauerstoffsättigung des Blutes |

| | |
|---|---|
| Investor Relations | Zielgerichtete Kommunikation mit Investoren sowie Analysten über die Strategie des Unternehmens, seine historische, gegenwärtige und zukünftige Geschäftsentwicklung |
| IPO | Initial Public Offering = Börsengang eines Unternehmens |
| Inkontinenz | Das Unvermögen etwas zurückzuhalten. Im medizinischen Kontext meist bezogen auf Harn oder Stuhl |
| Ischämie | Unterversorgung eines Gewebes mit Sauerstoff |
| IV | Integrierte Versorgung |
| Kardiologie | Die Lehre vom Herzen |
| KBV | Kassenärztliche Bundesvereinigung |
| KMU | Kleine und mittelständische Unternehmen mit weniger als 250 Mitarbeitern, die entweder einen Jahresumsatz von höchstens 50 Millionen EUR erzielen oder deren Jahresbilanzsumme sich auf höchstens 43 Millionen EUR beläuft (laut EU-Kommission) |
| Leadinvestor | Derjenige Investor in einem Syndikat von Venture Capital Gesellschaften mit dem größten Anteil |
| Leitlinien | Systematisch entwickelte Feststellungen, um die Entscheidungen von Medizinern und Patienten über angemessene Gesundheitsversorgung für spezifische klinische Umstände zu unterstützen |
| Money-follows-patient | Vergütung ist nicht regional gebunden und „wechselt" bei Bedarf gemeinsam mit dem Patienten Praxis oder Krankenhaus |
| Morbidität | Gesundheitsindikator, der die Häufigkeit von Erkrankungsfällen in einer bestimmten Bevölkerungsgruppe in einem definierten Zeitraum misst |
| Multimorbidität | Gleichzeitiges Bestehen mehrerer Krankheiten bei einer einzelnen Person |
| NHS | National Health Service, britischer Gesundheitsdienst |
| Onkologie | Fachrichtung der Medizin, die sich mit der Erforschung und Behandlung von Tumorerkrankungen beschäftigt |
| Palliativpflege | Ziel ist die Verbesserung der Lebensqualität und der Linderung von Schmerzen von todkranken Patienten. |

| | |
|---|---|
| | Sterbebegleitung ist häufig ein wesentlicher Bestandteil der Palliativpflege |
| PCT | Primary Care Trust, lokale Vertretung des National Health Service, britischer Gesundheitsdienst |
| PDA | Personal Digital Assistant, tragbarer Rechner im Hosentaschenformat |
| PFI | Private Finanzierungsinitiative im britischen Gesundheitssystem, mit dem Ziel, sich auf Finanzierung und Verwaltungskompetenz des privaten Sektors zu stützen |
| Präeklampsie | Schwangerschaftsbedingter Bluthochdruck |
| Prävalenz | Häufigkeit des Auftretens einer Erkrankung in der Bevölkerung |
| Primärversorgung | Ambulante Versorgung |
| Personenmonat | Arbeitsmenge, die eine Person pro Monat durchschnittlich bewältigt |
| Public-Private-Partnership | Öffentlich-private Partnerschaft, d.h., die Mobilisierung privaten Kapitals und Fachwissens zur Erfüllung staatlicher Aufgaben |
| RHE | Regional Health Enterprises = unterstehen dem norwegischen Gesundheitsministerium und sind verantwortlich für die Gesundheitsversorgung ihrer Region |
| Randomisierte Studie | Zufällige Zuteilung der Behandlungsverfahren zu Patienten innerhalb klinischer Studien |
| Risikostratifizierung | Einstufung in verschiedene Risikoklassen |
| Risikostrukturausgleich | Finanzieller Ausgleichsmechanismus im Krankenversicherungssystem zur Minderung der Risikoselektion von Krankenversicherern |
| Road Show | Werbeveranstlatung eines Unternehmens vor dem Börsengang zu allen wichtigen Finanzplätzen um bei institutionellen Investoren für die Aktie zu werben |
| Schlafapnoe | Aussetzen der Atmung im Schlaf |
| Seed-Finanzierung | Wagnisfinanzierung von Unternehmen in der Gründungs- und Konzeptphase |
| Sekundärversorgung | Stationäre Versorgung |

| | |
|---|---|
| Solidaritätsprinzip | In der gesetzlichen Krankenversicherung: Leistungsanspruch richtet sich nach der Bedürftigkeit und nicht nach dem individuellen Risiko der Versicherten |
| Skalenerträge | Größenvorteil: Produktionskosten pro hergestellte Einheit nehmen mit zunehmender Produktionsmenge ab (engl.: Economies of Scale) |
| Spin-Off | (Abteilungs-)Ausgründung in ein eigenständiges Unternehmen |
| Synkope | Bewusstseinsverlust |
| Tachykardie | Herzschlagfrequenz von über 100 Schlägen pro Minute |
| USP | Unique Selling Proposition; Leistungsmerkmal, mit dem sich ein Angebot deutlich vom Wettbewerb abhebt |
| Verbundeffekte | Produktionskosten sinken, wenn die Anzahl unterschiedlicher Güter in der Produktion steigt |
| VDE | Verband der Elektrotechnik, Elektronik und Informationstechnik |
| Venture Capital | Wagniskapital, das als Eigenkapital oder mit eigenkapitalähnlichem Charakter in Unternehmen eingebracht wird |
| 30-Tage-Sterberate | Anteil der Personen einer Patientengruppe, der innerhalb der ersten 30 Tage nach einem Eingriff verstirbt |

# Über die Autoren

**Prof. Dr. Dr. Joachim Häcker** ist Professor an der Hochschule Heilbronn und an der University of Louisville sowie Direktor des Deutschen Instituts für Corporate Finance. Sein Fachgebiet ist Internationale Finanzwirtschaft insbesondere Corporate Finance. Herr Häcker ist seit 10 Jahren als Berater im Corporate Finance Bereich tätig und war bis Ende 2003 Vice President bei Rothschild in Frankfurt und London. Er hat an der Universität Tübingen und der Kenan Flagler Business School (USA) BWL und Jura studiert sowie in beiden Fächern promoviert.

**Barbara Reichwein** studiert an der London School of Economics im Master-Studiengang MSc Development Management. In Deutschland erwarb Sie ihr Diplom in Internationaler Betriebswirtschaftslehre mit den Schwerpunkten Internationale Finanzen und Internationales Marketing an der Hochschule Heilbronn. Berufserfahrung sammelte Frau Reichwein bei der Lufthansa Cargo AG in Atlanta, USA (2005/2006) sowie bei der Deutsch-Arabischen Industrie- und Handelskammer in Ägypten (2004). Seit 2003 ist Frau Reichwein Stipendiat der Studienstiftung des Deutschen Volkes. Im Jahre 2003 war Frau Reichwein Assistentin bei Professor Häcker im Fachbereich „Internationale Finanzwirtschaft".

**Nicole Turad** ist bei der KfW Entwicklungsbank in Frankfurt tätig. Sie hat ihr Diplom in Internationaler Betriebswirtschaftslehre mit den Schwerpunkten Internationale Finanzen und Internationales Management an der Hochschule Heilbronn erworben. Frau Turad arbeitete in der Risikomanagementabteilung PB Capital Corporation in New York City, USA (2005/2006), wo sie sich insbesondere mit dem Thema „Tender Option Bonds" beschäftigte. Bei der Fundación PROhumana in Santiago de Chile arbeitete sie im Bereich „Soziale Verantwortung in Wirtschaft, Politik & Zivilgesellschaft" (2004). Ihre medizinische Erfahrung machte Frau Turad beim Bürgerhospital in Stuttgart, wo sie im Jahre 2001 ihre Ausbildung zur Krankenschwester abschloss und zwischen 2001 – 2005 auf der hämatologisch-onkologischen Intensivstation arbeitete.

Grundzüge der Krankenhaus-betriebslehre

# Unternehmenserfolg durch Wertmanagement

Jürgen Stiefl, Kolja von Westerholt
**Wertorientiertes Management**
Wie der Unternehmenswert gesteigert werden kann - mit Fallstudien und Lösungen
2008. X, 235 S., Br.
€ 29,80
ISBN 978-3-486-58323-6

Ein Buch voller Umsetzungshinweise.

Erfolgreiches Wertmanagement sollte das oberste Ziel einer jeden Unternehmung sein, denn es erhöht die Zufriedenheit der Anteilseigner und verbessert die Beurteilung des Unternehmens durch Banken, Analysten sowie Ratingagenturen. Gleichsam berücksichtigt es die Interessen sowohl der Kunden durch innovative, bedarfsgerechte Produkte und Leistungen als auch die der Lieferanten durch ausreichende Liquidität und Abnahmevolumen. Es motiviert die Mitarbeiter durch anspruchsvolle unternehmerische Aufgaben und sichert ferner Arbeitsplätze. Das vorliegende Buch zeigt auf, mit welchen Instrumentarien dies alles erreicht werden kann.

**Das Buch richtet sich an Studierende der Betriebswirtschaftslehre sowie an Praktiker, die einen fundanmentalen Einblick in die Frage der Wertorientierung suchen.**

Prof. Dr. Jürgen Stiefl lehrt Volks- und Betriebswirtschaftslehre, insbesondere Finanzierung an der Fachhochschule Aalen.

Kolja von Westerholt ist Geschäftsführer der OFW Student Consulting and Research (OSCAR) GmbH.

Oldenbourg

www.ingramcontent.com/pod-product-compliance
Lightning Source LLC
LaVergne TN
LVHW060624300926
849162LV00008B/1701